Die Visionen der Bernadette Soubirous
und der Beginn der Wunderheilungen in Lourdes

Patrick Dondelinger

Die Visionen der Bernadette Soubirous
und der Beginn
der Wunderheilungen
in Lourdes

Verlag Friedrich Pustet
Regensburg

Bibliografische Information Der Deutschen Bibliothek
Die Deutsche Bibliothek verzeichnet diese Publikation
in der Deutschen Nationalbibliografie;
detaillierte bibliografische Daten sind im Internet über
http://dnb.ddb.de abrufbar

ISBN 3-7917-1852-5

Umschlaggestaltung: Martin Veicht, form fünf, Regensburg
Umschlagmotive: Photo Viron, Lourdes
Gesamtherstellung: Friedrich Pustet, Regensburg
Printed in Germany 2003

Si l'on veut, ce n'étaient pas des fous, mais c'étaient des hallucinés, comme il n'y en a plus et comme il ne peut plus y en avoir, des hallucinés dont les visions pourraient être appelées les visions de la raison.

Wenn man so will, waren es keine Verrückten, aber es waren Halluzinierte, wie es deren keine mehr gibt und wie es deren keine mehr geben kann, Halluzinierte, deren Visionen die Visionen der Vernunft genannt werden könnten.

Louis-Francisque Lélut, Du démon de Socrate. Spécimen d'une application de la science psychologique à celle de l'histoire, Paris, 1836, 338–339.

Dem Andenken an

Prof. Dr. Johannes Mischo (1930–2001)

in tiefer Dankbarkeit gewidmet

de diabolo duxit me ad Matrem Dei

Inhalt

Vorbemerkungen

Die vorliegende Arbeit beschäftigt sich mit den als „Erscheinungen" bezeichneten Visionen und Auditionen der Bernadette Soubirous sowie mit dem Aufkommen der ersten so genannten „Wunderheilungen" im Rahmen dieser Visionen und Auditionen.

Das diesem Buche zugrunde liegende und vom Institut für Grenzgebiete der Psychologie und Psychohygiene in Freiburg im Breisgau in Auftrag gegebene Forschungsprojekt „Wunderheilungen in Lourdes" beinhaltete ursprünglich nicht die Aufarbeitung der dortigen Erscheinungen. Nachdem durch ausgiebige Feldforschung vor Ort ausreichend Material zur Erstellung der beauftragten historisch-kritischen Dokumentation über die Heilungen in Lourdes zusammengetragen worden war, wurde uns vom Institutsleiter Prof. Dr. Johannes Mischo eher beiläufig auch noch die Abhandlung der Erscheinungen aufgetragen. Geplant war, ein kurzes Resümee der visionären Vorfälle und einige Hinweise zu ihrem anthropologischen Verständnis zu erstellen, um dann schnellstmöglich zu den uns eigentlich interessierenden Wunderheilungen vordringen zu können. Doch es stellte sich rasch heraus, dass dieses geplante Vorgehen nicht so schnell auf wissenschaftlich zufriedenstellende Weise zu bewerkstelligen war: Entweder hätten wir uns auf eine minimalistische Wiedergabe dessen beschränken müssen, was man in jedem Pilgerführer vorfindet, oder aber versuchen müssen herauszufinden, was tatsächlich geschah und wie man dieses Geschehen humanwissenschaftlich-interdisziplinär verstehen könnte – was ein ungeahntes Maß an Arbeit bedeuten würde. Das Einlassen auf dieses zuletzt genannte Abenteuer führte auf Entdeckungsreise in die innere Erlebniswelt eines analphabetischen Armenkindes aus der Mitte des 19. Jahrhunderts. Die größte Herausforderung stellte dabei das Anliegen dar, Bernadette Bernadette sein zu lassen und trotzdem etwas von ihren nicht unbedeutenden Erlebnissen in unsere Verständniswelt hinüberbringen zu können. Der Leser mag urteilen, inwieweit dies gelungen ist.

Zum Verstehen der Visionen und Auditionen Bernadettes gesellte sich dann noch eine weitere, ungeahnte Facette. Genau zu dem Zeitpunkt, als mit der Aufarbeitung der Erscheinungen von Lourdes begonnen wurde, spielten sich im benachbarten Saarland Muttergotteserscheinungen ab, die sich als Fortsetzung einer im 19. Jahrhundert begonnenen Serie verstanden wissen wollten. Da wir uns im Auftrag des gleichen Institutes für

Grenzgebiete der Psychologie und Psychohygiene nun plötzlich auch mit diesen zeitgenössischen Erscheinungen als „teilnehmender Beobachter" beschäftigen mussten, geriet die Arbeit über Lourdes in erheblichen Verzug. Diese wohl nicht alltägliche Aufgabe, gleichzeitig mit historisch-entlegenen und quasi vor der Haustür ablaufenden wundersamen Ereignissen sich beschäftigen zu müssen, bot aber auch die Gelegenheit, Vergleiche anzustellen und durch direkte Erfahrung Erkenntnisse gewinnen zu können – wobei eher Kontraste denn Gemeinsamkeiten zwischen Lourdes und Marpingen festzustellen waren. Gerade die Massenphänomene, die sich zur Jahrtausendwende um angebliche Marienerscheinungen abspielten, zeigen, wie dringend und aktuell die wissenschaftlich aufklärende Beschäftigung mit Grenzphänomenen gerade auch im religiösen Kontext ist.

Dennoch wurde bei allem Umgang mit Erscheinungen versucht, niemals den Fokuspunkt der Recherche aus dem Blick zu verlieren: die als Wunderheilungen gedeuteten Spontanremissionen im Kontext von Lourdes. War anfänglich kein direkter Zusammenhang zwischen der Seherin und den Heilungen ersichtlich, so wurde doch sehr schnell deutlich, dass diese in weitaus engerer als gemeinhin angenommener Verbindung miteinander stehen. Erst durch die Deutung der Visionen Bernadettes als unbewusst durchgeführter Heilungsritus entpuppt sich die umwandlerische Dynamik, die bis zum heutigen Tag an der Grotte erfahren wird, in ihrer zusammenhängenden Entwicklung. Zu dieser therapeutischen Wirksamkeit hat gerade die kollektive Deutung von Bernadettes Erlebnissen als Muttergotteserscheinung nicht unwesentlich beigetragen, so wenig diese Interpretation auch auf den ersten Blick Bernadettes persönlicher Erfahrung gerecht zu werden scheint. Als zumindest genauso bestimmend für die gemeinschaftlich erlebten Heilungserfahrungen nicht nur jener Tage zeigt sich die intensive Bezugnahme auf rituelle Symbolhandlungen und liturgische Gebräuche. Das Freilegen einer Quelle durch Bernadette im seherischen Ausnahmezustand erscheint dabei als Angelpunkt des Heilungsgeschehens: Ohne das Hervorsprudelnlassen einer Quelle wäre die therapeutische Potenz ihrer Visionen stark gemindert gewesen, sowie dies ganz sicher auch umgekehrt – eine Quelle ohne Muttergotteserscheinung – der Fall gewesen wäre. Nicht auszuschließen ist des Weiteren eine indirekte Übertragungsdynamik von Bernadettes Erfahrung auf ihre Mitmenschen, die sich bis auf den heutigen Tag auf ein ganzheitliches Heilungsgeschehen an der Grotte gläubig hoffend einlassen. Dies sind die wichtigsten Feststellungen, welche im Nachhinein das anfangs nicht vorgesehene Miteinbeziehen der Erscheinungen der Bernadette Soubirous in die Untersuchung der Wunderheilungen von Lourdes mehr als rechtfertigen.

Trotz des unvorhergesehen Umfangs dieser Abhandlung haben wir versucht, uns auf ein Minimum zu beschränken. Immer die späteren Heilungen vor Augen, haben wir uns vor allem auf den psychologischen Sinn der Visionen und ihres rituellen Symbolhorizonts konzentriert, welcher in der bisherigen Forschung noch nicht in diesem Maße beachtet worden war. Auch mussten wir uns aus diesem Blickwinkel heraus beispielsweise der Frage zuwenden, weshalb denn gerade Bernadette selbst im Lourdeswasser keine Heilung fand, umgekehrt aber bei der Letzten Ölung etwa jedes Mal buchstäblich wieder zu neuem Leben erwachte.

Bei all diesen Betrachtungen ging es nicht um die Aufstellung eines umfassenden Gesamtportraits der Bernadette in all ihren Lebensphasen. Noch ging es um die breitmöglichste Nacherzählung von Bernadettes Visionen und Auditionen. In der vorliegenden Arbeit wurde vor allem das humanwissenschaftliche Verstehen der außergewöhnlichen Erfahrungen Bernadette Soubirous' angezielt, insofern diese ihrerseits den Ausgangspunkt für andere außergewöhnliche Erfahrungen sind: die abertausende bis heute in Lourdes registrierten Spontanremissionen. Aus diesem Grund wurde auch das anthropologische Umfeld des Erscheinungsgeschehens von 1858 nicht bis ins letzte Detail ausgefaltet und belegt, zumal dies soeben auf mustergültige Art durch Ruth Harris geleistet worden ist, auf deren Werk die vorliegende Arbeit sozusagen weiterführend aufbaut. Ganz in diesem Sinne sind auch die Literaturangaben bewusst auf ein Minimum beschränkt und ist auf Angaben von nicht unbedingt notwendiger weiterführender Literatur sowie Artikel aus allgemein zugänglichen Fachlexika prinzipiell verzichtet worden. Der Fokuspunkt dieser Forschungsarbeit sollte dadurch noch verstärkt zum Ausdruck kommen: Die historisch-kritische Dokumentation der Heilungen im Kontext von Lourdes, welche ursprünglich im Anschluss an diese Arbeit geplant war.

Es ist mir eine Freude, all Jenen zu danken, die mir in Lourdes, Paris, Metz, Luxemburg und Freiburg tatkräftige Unterstützung für meine Forschung, sowie in Luzern und Regensburg für vorliegende Veröffentlichung, gewährt haben. Sie alle beim Namen zu nennen ist ein Ding der Unmöglichkeit. Adji, Sara und Nikela jedoch möchte ich erwähnen, da sie mir meine intensive Zuwendung zu einer fremden Frau nicht allzusehr verübelt haben. Zu einem ganz besonders tiefen und herzlichen Dank bin ich Professor Dr. Johannes Mischo, dem früheren Leiter des Instituts für Grenzgebiete der Psychologie und Psychohygiene, verpflichtet. Er war es, der mir die Idee und die Möglichkeit dieses Forschungsprojektes gab, an dem ihm auch persönlich sehr viel gelegen war. Er meinte, es würde mir gut tun, nach meinem intensiven Studium der dämonischen Besessenheit mich mit der Muttergottes zu beschäftigen, und er hatte Recht. Genau acht Tage vor der Fertigstellung des vorliegenden Forschungsberichtes erlag Professor Mischo einer schweren Krankheit. Seinem Andenken sei diese Arbeit deshalb gewidmet.

Bonneweg, den 23. August 2001 und Luzern, den 7. Juli 2003

Patrick Dondelinger

Abkürzungsverzeichnis

LDA René LAURENTIN/Bernard BILLET (Hrsg.), *Lourdes. Documents authentiques*, Paris, P. Lethielleux, 1957–1966, 7 Bde.

LHA René LAURENTIN, *Lourdes. Histoire Authentique*, Paris, P. Lethielleux, 1961–1964, 6 Bde.

Abkürzung der biblischen Bücher und Zitate nach: *Die Bibel. Altes und Neues Testament. Einheitsübersetzung*, Freiburg – Basel – Wien, Herder, 1980.

1. Einleitung

Als der französische Mariologe René Laurentin vom Ortsbischof von Lourdes im Vorfeld der Hundertjahrfeier der Erscheinungen mit der wahrheitsgetreuen Darstellung genannter Vorgänge beauftragt wurde, gab es anscheinend bereits 4000 Bücher zum Thema[1]. Dennoch wurde keine dieser Veröffentlichungen den Anforderungen wissenschaftlicher Geschichtsforschung vollends gerecht, was sich letztendlich auch negativ auf die Glaubwürdigkeit von Bernadette Soubirous' Visionen und Auditionen selbst auswirkte.

Bis dato war Lourdes überall in der Welt vor allem durch das Werk des Henri Lasserre (1828–1900) bekannt, eines französischen Journalisten, welcher 1862 auf Anraten eines protestantischen Freundes durch Gebrauch von Lourdeswasser vor drohender Erblindung errettet wurde[2]. H. Lasserres 1869 erstmals erschienenes Werk *Notre-Dame de Lourdes*[3] wurde in Millionenhöhe verlegt und in über 80 Sprachen übersetzt[4]. Somit war Lasserres Anspruch, die einzige wahre Darstellung der Geschehnisse von Lourdes geliefert zu haben, per Leservotum bestätigt, auch wenn sein Werk schon bald nach anfänglich begeistertem Beifall auf erbitterten Widerstand innerhalb eines Teils des Klerus stoßen sollte. Dieser verübelte Lasserre weniger seine romantische Geschichtsschreibung mit ihrer allgegenwärtigen wundersamen Übernatürlichkeit, auch nicht die ebenso romantische Gegenüberstellung von einfachem, aber gesundem Volk und skeptischer, engstirniger Obrigkeit; vielmehr hielt er H. Lasserre vor, er würde seine dualistische Trennlinie gegebenenfalls auch zwischen dem niederen Klerus – allen voran dem Ortspfarrer Peyramale – und dem höheren Klerus – Bischof Laurence, und den Hütern des Heiligtums, den „Pères de Garaison" – verlaufen lassen und zu allem Überfluss diese Kluft auch in der Wirklichkeit durch Intrigen tatkräftig zu vertiefen verstehen.

So wurde 1877 von offizieller kirchlicher Seite der französische Jesuit Léonard Cros (1831–1913) damit beauftragt, eine wahrheitsgetreue und definitive Geschichte Lourdes' zu schreiben. Pater Cros, der von der Begegnung mit Bernadette geradezu betört war, ging mit jesuitischem Kampfeseifer und ohne Rücksicht auf Verluste daran, eine regelrechte historisch-kritische Feldforschung über die Ereignisse in Lourdes zu betreiben. Getreu seiner theologischen Anschauung des „geistlichen Kampfes" siedelte er seine auch heute noch beispielhafte historische Forschung in der theologischen Vision eines Streitens zwischen Gott und Teufel an, wonach letzterer sich vor allem auf das pöbelhaft-verkommene Volk stütze, aus dem Gott nun auf umso wunderbarere Weise das in jeder Hinsicht außergewöhnliche Seherkind auserwählt habe, tatkräftig unterstützt durch die weltliche und geistliche Obrigkeit. Seine kompromisslosen, verbissenen Recherchen führten jedoch dazu, dass Pater Cros selbst in Ungnade fiel und sein Werk erst nach seinem Tode veröffentlicht wurde[5].

Somit war es dann der 1917 geborene französische Diözesanpriester und Theologieprofessor René Laurentin, der, auf bischöfliche Befugnis und ein Heer von Helfern gestützt, das definitive Werk der wahrheitsgetreuen Darstellung von Lourdes zu verfassen sich anschicken konnte[6]. Doch auch in seinem Werk paart sich wissenschaftliche Akribie mit sentimentaler Wundergläubigkeit[7]. Dennoch: durch die publizistisch voll ausgeschlachteten Themen „Lourdes“ und „Bernadette“ erlangte René Laurentin neben ansehnlicher Berühmtheit schließlich den Status des weltbesten Experten in Sachen Marienerscheinungen. Überall dort, wo die Muttergottes erschien, erschien nun plötzlich auch René Laurentin und versuchte, ihr ein wissenschaftliches Echtheitszeugnis zu erstellen: Die kirchlicherseits nicht anerkannten Erscheinungen in Medjugorje liefern hierzu das bekannteste Beispiel[8]. Dadurch manövrierte sich René Laurentin dann zusehends in eine theologische Abseitsposition, welche durch einige Abstecher bei den Charismatikern und einer marktschreierischen Propaganda für den Teufelsglauben[9], der auf signifikante Weise der Marienfrömmigkeit folgte, noch verstärkt wurde.

Doch zur gleichen Zeit, als René Laurentin sich zum offiziellen Geschichtsschreiber von Lourdes profilierte, gelang es einem Pater namens Xavier Recroix, „Missionaire de l'Immaculée Conception“ (Pères de Garaison), eine wissenschaftlich fundierte, interdisziplinäre Untersuchung über die Erscheinungen Bernadette Soubirous' zu erstellen, welche man auch heute noch als bahnbrechend bezeichnen kann[10]. Anhand einer vergleichenden volkskundlichen Feldforschung in den Pyrenäen, einer kritischen Untersuchung des Textmaterials und unter Zuhilfenahme der Erkenntnisse der Psychologie gelingt Xavier Recroix der Beweis seiner Grundthese: Bernadettes Visionen und Auditionen bieten von ihrem Inhalt her nichts eigentlich Originelles und nichts Außergewöhnliches, sondern müssen als ein in verändertem Bewusstseinszustand Wiedergegebenes von vorher Gehörtem angesehen werden. Bernadettes Erlebnisse können also nicht einfach als von der leibhaftig erschienenen Muttergottes unmittelbar verursachte übernatürliche Phänomene erklärt werden – was mitnichten eine theologische Deutung des bemerkenswerten Geschehens an der Grotte von Massabielle ausschließt, im Gegenteil. Dass Xavier Recroix seine Arbeit unter der Obhut eines militanten marxistischen Professors anfertigte, und dazu noch seine entzaubernde Grundthese expressis verbis von Salomon Reinach (1858–1932), einem jüdischen atheistischen Aufklärer, übernimmt[11], hätte wohl kaum dazu beigetragen, überschwängliche Sympathiestürme und begeisterte Akzeptanz in der damaligen vorkonziliaren Kirche hervorzurufen, welche soeben die Hundertjahrfeier der Erscheinungen von Lourdes in ihrer althergebrachten und liebgewonnenen Sichtweise mit höchstem offiziellem Pomp begangen hatte. So ist es denn zwar äußerst bedauerlich, jedoch auch menschlich nachvollziehbar, dass Pater Recroix einige Tage vor der Verteidigung seiner Promotionsarbeit diese zurückzog, und zwar aus Angst vor möglichen Konflikten mit dem Ortsbischof und der Ordensleitung, welche gerade zu jener Zeit versuchte, ihren einstigen Einfluss in Lourdes wiederzuerlangen[12]. Dieser Rückzieher ist umso verständlicher, wenn man bedenkt, dass etwa zur gleichen Zeit dem spanischen Jesuiten Carlos Maria Staehlin in Deutschland die kirchliche Druckerlaubnis für sein ebenso kritisches wie wissenschaftlich fundiertes Werk über „Visionen, Stigmata und Offenbarungen"[13] verweigert wurde. So geriet das Werk des vorzüglichen Kenners der lokalen Begebenheiten, Xavier Recroix, dem Missionar des in nächster Nachbarschft zu Lourdes gelegenen Marienheiligtums Garaison, in völlige Vergessenheit[14], während dem auswärtigen Professor Laurentin allerhöchste Anerkennung zuteil wurde.

Im Nachhinein muss man jedoch sagen, dass, neben anderen, konjunkturellen Faktoren[15], gerade auch durch René Laurentins monopolhaftes Werken und Wirken der seriösen Wissenschaft auf lange Jahre die Freude am Thema Lourdes genommen wurde. Eine Ausnahme bilden in dieser Hinsicht allerdings die anglo-amerikanischen Historiker. Hier seien, mit Blick auf Lourdes, vor allem die Werke von Thomas A. Kselman[16] und von Ruth Harris[17] genannt, welche eine fundierte Analyse des historischen Gesamtkomplexes der Erscheinungen und der Heilungen in Lourdes liefern[18].

Doch hat in den letzten Jahren eine beträchtliche Veränderung der geschichtswissenschaftlichen Wahrnehmung von Erscheinungen stattgefunden. In beredten Worten hat dies der über die ersten Erscheinungen von Marpingen (1876) arbeitende Historiker David Blackbourn in seinem beachtenswerten methodologischen Ansatz offengelegt: „Daß ich die Ereignisse ernst nehme, sagt in gewisser Weise schon alles: Noch vor zwanzig Jahren hätten das die meisten Berufshistoriker – der europäischen Neuzeit jedenfalls – kaum getan. Marienerscheinungen bewegten sich, wie andere Formen des Aberglaubens und des Wahns, gleichsam in der Vorhölle der Geschichte. Wurde schon die Rolle der Religion selber im modernen Europa allgemein vernachlässigt, so waren die Ausdrucksformen der Volksfrömmigkeit erst recht die verlorenen Seelen der Geschichtsschreibung.

Lourdes, verdammte Seele der Volksfrömmigkeit?

„Sich mit Lourdes oder auch nur mit dem Thema abzugeben, war unter ‚Gebildeten' noch nie fein. Das hat bis in die volkskundliche Frömmigkeitsforschung durchgeschlagen (...). Unter religiösen Ästheten und gläubigen Intellektuellen gelten Lourdesgrotten noch immer als kitschig und hinterweltlerisch. Jede längst erloschene Bauernwallfahrt vermag mehr wohlwollende Aufmerksamkeit und nostalgisches Verständnis auf sich zu ziehen als das Faktum millionenfacher Pilger Jahr für Jahr in Lourdes"[19].

Für gewöhnlich überging man sie, und wenn man sich ihnen zuwandte, dann mit Geringschätzung. Im günstigsten Fall waren sie Zeichen dafür, wie langsam die Modernisierung ihre Segnungen austeilte, im schlimmsten Fall waren sie Symptom eines beunruhigenden Irrationalismus. Man schrieb darüber, je nach persönlichem Geschmack, weltmännisch, tieftraurig oder tadelnd. Selten erwies man dem Gegenstand die Ehre, sich mit ihm auf eine Stufe zu stellen. Doch Historiker dürfen sich gegenseitig auslachen oder tadeln – was sie nicht sollten, ist, sich auf Kosten der historischen Akteure ein billiges Vergnügen zu verschaffen oder sie über ihre Fehler und Irrtümer aufzuklären"[20].

Humanwissenschaftlicher Beweis der Übernatur?[21]

„Die Aufgabe der Humanwissenschaftler (...) besteht darin, all jene Sichtweisen und Argumente einzubringen, die durch die Schulung wissenschaftlicher Arbeitsweisen und -techniken zu einer problembezogenen Fachkompetenz geführt haben. Theologische Konstrukte und Deutungen (...) sind für uns im ‚Diesseits der Wissenschaften' und ihre Forschungsstrategien mit ihren auf natürliche Ursachenketten ausgerichteten Blickwinkeln weder verifizierbar noch falsifizierbar. Sie übersteigen operationalisiert überprüfbare Hypothesen. Dennoch verbietet eine prinzipielle Offenheit für andersgeartete anthropologische oder theologische Einsichten das Anlegen zeitgebundener orthodoxer Scheuklappen. Eine jahrtausendealte Menschheitserfahrung kann man nicht deshalb nur außer acht lassen, weil sie nicht in ein positivistisches Wissenschafts- und Forschungsbild paßt"[22].

„Eine ‚wahre' Geschichte Lourdes könnte nicht mehr erbringen als die möglichst stringente ‚Annäherung' an das Faktum der Erscheinungen sowie die Untersuchung der kollektiven Erarbeitung ihrer gleichzeitigen Annahme und Festsetzung als übernatürliche Gegenwart: keine Wahrheit, die aus der Geschichte heraus beweist, daher keine Möglichkeit einer Apologetik; aber das progressiv erhellte Bewusstsein eines ‚Phänomens', durch das Menschliche hindurch, nur das Menschliche, alles Menschliche"[23].

Dieser methodologische Ansatz soll uns nicht nur bei der Geschichte der Erscheinungen leiten, sondern auch bei den Untersuchungen der Wunderheilungen selbst[24]. Es geht nicht darum zu zeigen, wie Unrecht die Leute damals hatten, das, was sie nicht verstanden, auf das Konto einer übernatürlichen Einwirkung zu verbuchen. Davon abgesehen, dass sich das Übernatürliche per definitionem der innerweltlichen Erfahrung der Wissenschaft entzieht, ist es in der Tat viel fruchtbarer, dem Gegenstand „die Ehre zu erweisen" und sich ausgiebig mit den Tatsachen und einfühlsam mit ihren Interpretationen zu befassen, wohlwissend, dass in diesem Grenzbereich niemand der Weisheit letzten Schluss für sich in Anspruch nehmen kann. Und schließlich sollte man sich bewusst sein, dass wir es bei den hier beschriebenen Phänomenen, ob Erscheinungen oder Heilungen, nicht bloß mit Fällen, sondern mit Menschen zu tun haben – in ihrer trotz aller anthropologischen Konstanten jedes Mal unhintergehbaren Einmaligkeit, wo sich neben allen Irrungen und Wirrungen auch eine persönliche Würde offenbart, deren letztes Geheimnis für niemanden, sogar für den Betroffenen selbst nicht, erschöpfend zu erfassen ist.

Dennoch muss im vorliegenden Fall der Wissenschaftler Wissenschaftler bleiben, und sich seiner spezifischen Stellung bewusst sein. Zu glauben, sein Standpunkt sei der einzig wahre und allumfassende, wäre für den Humanwissenschaftler genauso irrig, als wenn er, aus der Einsicht heraus, dass dem nicht so ist, die Wissenschaftlichkeit kurzerhand über Bord werfen würde.

Gerade diesbezüglich hat David Blackbourn auf mehrere „versteckte Fallen" aufmerksam gemacht: „Eine davon ist die Gefahr, das Kind mit dem Bade auszuschütten, will sagen: den geziemend kritischen Standpunkt des Historikers aufzugeben, weil man ihn mit einer unziemlichen Anmaßung verwechselt, und zusammen mit der Arroganz moderner Gewißheiten auch die ‚kalte Abstraktion' der Theorie über Bord zu werfen. Die Arroganz sind wir glücklich los, aber an der Abstraktion müssen wir festhalten"[25].

„Eine ähnliche Gefahr ist die Sentimentalität, mit der Untersuchungen einer kleinen Gemeinschaft nicht selten einhergehen"[26]. Und gerade diese kitschige Sentimentalität ist es, welche die überkommenen Lourdeserzählungen für den unvoreingenommenen Forscher so abstoßend machen. Doch auch für den kritischen Wissenschaftler ist es schwierig, angesichts des Schicksals der Bernadette nicht sentimental zu werden – einem Schicksal, das nicht nur der frommen Erbauung, sondern auch dem Bilderbuch klassenkämpferischer oder feministischer Geschichtsschreibung als rührendes Paradebeispiel dienen könnte.

Doch inwiefern ist der Boden der Tatsachen bei den Erscheinungen von Lourdes überhaupt abgesichert? Zwar verfügen wir mit den von Pater Cros sowie von René Laurentin und seinen Mitarbeitern veröffentlichten Werken über eine beeindruckende historisch-kritische Sammlung von zeitgenössischen Quellen, doch jeder Historiker weiß, dass das Datum der Dokumente allein kein Garant für ihre Brauchbarkeit ist. Der Wert einer Schrift steht und fällt vor allem mit der Aussagefähigkeit ihres Autors, der zwangsläufig immer nur aus einem subjektiven, formenden und notgedrungen auch immer verformenden Blickwinkel heraus berichtet. So auch in Lourdes, wo zudem noch die des Schreibens Kundigen sowieso nur eine privilegierte Minderheit darstellten, denen allesamt das Milieu der Seherin mehr oder weniger fremd war[27] und die Bernadette allesamt durch die Brille ihrer zeitbedingten, rücksichtslos vorgetragenen Vorurteile betrachteten. Das uns heute so Befremdende, ja Schockierende in der Sichtweise dieser Gebildeten ist das Fehlen jeglicher Einfühlsamkeit in die persönliche Relevanz des Geschehens für die Seherin selbst, welche immer bloß als naives, unschuldiges Dummerchen gesehen wird, und dies sowohl bei den Anhängern als auch bei den Gegnern der Erscheinungen.

Doch auch die Existenz von Selbstzeugnissen der Seherin ist kein Garant für einen unmittelbaren Zugriff auf den Ablauf, geschweige denn auf einen vermeintlichen „objektiven Sinn" der visionären Erlebnisse Bernadette Soubirous'. So muss man sich an erster Stelle bewusst sein, wie schwierig es ist, erfahrene Visionen und Auditionen überhaupt in Worte zu fassen, geschweige denn ihren Inhalt und Hergang mit hundertprozentiger Sicherheit ein für alle mal unabweichlich festzulegen[28]. Dies veranschaulicht eindrucksvoll schon die Synopse der stets etwas voneinander abweichenden Eigenberichte Bernadettes[29]. Es darf deshalb nicht wundern, dass es auch für den Anthropologen nicht immer einfach ist, den Sinn der Schauungen Bernadette Soubirous' zu entschlüsseln und ihnen den richtigen sprachlichen Ausdruck zu verleihen[30].

Auch wurden die frühesten Selbstzeugnisse der zum Zeitpunkt ihrer Visionen analphabetischen Seherin erst Jahre nach den Ereignissen schriftlich von ihr festgehalten, als sich ihre Erlebnisse bereits zu einem stereotypen Erzählschema weiterentwickelt hatten: „Da die Basis einer solchen Aufarbeitung recht spät erfolgte: von 1861 bis1866, hat man in den Augen des Psychologen immer nur das Resultat einer Ausgestaltung vor Augen, genauer: das Schema einer durch stete Wiederholung stereotypen Erzählung"[31]. Gleiches gilt auch für die Protokolle von Bernadettes Aussagen, von denen das früheste immerhin erst 11 Tage nach dem Ereignis aufgenommen wurde[32] – Zeit genug für Bernadette, unbewusst und ungewollt eine „Fixierung des seherischen Schemas"[33] zu vollziehen.

Beredetes Zeugnis hierfür liefert die für Bernadette typische wortkarge Art, mit der sie auf die zahllosen, unumgänglichen Anfragen ihrer Mitmenschen hin immer wieder die gleiche Geschichte tagaus, tagein wiederholte. Diese unerschütterliche Unbeirrbarkeit ihrer Erzählungen mag durch ihre Geradlinigkeit bestechen; sie hat aber auch einige Zeitzeugen durch ihre starre, anteilnahmslose Unpersönlichkeit zutiefst beeindruckt.

Bernadette, ein Erzählautomat?

„Am 1. Juli 1858 (...) fing ich an, Bernadette über die Erscheinungen zu befragen, sie antwortete mir mit sehr viel Einfachheit und ohne die geringste Verlegenheit, aber es ereignete sich ein Zwischenfall, den ich nicht auslassen kann. (...) Sobald Bernadette sie [vorbeigehende Gruppen von Seminaristen] kommen sah, unterbrach sie ihre Erzählung und stieß hervor: ‚Oh! Oh ...'. Sie streckte den Kopf nach vorne und guckte neugierig, ohne sich um ihren Gesprächspartner zu kümmern. Sie ging ans Fenster, um besser (...) beobachten zu können, und wenn die Gruppe verschwunden war, nahm Bernadette wieder ihren Platz ein und fuhr den angefangenen Satz weiter. Das arme Kind war viel stärker an dem Schauspiel der so zahlreich vorbeiziehenden Soutanen interessiert, denn an den Sachen, die sie erzählte. Sie schien übrigens den Ereignissen an der Grotte überhaupt keine Wichtigkeit beizumessen. Ihre Unschuld, ihre Einfachheit und ein Ausdruck von Zerstreuung beeindruckten mich zutiefst. Ich verließ sie, während ich mir sagte: ‚Dieses Kind will nicht täuschen'. (...) In der ersten Septemberhälfte (des gleichen Jahres 1858) (...) erstattete Bernadette uns ihren Bericht, auf Platt, während einer geschlagenen Stunde, im gleichen Tonfall, ohne zu stocken, kaum dass sie sich Zeit zum Atemholen ließ, wie ein Schüler der eine gut auswendig gelernte Lektion aufsagt"[34].

Dies zeigt noch einmal, dass die Seherin ihren Bericht sehr schnell zu einem festen Schema erstarren ließ, an dem sie zeitlebens stur festhielt, und den sie dann bei Gelegenheit wie auswendig gelernt heruntersagte, auch wenn sie sich meistens damit begnügte, nur lakonisch und lustlos auf die ihr gestellten Fragen zu antworten. Mag dieses stereotype Daherleiern auch nur eine mnemotechnische Methode und ein Schutzmechanismus vor allzu aufdringlichem Zugriff der Scharen von Neugierigen gewesen sein, so waren doch ihre Zeitgenossen signifikanterweise eher von der Erscheinung Bernadettes selbst, vor allem ihrer Mimik bei der Nachahmung des geschauten Liebfräuleins, betört, als von dem Inhalt ihres Berichtes an sich. Hierzu nur zwei Beispiele aus der Fülle von gleichlautenden Zeugenaussagen: ein adeliger, atheistischer Lebemann, welcher die ihm „assez vulgaire" (recht vulgär) erscheinende Seherin der Lüge überführen wollte, ist durch Bernadettes Nachahmung des Lächelns ihrer Vision bis an sein Lebensende bekehrt und begleitet[35]; der sie verhörende, als unerschütterlich bekannte Ortsbischof ist ob Bernadettes stummer Nachahmung der Pose der Unbefleckten Empfängnis zu Tränen gerührt[36]. Zeitgenossen zögern nicht, wie wir noch sehen werden, hier von einem außerordentlichen schauspielerischen Talent der Bernadette zu reden, welches überwiegend als betörend, manchmal aber auch als störend, empfunden wird.

Zudem ist es so, dass selbst der spontanste Eigenbericht außergewöhnlicher Erfahrungen immer auch auf die Fragen der Zuhörer hin entsteht und von diesen mitgeformt wird. Dies war in einem gewissen Maß auch bei Bernadette der Fall, die allem Anschein nach erst allmählich, durch das stete Wiederholen ihrer Erzählung, dem lichten Weiß ihrer Vision eine detaillierte Erscheinung gab[37]. Nach der schematischen Fixierung ihres Berichtes wird die Seherin immer wieder größte Schwierigkeiten haben, ihre Schauung über den Standardbericht hinaus präzise zu beschreiben, zum Teil aus Unmöglichkeit, das Erfahrene zu vermitteln, zum Teil aus Unfähigkeit, sich aller Details zu entsinnen. Erst ein Jahr vor ihrem Tod, als sich ihr Leibes- und Gemütszustand zusehends verschlechtert, gerät die sture Unbeirrbarkeit ihres festgefahrenen Erzählschemas ins Wanken. So soll Bernadette einem Bischof ihre Zweifel bezüglich ihrer Visionen wie folgt gestanden haben: „Es ist alles schon so weit weg … all diese Sachen. Ich kann mich ihrer nicht mehr entsinnen. Ich mag nicht allzu sehr darüber reden, denn, mein Gott, wenn ich mich geirrt hätte"[38].

Diese Aussage Bernadettes weist noch einmal überdeutlich auf die Eigendynamik von Erinnerungen und Berichten im Allgemeinen und von Erzählungen von Auditionen und Visionen im Besonderen hin. Dies bedingt, wie gesagt, dass jede Verifikation, was denn nun wirklich vorgefallen sei, immer nur annäherungsweise möglich ist, zumal es sich ja bei den Phänomenen um Inhalte handelt, welche nur die Seherin selbst wahrnehmen konnte.

Für den professionellen Historiker sind solche Verhaftungen in der Subjektivität zwar kein tragisches Unglück, sondern die gewöhnliche Ausgangsbasis seiner Rekonstruktions- und Deutungsarbeit. Auch mag es stimmen, dass es schwierig sei, ein anderes Ereignis des 19. Jahrhunderts zu finden, welches so umfassend beleuchtet worden ist, wie die Geschehnisse in Lourdes[39]. Dennoch: liefert schon das so genannte Zeugenmaterial keinen direkten Zugriff auf den Inhalt und den Sinn der visionären Erlebnisse Bernadettes, so ermöglicht es einzeln genommen nicht einmal einen aufschlussreichen Gesamtüberblick über die damaligen Ereignisse in Lourdes. In der Tat ist es so, dass der Ablauf der Ereignisse in Lourdes erst durch die Arbeit des Historikers rekonstruiert und sinnvoll präsentiert werden kann[40].. Notgedrungen fußt denn unsere Arbeit nicht auf der teilnehmenden Beobachtung von Ereignissen, sondern auf der Rekonstruktion und Deutung vergangener Ereignisse anhand von Quellen, die an sich schon zu einem erheblichen Teil Rekonstruktionen und Deutungen sind. Das eigentliche Problem besteht nun aber darin, Letztere von Ersteren zu trennen. Wobei es oft schon schwer genug fällt, bei der Rekonstruktion der Fakten nicht dieses oder jenes, aus welchen Gründen auch immer, aus den Augen zu verlieren: sei es, dass einer aus dem Quellenmaterial bezeugten Tatsache keine Wichtigkeit zugesprochen wird; sei es, dass die Tatsache der Sichtweise des Schreibers zuwiderläuft und deshalb bewusst oder unbewusst unterschlagen wird. Und gerade die unserer Arbeit zugrunde liegenden Veröffentlichungen von René Laurentin: *Lourdes. Documents authentiques* (LDA), und viel mehr noch *Lourdes. Histoire Authentique* (LHA), stellen entgegen allen Beteuerungen ihres Autors doch eine aus dem vorhandenen Quellenmaterial zurechtgeschnittene stark subjektiv gefärbte Version der Erscheinungen dar[41].

Sind wir uns also bewusst, dass eine totale Objektivität a fortiori bei solch subjektiven Erlebnissen wie Visionen und Auditionen unmöglich ist, so muss dennoch versucht werden, nicht nur den objektiven Hergang dieser Ereignisse in Erfahrung zu bringen, sondern diese Ereignisse auch noch durch Einbettung in einen breitestmöglichen Gesamtkontext verständlich zu machen.

Wenn sich diese Arbeit auf die Rekonstruktion und die Deutung der Visionen und Auditionen Bernadettes konzentriert, ohne auf solche Episoden wie zum Beispiel das Erscheinen von anderen Sehern im Gefolge der Erlebnisse der Bernadette einzugehen – so beachtenswert an sich dieses Phänomen auch ist[42] –, dann deshalb, weil es vor allem um die in Lourdes erfolgten Heilungen geht: Und diese entstanden nun einmal um die von Bernadette während ihrer Erscheinungen freigelegte Quelle beziehungsweise des in Folge dieser Geschehnisse institutionalisierten Kultes.

2. Der Rahmen des Geschehens

2.1. Der Ort

Das den Wunderheilungen in Lourdes zugrunde liegende Geschehen sind die Visionen und Auditionen, die dort im Jahre 1858 einem Mädchen namens Bernadette Soubirous widerfahren sind. Der Ort der Ereignisse befindet sich genauer gesagt in einer Grotte ein wenig außerhalb des Pyrenäenstädtchens Lourdes. Lourdes zählte damals rund 4000 Einwohner. Die Stadt selbst liegt auf durchschnittlich 420 Metern über dem Meeresspiegel, die an die Stadt heranrückenden Berge liegen zwischen 640 und 950 Metern Höhe[43]. Der Legende nach wurde Lourdes von der Königin von Ägypten oder Äthiopien, Tarbis, und deren Schwester Lapurda gegründet, welche dann auch Lourdes ihren Namen verliehen haben soll[44]. Tatsache ist, dass die ältesten archäologischen Funde menschlicher Behausung auf 12 000 Jahre datiert wurden – gefunden in der bei Frühgeschichtlern berühmten Grotte auf Espélugues, oberhalb der Erscheinungsgrotte von Massabielle[45].

Der Ursprung Lourdes' liegt demnach bezeichnenderweise zwischen Legenden und Tatsachen, wo sich Altvertrautes mit Exotisch-Fremdem wundersam begegnet. So auch die Sage des Sarazenenfürsten Mirat: In seiner Lourder Trutzfeste belagert, ergab sich der verwegene Mohammedaner auf wunderbare Weise der Jungfrau Maria, um sich sodann zum Christentum zu bekehren.

Nach dem so unvorhersehbar beendigten Einfall der Sarazenen sollten aber noch weitere Heimsuchungen und Verwüstungen, zumal durch Ketzer, erfolgen: Albigenserkrieg, Hundertjähriger Krieg, Hugenottenkriege. Zu den kriegerischen Verwüstungen gesellen sich noch zwei schlimme Erdbeben, welche Lourdes auch in der kurzen Friedenszeit im 17. und 18. Jahrhundert nicht zur Ruhe kommen lassen. Nach den blutigen Wirren der Französischen Revolution ist Lourdes zunehmend verarmt, mit einer sich ständig vergrößernden Kluft zwischen einigen wenigen sich bereichernden Bürgern und einer immer zahlreicher werdenden notleidenden Bevölkerung. Besonders die Frauen haben es unter diesen widrigen Umständen schwer, ihre Würde zu behalten und ob der auf ihnen ruhenden mannigfaltigen Arbeitslasten nicht zu „menschlichen Tieren" zu verkümmern[46]. Die Männer von Lourdes versuchen eher schlecht als recht, ihren Lebensunterhalt als Stein- oder Schieferbrecher zu verdienen

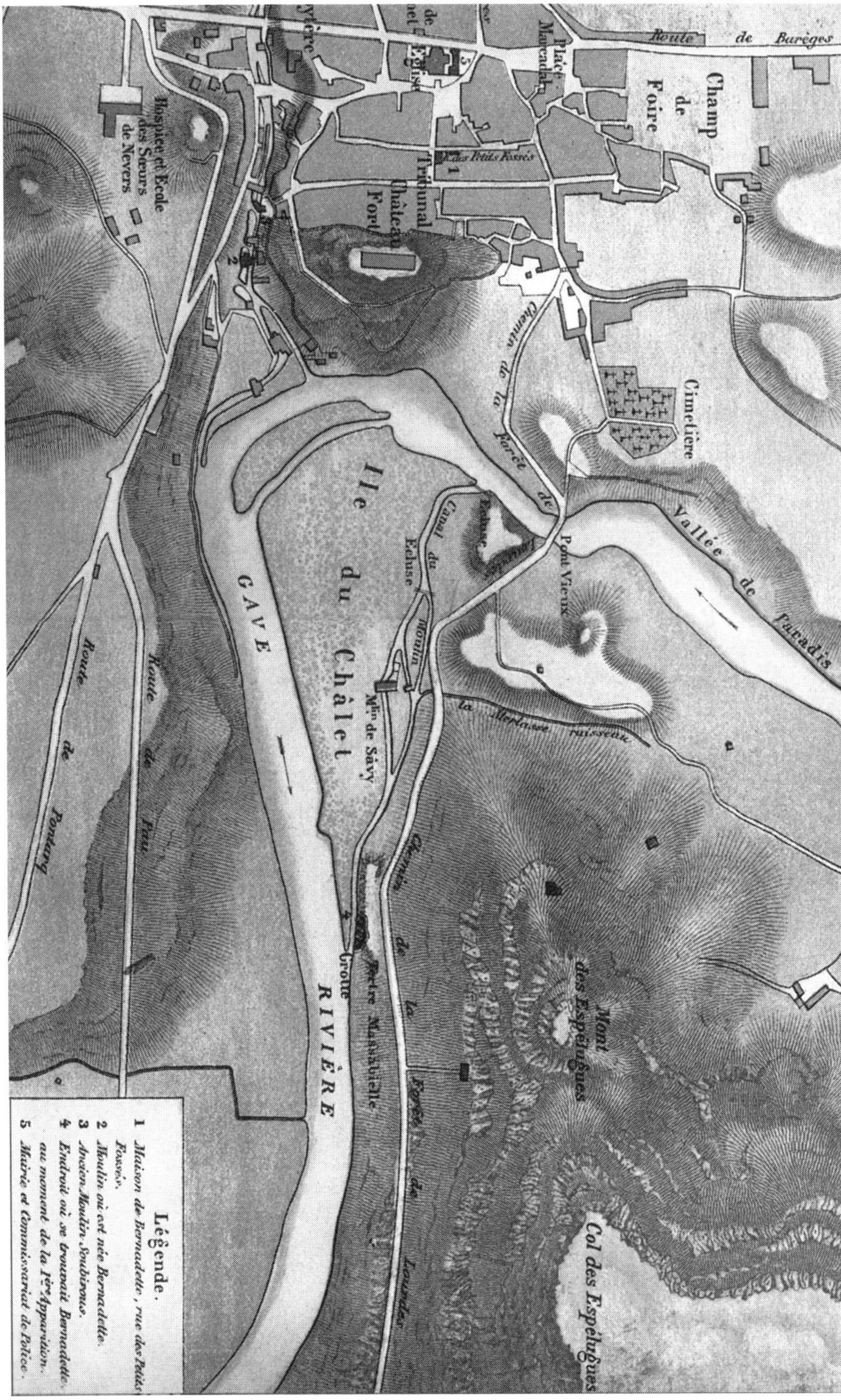
Route de Barèges
Champ de Foire
Place Marcadal
Eglise
Rue des Petits Fossés
Tribunal
Château Fort
Hospice et Ecole des Sœurs de Nevers
Cimetière
Chemin de la Forêt de
Vallée de Paradis
Pont Vieux
Ile du Châlet
Canal du Moulin
Ecluse
Mⁱⁿ de Sàvy
la Merlasse ruisseau
GAVE
RIVIÈRE
Grotte
Route de Pau
Route de Pontacq
Mont des Espélugues
Col des Espélugues
Chemin de la Forêt de Lourdes
Légende.
1 Maison de Bernadette, rue des Petits Fossés.
2 Moulin où est née Bernadette.
3 Ancien Moulin Soubirous.
4 Endroit où se trouvait Bernadette au moment de la 1ère Apparition.
5 Mairie et Commissariat de Police.

– eine ebenso mühselige wie gefährliche Arbeit –, während Frauen und Kinder durch den Verkauf von oft illegal aufgelesenem Holz das Ihrige zum Überleben beisteuern müssen. Mitte des 19. Jahrhunderts leidet denn auch ein Großteil der Bevölkerung von Lourdes chronisch an Hunger und Unterernährung – es soll sogar regelmäßig Hungertote gegeben haben –, sodass die seuchenartig auftretenden Infektionskrankheiten ein leichtes Spiel mit den geschwächten Menschen haben. So fordert zum Beispiel eine 1855, also kurze Zeit vor den Erscheinungen einsetzende Choleraepidemie 38 Tote in einem Monat. Auch Bernadette erkrankte damals an Cholera; und obwohl sie genas, wird sie den Rest ihres Lebens unter den Folgeerscheinungen dieser Krankheit zu leiden haben[47].

Linderung in der Not erfahren die Leute denn auch eher im Glauben und in religiösen beziehungsweise volksmedizinischen Heilpraktiken als bei der nur den Privilegierten zugänglichen, recht hilflosen Medizin[48].

2.2. Das religiöse Umfeld

Religiös prägend ist die seit Jahrhunderten stark verbreitete Marienverehrung, die durch die Leiden der Französischen Revolution gerade im 19. Jahrhundert eine beachtliche Erstarkung erfuhr[49], mit vielbesuchten Marienwallfahrtsstätten, nicht in Lourdes selbst, aber in der näheren Umgebung. Hier gibt es ein wahres Netz von Marienheiligtümern, welche auf wundersame Marienerscheinungen und das Auffinden von Marienstatuen zurückgehen[50]. Im Zusammenhang der Erscheinungen von Lourdes stechen besonders die Heiligtümer in Garaison und Bétharram hervor.

Im 70 km von Lourdes gelegenen Garaison befindet sich ein damals sehr berühmtes Muttergottesheiligtum, zu dem man in der ganzen Gegend pilgerte[51]. Um 1520 – das genaue Datum ist nicht mehr feststellbar – hatte dort die 12–13-jährige, aus ärmlichsten Verhältnissen stammende, mit Vater und Stiefmutter zusammenlebende Anglèze de Sagazan beim Viehhüten an einer Quelle Visionen einer „weißen Dame", die sich als Muttergottes zu erkennen gab und den Bau einer Wallfahrtskirche forderte. Aber erst nachdem bei der dritten Schauung des Mädels grobes Schwarzbrot in feines Weißbrot verwandelt und auch noch zu Hause eine ganze Truhe auf wunderbare Weise mit solchem gefüllt wurde, ließ sich die Obrigkeit von der Botschaft des rückständigen Hirtenmädchens überzeugen[52]. Bemerkenswerterweise konnte dabei nur Anglèze die Muttergottes schauen, während indes die Anwesenden die Worte der heiligsten Jungfrau zu vernehmen vermochten.

Die an dem daraufhin errichteten Heiligtum einsetzenden Wunderheilungen sind so zahlreich, dass ein naheliegendes Wortspiel sich förmlich aufdrängt: „Garaison, guérison [Heilung]". Erwähnenswert ist noch, dass den das Heiligtum betreuenden Pères de Garaison anfänglich auch die Betreuung des neu entstanden Lourdesheiligtums anvertraut wurde. Auch hatten die gleichen Patres 1846 eine Volksmission in Lourdes abgehalten, in deren Verlauf neben anderen Verwandten auch die Mutter Bernadettes sich der Muttergottes von Garaison weihte.

Die augenscheinlichen Parallelen zwischen Lourdes und Garaison[53] fielen natürlich auch den Zeitgenossen Bernadettes auf, ja sie wurden sogar besonders hervorgehoben. Während die Wiederkehr derselben Motive bei heutigen Humanwissenschaftlern als Beweis für die sozioanthropologische Determiniertheit von Muttergotteserscheinungen gilt – zumal es höchst unwahrscheinlich ist, dass Bernadette niemals etwas von Garaison gehört haben könnte[54] –, zeigt sich in der Wiederkehr des Gleichen für theologische Apologeten eine ebensolche mariologisch-spirituelle Gesetzmäßigkeit, welche letztendlich als eindeutiger Beweis für die religiöse Echtheit der außergewöhnlichen Erfahrung Bernadettes interpretiert wird: Immer und überall erscheint die Muttergottes vorzugsweise armen, einsamen, einfältigen, unschuldigen und frommen Kindern vom Lande, während die Reichen und Mächtigen getreu der Logik des marianischen Magnifikats leer ausgehen.

Ein anderes, für das Verständnis der ersten Vision Bernadettes zumindest genauso wichtiges Marienheiligtum liegt nur etwa 15 km von Lourdes entfernt in Bétharram, das einst zu den größten und wunderbarsten Sanktuarien des ganzen Königreiches gehörte[55].

Hier sollen vor unbestimmter Zeit Hirten in einer Art brennendem Dornbusch eine wunderbar leuchtende Muttergottesstatue gefunden haben, die unter dem Namen „Notre-Dame de l'Étoile", Unsere Liebe Frau vom Sterne, verehrt wird. Bernadette Soubirous soll sich später selbst ausdrücklich mit den Ochsen von Bétharram verglichen haben, die ihre Hirten auf die Muttergottesstatue stoßen ließen[56]. Auch wenn bei der Episode mit den Ochsen Bernadette eine Verwechslung mit dem von den Patres von Bétharram geführtem Heiligtum Unserer Lieben Frau von Sarrance[57] unterlaufen ist, so zeigt dies doch nur, welch großen Einfluss die umliegenden Marienheiligtümer im Allgemeinen und Bétharram im Besonderen auf die Seherin ausgeübt haben.

Neben der dortigen Verehrung der Muttergottes als „Notre-Dame du Calvaire", Unsere Liebe Frau vom Kalvarienberg – zurückgehend auf eine Anfang des 17. Jahrhunderts berichtete wundersame Aufrichtung eines vom Sturmwind umgeworfenen Kruzifixes – ist besonders die Anrufung Mariens als „Notre-Dame de Bétharram", Unsere Liebe Frau vom Schönen Zweige, interessant. Der Legende nach soll ein junges Mädchen beim

Sturz in den Fluss Gave – der gleiche Fluss, an dem auch die Grotte der Visionen in Lourdes liegt – durch einen ihr von der plötzlich erscheinenden Muttergottes hingehaltenen schönen Zweig („bet arram“) errettet worden sein.

Pierre de Marca (1594–1662), Erzbischof von Paris, berichtet für den Zeitraum von 1620–1642 von 82 in und durch Bétharram geschehenen Wunderheilungen und -rettungen. Eine davon betrifft bemerkenswerterweise einen Soubirous aus Lourdes, der im Alter von zweieinhalb Jahren nach einem Sturz in den Fluss von der Muttergottes auf wunderbare Weise wiederbelebt wird. Dies wird von der dankbaren Mutter am 28. April 1642 berichtet und von einem Priester und einem Chirurgen bezeugt.

Inwiefern dieser Jean Soubirous mit Bernadette verwandt ist, ist nicht mit absoluter Sicherheit zu bestimmen, wenn dies auch den meisten Autoren als sehr wahrscheinlich gilt. Fest steht auf jeden Fall, dass vor den Erscheinungen die Familie Soubirous und auch andere Ortsansässige regelmäßig nach Bétharram pilgerten. Des Weiteren stand die Familie in mehr oder weniger engem Kontakt mit einem Priester des Heiligtums Bétharram, dem später heilig gesprochenen Michel Garicoïts, und dies sowohl vor als auch nach den Visionen Bernadettes. Und schließlich soll auch der bei ihren Schauungen eine gewisse Rolle spielende Rosenkranz Bernadettes aus Bétharram stammen – doch hierzu später.

3. Die Personen

3.1. Ausgangsposition

Die Familie Soubirous – deren Name anscheinend „Souverän" bedeutet[58] – war eine alteingesessene Lourder Familie, deren Schicksal sich jedoch in den Jahren unmittelbar vor den Visionen der Bernadette unaufhaltsam verschlechterte[59]. Bernadette Soubirous kommt am 7. Januar 1844 zur Welt, als erstes Kind ihrer Eltern, was der Kleinen in der matriarchalischen Gesellschaftsstruktur der Pyrenäen[60] die wichtige Würde einer „héritière" (Erbin) einbringt. Bernadettes Eltern hatten ein Jahr zuvor geheiratet: Ihr Vater, François Soubirous, war 35 Jahre alt, die Mutter, Louise Castérot, knappe 17. Als Müllersleute sind sie nicht gerade reich, gehören aber, obwohl sie Analphabeten sind, noch zu den besser Situierten der Agrargesellschaft. François hat die etwas heruntergekommene und stark verschuldete Mühle von Boly von seinen Schwiegereltern, die weiterhin dort wohnen bleiben, übernommen. Doch entgegen den an ihn gestellten großen Erwartungen – deshalb darf er sogar die jüngere Tochter heiraten, bevor die älteste verheiratet ist – gelingt es François nicht, die Mühle zu sanieren, zumal sich mit den strukturellen makroökonomischen Schwierigkeiten auch noch eine chronische Misswirtschaft paart.

3.2. Marienmütter

Getauft wird das erste Kind der Soubirous auf den Namen „Marie Bernarde"[61], doch wird die Muttergottes im Taufnamen im Alltag durch den Rufnamen „Bernadette" ersetzt.

„Bernadette" ist der Diminutiv von Bernarde, der Name ihrer Taufpatin. Diese ist die ältere Schwester von Bernadettes Mutter Louise, die ja entgegen dem Gewohnheitsrecht vor ihrer älteren Schwester geheiratet hatte. Um dem solchermaßen beleidigten Ältestenrecht Genugtuung zu schaffen, teilt nun Bernadettes Mutter ihr Mutterrecht und somit auch ihr Kind mit der älteren Bernarde – sowie auch noch mit ihrer eigenen Mutter. Diese beiden vereinnahmen denn auch stolz das Kind für sich[62]. Zu diesen drei Mutterfiguren gesellt sich schon sehr schnell eine vierte namens Marie hinzu, die Ziehmutter aus Bartrès.

In der Tat beginnt Bernadettes entwicklungspsychologischer Leidensweg noch im Jahr ihrer Geburt, als ihre inzwischen wieder schwangere Mutter sich unglücklicherweise die Brüste verbrennt und ihre noch nicht abgestillte Tochter im Alter von 10 Monaten zu einer in Bartrès wohnenden Frau, Marie Laguës, gibt, deren eigener Säugling kurz zuvor gestorben war[63]. Von der Mutter getrennt – nur der Vater pflegt sie jeden Tag zu besuchen –, wird Bernadette nun zunehmend von ihrer Adoptivmutter vereinnahmt. Diese wird als sehr hart, streng, und besitzergreifend beschrieben. Jedenfalls erlaubt Amme Marie Bernadette erst nach mehr als 15 Monaten die Rückkehr nach Hause, und zwar, als sie selbst wieder ein Kind erwartet. Es wird, so hebt ein heutiger Beobachter hervor, eine Rückkehr gewesen sein in eine Umgebung von fünf Frauen und einem Mann[64] – welcher zudem auch noch in keiner Hinsicht seinen Mann stellen kann.

Somit ist Bernadette also zwei Jahre und drei Monate alt, als sie wieder zu ihren beiden ursprünglichen Müttern zurückfindet. Zusammen mit ihrer eigenen Mutter verlässt Tante Bernarde allerdings wenig später die Mühle, als ihr endlich leibliche Mutterfreuden, wenn auch uneheliche, zuteil werden.

In jener Zeit machen sich schon die ersten Asthmakrisen bemerkbar, unter denen Bernadette ein ganzes Leben lang leiden sollte.

Bernadettes Asthma oder Unmöglichkeit, frei zu atmen

„Asthma" lautet die zeitgenössische Diagnose für Bernadettes chronische Atembeschwerden. Dr. Théodore Mangiapan, Leiter des Ärztebüros in Lourdes, tippt eher auf eine durch ungenügende Hygiene hervorgerufene Reizung der oberen Atemwege[65].
Doch sein Nachfolger, Dr. Roger Pilon, zeigt auf, dass „eine andere nicht zu vernachlässigende Ursache ihrer Krisen der permanente Angstzustand sein könnte, den dieses kleine Mädchen erleben musste"[66].
In der Tat liegt es nahe, bei Bernadettes Asthmakrisen auch die psychosomatische Dynamik mit in Betracht zu ziehen[67]:
„Dieses Asthma im Besonderen, so aufschlussreich für psychische Gehemmtheiten, die ein kleines Wesen, welches mit dem Geheimnis seines Lebens zu kämpfen hat oder armselig ist aus Unfähigkeit zum Leben, nach anderen Kompensationen dürsten lässt"[68].
Dazu passt die Beobachtung, dass bei Bernadette die Atembeschwerden sich in Zeiten von äußerlichen Belastungen zu verstärken scheinen, während umgekehrt das Asthma während ihrer Visionen verschwindet[69] – genauso wie bei den zahlreich empfangenen Sterbesakramenten[70].

In den frühkindlichen Lebensabschnitt Bernadettes fällt auch der Tod ihres Bruders Jean, wie überhaupt von den neun Kindern, die ihre Mutter zur Welt bringt, nur vier das 10. Lebensjahr erreichen[71]. Mutterschaft und Tod sind demnach in dieser Erfahrungswelt eng miteinander verknüpft, für die damalige Zeit im Allgemeinen und für die Soubirous im Besonderen.

Darüber hinaus herrschen in der Mühle alles andere als geordnete Verhältnisse. Die Eltern versäumen es, das ihnen von den Kunden geschuldete Geld einzutreiben, bewirten jedoch reichlich jedermann, der an ihrer Haustür vorstellig wird. So kommen die Soubirous trotz harter Arbeit auf keinen grünen Zweig. Mit der Verwandtschaft zusehends entzweit und von ihr gemieden, sucht der Vater regelmäßig Aufmunterung beim Kartenspiel im Wirtshaus, während die Mutter Stärkung findet im Weine – was ihnen dann auch den Ruf von Säufern einbringt[72].

3.3. Von der Müllerstochter zum Müllkind

Ein solcher Lebenswandel, so bescheiden er auch sein mag, kann auf Dauer nicht gut gehen. Der soziale Abstieg beginnt, als eines Tages ein Steinsplitter dem Vater beim Nachbessern der Mühlsteine ein Auge unwiederbringlich schädigt[73]. Zahlungsunfähig, muss die Familie schließlich 1854 die Mühle verlassen. Da auch die Versuche, sich in anderen Mühlen Geld zu verdienen, fehlschlagen, sieht der Vater sich gezwungen, seine Arme als Tagelöhner zu vermieten. Aber auch hier findet er nur selten lohnende Anstrengung und liegt oft tagelang arbeitslos im Bett. Das Überleben der Familie liegt von nun an hauptsächlich auf den Schultern der Mutter, die sich als Wäscherin verdingen muss, und auf ihren Töchtern, die wiederverwertbaren Abfall – Lumpen, Knochen, Schrott – sowie Holz sammeln müssen.

Bernadettes Gesundheit verschlechtert sich zusehends, als sie sich auch noch während der Choleraepidemie 1855 infiziert: Sie überlebt, jedoch angeschlagen und mit verstärkten Asthmakrisen[74].

Kränklich und gebrechlich, kann Bernadette allerdings nur schwer ihre standesgemäßen Verpflichtungen als Erstgeborene, als „héritière“, erfüllen. Wegen Magenproblemen ist sie sogar unfähig, das gemeine Maisbrot zu essen, sodass sie zu allem Verdruss auch noch mit teurem Weizenbrot ernährt werden muss. Dies wiederum weckt den Neid der jüngeren Geschwister, sodass sie ihre ältere Schwester sogar regelmässig schlagen[75].

Da es, mit Bernadettes Worten, in der Familie zu viele „bouches à nourrir“, „Mäuler zu stopfen“ gab[76], wurde sie im Winter 1856 zu ihrer zweiten Mutter Bernarde in deren Haushalt und Schankwirtschaft geschickt. Dort scheint Bernadette von ihrer autoritären Tante regelrecht ausgebeutet und mit Schlägen traktiert worden zu sein. Doch schon alsbald wird Bernadette von Bernarde wieder nach Hause gejagt, da sie den Leuten den Wein zu großzügig ausgeschenkt haben soll.

Von den Vermietern Anfang 1857 auf die Straße gesetzt, müssen die Soubirous schließlich das Angebot eines Verwandten annehmen, im ehemaligen Stadtarrest („Cachot") zu wohnen, einem düsteren, verrotteten Loch, das jeder Beschreibung spottet[77]. Doch macht die Familie es sich zum Prinzip, unter allen Umständen ihre Würde zu bewahren, und eher zu sterben als betteln zu gehen.

Vom Hunger geplagt – in ihrer Verzweiflung kocht Bernadette Grassuppe[78], während ihr Bruder das Wachs der Kirchenkerzen isst, so heißt es[79] – müssen die Kinder, anstatt zur Schule zu gehen, oftmals Holz, Knochen oder Schrott sammeln, mit dessen Verkauf sie das Ihrige zum Unterhalt der Familie beisteuern. Dies ist der Grund, warum Bernadette so oft in der Schule fehlt[80] und die des Lesens und Schreibens Unkundige nur Platt („patois") spricht, jedoch kein Französisch versteht. Dies, obwohl sie immer nur in französisch ihre Gebete verrichtet, unter anderen die allabendliche Anrufung der unbefleckt empfangenen Muttergottes: „O Marie conçue sans péché, priez pour nous qui avons recours à vous" – „O Maria, ohne Sünde empfangen, bittet für uns, die wir zu Ihnen Zuflucht nehmen"[81]: Also jene Anrufung, die, wie auf zahllosen volkstümlichen Darstellungen kundgetan, Cathérine Labouré am 27. 11. 1830 in ihrer Marienvision geschaut und auf die entsprechende „Wunderbare Médaille" hat prägen lassen[82].

Doch geht der soziale Abstieg von Bernadettes Familie noch weiter: Weil er so arm ist, wird der Vater Ende März 1857 des Diebstahls verdächtigt – ironischerweise von zwei Sack Mehl – von einem Bäcker namens Maisongrosse. Eine „Haus"durchsuchung fördert zwar kein Mehl, aber eine Holzschwelle zu Tage, welche der Vater eines Tages hatte mitgehen lassen. Prompt nun auch wegen Holzdiebstahls verhaftet, wird der Vater dann zwar mangels Beweisen freigelassen – doch die Würde und der Ruf sind gebrochen und die Soubirous definitiv sozial geächtet.

Und wieder wird Bernadette weggeschickt, und wieder in den Dienst einer strengen Mutter: diesmal wieder zu ihrer Ziehmutter Marie Laguës in Bartrès (September 1857). Jetzt ist es jedoch umgekehrt Marie Laguës, die, um Bernadette zu bekommen, die Soubirous bezahlt – wenn auch sehr kläglich, genau so kläglich, wie sie Bernadette behandelt: streng, hart, fast schon aggressiv und brutal – eine jedenfalls höchst ambivalente Mutterliebe[83]. Doch als frommes Kind erträgt Bernadette ihre hartes Los resigniert und fügsam als „Willen Gottes"[84].

Doch nicht allzu lange: Unter dem Vorwand, die erste heilige Kommunion in Lourdes empfangen zu wollen, kehrt Bernadette – auch diesmal wieder Dank der Anteilnahme ihres Vaters – nach Lourdes und somit ins elterliche Gefängnis („cachot") zurück; dies geschieht zwei Wochen vor ihrer ersten Vision.

Genau am Tage vor ihrer ersten Schauung, am 10. Februar 1858, findet in Lourdes die feierliche Firmung durch den Bischof von Tarbes, Mgr. Laurence, statt. Auch wenn man nicht mit Bestimmtheit weiß, ob Bernadette an dieser höchst eindrucksvollen Zeremonie teilgenommen hat, so kann diese doch ihren Wunsch, zur heiligen Kommunion zugelassen zu werden, nur verstärkt haben[85]. Zugleich muss die sehr strenge Katechismusprüfung, welche Mgr. Laurence bei dieser Gelegenheit öffentlich den Firmlingen abverlangte[86], bei der notorisch katechismusunfähigen Bernadette eine starke Versagensangst hervorgerufen haben. Die Kommunionfeier wurde in der Tat als wichtiger Übergangsritus, mit dem man der Kindheit entrissen wurde, angesehen[87]. Dass sie mit 14 Jahren noch in jeder Hinsicht ein Kind war, das viel jünger aussah als es war, das nicht lesen und schreiben konnte, nicht Französisch und auch nicht den Katechismus beherrschte und dazu auch noch wegen ihrer schlechten Gesundheit und eines Wachstums von 1,40 m körperlich selbst jüngeren Kindern unterlegen war, muss für Bernadette zutiefst unerträglich gewesen sein. Denn sie war somit von der ihr de jure vorgegebenen und auch persönlich sehr geschätzten Vorrangstellung einer „héritière" de facto weit entfernt. Und auch richtig „Soubirous", „souverän" sein, war ihr wie ihrer Familie dramatisch verwehrt. Unmittelbar vor ihren Visionen befand sich Bernadette also in einer ausgeprägten Situation des Scheiterns, in dem tragisch ausweglosen Konflikt zwischen Wunsch und Verpflichtung einerseits und der rauhen Wirklichkeit andererseits.

4. Die Visionen

4.1. Donnerstag, 11. Februar 1858: 1. Vision

Am Morgen des 11. Februar 1858, „Fetter Donnerstag“[88], stellen gegen 11 Uhr die Soubirous fest, dass kein Holz mehr zum Feuermachen für das Kochen vorhanden ist. Toinette, Bernadettes 11-jährige kleine Schwester, und ein im Verhältnis zu Bernadette um ein Jahr jüngeres Nachbarskind, die relativ aufmüpfige und unfromme Jeanne Abadie, genannt Baloume, wollen Reisig sammeln gehen. Bernadette, der Ältesten, die während der vorhergegangenen Nacht unter heftigen Asthmaanfällen zu leiden hatte, verbietet die Mutter zuerst jeglichen Ausgang an einem solch trüben und nebeligen Tag. Erst nach langem Flehen erlaubt die Mutter schließlich der Ältesten, die Jüngeren auf der Holzsuche zu begleiten; dies jedoch nicht, ohne Bernadette zahlreiche Anweisungen und Ermahnungen mit auf den Weg zu geben, und nicht ohne sich versichert zu haben, dass Bernadette die ihr wegen ihrer Schwäche unabkömmlichen Wollsocken auch brav angelegt habe – während die anderen Kinder barfuß in ihren Holzschuhen daherlaufen können.

Doch so schnell werden die drei Mädchen nicht fündig. Nachdem sie mehrere Male von Erwachsenen schroff verwiesen werden, müssen sie immer weiter in der peripheren Zone außerhalb der Stadt suchen. Die anderen beiden Kinder haben inzwischen Holz gefunden, nur „héritière“ Bernadette noch nicht.

Nachdem sie etwa 200 Meter einen Mühlenkanal entlanggelaufen sind, dort, wo dieser in den Gave mündet, erblicken die Mädchen am gegenüberliegenden Ufer, in der Grotte unterhalb des Felsens Massabielle, Reisig nebst einigen ebenso willkommenen Knochen – Strandgut des Gave.

Hier sei bemerkt, dass Grotten in der Gegend von Lourdes überall zu finden sind, und in der näheren Umgebung der Grotte von Massabielle gibt es deren mehrere. Die Grotte von Massabielle – von „massa vieille“, alter Fels, daher auch die Schreibweise „Massavielle“ –, die später regelrecht baulich erschlossen werden soll, sah damals noch ganz anders aus als heute[89]. Regelmäßig überschwemmt, diente sie lange Zeit als Schweinestall der Gemeinde. Dort fanden die Borstenviecher auch Linderung von ihrem Juckreiz, indem sie sich an den Wänden der Grotte rieben – weshalb, so sagt man, diese auch bis heute so poliert und gewetzt aussehen[90]. Der Ruf der Grotte war nicht der Beste: So wie man auch heute noch sprichwörtlich von einer Kinderstube im Schweinestall spricht, so redete man damals über eine Erziehung in Massabielle – auch wenn die Grotten nach Aussage von Ortsansässigen die „Spielpaläste unserer Kindheit"[91] waren. Des Weiteren solle es dort spuken[92] – ein Umstand, der nicht nur die ängstlich-fromme Bernadette, welche die Grotte noch nie betreten hatte[93], sondern auch ihre draufgängerischen Begleiterinnen in angstvolles Unbehagen versetzt haben muss[94], gesteigert noch durch den überwältigenden Eindruck der düster-schauerlichen Wildnis, die damals noch an der Grotte herrschte[95]. Doch soll es – entsprechend der dem Numinosen innewohnenden Zwiespältigkeit – auch eine altertümliche Prophezeiung gegeben haben, an der Grotte werde einmal etwas Wunderbares passieren[96].

So war es nicht kindliches Spiel und Abenteuerlust, sondern bitterer Überlebenskampf, der die Kinder zum Aufsuchen der Grotte bewegte. Dazu musste nun aber der Mühlenkanal durchquert werden, der zwar seicht und nur knöcheltief, aber eiskalt ist. Nach anfänglichem Zögern wirft Baloume ihre Holzschuhe über den Kanal, den sie mit dem Bündel Reisig auf dem Kopf überquert, gefolgt von Toinette.

Hier muss nun die mit schlimmem Asthma, mütterlichen Verboten und Wollsocken gehemmte Älteste vor den Jüngeren zurückstecken, welche sich am anderen Ufer um ihre vom Durchwaten des eiskalten Wassers schmerzenden Füße kümmern.

Verzweifelt sucht Bernadette nach einer Furt. Als sie keine findet, fleht sie die beiden jüngeren Mädchen an, ihr beim Anlegen einer solchen behilflich zu sein. Doch vergebens. Während die bereitwillige kleine Toinette sich anbietet, Bernadette über den Kanal zu tragen, dafür aber zu schwach erscheint, verweigert die viel kräftigere Baloume solche Hilfe. Und dazu noch mit mannhaftem Gehabe und verletzender Bosheit: „Donnerschlag! Überquere doch so wie wir auch, oder bleib zurück"[97]. Dann sammelt sie fleißig weiter Reisig, und entfernt sich, zusammen mit Toinette, immer weiter den Fluss entlang, weg von der erbärmlich zurückgelassenen Bernadette.

Nachdem sie noch ein letztes Mal vergebens nach einer geeigneten Stelle gesucht hat, kehrt Bernadette vor die Grotte zurück und fängt an, die Schuhe auszuziehen. Doch genau in dem Moment, in dem sie auch die Socken auszieht, hat sie plötzlich eine Vision:

> „Kaum hatte ich den ersten Strumpf ausgezogen, als ich starkes Brausen wie von einem Sturmwind hörte. Ich blickte in die Richtung der Wiese und sah, dass die Bäume dort ganz still waren und sich nicht bewegten. Ich fuhr also fort, meine Strümpfe auszuziehen. Da hörte ich wieder dasselbe Geräusch. Ich hob den Kopf und schaute nach der

Grotte. Da erblickte ich eine weißgekleidete Dame; sie trug ein weißes Kleid, einen weißen Schleier, einen blauen Gürtel und auf jedem Fuß leuchtete eine gelbe Rose von derselben Farbe wie die Kette ihres Rosenkranzes. Furcht erfasste mich. Ich glaubte, mich zu täuschen und einer Illusion zu erliegen, und rieb mir die Augen. Ich öffnete sie wieder und sah immer die gleiche Dame. Ich holte meinen Rosenkranz aus der Tasche hervor, dann versuchte ich das Kreuzzeichen zu machen, doch vergebens, ich konnte meine Hand nicht bis zur Stirn führen. Meine Hand fiel mir herab. Die Furcht erfasste mich noch stärker, aber ich lief nicht fort. Die Vision nahm den Rosenkranz, den sie in ihren Händen trug, und machte damit das Kreuzzeichen. Meine Hand erzitterte, ich begann, keine Angst mehr zu haben und fasste erneut meinen Rosenkranz. Dann versuchte ich ein zweites Mal das Kreuzzeichen zu machen, es gelang mir, und darauf hin verschwand sofort meine große Ergriffenheit. Ich kniete nieder und betete den Rosenkranz im Angesicht dieser schönen Dame. Die Vision ließ die Perlen des Rosenkranzes durch ihre Finger gleiten, doch ihre Lippen bewegten sich nicht dabei. Als ich mit dem Rosenkranzgebet fertig war, winkte sie mich zu sich heran, aber ich wagte nicht, mich von der Stelle zu rühren. Da verschwand plötzlich die Vision. Ich begann, den andern Strumpf auszuziehen, durchquerte den Bach vor der Grotte und fand meine Gefährtinnen wieder"[98].

Als die befragten Gefährtinnen angeben, nichts gesehen zu haben, gibt auch Bernadette an, ihrerseits nichts gesehen zu haben. Das extravagante Beten Bernadettes an Stelle des aufgetragenen Holzsammelns, dazu noch die Behauptung, das durchwatete Wasser sei milde gewesen – während die anderen noch immer vor Kälte schnattern –, und schließlich auch noch die überraschende Kraft und Schnelligkeit, mit der Bernadette sogar ihre kräftigere Schwester überholt – all dies irritiert die Gefährtinnen, die der Seherin verändertes Verhalten nicht ohne Widerstand annehmen wollen, obwohl ja Bernadette nur – ausnahmsweise einmal – ihrer Rolle als Ältesten auch körperlich gerecht geworden ist. Den drängenden Gefährtinnen erzählt Bernadette schließlich unter dem Versprechen des Stillschweigens, was sie gesehen hat. Der anfängliche Unglaube im Bezug auf die Vision wird dann bei Bernadettes Schwester von Angst und Neid abgelöst: Toinette schlägt ihre ältere Schwester mit Ruten und erzählt, zu Hause angekommen, alles der Mutter. Dafür ernten nun beide Kinder Stockschläge und das Verbot, die Grotte zu besuchen. Auf den Verdacht hin, dieses weiße Etwas („aquerò") mit dem schönen Gesicht, das Bernadette gesehen zu haben vorgibt, sei die Seele einer Verwandten aus dem Fegefeuer, ermahnt die Mutter zum Gebet.

Als Bernadette beim allabendlichen Rosenkranzgebet wie gewohnt mit „O Marie, conçue sans péché, priez pour nous, qui avons recours à vous" – „O Maria, ohne Sünde empfangen, bittet für uns, die wir zu Ihnen Zuflucht nehmen" – abschließt, wird sie laut späteren Zeugenerinnerungen so bleich und tränenerfüllt wie anläßlich ihrer Vision an der Grotte[99].

Zwei Tage darauf, am 13. Februar, beichtet Bernadette ihre Schauung einem Priester, Abbé Pomian, welcher die Sache aber vorerst einmal auf sich beruhen lässt[100].

4.2. Sonntag, 14. Februar 1858: 2. Vision

Da sich in der Zwischenzeit Bernadettes Vision herumgesprochen hat, drängen am Fastnachtssonntag nach der Messe ein Dutzend neugierige Mädchen ihre Gefährtin Bernadette, die Grotte wieder aufzusuchen. Dies entspricht auch dem tiefsten Verlangen der Seherin, welche sich vergewissern will, bei ihrer ersten Vision keiner Täuschung erlegen zu sein[101]. Es gelingt, Bernadettes Vater die Erlaubnis abzuringen, die Grotte besuchen zu dürfen. Die Bernadette begleitenden Mädchen können aber der außerordentlich schnell vorauseilenden Seherin nicht recht folgen. Als sie vor der Grotte ankommen, finden sie Bernadette, die dort kniend den Rosenkranz betet. Die Gefährtinnen stimmen in Bernadettes Gebet ein. Nach dem ersten Gesätz hat Bernadette die gleiche Vision – keine der Gefährtinnen ist jedoch im Stande, irgend etwas wahrzunehmen. Sofort besprengt die Seherin ihre Vision mit mitgebrachtem Weihwasser und beschwört sie,

> „wenn sie von Gott komme zu bleiben, wenn nicht, so solle sie weggehen. Ich sprengte eifrig Weihwasser weiter gegen sie. Sie fing an zu lächeln, den Kopf zu neigen, und je mehr ich sie besprengte, je mehr lächelte sie und neigte den Kopf, und je mehr sah ich sie ihre Zeichen machen. Vom Schrecken erfasst, besprengte ich sie um so heftiger, bis dass die Flasche [mit Weihwasser] leer war"[102].

Da löst ein von der neidischen Baloume von oberhalb der Grotte hinabgerollter Stein fluchtartige Panik unter den Kindern aus, die sich sowieso schon in höchster Aufregung befinden. Dieser Steinschlag versetzt allerdings Bernadette nach einem Moment des Schreckens in vollendete Verzückung, aus der sie auch herbeieilende Erwachsene, allen Versuchen zum Trotz, nicht herausreißen können[103]. Nur mit größten Anstrengungen gelingt es, Bernadette in eine nahegelegene Mühle zu schleppen, wo sie dann zu Bewusstsein gelangt und den Umstehenden von ihrer Vision eines schönen Fräuleins berichtet. Dann ist es die aufgebracht herbeistürmende Mutter Bernadettes, die von den Leuten ob des wunderbar unter Tränen lächelnden Gesichtsausdruckes Bernadettes während der Ekstase davon abgehalten wird, ihrer Tochter eine Tracht Prügel zu versetzen.

Geschlagen wird Bernadette dann allem Anschein nach tags darauf, dem Rosenmontag, und zwar von einer wegen ihrer Visionserzählungen gegen sie aufgebrachten Frau. Des Weiteren wird die Seherin von der Mutter Oberin der Schulschwestern ob ihrer „Carnavalades"[104] schwer gerügt, und Bernadettes Mutter verbietet ihrer Tochter strikt jeden weiteren Grottenbesuch.

4.3. Donnerstag, 18. Februar 1858: 3. Vision

Andere Frauen haben hingegen eine grundverschiedene Deutung von Bernadettes Visionen[105]. Zwei Bürgersfrauen, Madame Milhet und Antoinette Peyret, sind überzeugt, dass sie es hier mit Erscheinungen der Seele einer gewissen Elisa Latapie zu tun haben, eines heiligmäßigen Mädchens, dessen Tod am 2. Oktober des Vorjahres ganz Lourdes tief bewegt hatte.

Antoinette Peyret, die jüngere der beiden Damen, gibt später zu Protokoll:

> „Ich nahm das Tintenfaß und die Schreibfeder meines Vaters (Gerichtsvollzieher), ein Blatt Papier. Ich hatte gedacht: Da eine Dame mit einem weißen Gewand und einem blauen Gürtel erschien, wäre dies unsere Oberin der Marienkinder: Elisa Latapie, seit wenigen Monaten verstorben (Fräulein Tochter des Postdirektors – man nimmt keine verheiratete Frau auf – Sie [die Jungfrauenkongregation der Marienkinder] stand unter der Anrufung der Unbefleckten Empfängnis. 1841: Gründungsdatum): es ist die Tracht der Marienkinder: blaues Band, vorne geknotet, und bei der Weihe hatten wir den Rosenkranz am Arm, am Handgelenk, auch bei Begräbnissen: und ich dachte, dass wenn sie Messen bräuchte, sie ihr Anliegen niederschreiben würde (Antoinette pflegt die Verehrung der Seelen [des Fegefeuers])"[106].

Vor der Grotte tritt denn auch prompt, nachdem man kniend eine Kerze angezündet und das Rosenkranzgebet begonnen hat, nur für Bernadette sichtbar, Etwas („aquerò") visionär in Erscheinung. „Sie ist hier", ruft Bernadette – „Halt den Mund, wir werden den Rosenkranz beten", entgegnen ihr die Damen[107]. Als die Seherin, wie verabredet, ihrem geschauten Fräulein das Schreibzeug reichen will, damit sie den vornehmen Anfragerinnen schriftlich Auskunft erteile, gleitet die Vision aus der Nische zu Bernadette hinab, auf gleichen Fuß mit ihr. Mit der ungewohnten Autorität einer entschiedenen Handbewegung verwehrt Bernadette plötzlich ihren beiden flugs sich unterwerfenden herrschaftlichen Auftraggeberinnen jedes weitere Vordringen in die Grotte. Dann stellt die Seherin mit lauter Stimme die aufgetragene Frage, von der die beiden Damen nachher aber nichts gehört haben wollen. Der von Bernadette dahergesagte Auftrag: „Wollen Sie die Güte haben, Ihren Namen hier aufzuschreiben?", bringt bei der Vision jedoch nur einen Lacher hervor, dann die Antwort[108]: „N'ey pas necessari" – „Dies ist nicht notwendig", vorgetragen in einer „feinen und sanften Stimme", die nur Bernadette vernimmt. Nun jedoch trägt die Vision der Seherin eine Bitte, gepaart mit einem Versprechen, vor; zudem noch in einer so vornehmen Anrede, wie bisher noch niemand das arme Kind angeredet hat, und dazu nicht in der Herrensprache Französisch, sondern auf Platt, und, wie Bernadette später nicht ohne Genugtuung berichtet, sogar im spezifischen Lourder Platt[109]: „Wollen Sie die Güte haben, während vierzehn Tagen nacheinander hierher zu kommen? Ich verspreche Ihnen nicht, Sie in dieser Welt glücklich zu machen, aber in einer anderen".

4.4. Die Visions-Quinzaine

Mit Berufung auf die Autorität von Damen der besseren Welt – sowohl der diesseitigen als auch der jenseitigen – wird das mütterliche Interdikt über den Grottenbesuch aufgehoben, sodass Bernadette jetzt wenigstens von dieser Seite her ungestört wie verlangt während 14 Tagen ihre Visionen erleben darf. Eine der besseren Damen, Madame Milhet, nimmt sogar das arme Kind unter ihre mütterliche Fürsorge in ihr bürgerliches Heim auf[110].

Freitag, 19. Februar 1858: 4. Vision

Dies nun ruft Tante Bernarde auf den Plan, die es nicht leiden kann, dass Bernadette der familiären Mutterautorität entzogen werden soll. Bevor sie Bernadette wieder aus dem Hause von Madame Milhet zurückholen wird, will sie ihr Patenkind zunächst dadurch wieder unter den Einfluss des familiären Mütterzirkels bringen, dass sie mit zur Grotte pilgert. Daraufhin will nun jedoch auch Bernadettes leibliche Mutter ihre Tochter zur Erscheinungsgrotte begleiten. So sind es denn sowohl Louise Soubirous als auch Tante Bernarde und Madame Milhet nebst anderen schaulustigen Frauen, die Bernadette zum versprochenen Stelldichein bei der Grotte eskortieren. Dies am Freitag, dem 19. Februar[111].

Vor der Grotte kniend, verändert sich Bernadettes Gesichtsausdruck schon nach drei Gegrüßet-seist-du-Maria. Während sie mit erstaunlich vornehmer, standesunüblicher Weise ihre Vision mit Hand und Kopfzeichen begrüßt – „Was für eine Freude war es, sie so zu sehen", wird eine gebannte Augenzeugin später berichten[112] –, wird die Seherin plötzlich bleich wie Wachs, sodass man glaubt, sie würde sterben. Da entreißt die sie flankierende Tante Bernarde Bernadette schließlich durch einen Schreckensschrei dem Einfluss der Dame der Vision und lässt sie dadurch wieder zu sich kommen. Die wortkarge Seherin sagt nachher aus, dass dieses Etwas („aquerò") ihr nur stillschweigend zugelächelt habe. Die ganze Vision betrug diesmal etwa eine Viertelstunde.

Samstag, 20. Februar 1858: 5. Vision

Tags darauf sind es schon mehrere Dutzend Leute, die Bernadette in aller Frühe zur Grotte begleiten[113]. Eine Frau singt kniend das Ave Maria „für den Fall, dass es die Heilige Jungfrau sei", die da erscheinen würde[114]. Diesmal dauert es jedoch etwa eine Viertelstunde, bevor Bernadette dieses weiße Etwas sieht, das ihr stillschweigend zulächelt und grüßt. Die Menge, ganz ergriffen, sammelt sich, bis Bernadette nach etwa einer Viertelstunde aus ihrer Verzückung zurückkommt.

Flugs verbreitet sich in der ganzen Stadt das Gerücht, „ein kleines Mädel habe die Heilige Jungfrau gesehen", beziehungsweise, in der endgültigen Niederschrift dieses Gerüchtes durch den bürgerlichen Beamten Estrade, „die Jungfrau sei einem kleinen Mädchen aus dem Elendsviertel der Stadt erschienen"[115].

Sonntag, 21. Februar 1858: 6. Vision

So ist es nicht erstaunlich, dass tags darauf schon einige hundert Leute sich noch früher am Morgen eingefunden haben, um einer erneuten viertelstündigen stillen Verzückung Bernadettes vor der Grotte beizuwohnen[116].

Nach der Vesper wird Bernadette dann zum Verhör durch Polizeikommissar Jacomet abgeführt, der auch schon mit ihrem Vater zu tun gehabt hatte[117]. Doch gibt sich die Kleine erstaunlich zuversichtlich, selbstbewusst und unbeirrbar. Der gefürchtete Kommissar versucht zuerst, Bernadettes Vertrauen zu gewinnen, um dann etwas über ihre Visionen in Erfahrung zu bringen[118]:

„Siehst du dort [in Massabielle] etwas Schönes?
– Ja, mein Herr.
(...)
– Und Bernadette, so siehst du also die Heilige Jungfrau?
– Ich behaupte nicht, die Heilige Jungfrau gesehen zu haben.

– Ach so! Dann hast du also gar nichts gesehen!
– Doch, etwas habe ich gesehen!
– Nun, was hast du denn gesehen?
– Etwas Weißes.
– Etwas oder jemanden?
– Dieses etwas („aquerò") hat die Gestalt eines kleinen Fräuleins („damisèle").
– Du sagst „etwas"... und dieses hat dir nicht gesagt: „Ich bin die Heilige Jungfrau"?
– Dieses etwas („aquerò") hat mir das nicht gesagt."

Mit gerissenen Fangfragen und suggestiven Nahelegungen versucht Kommissar Jacomet eingehend herauszufinden, wer hinter den Visionen stecke – vergebens. Genau so vergebens sind die nun folgenden Versuche, Bernadette einzureden, sie hätte alles nur geträumt, sie einen verdrehten Polizeibericht gutheißen zu lassen (etwa: „Die Muttergottes hat mir zugelächelt"), oder sie unter Wutanfällen, Drohungen, Erniedrigungen und Beschuldigungen zum Versprechen zu bewegen, die Grotte nicht mehr aufzusuchen. Umso leichter ist es jedoch für Kommissar Jacomet, Bernadettes Eltern zu überzeugen, ihrer Tochter jeden weiteren Zugang zur Grotte zu verbieten.

Montag, 22. Februar 1858

Zwischen dem väterlichen Verbot und dem Versprechen gegenüber ihrer Vision hin- und hergerissen, kann Bernadette sich erst am Nachmittag, „von einer unwiderstehlichen Kraft gedrängt"[119], zu einem Besuch an der Grotte durchringen[120]. Zu Bernadettes größten Trauer tritt jedoch keine Vision ein, was der an ihrer Seite stehende Gendarm, der sie unablässig mit bissigen Bemerkungen traktiert, triumphierend auf sein Erfolgskonto verbucht.

Abends entscheidet Bernadettes Beichtvater, Abbé Pomian, dass sie nicht daran zu hindern sei, die Grotte aufzusuchen, während die Zivilautoritäten aus Gründen der öffentlichen Ruhe den gleichen Entschluss fassen.

Dienstag, 23. Februar 1858: 7. Vision

Unter den mehr als hundert Personen, die sich schon vor 6 Uhr Morgens an der Grotte eingefunden haben, sieht man jetzt auch mehrere Vertreter der höheren Stände[121]. Bernadette, flankiert von ihrer Tante Bernarde, fällt wie gewöhnlich vor der Grotte auf die Knie, zündet eine Kerze an, verneigt sich tief. Nach etwa zehn Ave-Maria beginnt die Verzückung mit dem darin üblichen Verhalten Bernadettes: Lächeln, Verneigungen, rührende Bekreuzigungen, stumme Bewegungen der Lippen, Freudesbezeigungen und Schatten von Traurigkeit.

Dieser Zustand dauert eine Stunde. Die Tiefe des veränderten Bewusstseinszustandes, in dem sich Bernadette befindet, wird durch experimentelle Beobachtung bestätigt: Bernadette reagiert nicht auf einen Nadelstich[122], und lässt, weltvergessen, ihren Finger ohne jeglichen Schaden minutenlang in der Flamme ihrer Kerze weilen[123].

Jean-Baptiste Estrade, eine lokale Notabilität, ist nach anfänglicher Skepsis von der Übernatürlichkeit der Erscheinung überzeugt, und zwar weil Bernadettes Gebärden die berühmtesten Schauspielerinnen in den Schatten stellten.

Übernatürliches Schauspiel

„Es ist unglaublich! Man muss es gesehen haben, um es zu glauben! Man behauptet, Bernadette spiele Theater; nun! wenn dies stimmt, so muss man zugeben, dass sie die beste Schauspielerin der Welt ist. Ich habe in Toulouse und in Bordeaux Frl. Rachel [eine kürzlich verstorbene Starschauspielerin] im Theater gesehen; sie ist großartig! Sie ist erhaben! Aber ich behaupte, sie ist unendlich unter Bernadette. Nein, verehrter Hochwürden, nein, Bernadette spielt nicht Theater, sie hat vor sich in der Grotte ein übernatürliches Wesen, welches sie sieht, welches zu ihr spricht und zu dem sie spricht. Die plötzliche Veränderung ihres Gesichtes und ihres ganzen Wesens übersteigt die menschlichen Kräfte; ich glaube, die Welt genug zu kennen, um dies behaupten zu können"[124].

Der Bürgersmann glaubte so, das Geheimnis von Bernadettes Visionen gelüftet zu haben. Ungelüftet bleibt aber bis heute das Geheimnis, das ihre Vision der Bernadette vielleicht an diesem Tag anvertraute[125]. Man vermutet, dass es sich um ein kleines Gebet handelt, das „für sie alleine", „nur für ihre Nöte bestimmt war", und das sie von nun an „bei allen Erscheinungen" sprechen wird, ja vielleicht sogar „jeden Tag ihres weiteren Lebens"[126].

Mittwoch, 24. Februar 1858: 8. Vision

Diesmal sind es schon ungefähr 300 Personen, die Bernadette frühmorgens bei der Grotte erwarten[127]. Nach dem ersten Gesätz des Rosenkranzes verfällt Bernadette in Verzückung. Nach fünf Minuten jedoch verfinstert sich der Gesichtsausdruck der Seherin, und das während ihrer Visionen übliche Totenweiß weicht aus ihrem Gesicht. Sie steht auf, wirft einen mit Zorn und Tränen erfüllten Blick in die Menge und begibt sich dann einige Schritte ins Innere der Grotte[128]. Wieder wird ihr Gesicht bleich und verzückt.

Nach einigen stummen Lippenbewegungen kehrt Bernadette an ihren ursprünglichen Platz zurück, wo abwechselnd Freude und Trauer auf ihrem Gesicht erscheinen. Bernadette grüßt und nickt mehrere Male, dann rutscht sie auf den Knien einige Schritte nach vorn und fällt mit dem Gesicht auf die Erde. Der Ohnmachtschrei einer neben ihr stehenden Tante Lucile holt Bernadette zu ihrer Enttäuschung aus der Verzückung zurück – woraufhin Bernadette nun dieser Tante Platzverweis erteilt[129].

Das Seherkind wundert sich, dass die Umstehenden nicht die von ihr vernommenen Worte gehört haben: ein neues Wort, mehrere Male wiederholt: „Penitenço“ (Buße), dann: „Beten Sie zu Gott für die Bekehrung der Sünder“[130]. Schließlich habe das weiße Fräulein sie mit traurigem Gesicht höflichst gefragt, ob es ihr etwas ausmache, auf die Knie zu fallen und den Boden zu küssen, als Buße für die Sünder.

Donnerstag, 25. Februar 1858: 9. Vision

Seit zwei Uhr morgens hat sich eine noch größere Menschenmenge vor der Grotte versammelt[131]. Wie gewohnt fällt Bernadette beim Rosenkranzgebet in Verzückung, entledigt sich dann aber ihres Kopftuches und ihrer Kerze, um mit einer erstaunlichen Behändigkeit auf den Knien in das Innere der Grotte zu rutschen. Nach einigem unentschiedenen Hin und Her zwischen dem Inneren der Grotte und dem Fluss bückt sie sich auf den Boden und beginnt, die feuchte Erde links im Inneren der Grotte aufzuwühlen. Die so entstandene Vertiefung füllt sich sogleich mit schlammigem Wasser[132]. Bernadette schöpft etwas von diesem Wasser mit ihrer Hand, führt es bis zu ihrem Gesicht, zu ihren Lippen, um es schließlich mit einer Gebärde des Ekels wegzuschleudern. Diese Szene wiederholt sich noch zwei Mal. Beim vierten Mal überwindet die Seherin sich und trinkt das schmutzig-lehmige Wasser, um sich dann auch noch ihr Gesicht damit zu beschmieren. Sodann reißt sie einige nahestehende Graspflanzen – eine Art Kresse[133] – aus und isst sie. Als Bernadette mit nur oberflächlich an ihrer Schürze abgewischtem, lehmbeschmiertem Gesicht auf ihren Platz zurückkehrt, wird sie von Tante Bernarde geohrfeigt und hastig mit einem Taschentuch gesäubert. Als die Seherin kurze Zeit später wieder aus ihrer – laut Gesichtsausdruck: traurigen – Entrückung erwacht, ist die Menge äußerst aufgebracht gegen Bernadette, welche ihr, anstatt der erhofften lichten Erhabenheiten, solch viehisches Benehmen vorgeführt hat: eine ungezogene Göre, die sich im Schweineschlamm suhlt und ins Gras beißt! Die Begeisterung für Bernadettes

Erscheinungen ist verschwunden. Doch einige wenige, meist einfache Leute, sind bei dem Erscheinen des Wassers tief berührt. Kaum hat Bernadette dem freigelegten, schüsselgroßen Loch den Rücken gekehrt, um zu ihrem ursprünglichen Platz zurückzugelangen, beeilt sich ein Anwesender, das freigelegte Wasser nun auch seinerseits zu trinken. Vor dem Nachhausegehen schließen sich noch einige diesem Tun an[134].

Währenddessen liefert die beschimpfte und gerügte Bernadette Erklärungen über ihr Verhalten ab; Erklärungen, die sie Jahre später in folgende Worte fasste:

> „Die Vision (...) sagte mir, zu der Quelle zu gehen, zu trinken und mich dort zu waschen. Da ich keine Quelle erblickte, ging ich zum Gave, um dort zu trinken. Die Vision aber machte mir mit dem Finger Zeichen, ich sollte unter den Felsen gehen. Als ich dort war, fand ich etwas Wasser, das aber wie Schlamm war, so wenig, dass ich kaum etwas mit meiner hohlen Hand fassen konnte. Da begann ich am Boden zu kratzen und dann konnte ich etwas Wasser schöpfen. Doch dreimal warf ich es fort, so schmutzig war es. Erst das vierte Mal konnte ich es trinken“[135].

Auf das viehische Grasessen angesprochen, rechtfertigt sich Bernadette später mit dem Hinweis, dass die Menschen doch auch Salat essen[136]. Immerhin wiederholt Bernadette das Grasessen an der Grotte nicht mehr – ja, sie erwähnt es in ihren Eigenberichten nicht einmal mehr –, während sie später dennoch regelmäßig weiter aus der Quelle zu trinken pflegt.

Am Nachmittag finden sich dann einige Leute in der Grotte ein, um das von Bernadette gescharrte Loch zu vergrößern und die Quelle freizulegen. Schon werden die ersten Flaschen mit Wasser von der Grotte gefüllt; eine davon von einem Jungen mit einer Augenschärpe, der laut Zeugenaussage an den folgenden Tagen plötzlich keinen Verband mehr trägt[137].

Am Abend erhält Bernadette eine Vorladung zum kaiserlichen Staatsanwalt in Lourdes. Aber trotz eines scharfen Verhörs gelingt es dem fassungslosen Prokurator Dutour nicht, Bernadette zum Versprechen zu bewegen, die Grotte nicht mehr aufzusuchen. Im Volksmund wird der Prokurator daraufhin aber von allerlei Spuk heimgesucht – zur Strafe für seine Skepsis[138].

Freitag, 26. Februar 1858

Auf Anraten von Tante Bernarde hin setzt sich Bernadette über das Verbot des Staatsanwaltes hinweg und geht zur Grotte, wo schon 500–600 Menschen sie erwarten. Trotz verzweifelter Gebete und Wiederholung der tags zuvor von ihrer Vision verlangten Gesten – außer dem Grasessen – tritt, sehr zum Leidwesen von Bernadette, keine Verzückung ein[139].

Samstag, 27. Februar 1858: 10. Vision

Vor einer beachtlich angeschwollenen Menschenmenge fällt Bernadette gegen sieben Uhr in Verzückung. Es wiederholt sich der bekannte Ablauf: Wechsel von Freude und Trauer im Gesicht, sowie die von ihrer Vision erbetenen Übungen: Kniefall, Bodenküssen, Quellwassertrinken[140].

Sonntag, 28. Februar 1858: 11. Vision

Am Sonntag danach finden sich 1150 Personen ein, um Bernadettes morgendlicher Erscheinung beizuwohnen, welche nach dem Muster des vorigen Tages abläuft[141].

Als sie nach der Sonntagsmesse dem Untersuchungsrichter Ribes vorgeführt wird, gibt sich Bernadette erstaunlich unverfroren und besteht auf ihrem Versprechen, die Grotte weiter zu besuchen.

Montag, 1. März 1858: 12. Vision

Nun müssen zwei Kavalleriejäger Bernadette den Weg durch die 1500-köpfige Menge bahnen[142]. Unter ihnen befinden sich die Eltern Bernadettes und, trotz des Verbotes des Dechanten von Lourdes, ein auswärtiger Priester, der sich später ob der Ästhetik des veränderten Zustandes der Bernadette zutiefst beeindruckt zeigt[143].

Allem Anschein nach verläuft Bernadettes Vision an diesem Tag nach dem gewohnten Muster. Etwas („aquerò") ist jedoch darüber verstimmt, dass Bernadette ihr mit einem Rosenkranz entgegentritt, den ihr eine andere Frau anvertraut hat: Die Vision verlangt nach Bernadettes Rosenkranz. Als die Seherin dem geschauten schönen Fräulein daraufhin demonstrativ den gewünschen Rosenkranz entgegenhält, ahmt die Menge spontan Bernadettes als Segensgestus gedeutetes Verhalten nach und hält ihre Rosenkränze in die Höhe.

Im Anschluss an die Vision des Tages erlangt eine Frau aus dem Nachbardorf Loubaca, die hochschwangere Catherine Latapie, die Heilung ihrer erlahmten Hand, als sie diese in die Quelle der Grotte taucht. Einer dringenden nächtlichen Eingebung folgend, begab sich die Frau zur Grotte, weil man ihr die Wunderwirkung von deren Wasser gerühmt hatte. Als sie nach einem Gebet ihre verunglückte, aller medizinischen Behandlung trotzende Hand in die Quelle taucht, kann sie sie sofort wieder bewegen. Augenblicklich setzen nun auch die Wehen ein, und nach einem erneuten Gebet an die Muttergottes gelingt es der Frau, noch nach Hause zu kommen, um dort schmerzfrei einen Jungen zur Welt zu bringen, welcher, auf den bedeutungsvollen Namen „Jean-Baptiste" getauft, als „Kind des Wunders" später die geistliche Laufbahn einschlagen sollte. Catherine Latapies Heilung wird als erstes offiziell von der Kirche anerkanntes Heilungswunder in die Geschichte von Lourdes eingehen[144].

Aber nicht nur Heilung, sondern auch Geld findet sich nun in der Grotte, und spontan sammelt der Sakristan die ersten Pilgeropfer ein und trägt sie zum Priester.

Dienstag, 2. März 1858: 13. Vision

Diesmal sind es laut Polizeibericht 1650 Personen, die Bernadettes wie gewohnt verlaufender Verzückung frühmorgens vor der Grotte beiwohnen[145]. Die Seherin erhält von ihrer Vision den Auftrag, den Priestern zu sagen, man möge in Prozessionen hierher kommen und hier eine Kapelle errichten[146]. Beim aufbrausenden – und erschreckten – Dechanten Peyramale stößt Bernadettes Ansinnen jedoch auf taube Ohren, und er verlangt von ihr, zuerst einmal dieses Etwas nach ihrem Namen zu fragen.

Mittwoch, 3. März 1858: 14. Vision

Bernadette findet sich einer enormen morgendlichen Menschenmenge (etwa 3000–4000 Personen aus Lourdes und Umgebung) gegenüber[147]. Das Gedränge ist so groß, dass Bernadettes Kerze zerbricht, auch ist ihr angestammter Platz für sie nicht zugänglich. Trotz des Gebetes stellt sich zum größten Leidwesen Bernadettes ihre Vision nicht ein.

Als sie am Nachmittag äußerlich und innerlich wieder zur Grotte gedrängt wird, erwarten sie diesmal nur etwa hundert Personen – und die Vision tritt flugs, wenn auch nur sehr kurz, ein. Von Bernadette auftragsgemäß nach ihrem Namen gefragt, lächelt das kleine Fräulein nur und wiederholt ihre Bitte nach dem Kapellenbau. Der Dechant verlangt daraufhin ein Zeichen zur Bekräftigung dieses Anliegens: Die Schauung soll ihren Namen preisgeben und den Rosenstrauch der Grotte zum Erblühen bringen.

Donnerstag, 4. März 1858: 15. Vision

Stattliche 7000–8000 Menschen, von einem starken Aufgebot der Ordnungskräfte bewacht, finden sich vor der Grotte ein, um der letzten Vision der angekündigten Quinzaine beizuwohnen[148].

Massenszenen

„Ich wunderte mich, dass niemand von den Leuten umkam. Es hatte sich solch eine Menschenmenge an den Felsen gehängt, es hätte keiner fallen können, ohne zehn mitzureißen. Niemals habe ich von einem Unfall gehört; kein Aufruhr; einige machten dumme Bemerkungen, Pendanten oder Rüpel: Man litt darunter, doch man musste blind, taub und stumm für die Rohlinge sein"[149].

Bevor sie zur Grotte geht, lässt Bernadette um 5 Uhr 30 noch eine Untersuchung von drei aus Bordeaux angereisten Ärzten über sich ergehen, die feststellen, „dass die Kleine von keiner Kopfkrankheit befallen sei"[150]; auch geht sie noch zur Totenmesse einer Tante väterlicherseits. Auf dem Weg zur Grotte wird Bernadette von einem Mann aus der Umgebung gebeten, für sein blindes Kind zu beten – woraufhin Bernadette entgegnet, das blinde Kind solle sich an der Grotte waschen[151]. Etwas weiter begegnet Bernadette einer Mutter mit einem lahmen und stummen Kleinkind, welche Bernadette nötigen will, für ihr Kind eine Kerze anzunehmen und diese der Allerheiligsten Jungfrau zu geben. Aber auch sie wird von Bernadette zurechtgewiesen: „Madame, ich werde für ihr Kind beten. Aber die Kerze, die können Sie selbst anzünden gehen, in der Grotte oder in der Kirche"[152]. Auch versucht man jetzt mit allen Mitteln, die Seherin zum Anfassen von mitgebrachten Rosenkränzen zu bewegen – ein Anliegen, welches für Bernadette noch einmal zur Plage ausarten soll.

Kurz nach sieben Uhr trifft Bernadette vor der Grotte ein, um beim dritten Ave Maria des zweiten Rosenkranzgesätzes in eine lang anhaltende, besonders beglückende Verzückung zu verfallen, mit den gewohnten Phasen der Traurigkeit, Verneigungen, inbrünstigen Bekreuzigungen und langsamen Abbetens des Rosenkranzes. Mitten in der Verzückung erhebt sich Bernadette und tritt, ihre Kerze in der Hand, in die Grotte hinein, spricht einige Minuten unhörbar wie mit einer unsichtbaren Anwesenheit, geht schließlich an ihren Platz zurück, nähert sich nochmals der Wölbung der Grotte, wartet, kehrt um, bekreuzigt sich und kniet an der gewohnten Stelle nieder. Dann steht sie auf, bläst das Licht aus und geht nach Hause.

Die Enttäuschung im Publikum ist groß: Alle hatten sich zum Ende der Quinzaine etwas Machtvolles, Außergewöhnliches gewünscht, doch Bernadette hat sie nicht befriedigt.

Zu Hause angekommen, gibt Bernadette einige Erklärungen für ihre Gesten während ihrer Vision ab. So habe sie erst beim dritten Versuch das Kreuzzeichen machen können, weil dann die Vision ihren Rosenkranz beendet hatte und dann ebenfalls das Kreuzzeichen machte. Des Weiteren sei sie traurig gewesen, wenn ihre Vision traurig sei und sie um Gebet für die Sünder bitte; und dass sie lächele, wenn auch die Vision lächele. So gibt Bernadette an, sie sei ins Innere der Grotte gegangen, weil auch die Vision dort hinabgestiegen sei. Ihre Base Jeanne Védère hätte so nahe an der Vision gestanden, dass sie sie hätte berühren können, wenn sie ihre Hand ausgestreckt hätte; auch hätte sie mit ihrer Vision genau so gesprochen, wie sie jetzt mit ihrer Kusine rede[153].

Vor der Wohnung der Seherin sammelt sich indes ein großer Menschenauflauf. Alle wollen Bernadette sehen, sie anfassen, sie küssen. Bernadette lässt diesen Berührungsansturm mit einem müden Lächeln über sich ergehen, jegliche Kraft solcher Praktiken in Abrede stellend[154]. Bernadette ihrerseits fasst jedoch die reichen Gaben nicht an, die die Leute ihr darbringen wollen.

Eine Magd bringt ein an Armen und Händen gelähmtes Kind von 6–7 Jahren zu Bernadette. Sie war wegen eines Wunders angereist und musste lange in der Schlange stehen, bevor sie Einlass in den Cachot finden konnte. Bernadette versucht vergebens, das Kind einen Apfel greifen zu lassen. Laut Bernadettes Aussage war dies das einzige Mal, dass man ihr einen Kranken zur Heilung brachte – ohne den geringsten Erfolg. Nichtsdestoweniger verbreitet sich aber in der ganzen Stadt das Gerücht einer erfolgten Wunderheilung des Kindes[155].

Wie war es möglich, dass die Enttäuschung über die morgendliche Vision in einen solchen Begeisterungssturm für die Seherin umschlug? Die Erklärung hierfür liefert der Fall des „Rotkäppchens“ Eugénie Troy[156].

4.5. Der Fall Eugénie Troy

Auf dem Rückweg von der Grotte erblickt Bernadette das blinde Mädchen mit dem roten Käppchen, dessen Vater auf dem Hinweg Bernadette um Fürsprache gebeten hatte. Die beiden Mädchen küssen sich und lachen miteinander, dann geht Bernadette weiter. Um zu sehen, mit wem sie es da zu tun hatte, nimmt das blinde Mädchen seine Augenbinde ab: Es ist nicht mehr vom Licht geblendet und gibt an, nun besser zu sehen. Dann begibt sie sich zur Grotte, um sich zu waschen.

Wie ein Lauffeuer verbreitet sich die Meldung dieser sofort als Wunder bezeichneten angeblichen Heilung. Um dieses Wunder offiziell anerkennen zu lassen, begibt sich die Menge mit dem Mädchen in der Mitte zum kaiserlichen Staatsanwalt Dutour, einem notorischen Skeptiker der Erscheinungen.

Dutour zeigt sich beeindruckt von der glückseligen, fast überirdischen Ausstrahlung des „Rotkäppchens“: „Das Glück strahlte in der Tat auf ihrem Gesicht, und eine übernatürliche Energie schien wirklich diesen verkümmerten Körper zu stützen und zu beseelen"[157]. Im Gespräch behauptet Eugénie Troy zwar, gar nicht komplett blind gewesen zu sein, jedoch jetzt viel besser sehen zu können. Die Zeugen können keine übereinstimmenden Aussagen zum Augenleiden des Mädchens machen, sodass der Staatsanwalt nur recht vorsichtig die Heilung zu Protokoll nimmt. Dann begibt sich die Menge zu Dechant Peyramale, wo der Vater des Mädchens „mit dem Ausdruck der tiefsten Überzeugung, mit Tränen in den Augen, vor mehreren Zeugen schwört, dass sein Mädchen auf wunderbare Weise sein Augenlicht zurückgewonnen hat"[158]. Die dabeistehenden Leute aus dem Dorf tun das Gleiche. Tief beeindruckt stellt der Pfarrer auf seiner Suche nach Beweisen für die Echtheit der Erscheinungen ein Protokoll für den Bischof auf[159].

Der tags darauf benachrichtigte Dorfpfarrer des Mädchens wird zwei Wochen später persönlich bei Dechant Peyramale mit einer höchst ernüchternden Antwort vorstellig[160]: Das Mädchen war nie blind gewesen, sein Augenlicht bleibt schlecht, und sie ist sehr krank. Der eigens zur Wunderkonstatierung geschickte Arzt Dr. Theil kann keine Heilung feststellen, sondern höchstens eine durch die in Lourdes erfahrene Freude eingetretene vorübergehende Besserung, sowie viel Wunschdenken. Das Mädchen stirbt 15 Monate nach ihrer Begegnung mit Bernadette[161].

4.6. Furchterregende Lichter in der Nacht

In derselben Nacht berichten mehrere Gruppen von Heimkehrern – unter ihnen sogar ein Gerichtsvollzieher – von geheimnisvollen Lichtphänomenen über der Stadt und in der Grotte, welche die Beobachter in Angst und Schrecken versetzten[162].

4.7. 5. bis 24. März 1858: 3 Wochen ohne Visionen

Fast 3 Wochen lang geht Bernadette nicht zur Grotte. Ihre Verwandten bemerken jedoch, dass Bernadette jetzt glücklicher und entschlossener ist, auch wenn sie im Unterricht keine Fortschritte erzielen kann. Woraufhin eine Schulschwester bissig bemerkt: „Du tätest gut daran, der Dame, die Du siehst, zu sagen, sie soll Dir ein bisschen Deine Lektion beibringen. Du verstehst es nicht, etwas zu lernen"[163].

4.8. Der Fall Jean-Marie Doucet

Am 9. März wird Bernadette von einer Schulkameradin zu deren kleinem Bruder, dem neuneinhalbjährigen Jean-Marie Doucet, gerufen, der sie unbedingt zu sehen verlangte[164]. Der kränkliche Kleine leidet seit Weihnachten an einer Art Maulsperre, die nur einmal pro Tag zu einer kleinen Mahlzeit aussetzt. Ärzte, Priester und Heiler sind hilflos, aber Bernadette gelingt es, zum Teil durch energisches Zureden sowie durch psychologisches Feingespür, den Kleinen zur Aufnahme der bereitgestellten Leckereien zu bewegen. Auch wenn der anhängliche Knabe noch immer zwischen den Mahlzeiten den Mund weit aufreißt, so hegt Pfarrer Peyramale doch hoffnungsvoll den Verdacht auf ein Wunder, das die übernatürliche Verursachung der Erscheinungen bestätigen würde. Als Bernadette auf Geheiß des kaiserlichen Staatsanwaltes ab dem 18. März ihre regelmäßigen Besuche bei Doucet einstellt, kriegt der Kleine den Mund wieder nicht mehr zu[165].

4.9. Donnerstag, 25. März 1858: 16. Vision

Am Morgen des 25. März, am Festtag von Mariä Verkündigung, fühlt sich Bernadette wieder zur Grotte „gedrängt" – genauso, wie die Gerüchte ihrer Mitmenschen es vorausgesehen hatten[166].

Vor der zwischenzeitlich mit einer Gipsstatue der Unbefleckten Empfängnis, mit Muttergottesbildern und Blumen zur „Kapelle" („chapelle") ausgeschmückten Grotte verfällt Bernadette erst am Ende des Rosenkranzgebetes in Verzückung. Etwas („aquerò") steigt diesmal noch näher an sie heran und berührt schwebend anwesende Personen sowie die aufgestellte Statue der Unbefleckten Empfängnis. Nur mit einiger Mühe gelingt es Bernadette, die ausgefeilte, auswendig gelernte Frage nach ihrer Identität vorzubringen, deren Beantwortung Pfarrer Peyramale als Bedingung für den Kapellenbau festgelegt hatte. „Fräulein, möchten Sie bitte schön die Güte haben, mir zu sagen, wer Sie sind?"[167] Dreimal lächelt dieses wie gewohnt, dann, als Bernadette die Frage zum vierten Male vorträgt, öffnet die Vision ihre gefalteten Hände, lässt beide Arme hängen, faltet dann wieder ihre Hände vor ihrer Brust, schaut zum Himmel empor und verkündigt, sie sei die Unbefleckte Empfängnis[168].

Hierauf kommt Bernadette aus ihrer etwa einstündigen Verzückung zurück, lässt ihre Kerze als Gabe zurück und eilt, die komplizierten, ihr unverständlichen Worte ihrer Audition vor sich hersagend, zu Dechant Peyramale. Dieser ist zwar durch die Namensverkündigung regelrecht überwältigt, jedoch, wie alle anderen auch, ob der Inkorrektheit der Formulierung – „Ich bin die unbefleckt Empfangene“, hätte die Vision als Muttergottes verkünden sollen – auch befremdet[169].

4.10. Vom 26. März bis zum 6. April 1858: 12 Tage ohne Visionen

Am 27. März untersuchen drei Ärzte aus Lourdes Bernadette, um die vom Präfekten ins Auge gefasste Einweisung in eine geschlossene Anstalt zu legitimieren. Sie legen sich jedoch wohlweislich weder auf eine präzise Diagnostik noch auf eine Therapie fest und schließen ihren Bericht mit dem Hinweis auf die Harmlosigkeit der „Krankheit“ Bernadettes ab, „die, sobald sie ihre üblichen Gewohnheiten zurückgewonnen hat, aufhören wird, an die Grotte und an die wundersamen Sachen, die sie berichtet, zu denken“[170].

Am Osterdienstag, dem 6. April, wird Bernadette mit ihrer Familie von einem Bürgermeister aus der Umgebung eingeladen, und zwar aus Dank für eine an der Grotte erfolgte Heilung seiner rheumatischen Schulter: Am 17. oder 18. März hat er in Begleitung seines Arztes die Grotte aufgesucht und seine Schulter im eiskalten Wasser der Quelle gewaschen. Nach einer anfänglichen schockbedingten Verschlechterung stellte sich allmählich eine große Besserung ein: Der Bürgermeister kann jetzt seine Hose zuknöpfen und sich bekreuzigen[171].

4.11. Mittwoch, 7. April 1858: 17. Vision

Vor etwa tausend Leuten, welche sich in aller Frühe vor der Grotte eingefunden haben, verfällt Bernadette beim zweiten Gesätz des Rosenkranzes in Verzückung[172]. Sie betet eine halbe Stunde lang den Rosenkranz weiter, während zwischen den einzelnen Ave-Maria Freude und Traurigkeit in ihrem Antlitz abwechseln. Es entwickelt sich diesmal jedoch kein Zwiegespräch zwischen Bernadette und ihrer Vision. Nach Beendigung des Gebetes steckt die Seherin ihren Rosenkranz ein. Da findet, noch mitten in der Verzückung, ein Ereignis statt, welches herkömmlich „das Wunder der Kerze“ genannt wird: Die in Verzückung versunkene Bernadette hält etwa 10 Minuten lang ihre linke Hand in die Flamme ihrer Kerze, ohne dass die Hand den geringsten Schaden davon trägt[173]. Der anfänglich skeptische Arzt Dr. Dozous, der im Namen der Wissenschaft präsent war, ist zutiefst erschüttert und augenblicklich von der Echtheit der Erscheinungen überzeugt[174]; er wird fortan ein eifriger Verfechter der Übernatürlichkeit von Bernadettes Visionen sein.

4.12. 13. April bis 11. Juli: die „Seherepidemie"

Da anscheinend der Präfekt Bernadette noch immer als Geisteskranke einsperren will, schickt man sie unter dem Vorwand der Behandlung ihres sich verschlimmernden Asthmas vorübergehend in das nahegelegene Thermalbad von Cauterets[175].

Derweil wächst in Lourdes und Umgebung die Zahl jener, die nun auch behaupten, in den Genuss übernatürlicher Erscheinungen zu gelangen, und zwar in einem Ausmaß, dass die Person und die Erlebnisse Bernadettes zeitweilig in den Hintergrund gedrängt werden[176].

Da ist zuerst eine Gruppe von fünf Frauen niederen Standes, die durch Bernadettes Visionen nach Massabielle gelockt wurden und welche im Kerzenlicht eine Steinbildung in einem Höhlengang im Innern der Erscheinungsgrotte für die Muttergottes halten. Die Anführerin dieser Frauen, Marie Cazenave, macht einen nicht unbedeutenden Eindruck auf die Besucher von Massabielle, und – sozusagen im Gegensatz zu Bernadette, hat es den Anschein –, spricht alles für ihre Person, teilt der erscheinungsgläubige Pfarrer Peyramale enthusiastisch dem Bischof mit[177].

Noch andere Frauen und Mädchen klettern in den Höhlengang im Innern der Erscheinungsgrotte und haben dort Visionen, die sie im Gegensatz zu Bernadette unverzüglich als Muttergottes identifizieren. Unter diesen Seherinnen tun sich besonders die mit Bernadette in etwa gleichaltrigen Joséphine Albario und Marie Courrech hervor. Während Joséphines Erscheinung bald immer unheimlichere Züge annimmt – sowohl ihre Vision als auch ihr Auftreten – und deshalb auf immer geringere Wertschätzung stößt, genießt Marie Courrech, deren Visionen lebhafter und freudiger sind als Bernadettes, hohes Ansehen. Bescheiden und uneigennützig, wird die Dienstmagd des Bürgermeisters von Lourdes bei den Leuten als willige Vermittlerin himmlischer Heilungsgnaden rege in Anspruch genommen. Auch beim Klerus findet die Seherin Gefallen, und, so urteilt Dechant Peyramale, falls es jemals ein heiliges Mädchen gegeben hat, dann ist es Marie Courrech[178].

Dann gibt es aber auch noch eine Anzahl von Kindern in und um Lourdes, deren Erscheinungen besonders lebhafte, ja wild-karnavaleske Züge tragen[179]: nicht nur, dass in Massabielle Bernadettes Visionsgebärden nachgeahmt werden, die Seherkinder ringen auch mit bösartigen Erscheinungswesen, errichten Kultstätten, wahrsagen und hellsehen, kommandieren die Erwachsenen herum, belustigen und ermahnen sie zugleich. Zeigen sich auch einige Erwachsene schockiert – etwa, wenn Seherkinder visionär schauen, wie vorzüglich die Leute in ihrem Heimattal, und insbesondere in ihrem Heimatort, sind, wie verkommen hingegen im Nachbarort Lourdes, oder wenn sie verkünden, Gott würde den Rosenkranz beten –, so ist doch offensichtlich, dass viele Erwachsene den Seherkindern wohlwollend Glauben und Unterstützung entgegenbringen. Es ist vor allem das Eingreifen des Klerus, das diesen Erscheinungen ein allmähliches Ende bereitet [180].

Die Zivilautoritäten ihrerseits lassen die Grotte räumen, verbarrikadieren sie und verbieten jeglichen Zugang, haben allerdings größte Mühe, diese Maßnahmen durchzusetzen.

Bernadette jedoch hält sich an das zivilrechtliche Verbot, die Grotte zu besuchen. Am 3. Juni wird sie endlich zur Kommunion zugelassen.

4.13. Freitag, 16. Juli 1858: 18. und letzte Vision

Am 16. Juli, am Fest Unserer Lieben Frau auf dem Berge Karmel, zieht es Bernadette wieder zur Grotte. Diesmal jedoch unter größter Geheimhaltung, im Schutze der abendlichen Dämmerung. Da die Grotte von der Staatsmacht verbarrikadiert worden ist, müssen Bernadette und ihre Begleiterinnen sich in einiger Entfernung diesseits des Flusses hinknien, um den Rosenkranz zu beten. Sofort verfällt Bernadette in Verzückung. Die Vision, die Bernadette so erlebt, als befänden sich beide wie üblich an der Grotte, ist diesmal wiederum stumm[181].

Auch wenn Bernadette noch regelmäßig weiter zur Grotte pilgerte, so sollte dies doch ihre letzte Vision gewesen sein.

Nachgestellter „Rosenkranzgestus" vom 1. März 1858 (12. Vision). Auf die Aufforderung, gefälligst echt, „so wie während der Ekstase" zu wirken, entgegnete Bernadette : „Sie ist aber nicht da".

Auf das Kommando des Fotografen schlägt Bernadette die Augen gen Himmel, weigert sich aber, so wie bei ihren Visionen auch noch den Kopf zu heben.

Bernadette und zwei Statistinnen müssen zur Nachstellung der ersten Vision vom 11. Februar 1858 posieren.

5. Das weitere Schicksal Bernadettes

Nachdem sie kurze Zeit als Kindermädchen gearbeitet hatte, wird Bernadette auf Fürsprache von höherstehenden Persönlichkeiten in das Lourder Hospiz der Schwestern von Nevers aufgenommen[182]. Dort kann sie Schulunterricht, Erziehung und Ruhe genießen – alles jedoch mit recht dürftigem Erfolg. Sie, die hier ihre Vorliebe für die Pflege von Kranken und Bedürftigen entdeckt, ist selbst chronisch krank, ohne dass sich eine Besserung einstellt – im Gegenteil. Am 28. April 1862 glaubt man Bernadette, wie schon mehrere Male zuvor, dem Tode nahe, ruft den Arzt und verabreicht ihr die Letzte Ölung. Nachdem ihr eine Hostienpartikel mit etwas Lourdeswasser gereicht worden ist, entspannt sich plötzlich Bernadettes Atmung, sie will aufstehen und essen. Diese plötzliche Heilung wird denn auch sofort als Wunder betrachtet[183].

Trotz ihrer Gebrechlichkeit ist Bernadette oftmals einem wahren Strom von Besuchern ausgesetzt, denen sie regelrecht vorgeführt wird: „Oh! Meine Mutter, protestiert sie, Sie zeigen mich vor wie einen fetten Ochsen“[184], so Bernadette zur Mutter Oberin des Lourder Hospiz, und zu einer dortigen Schwester: „Aber, liebe Schwester, lassen Sie mich weg von hier. Sie stellen mich zur Schau wie ein exotisches Tier“[185].

Die Vision wird zur Miniatur, die Grotte zu Neugotik, Bernadette zur Christusbraut und die ganze Installation zum Heiligenbild.

Eine Vorführung der Bernadette

Zusammen mit mir befand sich unter den Besuchern „eine Bäuerin (...) welche auf ihren Knien, mit einer rauhen Windel umwickelt, eine Art Gespenst von Kind an ihrem Busen hielt.
Einige Augenblicke später führte die Pförtnerin einen Kirchenmann von mächtiger Statur herein, mit abrupten Gesten (...) ein Dragoner in priesterlicher Kleidung, (...), die Soutane abgewetzt (...) er ging mit großen Schritten im Zimmer auf und ab, so als könne er nicht still stehen. Dies war Pfarrer Peyramale .
Endlich hörte man Schritte durch eine offenstehende Tür, dann das Geräusch einer schwerfälligen Atmung, gepresst, pfeifend. Es erschien die Oberin mit einem kleinwüchsigen Kind, welches wie dreizehn oder vierzehn aussah: Sie war neunzehn. Das junge Mädchen trug die Tracht der Bäuerinnen. Das traditonnelle Kopftuch der Gasconinnen kerkerte ihr schwarzes Haar ein, kaum sichtbar unter einer freigelegten Stirn. Ein farbiges Tuch bedeckte ihre Brust und tauchte seine Spitzen unter die düstere Schürze, welche unter ihrem Bunde hing. Ihr Gesicht von einem vollen und regelmäßigen Oval, hatte nichts Hervorspringendes. Die Anstrengung eines schwerfälligen Ganges in Folge von Erstickungsnot hatte ihren Wangen eine zinoberrote Röte verliehen, wie sie bei Schwindsüchtigen und Asthmatikern häufig ist (...) Der Pfarrer sprach mit seiner rauhen Stimme:
– Nun! Bernadette, ist Dir nicht gut? Möchtest Du schon die Radieschen von unten ansehen?
Ohne ihr Zeit zur Antwort zu lassen, da jede Ermüdung, selbst eine leichte, ihr eine Krise verursachen konnte, lieferte er in wenigen Worten den Bericht der Erscheinungen.
– Erinnerst Du dich, fügte er hinzu, wie ich dich empfangen habe? Du sagtest mir, Du kämest im Auftrag der Dame! Welche Dame? Ich weiß nicht! Du weißt nicht? Dann lügst Du also! Und als ich dich die Dame anfragen ließ, dass sie mitten im Februar den Rosenstrauch zum Erblühen bringen solle, wenn sie wirklich die Heilige Jungfrau sei! Sie hat gelächelt, die Muttergottes. Der Rosenstrauch ist nicht erblüht, aber die Quelle sprudelte hervor, dies war die Antwort (...)
Bernadette, immer noch stehend, blieb still. Ihr Gesicht war unerschütterlich.
Die arme Mutter gab Zeichen von Ungeduld. Was scherte sie diese Schwätzereien! Plötzlich schnellt sie empor, hält ihr das kleine Wesen entgegen und schreit mit Tränen in ihrer Stimme:
– Fräulein, meine Kleine ist sehr krank. Im Namen der Guten Dame, berühren Sie sie mit Ihrer Hand.
(...) Das junge Mädchen schreckte zurück. Die Oberin sagte zu ihr:
– Geben Sie dieser Armen Frau die Genugtuung, nach der sie verlangt.
Die Schwester ließ uns eine Photographie übergeben, auf deren Rückseite die Seherin vor uns schrieb: ‚Beten Sie für Bernadette'“[186].

Fotografische Vorwegnahme im Hospiz zu Lourdes: Als Nonne verkleidet taucht Bernadette inmitten der Schwestern von Nevers unter.

Die Grotte am 4. April 1864.

Mit allen nur erdenklichen Tricks und Mitteln versuchen die Besucher, eine „Reliquie“ von Bernadette zu erhaschen.

Die von Bernadette angefertigten und massenweise feilgebotenen Fotos sollten sie später zur ersten katholischen Heiligen machen, von der man bei lebendigem Leibe aufgenommene Fotos besitzt[187].

Dennoch fühlt Bernadette sich wohl und gut aufgehoben in ihrer neuen Umgebung. Doch vom Bischof vor die Wahl gestellt, will sie keineswegs in die Welt zurück, wo sie hätte Näherin oder Büglerin werden sollen, sondern lieber ins Kloster – sowie auch andere Seherinnen vor ihr, ihrer Mittellosigkeit zum Trotz, auf Grund ihrer Visionen dennoch ins ungleich mehr Freiheit und Ansehen versprechende Kloster gehen durften[188]. Hinzu kommt, dass Bernadette nur zwei gottgegebene Möglichkeiten sieht, der ihr unerträglichen Verehrerschar zu entrinnen: entweder der Tod oder die Klosterklausur[189].

Am 4. April 1864, am Tag der festlichen Einweihung der aktuellen Muttergottesstatue in der Erscheinungsgrotte, bei deren Anfertigung der Künstler im Grunde den Anweisungen der Seherin keinerlei Rechnung getragen hat, entschließt sich Bernadette, bei den Schwestern von Nevers einzutreten[190]. Mit dem Tod der Tante Bernarde (23. 11. 1864) fällt denn auch das größte diesbezügliche Hindernis weg: Bernarde hatte sich in der Tat immer vehement gegen Bernadettes Eintritt ins Kloster gewehrt[191].

So wird denn Bernadette, dank ihres besonderen Status als Seherin, trotz ihrer Armut und Ungebildetheit, im Juli 1866 ins vornehme Kloster von Nevers aufgenommen, wo sie unter dem Ordensnamen Marie-Bernard als Krankenschwester arbeitet. Lourdes und die Grotte hat Bernadette nie wieder gesehen, trotz ihres sehr heftigen Verlangens: Ob des Massenandrangs und der Veränderungen an der Grotte wollte sie, als man ihr die Gelegenheit dazu anbot, gar nicht mehr zur Grotte zurück.

Die Jahre in Nevers werden jedoch für Bernadette zu einer Art Kreuzweg werden, verursacht durch die systematischen Demütigungen der Klosterzucht und die sich stets verschlimmernde Erkrankung der Atemwege, zu der dann auch noch tuberkulöser Knochenfraß hinzukommt[192]. Dennoch bezeugt die immer wieder überaschend temperamentvolle und schelmische Bernadette ständig eine gewisse Freiheit jenseits aller Konventionen[193]. Einen guten Tod herbeisehnend, stirbt Bernadette unter unsäglichen Qualen – „Ich werde zermalmt wie ein Weizenkorn ... ich hätte nicht geglaubt, dass man soviel leiden muss, um sterben zu können"[194] – am 16. April 1879, im Alter von 35 Jahren. Der im Zuge des Seligsprechungsverfahrens 1909, 1919 und 1925 exhumierte Leichnam Bernadettes ist unverwest und fortan in einem Schaukasten in der Klosterkapelle von Nevers hinter Glas sichtbar aufgebahrt[195]. Schliesslich wird Bernadette von Papst Pius XI. am 14. Juni 1925 selig und am 8. Dezember 1933 heilig gesprochen.

Bernadette, gerade verstorben, wird zur frommen Erbauung aufgebahrt und abgelichtet.

Unverwest der Verehrung ausgesetzt: Bernadette im Glassarg nach der Exhumierung 1925.

Unter der Kuppel des Petersdoms zur Ehre der Altäre erhoben: Bernadettes Heiligsprechungsfeier am Festtag der Unbefleckten Empfängnis des Jahres 1933.

6. Deutung der Visionen

6.1. Die kollektive Ebene: Erwartung und Erfüllung

Wie jede menschliche Handlung, so haben auch Bernadettes Visionen und Auditionen zwei miteinander verwobene aber theoretisch doch zu unterscheidende Bedeutungsebenen: eine individuelle und eine kollektive. Dass letztere von den verschiedensten Beobachtern ungleich mehr beachtet wurde[196], hat mehrere Ursachen. Zum einen: Zum gesellschaftlichen Kontext, in den Bernadettes Visionen eingebettet sind, gehören in einem heute nur schwer nachvollziehbaren, geradezu wesentlichen, identitätsstiftendem Maße Muttergotteserscheinungen, die sich äußerst spektakulär in Serie unter ähnlichen Umständen wiederholen. In der Tatsache, dass gerade analphabetisch-einfältige, jungfräulich-unschuldige, unberührt-wilde Hirtenkinder zum Mittler übernatürlicher Gnadenkraft auserkoren wurden, zeigte sich bis in die Mitte des 20. Jahrhunderts hinein die Wirkkraft archaischer religionsanthropologischer Grundstrukturen, welche nur funktionieren, wenn jegliche Individualökonomie beim Seherkind selbst ausgeschlossen ist. Als weitere diesbezügliche Ursache wirkte Bernadettes dogmenkonjunkturell höchst willkommene Bezugnahme auf die erst kürzlich definierte Lehre der Unbefleckten Empfängnis. Dann, nach 1870, entwickeln sich durch den Sturz des Kaiserreiches, das Scheitern der Restaurationsversuche der Monarchie und die sowohl national als auch international sich verstärkende Kirchenverfolgung nochmals neue Sinngebungen für Lourdes: Wie Jeanne d'Arc mit Rüstung und Schwerte hoch zu Ross, so wird Bernadette mit Capulet und Rosenkranz vor der Grotte kniend, in Frankreich zum Fanal einer nationalkirchlichen Befreiungsfront. Von großer therapeutischer und noch größerer apologetischer Bedeutung sind schließlich die der Muttergottes zugesprochenen Wunderheilungen als wissenschaftlicher Beweis des von der Kirche vermittelten Übernatürlichen im Zeitalter des positivistischen Scientismus.

All diese Faktoren bewirkten ein überaus großes Interesse an der kollektiv-universellen Bedeutung der Visionen und Auditionen Bernadettes. Angesichts solch epochaler Implikationen konnte die individuelle Bedeutung dieser Geschehnisse für die Seherin selbst – insofern ihre Zeitgenossen überhaupt so etwas bei einem unscheinbaren und einfältigen Mädchen zu vermuten im Stande waren –, nur verblassen. Dies umso mehr, als Bernadette knappe zwei Jahre nach ihren Visionen tunlichst im Hospiz kaserniert und sechs Jahre später definitiv hinter Klostermauern klausuriert und somit im wahrsten Sinne des Wortes aus dem stets anschwellenden Verkehr der Lourdespilger und Bernadetteverehrer gezogen wurde.

Dass einer individuellen Sinngebung der Erscheinungen Bernadettes kaum Beachtung gezollt wurde, spricht aber nicht gegen eine solche Bedeutung. Es mag jedoch als Grund gelten, auch unsere Betrachtungen zuerst bei der gemeinschaftlichen Bedeutung der bernadettschen Visionen und Auditionen anzusetzen. Denn eine individuelle Bedeutung, die einer kollektiven vorangehen würde, wäre der Gruppenhaltung früherer Gesellschaften zutiefst zuwidergelaufen. Dort, wo getreu dem „cui prodest" alter Rechtsfindung Eigennutz vor Gemeinnutz gehen würde, wäre ipso facto schon Lug und Betrug vermutet worden. Zumal traditionsvermittelte, heiligste Universalreferenzen sich im Spiel befanden: Die Muttergottes würde sich wohl kaum zur bloßen persönlichen Befriedigung einer unbedeutenden Bernadette von ihrer himmlischen Glückseligkeit herab in die Schweinsgrotte von Massabielle bemühen – hier mussten also höhere, universal-kollektive Bedeutungen vom Himmel zu vermitteln versucht worden sein. Wie die Hospizschwestern in Lourdes es der vorführverdrossenen Bernadette immer wieder einschärften, „fanden die Erscheinungen nicht zu ihrem eigenen Vergnügen statt, sondern zur Erbauung der ganzen Welt"[197].

Doch eben wegen dieser enormen Bedeutung von Visionen war man deshalb Sehern gegenüber zuerst einmal sehr kritisch eingestellt. Auch wenn das Übermitteln von himmlischen Offenbarungen an die menschliche Gemeinschaft durch einfältige, unschuldige Kinder damals zur gängigen Vorstellungswelt der Pyrenäenbevölkerung gehörte[198], so war doch aus eben diesem Grunde zuerst einmal die genuine Unschuld des Mittlers sicherzustellen. Umso ausgeprägter durfte dann die Begeisterung sein, welche sich nach bestandener Prüfung einstellte.

Bei der Frage nach der Bedeutung von Bernadettes Erscheinungen ging es, wie an der Bernadette verpassten Nadelprobe handfest wurde[199], zuerst einmal um den Ausschluss von willentlichem Betrug. Damit beginnt auch ein Verwandter von Bernadette, Schuldirektor Clarens, der schon eine gewisse Erfahrung in der Aufklärung von vermeintlichen Spukfällen hatte[200], seine Überlegungen zu den Visionen seiner Verwandten. In seiner noch während der Erscheinungen verfassten Denkschrift an den Präfekten Massy fängt er die Diskussion mit der alles bewegenden Frage an, was Bernadette denn nun gesehen haben mag. Für ihn ist bezeichnenderweise die augenscheinliche Naivität Bernadettes der beste Beweis für ihre Aufrichtigkeit:

„Eine Frage stellt sich hier ganz natürlich. Sieht die kleine Bernardine[201] Soubirous etwas? Über die Anwort können keine Zweifel bestehen: ihr junges Alter; – das Fehlen jedlicher Bildung bei ihr; – das friedlich bei ihrem Nährvater verbrachte Leben auf dem Lande, wo sie vor kaum einem Monat noch Hirtin war; – ihre naive Unschuld, alles in ihr bezeugt im hohen Maße, dass sie auch des leichtesten Schwindels unfähig ist“[202].

Mag uns heute eine solche Argumentationsweise selbst naiv vorkommen, so entsprach sie dennoch der allgemeinen Sicht der Gebildeten eines Zeitalters, das bodenständige Bergbauern als „sanior pars populi“, „gesünderen Teil des Volkes“ ansah und den Mythos der natürlichen Unverdorbenheit gerade von Kindern innigst huldigte. Dem traditionell-populären Topos des Kindes als göttliches Sprachrohr entspricht auf einer sozial höheren Stufe der romantische Mythos des „bon sauvage“, des „edlen Wilden“. Ohne diese spezifischen Annahmen und Erwartungen, welche man durch die ihnen entsprechende Persönlichkeit der Seherin bestätigt sehen wollte, wäre die Karriere der Bernadette undenkbar gewesen. Erst dadurch, dass die damalige Gesellschaft in all ihren Schichten die von Sehern erwarteten Verhaltensmuster bei Bernadette vorfinden

Bernadettes 18. Vision aus dem Pinsel ihres Bruders: Von der Urheberin stadtnaher Massenspektakel zurück zum einsamen Naturkind.

konnte – dass dies unter einigen Zurechtbiegungen und Auslassungen zu geschehen hatte, zeigt noch einmal die außerordentliche Relevanz dieser Topoi –, war es möglich, den Visionen der Bernadette jene überindividuelle Bedeutung zuzuschreiben, welche sie schlussendlich legitimieren und ihre Fortdauer ermöglichen sollte.

Indem Bernadette eine schöne Dame schaute, tat sie zwar etwas Außergewöhnliches, aber dennoch nichts eigentlich Unordentliches – im Gegenteil. Solche Erscheinungen entsprechen einem mehr oder weniger genau umrissenen Topos einer traditionellen Welterfahrung, die durch viele Jahrhunderte des Christentums zurück bis in heidnische Vorzeiten hinein aufgezeigt werden kann[203]. Dass wundersame Erscheinungen von weißen Liebfräulein, vorzugsweise in abgeschiedener Wildnis, bei Wasser, Felsböden und Grünsträuchern, ein fester Bestandteil der vorchristlichen europäischen Folklore im Allgemeinen und der der Pyrenäen im Besonderen ist, wurde nicht erst durch heutige Anthropologen enthüllt, sondern war auch Bernadettes Zeitgenossen voll bewusst. Sehr trefflich bringt dies wiederum Schuldirektor Clarens zum Ausdruck:

> „Aber: was sieht sie denn?
> Unsere Ahnen hätten nicht gefehlt auszurufen, dass die Fee Melusina aus Britannien, oder Banshee aus Irland, oder Ortoli aus Korsika, oder Urgela, oder die weiße Dame, usw., diese Gegend verlassen hätte, um eine bevorzugte Höhle am Fuße unserer Berge zu bewohnen“[204].

Und auch Priester, die Bernadette verhören, stellten zuerst einmal die Frage, inwiefern die Seherin bei ihrer Vision nur vorher Gehörtes über Elfen und Hexen wieder hervorbringt[205]. Dass, obwohl mit ihnen vertraut, weder Bernadette noch die Menge dieses erscheinende Etwas („aquerò“) als Wesen der pyrenäischen Bergwelt, sondern – im Falle des Volkes – spontan als Jungfrau Maria verstehen, zeigt, wie tief die Christianisierung der Vorstellungswelt saß, wenn auch die Erscheinung selbst und das Verhalten ihr gegenüber – besonders das Opferbringen und Namenfragen – starke Charakteristiken vorchristlicher Volkspraktiken aufzeigt. Doch lassen wir auch hier Schuldirektor Clarens das Wort:

> „Aber die große Masse (…) glaubt und verbreitet heute mit soviel Leidenschaft: dass die Jungfrau einem Mädchen erschienen ist, um ihre eine Offenbarung mitzuteilen.
> Auch wenn man die Leichtfertigkeit, mit welcher die Bevölkerung nach einem Wunder ruft, noch ehe die kirchliche Autorität, welche einzig ihre Führerin in diesen Dingen zu sein hat, ein Urteil gefällt hat, tadeln muss, so kommt man doch nicht umhin, mit großer Genugtuung anzuerkennen, dass die abergläubischen Anschauungen unserer Ahnen im Geiste unserer Zeitgenossen religiösen Sichtweisen

Platz gemacht haben; und dies ist gewiss nichts Geringes. Wir würden uns glücklich schätzen, wenn unsere alltäglichen harten Anstrengungen ihren Beitrag, und sei er noch so gering, zu diesem Fortschritt unserers Jahhunderts beigetragen hätten!"[206].

Genau in dem Sinne des Fortschrittes wird denn auch von den Gläubigen die Tatsache gedeutet, dass die Schauungen der Bernadette eigentlich nur eine Neuauflage von sowohl in ältester als auch in neuester Zeit sich ereignenden Muttergotteserscheinungen sind – ein Punkt, auf den auch schon Schuldirektor Clarens aufmerksam machte, als er die rhetorische Frage nach der Unmöglichkeit eines Wunders stellt:

„Ohne bis zu den Heiligen Geschichten zurückzugehen, so hat die kirchliche Autorität zu allen Zeiten bei uns die Wunder der Erscheinungen von Héas, Piétat, Garaison und Bétharram konsekriert. Die profane Geschichte selbst gibt uns diesbezügliche Beispiele, darunter sogar ein recht junges, die Bekehrung von Ratisbonne durch die Erscheinung der Jungfrau in einer Kirche in Rom"[207].

Während in der modernen Geschichtsschreibung die anthropologischen Konstanten, sowie die entsprechende Häufung der Muttergotteserscheinungen bis in die erste Hälfte des 20. Jahrhunderts, lange Zeit als Beweis für die Rückschrittlichkeit des Volkes und gegen die übernatürliche Verursachung dieser Phänomene gedeutet wurden, galt dieselbe Beobachtung demnach bei den gläubigen Zeitgenossen als Beweis für genau die gegenteiligen Auslegungen.

Exkurs I: Konstanten der Muttergotteserscheinungen im 19. Jahrhundert oder Lourdes als Trendsetter

Serienprodukt

Obwohl Muttergotteserscheinungen fast so alt sind wie das Christentum[208], zeigen doch ihre Formen und Umstände erhebliche Varianten auf – wenigstens bis die Visionen der Bernadette quasi zur Norm aller weiteren Marienerscheinungen werden, Italien ausgenommen[209].

Während im 18. Jahrhundert Erscheinungen eher selten waren und bei der aufklärerischen kirchlichen Obrigkeit stark unter dem Verdacht des Aberglaubens und der Täuschung litten, standen solche Phänomene seit der Französischen Revolution als zunehmend salonfähig wieder hoch im Kurs[210]. Im Unterschied etwa zum Mittelalter, wo vornehmlich Männer Visionen von allen nur erdenklichen wundersamen Wesen berichten, wurden Erscheinungen jetzt mit betonter Vorliebe weiblichen Kindern offenbar, und zwar immer bevorzugter von Seiten ihrer allerliebsten himmlischen Mutter. Dies entspricht denn auch der allgemeinen Sentimentalisierung und Verweiblichung, welche Historiker für den Katholizismus des 19. Jahrhunderts ausmachen[211]. Neu ist auch, dass nun die Erscheinung selbst zum Mittelpunkt eines Kultes wird. „Es war eine französische Schöpfung, und die Elemente, die das neue Idiom prägten, stammten aus drei Erscheinungen, die in Frankreich in einem Zeitraum von kaum dreißig Jahren stattfanden“[212]: Rue du Bac, La Salette, Lourdes.

In dem in der Pariser Rue du Bac gelegenen Kloster der „Filles de la Charité“ hatte die 24-jährige Novizin Catherine Labouré 1830 Visionen der Muttergottes, auf deren Geheiß dann die bis heute millionenfach verbreitete „Médaille miraculeuse“ geprägt wurde. Die Seherin dieser offiziell von der Kirche anerkannten Erscheinungen wurde 1933 selig und 1947 heilig gesprochen und als unverwester Leichnam in einem Glassarkophag im Chor der Klosterkirche zur Schau gestellt[213].

1846 hatten zwei kleine Armenkinder, die 14-jährige Mélanie Calvat und der 11-jährige Maxime Giraud, beim Kühehüten auf der Alm in der Nähe von La Salette in den französischen Alpen die Vision einer weinenden Dame, welche sich als Muttergottes ausgab und ob des gottlosen Treibens dieser Gegend das unmittelbar bevorstehende Strafgericht ihres erbosten Sohnes ankündigte, mit längeren Ausführungen über Feld- und Gartenfrüchte. Während die Seherkinder zunehmend auf Abwege gerieten, lösten ihre 1851 offiziell anerkannten Erscheinungen einen wahren Begeisterungssturm nicht allein unter katholischen Schriftstellern aus, die im so genannten „Melanismus“ den geheimen Offenbarungen der Melanie frönten[214].

Die Erscheinungen von Lourdes erhoben dieses seherische Kindermodell vollends zur Norm. Dies veranschaulichen überdeutlich die offiziell anerkannten Erscheinungen von Pontmain (Frankreich 1871)[215], Fatima (Portugal 1917)[216], Beauraing[217] und Banneux[218] (Belgien, 1932 und 1933). Sie ragen aus der Fülle von größtenteils offiziell nicht anerkannten Marienerscheinungen heraus.

Daneben darf man aber mitnichten die Existenz und Wirkkraft von Muttergotteserscheinungen aus den Augen verlieren, die diesem Modell nicht entsprechen, nicht zuletzt auch im Hinblick auf die Erscheinungen in Lourdes selbst. In dieser Hinsicht wäre vor allem die Marienvision zu nennen, die 1842 der französische Jude Alphonse Ratisbonne in einer römischen Kirche erlebte und die seine spektakuläre Bekehrung zum Katholizismus auslöste[219].

So machen denn sowohl erscheinungsgläubige Marienverehrer als auch neutrale Wissenschaftler darauf aufmerksam, dass es bezüglich der

Catherine Labouré, Paris 1830

Alphonse Ratisbonne, Rom 1842

Bernadette Soubirous, Lourdes 1858

Erscheinungen von Lourdes zahlreiche Elemente gibt, die sie in den gewohnten und somit auch erwarteten Rahmen europäischer Muttergotteserscheinungen des 19. Jahrhunderts stellen. Da diese Elemente an anderen Orten ausreichend herausgearbeitet worden sind[220], seien sie hier nur kurz genannt:

Im erscheinungsfreudigen Südeuropa gelegen, befindet sich Lourdes in einer für zukünftige Erscheinungsorte typischen Abseits- und Abhängigkeitsposition, in diesem Falle gegenüber den zahlreichen Marienheiligtümern des Marienlandes Frankreich im Allgemeinen und der Pyrenäen im Besonderen – während es durch Bernadettes Visionen dann plötzlich ins Zentrum dieser religiösen Geographie gerückt wird. Gleiches gilt übrigens auch für den gerade zu dieser Zeit sich entwickelnden Tourismus, wo Lourdes bis dato gegenüber den zahlreichen Badeorten der Umgebung im Abseits schmachten musste, bevor es durch Bernadette zur zweitgrößten Fremdenverkehrsstadt Frankreichs aufsteigen konnte.

Mariette Béco, Banneux 1933

Lúcia dos Santos, Jacinta und Francisco Marto, Fátima 1917

Wie andere Erscheinungsorte befindet sich auch Lourdes in einem durch latent instabile Verhältnisse gekennzeichneten Grenzland. Zudem erfolgen die Erscheinungen in einem Augenblick großer kollektiver Ängste. Wenn diese auch nicht so stark ausgeprägt sind wie in der Rue du Bac (Pariser Revolution von 1830), La Salette (Hungersnöte und Spannungen im Vorfeld der Revolution von 1848), Pontmain (preußischer Vormarsch 1871), Fatima (portugiesische Revolutionswirren und Weltkrieg 1917), Banneux und Beauraing (Weltwirtschafskrise und politische Instabilität 1932 und 1933), so hat doch das weniger als einen Monat vor den Erscheinungen erfolgte und große kollektive Emotionen auslösende Attentat auf Kaiser Napoleon III. sicher nicht zur Beruhigung einer durch Hungersnöte, Choleraepidemie und ständigem sozialen Abstieg gekennzeichneten Bevölkerung beigetragen[221].

Dass die Schauungen von Lourdes einem armen Kinde in abgeschiedener Wildnis in der ohnehin schon abgeschiedenen und wilden Bergwelt der Pyrenäen widerfahren sind, ist nicht nur ein Remake der Erscheinungen von La Salette, die sich unter quasi gleichen äußeren Umständen ereigneten, sondern reiht sich bestens sowohl in den alten „Schäferzyklus" benachbarter spanischer Erscheinungen ein[222] – nicht zufällig wird Bernadette mit Vorliebe als kleines Hirtenmädchen hochstilisiert –, als auch in die zeitgenössische Mode des Pyrenäismus, der romantischen Begeisterung für eine vermeintlich idyllische Pyrenäenwelt[223]. In den Erscheinungen von Lourdes findet sich somit eine Verquickung zwischen religiös-kulturellen Gemeinplätzen – der Berg als Meetingpoint zwischen Himmel und Erde[224]; Außenseiter der sozialen Zivilisation als Vermittler des Numinosen –, sich erneuernder Marienfrömmigkeit und modischer Berg- und Bodenschwärmerei: Der Berg ruft, und der Himmel ruft in den Bergen, und Dank der schon 1866 in Lourdes angelangten Eisenbahn können alsbald ungeheurere Menschenmengen diesem Ruf Folge leisten. So entwickelt sich in Lourdes ein in dieser Form neuartiger Pilgertourismus, der wesentlich zur außerordentlichen Anziehungskraft des Pyrenäenheiligtums beitragen wird – etwas, dessen man sich auch im Hinblick auf die in Lourdes aufgesuchte und erfahrene Heilkraft immer bewusst bleiben muss.

Naturphänomen

Auch der Erscheinungsort selbst mit seiner Grotte, seinem Dornbusch, seinem Windsäuseln, seinem Dunst und Nebel, seinem Erscheinungs- und späteren Kerzenlicht, seinem Bach und seiner Quelle, seinem Gras und seinem Boden, vereinigt in sich sämtliche Naturelemente, welche alle in die Schauung einer höheren Wirklichkeit miteinbezogen werden[225],

Das älteste Foto der Erscheinungsgrotte, mit eingerichtetem Brunnen, befestigtem Zugangsweg und betenden Pilgern (1858).

Die gleiche Grotte etliche Jahrzehnte später, mit dem1863 erstellten Absperrgitter.

quasi als mikrokosmisches Abbild der gesamten Schöpfung. Sind diese äußerst symbolträchtigen Elemente auch feste Bestandteile des Topos von Erscheinungen in abgeschiedener Wildnis und von ebenda sprudelnden Heilquellen[226], so muss hier doch besonders das Vorhandensein einer Grotte hervorgehoben werden. Dies ob der ungemein großen Faszination, welche die Erscheinungsgrotte auf die Menschen ausübt, und von der unzählige Nachbildungen zeugen[227], vom ärmlichsten Vorgärtchen bis zu den Gärten des Vatikan. So ist denn auch die Grotte schon per se ein „lieu de passage", ein Knotenpunkt zwischen Innen und Außen, die Offenbarung von etwas Verborgenem, das Zutagebringen einer Dunkelheit, ein seit jeher bevorzugter Begegnungsort zwischen Menschen, Tieren und gemeinhin unsichtbaren Wesenheiten[228]; ein in jeder Hinsicht zwiespältiger Ort, der sowohl anzieht als auch abschreckt, der Schutz und Zuflucht bietet, aber auch verborgene Gefahren in sich bergen kann. Die Grotte schließlich auch als in umgarnter Felsspalte sich auftuende Weiblichkeit[229], wo im feuchten Boden die Quelle des Lebens demjenigen entspringt, der in sie eindringt[230].

Numinose Natur

„Diese Erhabenheit des Waldes, das Geheimnisvolle des Ortes und die Verwunderung über den (...) so dichten und ununterbrochenen Schatten wird in dir den Glauben an göttliches Walten wecken. Wenn eine Höhle, tief aus dem Felsen ausgewaschen, den Berg über sich trägt, nicht von Menschenhand geschaffen, sondern durch Kräfte der Natur zu solcher Weite ausgehöhlt, wird sie deine Seele durch eine Ahnung von Gottesfurcht erbeben lassen. Bedeutender Flüsse Quelle verehren wir; das unvermittelte Hervorbrechen eines starken Stromes aus dem Verborgenen besitzt Altäre"[231].

Somit tritt schon in der Geographie des Erscheinungsortes selbst eine außerordentlich gebündelte natürliche Symbolik zu Tage, die die Wirkkraft der hier verkündeten transzendenten Botschaft nur verstärken kann. Welch überwältigender Eindruck die alle Elemente des Numinosen – mysterium tremendum, majestas, fascinans, augustum, etc.[232] – in sich vereinigende ursprüngliche Grotte auf die ersten Besucher machte, davon liefern zeitgenössische Berichte ein beredtes Zeugnis.

Umwerfender Eindruck

„Alles ringsum ist grandios und still, abrupte und grandiose Felsen umgeben uns, schwarze und kahle Berge beherrschen uns, der Gave murmelt dumpf in unserer Nähe und jedes Ding regt uns zum Ernst und zum Gebet an. Sie biegen um einen Felsen und Sie kommen am Ziel unserer Wallfahrt an! Beim Ankommen sagte ich mir: wer beweist mir, dass die Heilige Jungfrau diesen Ort besucht hat, da die kirchliche Autorität noch

1861

1873

nichts entschieden hat; doch kaum hatte ich den Fuß in diese Grotte gesetzt, noch ehe ich sie angeschaut hatte, spürte ich mich von einer unwiderstehlichen Kraft auf die Knie geworfen, ich fühlte in meinem ganzen Wesen eine gewaltsame und merkwürdige Erschütterung; meine Augen füllten sich mit Tränen und ich verspürte ein Erzittern vor Glück und eine süße Rührung, wie ich sie nur einmal verspürt habe und wie ich sie mein Leben lang niemals vergessen werde. Es ist mir unmöglich, auszudrücken, was ich an unsäglicher Freude empfunden habe; mir schien, ich hätte die Erde verlassen und würde den Vorgeschmack des himmlischen Glückes vorfühlen. Wenn ich daran denke, verspüre ich noch die gleiche süße Rührung; es schien mir, als sähe ich, als hörte ich Maria mir sagen, sie sei sehr wohl dorthin gekommen und ich hätte alles geopfert, um dies allen Ungläubigen zu sagen und zum Glauben zu bringen"[233].

In diesem Zusammenhang darf nicht vergessen werden, dass gerade bei der Grotte so viele Kranke Heilung suchten – und fanden, dies vor allem in den Jahren unmittelbar nach den Erscheinungen.

Trotzdem ist die Geschichte des Heiligtums in Lourdes in erster Hinsicht eine Zähmung der Wildnis, eine Urbarmachung (lateinisch: „colere") der Natur durch Behausung, Kult und Kultur. Diese Geschichte ist der Ausdrucksort des christlichen Kultes, der, auf der natürlich-heidnischen Grottensymbolik fußend, diese in eine radikal andersartige Wirklichkeit erhöhen und den Menschen mit jener Wirklichkeit zusammenführen will[234]. Mit der allmählich wachsenden baulichen Infrastruktur des Heiligtums wurde die Grotte allerdings zusehends – allein schon geographisch – wieder an den Rand gedrängt. Und bezeichnenderweise verlagerte sich der Schauplatz der Heilungen denn auch allmählich von der Grotte und ihrer Quelle auf die prächtig angelegte Esplanade mit ihren liturgischen Riten. Und so ziert heute die Esplanade mit ihren Basiliken das offizielle Logo des Heiligtums, und nicht die doch ungleich originellere Erscheinungsgrotte.

Steht Lourdes auch mit der Häufigkeit der erfolgten Heilungen sowie deren wissenschaftlicher Kontrolle einzigartig da unter allen Erscheinungsorten des 19. und 20. Jahrhunderts, so sind doch Wunderheilungen an sich nichts Anormales, sondern eine häufige, wenn auch nicht obligate, Begleiterscheinung von Muttergotteserscheinungen[235]. Und auch das Heilungsuchen an einer Quelle stellt nichts Außergewöhnliches dar, im Gegenteil: Es entspricht der grundlegenden Praktik des von altersher in der Gegend weit verbreiteten Thermalismus, der gerade im 19. Jahrhundert wieder stark in Mode gekommen war[236].

Lourdes passt somit in vielfältiger Weise nahtlos in das zeittypische Schema, nach dem Muttergotteserscheinungen damals eben zu verlaufen hatten. Während, wie schon angedeutet, der Humanwissenschaftler die

Gesetzmäßigkeiten der Erscheinungen an innerweltlichen Kausalverknüpfungen festmacht und auf die Rolle von vorgegebenen Verhaltensmustern und die Visionen provozierenden psycho-sozialen Belastungen und Erwartungen aufmerksam macht, führten die mariologischen Apologeten die auch von ihnen ausgemachten Gesetzmäßigkeiten der Erscheinungen unmittelbar auf eine göttliche Kausalität zurück. So wurden zum Beispiel die offensichtlichen Parallelen zwischen Lourdes, Garaison, Bétharram und La Salette auch von gläubigen Zeitgenossen hervorgehoben, welche darin jedoch nicht die wohlbekannte Erscheinung menschlicher Mechanismen und Mimetismen, das heißt Nachahmungen, sahen, sondern die Erscheinung der ebenso wohlbekannten, jedoch unmittelbar übernatürlichen Person der Muttergottes. So wurden und werden gerade die anthropologischen Konstanten der Marienvisionen von Erscheinungsgläubigen als bester Beweis für deren theologische Echtheit gedeutet – die Muttergottes verkündet immer und überall die gleiche mütterliche Liebe, indem sie die Hoffnungen und Erwartungen ihrer treuen Verehrerschaft ebenso treu erfüllt –; während dieselben anthropologischen Konstanten für den heutigen Profanwissenschaftler manchmal gerne als bester Beweis für die Impertinenz einer religiösen Wunderdeutung hervorgehoben werden. Unnütz zu sagen, dass in Wahrheit religiöse und wissenschaftliche Weltsicht sich nicht gegenseitig disqualifizieren können, sofern sie sich darüber einig sind, dass sie sich mit grundverschiedenen und daher sorgfältig zu unterscheidenden Wirklichkeitsebenen befassen[237].

Hierbei ist man dann wieder beim Grundproblem der Visionen der Bernadette angelangt, nämlich der Frage nach ihrer Deutung.

6.2. Zeitgenössische Deutungen der Visionen der Bernadette

Obwohl unter den Zeitgenossen Bernadettes die überwältigende Mehrheit nicht nur der Landbevölkerung eine Weltanschauung teilte, in der das Wundersame sozusagen einen natürlichen, fest angestammten Platz hatte – Émile Zola bemerkt noch 1892 bestürzt eine allgegenwärtige „Beschäftigung mit Hexern und Wundersamen in dieser Bevölkerung, wo ein frommes Bürgertum zu solchen Einbildungen kommen kann!“[238], huldigten die Menschen von damals keinesfalls einer freudig-naiven Wundersucht, die sie jede diesbezügliche Behauptung kritiklos hätte aufnehmen lassen. Ganz im Gegenteil: Gerade weil sie mit dem jederzeit möglichen Hereinbrechen einer Wunderwelt rechneten und mit tiefstem Ernst dem Wundersamen größte existentielle Bedeutung beimaßen, konnten die Menschen von damals Bernadettes Behauptungen weder vorbehaltlos Glauben schenken noch achselzuckend mit dem Hinweis auf kindliche Fabulierlust oder pubertären Familienfrust übergehen, sondern mussten ohne Zögern der Sache kritisch auf den Grund gehen. Zugleich war wegen der großen Wichtigkeit, die man ihm zuerkannte, die Anziehungskraft des Wundersamen mit einer ebenso großen Furcht davor gekoppelt. Dies auch deshalb, weil nach damaliger Vorstellung unheilvolle Mächte der Unterwelt zu übernatürlichen Manifestationen nur allzu gerne bereit waren. Wenn die Menschen also felsenfest an das Wundersame glaubten, so war es ihnen doch aufgrund seiner potentiellen Gefährlichkeit alles andere als geheuer[239]. Und eben diese Furcht hinderte die damaligen Menschen daran, jeder berichteten Offenbarung mit vorbehaltloser Begeisterung zu begegnen.

Täuschung

So ist es auch nicht verwunderlich, wenn die erste Erklärung seitens der nächsten Umgebung beim Vernehmen von Bernadettes Visionserzählungen gar nicht begeistert-gläubig, sondern höchst prosaisch ist: bewusste oder unbewusste Täuschung.

Als Bernadette am Abend des 11. Februar zu Hause ihre Vision preisgibt, wird diese sowohl von der Mutter als auch von einer Tante zuerst einmal als optische Täuschung, als Illusion und als Tagtraum abgetan[240]. Wie aus der Reaktion verschiedener Zeugen hervorgeht, wird Bernadette auch später spontan des Betruges, der Wichtigtuerei, oder der Täuschung bezichtigt werden. Auch wenn dieses Etwas („aquerò") vielleicht eine ungewollte Sinnestäuschung wäre, so bliebe es de facto doch immer noch – wenn auch ungewollter – Betrug, falls Bernadette öffentlich verbreiten würde, sie hätte etwas gesehen, wo nichts zu sehen war.

Solche Denkweise gründet letzten Endes in der großen Ehrerbietung echten Sehern gegenüber; eine Ehrerbietung, die auch Bernadette später am eigenen Leibe erfährt und die dann natürlich auch Nachahmer auf den Plan ruft, wie dies die so genannte „Seherepidemie" in Lourdes zeigt[241].

Bezeichnenderweise ist die Anschuldigung des Betruges aber nicht oder nicht mehr bei Leuten anzutreffen, die Bernadette persönlich kennenlernen konnten – abgesehen von einigen seltenen Skeptikern, die Bernadette gegenüber misstrauisch blieben und nur aufgrund der erfolgten Wunderheilungen an die Wahrhaftigkeit der bernadettschen Visionen glauben konnten[242]. Jedenfalls wurde der Verdacht des Betrugs von quasi allen, die die Erscheinungen unmittelbar miterlebt haben, sehr schnell fallengelassen.

Fee oder Elfe

Da es in den Legenden der Pyrenäenwelt nur so von Elfen, Feen und anderen weißen Frauen wimmelt, die sich vorzugsweise an solch ominös-numinosen Plätzen wie der Grotte von Massabielle den Menschen offenbaren, und da zudem Bernadette sich bis zur 16. Erscheinung standhaft wehrte, ihr geschautes Etwas mit der Heiligen Jungfrau Maria zu identifizieren, hätte es auf den ersten Blick nahegelegen, in dem kleinen weißen Fräulein, welches Bernadette gesehen zu haben vorgab, ein Wesen der pyrenäischen Geisterwelt zu sehen. Denn: „Indem sie die Erscheinung zuerst *uo pétito damizéla* [ein kleines Fräulein] nannte, wählte Bernadette den gebräuchlichen Ausdruck zur Beschreibung der Feen, der kleinen Frauen des Waldes“[243]. Nicht zufällig erkundigen sich einige auswärtige Geistliche bei Bernadette sofort, inwiefern sie mit der entsprechenden Geister- und Hexenfolklore vertraut sei[244]. Schon aus dieser Fragestellung allein geht hervor, dass die gebildeten Kleriker selbst nicht an die Realität solcher traditionellen, außerchristlichen Erscheinungen glauben und diese der abergläubischen Vorstellungskraft ungebildeter Laien zuschreiben. Doch war die Christianisierung der Vorstellungswelt in Lourdes so fortgeschritten, dass niemand, selbst aus den untersten sozialen Schichten nicht, auf die Idee kam, in dem weißen Fräulein eine Wiederkehrerin aus der bestbekannten heidnischen Mythenwelt ihrer Vorfahren zu sehen[245] – und sei es vielleicht nur aus unbewusster Furcht, eines archaischen Aberglaubens bezichtigt zu werden.

So ging man auf die Suche nach einer anderen, allgemein annehmbareren Deutung. Hier war es dann am naheliegendsten, das weiße Etwas als Wiederkehrerin nicht der mythischen, sondern der wirklichen Ahnenwelt zu deuten: als Seele eines Verstorbenen.

Volkstümliche Arme Seele

In der damals allgemein verbreiteten Vorstellung von Armen Seelen, die aus dem Jenseits heraus den Menschen auf der Erde erscheinen können, mengen sich heidnische mit christlichen Vorstellungen. Das „gesunde Volksempfinden“ diesbezüglich ist, den Umgang mit solchen Totenseelen am besten zu meiden und Gebete für ihre Ruhe zu verrichten[246]. Diese Vorstellungen finden sich in der Reaktion von Bernadettes Eltern wieder, als am 11. Februar ihre Tochter sich darauf versteift, nicht einer Sinnestäuschung erlegen, sondern tatsächlich etwas Weißem mit einem schönen Gesicht begegnet zu sein[247]. Und auch Bernadette soll am 25. März überzeugt gewesen sein, das sich „Unbefleckte Empfängnis“ nennende Fräulein sei eine Seele aus dem Fegefeuer, welche während ihres Erdenlebens diesen Namen getragen habe[248].

Doch während die Mutter Bernadette wegen dieser Deutung anfänglich jeden weiteren Grottenbesuch verbietet, muss sie ihn einer vermeintlichen Totenseele wegen schließlich wieder erlauben[249]. Sie erliegt nämlich dem Druck von zwei „besseren Damen", die Bernadettes Vision aufgrund ihrer marianischen Tracht für die Seele des kürzlichst unter größter Anteilnahme der Bevölkerung in der nämlichen Tracht eines Marienkindes beigesetzten Elisa Latapie halten[250]. Den Vorstellungen des kirchlichen Totenkultes enstsprechend, der damals das Beten für die Armen Seelen im Fegefeuer – denen die Hinterbleibenen insbesondere durch Messopfer zur Hilfe kommen konnten – förderte, glaubten sie, Elisa Latapie würde sich aus dem Jenseits melden, weil ihr etwas fehlte: namentlich Messen für ihr Seelenheil. Da diese Ansicht offenbar noch von anderen Erscheinungsanhängern geteilt wird, ist es in der Tat nicht abwegig, in der Gestaltung der Bernadettschen Visionen auch das Nachwirken der eindrucksvollen, als kollektives Drama gestalteten kirchlichen Totenliturgie feststellen zu wollen[251].

Im Bernadette von den beiden Bürgersfrauen auferlegten Auftrag, sie zur Niederschrift ihrer Anliegen zu bewegen, paaren sich Urväterrat mit letztem Modeschrei: Während die Frage nach dem Grund ihrer unstandesgemässen Wiederkehr in ihre vorherige Welt zum traditionellen Bestandteil einer jeden Begegnung mit Totenseelen und darüber hinaus mit allen sich offenbarenden Wesen aus der Welt des Unsichtbaren gehört, ist die Niederschrift von Aussagen Verstorbener ein fester Bestandteil des gerade in dieser Zeit in Frankreich erblühenden Spiritismus[252].

Spiritistische Totenseele

So ist es nicht verwunderlich, dass Bernadettes Visionen schnell die sich im Aufwind befindenden Spiritisten auf den Plan rufen. Am 11. Mai 1858 erscheint in der Tarber Zeitung *L'Intérêt Public* ein Artikel, der, um Bernadette von dem Vorwurf der Geisteskrankheit zu befreien, Ansichten über animalischen Magnetismus, Somnambulismus und Spiritismus aufstellt, und sich somit unter großer Beachtung in das Lager der Erscheinungsbefürworter stellt[253]. Am 18. Mai erscheint dann in derselben Zeitung ein gleichgesinnter Brief des Spiritisten Paul Auguez[254], während zur gleichen Zeit in der *Revue Spiritualiste* ein Artikel über Lourdes erscheint[255], dem noch zwei weitere im gleichen Jahr folgen[256]. Am 7. September 1858 schickt der bekannte katholische Spiritist Marquis de Mirville dem Bischof von Tarbes ein Exemplar seiner *Théologie des eaux*, worin die Erscheinungen von La Salette und Lourdes mit dem wohltuenden Fluidum der Quellengeister begründet werden[257]. Am 19. April 1859 stattete dann der Engländer R. S. Standen Bernadette einen vielbeachteten Besuch ab, dessen Bericht er später im *The Spiritual Magazine* veröffentlicht[258]. Auch wenn die Kirche den Spiritismus bald immer vehementer verurteilen wird[259], so wird dies doch keineswegs ihre Beschäftigung mit ihm mindern[260]. Somit zeugen die Ereignisse von Lourdes auch von der starken Auseinandersetzung der Gebildeten des 19. Jahrhunderts mit dem zeitgenössischen Spiritismus, ob sie nun Bernadettes Visionen als spiritistische Geistererscheinung sehen oder als Erscheinung eines kirchlich-himmlischen Wesens bewiesen haben wollen.

Muttergotteserscheinung

Sehr schnell und mit überwältigender Mehrheit bezeichnet jedoch die vox populi in unzähligen Äußerungen und Haltungen die Visionen der Bernadette spontan als Marienerscheinung[261]. Und in der Tat legten nicht nur die überaus starke Marienfrömmigkeit dieser Zeit, sondern auch die zahlreichen früheren Muttergotteserscheinungen in der Nähe von Lourdes, nebst denjenigen neuester Zeit[262], diese Deutung als die natürlichste nahe, wenn auch die Kirche für eine diesbezüglich Auslegung zuerst handfeste Beweise verlangt.

Teufelserscheinung

Ein Grund für die offizielle Zurückhaltung der Kirche ist die als sehr real angesehene Möglichkeit, dass Bernadettes Visionen nicht von der Gottesmutter, sondern vom Teufel verursacht sein könnten. Gebildete Fachtheologen wissen, dass sie im Falle einer Vision zuerst einmal die Unterscheidung der Geister walten lassen müssen[263], während das gemeine Volk dies etwas derber mit einer handfesten Weihwasserprobe versucht. So auch Bernadette, welche, nebst einer spontanen Bekreuzigung beim Auftreten ihrer ersten Schauung, beim zweiten Mal ihrer Vision beschwörend Weihwasser entgegenschleudert, umso die Gewissheit zu erlangen, es nicht mit einer Erscheinung der Hölle zu tun zu haben[264]. Musste die Vermutung, Bernadettes Visionen seien vom Teufel verursacht, wenigstens theoretisch in Betracht gezogen werden, so wurde praktisch bei Bernadette die Hypothese einer Teufelserscheinung kaum ernsthaft vertreten[265]. Doch berichten alle frommen Schilderungen der Ereignisse von Lourdes mit Genuss über den fehlgeschlagenen Versuch des „ungläubigen" Jesuitenpaters Nègre, Bernadette zu überzeugen, ihre Erscheinung der weißen Dame käme in Wahrheit vom schwarzen Biest[266].

So war es denn weniger der Teufel als der Vorwurf der Geisteskrankheit, gegen den Bernadettes Visionen abgegrenzt werden mussten.

Krankheit

Indem Bernadettes nächste Umgebung spontan die erste Vision als „illusion" und „rêve" (Traum)[267], das Verhalten der Sehrin während der 9. Schauung als dasjenige einer „folle" (Närrin)[268] bezeichnet, praktizieren diese Ungebildeten spontan die gleiche Betrachtungsweise, wegen derer die Gebildeten sich dem einfachen Volke überlegen wähnen: nämlich das Inbetrachtziehen von psychologischen bzw. psychopathologischen Erklärungsmodellen bei Erscheinungserlebnissen.

Obwohl die kirchliche Vorgehensweise beim Verdacht auf Übernatur nach der Betrugshypothese zuerst einmal die Ausgrenzung von pathologischer Sinnestäuschung vorsieht[269], stellte Geisteskrankheit im 19. Jahrhundert das Erklärungsmodell par excellence für religiöse Ausnahmeerlebnisse dar, ja für die Religion schlechthin[270].

In Lourdes wird denn auch die Geisteskrankheit zum casus stantis vel cadentis der gesamten Erscheinungen, ja zur Waffe gegen die Seherin selbst[271]. Zugleich sichern sich die Ärzte hiermit ihre im 19. Jahrhundert erkämpfte monopolhafte Machtstellung bezüglich dessen, was wahr und gesund beziehungsweise krank und verwerflich ist. Doch obwohl in einschlägigen Zeitungsberichten Bernadette immer mit dem typischen Verhalten einer Geistesgestörten beschrieben wird – dies im Gegensatz zu den uns erhaltenen Berichten von Augenzeugen[272] –, kann keiner der sie untersuchenden Ärzte eine Geisteskrankheit bei ihr feststellen[273].

Dennoch muss man festhalten, dass auch gebildete Katholiken, entsprechend kirchlicher Praxis, wenigstens den Verdacht einer wenn auch nicht unbedingt krankhaften Sinnestäuschung bei Bernadette in Betracht ziehen, und deshalb unverzüglich die Hilfe der Wissenschaft anfordern. Am trefflichsten hat dies auch hier der eigene Verwandte der Seherin, Schuldirektor Clarens, mit bemerkenswerter epistemologischer Unterscheidung, formuliert:

> „An der Wissenschaft also ist es, uns zu sagen, ob das Mädchen ja oder nein halluziniert; – an der religiösen Autorität, sich auszusprechen ob ein Wunder geschehen ist; – an Ihnen, liebe Leser, in Erwartung, dass diese beiden Autoritäten gesprochen haben – und sie werden sprechen – ist es, folgende Devise sich anzueignen: *abwarten und zweifeln*"[274].

6.3. Psychologie der Visionen Bernadettes

Methodologische Vorbemerkungen

Ganz im Sinne der von Schuldirektor Clarens aufgezeichneten Fragestellung, ist im Rahmen der vorliegenden Untersuchung insbesondere der psychologischen Deutung von Bernadettes Visionen und Auditionen Beachtung zu schenken.

Im Gegensatz zu einem früher oft geübten Reduktionismus kann die Psychologie als Profanwissenschaft weder die religiöse Sinngebung von außergewöhnlichen Erfahrungen falsifizieren, indem sie eine solche einfach wegerklärt („Erscheinungen sind immer nur nichts weiter als ..."), noch kann sie zur gegenteiligen Stoßrichtung herangezogen werden, das heißt die religiöse Interpretation solcher Erfahrungen bestätigen („Die Wissenschaft ist zum Schluss gekommen, dass dieses Phänomen nur übernatürlich verursacht sein kann"). Somit kann die Profanwissenschaft weder beweisen, dass Bernadette die Muttergottes gesehen hat, noch, dass sie sie nicht gesehen hat.

Dass aber lange Zeit sowohl Natur- bezeihungsweise Humanwissenschaftler als auch Theologen geglaubt haben, die Wissenschaft wäre positiv dazu imstande, fußt in einer ungenügenden epistemologischen Unterscheidung der Verschiedenheit der Objektkompetenzen von sakraler und profaner Wissenschaft: In einer beiden gemeinsamen metaphysischen Kausalökomonie, die will, dass, wenn die Ursache eines Phänomens nicht auf der Ebene der Natur zu finden ist, diese logischerweise in der nächsthöheren Wirklichkeitsebene, der Übernatur, zu suchen ist; es zugleich aber unökonomisch wäre, beide Ursachenebenen gleichzeitig zu bemühen: Eine wissenschaftliche Erklärung schließt eo ipso eine religiöse aus und macht diese überflüssig. Da die profanwissenschaftliche Beweisführung für oder gegen die unmittelbar und ausschließlich übernatürlich-religiöse Ursächlichkeit von Wunderheilungen auf den nämlichen erkenntnistheoretischen Postulaten beruht, wäre im Rahmen einer speziellen Untersuchung der Lourdesheilungen noch eingehender auf dieses heute überwundene Wissenschaftsverständnis zurückzukommen.

Eingedenk dieser epistemologischen Vorbemerkungen, muss bei der psychologischen Deutung von Bernadettes Visionen und Auditionen zuerst herauszufinden versucht werden, ob Bernadette tatsächlich etwas gesehen und gehört hat – in dem Sinne natürlich, dass sie *glaubte*, etwas gesehen und gehört zu haben, sowie ja auch im Alltagsleben der Mensch seinen Wahrnehmungen Glauben schenken muss –, oder ob das Mädchen alles nur bewusst erfunden und damit auch erlogen hat, weil sie eben vorgab, tatsächlich etwas wahrgenommen zu haben, während sie genau wusste, dass sie nichts gesehen hatte. Diese Fragestellung entspricht sowohl der zeitgenössischen Vorgehensweise[275] als auch derjenigen des heutigen Psychiaters, der zur Begutachtung von behaupteten Erscheinungen herangezogen wird[276].

Zur Beantwortung dieser Frage mag es von einiger Bedeutung sein herauszufinden, in welchem psychologischen Zustand die Seherin sich während ihrer visonären Erlebnisse befunden hat[277]. Diesbezüglich ist schematisch zwischen zwei Bewusstseinszuständen zu unterscheiden: dem normalen Wachbewusstsein und dem veränderten oder außergewöhnlichen Bewusstseinszustand[278]. Dies nicht etwa, weil man in einem außergewöhnlichen Bewusstseinszustand zwangsläufig „die Wahrheit sagen" müsste, sondern deshalb, weil der veränderte Bewusstseinszustand charakteristisch ist für das als echt empfundene subjektive Wahrnehmen von etwas, was Außenstehende mit ihren Sinnen nicht erfassen können[279].

Im Fall Bernadette Soubirous sprechen eine Anzahl von Indizien klar für einen veränderten Bewusstseinszustand während ihrer Visionen[280]. Das augenscheinlichste Indiz sind die auffälligen körperlichen Veränderungen während ihres visionären Erlebens, vor allem in der Farbe und im Ausdruck ihres Gesichtes. Bernadettes Beobachter fühlten sich hierbei spontan an Schlaf oder an Tod erinnert.

Die Beobachtung ihrer beschwerdefreien Atmung und ihres ungekünstelt strahlenden Gesichtsausdruckes dürften die Angaben der Seherin, während den Visionen von ihren üblichen körperlichen und seelischen Belastungen befreit gewesen zu sein, bestätigen. Nadelprobe und „Kerzenwunder" weisen auf eine reelle Schmerzunempfindlichkeit ohne daraus resultierende Verletzungen hin. Bernadettes variabel langer und tiefer Zustand visionären Schauens[281] spricht gegen eine Simulation und für die Tatsächlichkeit des veränderten Bewusstseinszustandes, aus dem sie unterschiedlich leicht herauszuholen ist.

Bernadette braucht eine gewisse Konditionierung, um das Erlebnis der Erscheinung zu haben, das heißt um den veränderten Bewusstseinszustand zu erreichen, in dem eine Vision erlebt werden kann. Die rhythmisch-repetitive Rosenkranzrezitation, unterstützt vom Lichte der Kerzen und von der Fixierung auf das Dornengestrüpp, stellen hier eindeutig die zur willentlichen Erlangung eines solchen Erfahrungszustandes verlangte Psychotechnik[282] dar, bestätigt noch durch die weitere Beobachtung, dass sich bei Störung ihrer gewohnten Übungen bei Bernadette keine Erscheinung einstellt[283]. Das Vorliegen eines psychogenetisch nachvollziehbaren veränderten Bewusstseinszustandes ist deshalb, neben der steten Geradlinigkeit ihres Erzählens und Verhaltens ausserhalb dieses Zustandes, als ausschlaggebendes Indiz dafür zu werten, dass Bernadette ihre

Visionen und Auditionen nicht erfunden, sondern sie tatsächlich erlebt hat[284].

Dennoch darf man sich, wie gesagt, Bernadettes seherischen Ausnahmezustand nicht so vorstellen, als ob sie während ihrer Visionen jedes Mal sinnlich total von der Außenwelt abgeschnitten gewesen wäre, auch wenn sie dies manchmal so zu Protokoll gab[285]. Es gibt in der Tat mehrere Zeugnisse, aus denen hervorgeht, dass Bernadette auch während ihrer Vision noch wahrnehmen kann, was um sie herum vorgeht[286]: „Manchmal ist Bernadette ganz in ihre Vision versunken, machchmal wiederum nimmt sie ihr Umfeld wahr; immer jedoch ist sie fähig, situationsgerecht aktiv zu werden, wenn dies angebracht ist"[287]. Insbesondere wenn während ihrer Vision Schaulustige den Rosenbusch berührten, rief dies bei Bernadette größte Missbilligung hervor, denn sie hatte Angst, das auf dem Dornengestrüpp geschaute Fräulein könnte durch Rütteln des Gebüsches herunterfallen. In dieser Situation machte Bernadette den Leuten dann durch Zeichen klar, sich vom Rosengestrüpp zu entfernen – teilweise gab sie diese Anweisungen sogar inmitten ihrer Visionen. Später hatten dann die Bernadette begleitenden Tanten die Menge am Berühren des Rosenbusches zu hindern. Dass durch das Bewegen des Busches Bernadette befürchtete, ihre Vision könnte umkippen, und sie augenblicklich entsprechende Gegenmaßnahmen ergriff, dürfte als zusätzlicher Beweis für die selbstkontrollierte hypnotische Induktion ihres visionären Zustandes gelten.

Dieses Wahrnehmen eines empirisch nicht vorhandenen Gegenstandes ist psychologisch als Halluzination zu bezeichnen, was heute auch von gläubigen katholischen Wissenschaftlern allgemein vertreten wird[288]. In der medizinischen Fachdiskussion steht zwar immer noch die Frage, ob mit dem Begriff „Halluzination" gleichzeitig Krankhaftigkeit verbunden sein muss oder nicht[289], doch betrifft dies lediglich den Wortgebrauch von „Halluzination", nicht aber die Sichtweise von Visionen an sich.

Dementsprechend werden auch Marienerscheinungen von den heute führenden Fachtheologen als „ein innerpsychisches Geschehen"[290] verstanden, und nicht mehr, wie früher, als das Wahrnehmen einer objektiv den Sinnen der Seher gegenübertretenden, körperhaften, fremden Person.

Theologischer Sinneswandel

„Als Marienerscheinungen sollen im folgenden *Erfahrungen oder Erlebnisse gelten, in denen eine oder mehrere Personen gleichzeitig Maria als sinnenhaft* (also sichtbar und hörbar) *gegenwärtig wahrzunehmen glaubten.* Sie werden in dieser Bestimmung als individuelle psychische Erlebnisse verstanden. Von einer Einbeziehung der möglichen Ursachen wird also zunächst bewußt abgesehen; denn das ist eine Frage, die, wenn überhaupt, erst nach einer Erhebung der Erlebnisse und der näheren Umstände zu beantworten sein dürfte. Die Beschränkung auf den psychischen Aspekt erlaubt eine unvoreingenommene Darstellung und Präsentation der bezeugten Erfahrungen und Erlebnisse, ohne schon von vorneherein die Frage der Echtheit entscheiden zu müssen"[291].

Allein die Aussage Bernadettes, sie würde ihre Auditionen nicht – beziehungsweise nicht nur – mit ihren Ohren, sondern mit ihrem Herzen wahrnehmen[292], wie auch die Tatsache, dass Bernadette, entgegen ihrem subjektivem Empfinden, niemals vernehmbare Laute von sich gibt, wenn sie mit ihrer Vision ein Zwiegespräch führt – „Eines Tages sagte sie [Bernadette] jemandem mit einem regen Ausdruck von Erstaunen: – Wie, Sie haben mich nicht gehört? Ich sprach doch so laut" –[293]: alle diese Beobachtungen lassen ihre Erscheinungen unschwer als innerpsychische Vorgänge erkennen[294].

Diese Sichtweise der bernadetteschen Visionen und Auditionen ist nicht neu: Sie findet ihren Ausdruck schon im erwähnten Schreiben von Schuldirektor Clarens am 4. März 1858:

„Sieht das junge Mädchen nicht etwas, was es nicht sieht? So paradox dieser Satz auch klingen mag, könnte er doch gänzlich eine Wahrheit sein. Man kann heute nicht bestreiten, dass eine Person glauben kann, Wahrnehmungen zu haben, die sie nicht wirklich hat. Diese glaubte zu sehen, ohne zu hören; jene glaubte zu hören, ohne zu sehen; jene schließlich glaubte zu sehen und zu hören, ohne dass etwas da war. Wenn man auch die Leichtigkeit bedauert, mit welcher gewisse Materialisten die Theorie der Halluzinationen an sich gerissen haben, um die durch die Heilige Schrift konsekrierten oder in den Heiligenviten erwähnten Visionen zurückzuweisen, so könnte man doch nicht bestreiten, dass es sich hierbei um eine wissenschaftlich gesicherte Tatsache handelt"[295].

„In dieser Sicht kann man Offenbarungserlebnisse – analog zum Traum – als *dissoziative Weisen einer Bewußtwerdung und (versuchten) Verarbeitung von Gefühlen und Gedanken* auffassen, die je nach den psychischen Ursachen sowie dem soziokulturellen und weltanschaulich-kognitiven Bezugsrahmen des Betroffenen variieren"[296].

Will man nun „auditive und visionäre Offenbarungserlebnisse von ihren psychischen Bedingungen her verstehen (...), kann man – schwerpunktartig – zwei Gruppen unterscheiden: (1) Offenbarungserlebnisse, die spontan auftreten und bei denen das Überwältigtwerden von einer emotionalen Erregung, die Psychodynamik, im Vordergrund steht, und (2) Offenbarungserlebnisse, die absichtlich herbeigeführt werden und meistens kognitiv komplex sind"[297]. Damit wäre zu unterscheiden zwischen Bernadettes erster Vision am 11. Februar, welche als spontanes Offenbarungserlebnis der ersten Schwerpunktgruppe zuzuschreiben ist, und den nachfolgenden Visionen, als Bernadette mit der erklärten Absicht zur Grotte ging, etwas zu sehen, wodurch diese Erscheinungen eindeutig der zweiten Gruppe von absichtlich herbeigeführten Offenbarungserlebnissen zuzurechnen ist.

Bernadettes Initialerlebnis: die spontane erste Vision am 11. Februar 1858

In den Augen der Wissenschaft zielen die psychodynamischen Funktionen der spontanen Auditionen und Visionen unter anderem auf Wunscherfüllung einer als ausweglos erlebten Wirklichkeit ab, auf „Schutz und Rettung in extremer Angst um Leib und Leben"[298] oder „ekstatisch erlebten Halt in Verlassenheit[299]".

Diese Deutung von spontan sich einstellenden Erscheinungen als Kompensationsmechanismus bei unerträglichem Leidensdruck trifft auch vollkommen auf Bernadettes erste Vision zu[300], genau so wie auf andere Marienseher des 19. Jahrhunderts auch: „Ein Leben in Abhängigkeit, der Außenseiterstatus und nicht nur die schiere Armut: das sind die immer wiederkehrenden Themen im Leben der Visionäre. Hinzu kommt die Erfahrung der emotionalen Verletzlichkeit durch den Verlust von Angehörigen oder durch brüchige Familienverhältnisse"[301].

Seelische Spannung vor der Vision

Xavier Recroix und Théodore Mangiapan machen darauf aufmerksam, in welch unerträglicher seelischer Spannung, überwältigt vom Eindruck des völligen Scheiterns, Bernadette sich am Tage ihrer ersten Vision befunden haben muss[302].

In der Tat: Nach Jahren der anerzogenen Unterdrückung eines jeglichen eigenen Verlangens hatte Bernadette mit dem Ausbruch aus dem „Aschenputteldasein"[303] in Bartrès und geleitet vom Verlangen nach Selbstbehauptung, welches durch die angestrebte Kommunionfeier sich erlangen ließe, versucht, ihr Schicksal selbst in die Hand zu nehmen. Mit Hilfe von männlichen Autoritätspersonen – dem Pfarrer von Bartrès und ihrem Vater – hatte sie ihrer doppelten Unmündigkeit als Magd und Mädel entrinnen wollen[304]. Der Übergang vom missachteten Infans zur geachteten Jungfrau sollte durch den religiösen Ritus der Kommunion vollzogen werden, wo der Mensch durch das Teilhaben am Leib Christi religiös erwachsen und dadurch damals gleichzeitig auch sozial zum vollwertigen Mitglied der Gesellschaft erhoben wurde[305]. Insbesondere die Mädchen wurden erst durch die Kommunion heiratsfähig[306]. Den Kindern jener Zeit erschien die Kommunion aber auch als das einzige Mittel zum Reinwaschen ihres Wesens und damit zur Erlösung von jener Furcht vor der Hölle, die auch Bernadette ständig plagte[307]. Zur Kommunion zugelassen zu werden bedeutete gleichzeitig, lesen und schreiben zu können, und zwar auf französisch, der höher stehenden Herrensprache, durch die man die im Katechismus vermittelten Glaubenswahrheiten lernen und beherrschen kann.

Bernadettes Nötigung, aus der Not eine Tugend zu machen

„Ich sagte ihr darauf:
– Aber wenn Du dich dort [in Bartrès, wo sie von ihrer Ziehmutter Marie Laguës sehr hart behandelt worden ist] nicht wohl fühltest, weshalb sagtest Du nichts zu deinem Vater?
– Oh! Nein, ich dachte, der gute Gott wolle dies so. Wenn man denkt: Der gute Gott lässt dies zu, dann klagt man nicht"[308].
„Sie [Bernadette] war immer resigniert. Überall sah sie den Befehl oder die Zulassung des lieben Herrgottes."
Diese Bewältigungsstrategie eines auch bei schlechtester Behandlung stets unterwürfigen Kindes – „Niemals hat sie sich über irgend etwas beklagt; immer fügsam, keine böse Widerrede" sagte die Ziehmutter später aus[309] – steigert sich bei Bernadette bis zur Wirklichkeitsverleugnung, welche die Seherin auch noch 20 Jahre nach der Tat praktiziert:
„Ich sagte zu Bernadette:
– Ihre Ziehmutter soll sehr böswillig gewesen sein und Ihnen viel Leid zugefügt haben ...
– Dies ist nicht wahr, entgegnete sie mir, sie war voll Güte und Zuvorkommenheit mir gegenüber"[310].
Mehr noch:
„Bernadette sagte: ‚Wenn man nichts begehrt, hat man immer alles, was man braucht'[311].
Letztere Aussage verweist auf die visionären Erlebnissen oftmals zugrundeliegende Psychodynamik des erzwungenen Abtötens eines jeglichen eigenen Verlangens, welches mit einer konsekutiven Flucht in eine allmächtige Scheinwelt einhergeht[312].

Doch nun, von Bartrès nach Lourdes zurückgekehrt, muss Bernadette feststellen, dass ihr Verlangen nach Selbstbehauptung zu scheitern droht: Der Vater ist sozial geächtet, arbeitslos und vegetiert zurückgezogen im Bett des düsteren Verlieses („cachot"). Im Kommunionunterricht im Lourder Hospiz der Schwestern von Nevers entpuppt sich Bernadette als intellektuell zurückgeblieben, unfähig, die unverständlichen französischen Glaubenswahrheiten auswendig aufzusagen, geschweige denn Zahlen und Buchstaben zu beherrschen – weshalb sie von den Schulschwestern und insbesonders der Mutter Oberin Schelte und Feindseligkeit erntet[313]. Statt der erhofften Emanzipation wird sie wieder von ihrer leiblichen Mutter vereinnahmt, unter deren Anweisung sie widersprüchlicherweise sowohl tunlichst ihre Gesundheit schonen als auch für den sehr anstrengenden Haushalt sorgen soll.

Während das Ideal eines Mädchens damals darin lag, wie eine erwachsene Frau Verantwortung übernehmen zu können – „Das höchste Kompliment für ein Mädchen war nicht, ihr zu sagen, sie sei hübsch oder hätte schöne Augen, sondern sie sei eine Frau“[314] –, so ist Bernadette mit 14 Jahren in den Augen aller ein in jeder Hinsicht noch unreifes Kind, gebunden an starke Mutterfiguren und körperlich wie geistig unfähig, ihrer heißgeliebten Vorrangstellung der Erstgeborenen gerecht zu werden. Diese Tragik der hilflosen héritière wird dann am Tage der ersten Vision auf eine unhaltbare Spitze getrieben werden.

Double-bind

Der Bericht der Ereignisse des 11. Februar 1858 zeigt sehr deutlich, in welch unhaltbarer Stellung sich Bernadette im Augenblick ihrer ersten Vision befunden haben muss. Sie, die als Erstgeborene von der Mutter erbärmlich die Erlaubnis erbetteln musste, den Jüngeren behilflich sein zu dürfen, um das Mittagessen zu ermöglichen, scheitert nun auch bei dem augenscheinlich kinderleichten Unterfangen, Holz zu sammeln. Zudem wird sie auch noch mehrere Male von Erwachsenen schroff zurechtgewiesen. Dies wäre schon Grund genug zur Verzweiflung, würde die Erstgeborene Bernadette nicht auch noch auf Schritt und Tritt von ihren fündig gewordenen jüngeren Untergebenen auf gehässigste Weise auf den Platz der ständigen Unterlegenheit verwiesen und hilflos am Rande des Wassergrabens zurück- und sitzengelassen. Somit befindet sich Bernadette, unmittelbar vor dem Auftreten ihrer ersten Vision, erneut in jener sich stets wiederholenden, sehr schmerzlichen Situation des Scheiterns, der Unfähigkeit, einen Übergang zu vollziehen: beim Kanalbach am 11. Februar genauso wie bei den Bernadette verwehrten Übergangsriten der Kommunion oder der noch am Vortag gefeierten Firmung – während ihre Altersgefährten, ja selbst viel Jüngere, all diese Übergänge zu bewältigen verstehen.

Vor der Grotte befindet sich die vereinsamte und verlassene Bernadette in einer tragischen doppelten Zwangslage: Das barfüßige Überqueren des Kanals wäre genauso so schrecklich wie das Zurückbleiben am anderen Ufer. Die von der Mutter verbotene, aber für die Erfüllung ihrer Aufgaben gebotene Flussüberquerung stellt in der Tat für Bernadette eine ausweglose Situation von höchster Tragik dar, in die sie durch die ihr in jeder Hinsicht schmerzhaft überlegenen Gefährtinnen gebracht worden ist. Der Sprung ins eiskalte Wasser erscheint Bernadette wegen ihrer kulturbedingten Wasserscheue[315] schon als pervers, angesichts ihres Gesundheitszustandes jedoch als reell todbringend und doch zugleich als überlebensnotwendig. In der Tat geht es hier um nichts Geringeres als um das nackte Überleben, sowohl in persönlicher Hinsicht – als Erstgeborene kann sie nicht vor den Jüngeren zurückstecken –, als auch kollektiv – ohne Überschreiten kein Holz, und ohne Holz kein Essen für die Familie.

Psychologisch entspricht somit Bernadettes Situation unmittelbar vor dem Einsetzen der ersten Vision der höchst psychopathogenen Konstellation eines double-bind, eines zwickmühlenartigen Doppelzwangs[316]: Um zum Holz für das lebensnotwendige Mittagessen zu gelangen, muss Bernadette ins potentiell todbringende Wasser gehen; um die Erwartung der Mutter auf lebenserhaltendes Brennholz zu erfüllen, muss Bernadette ihre Wollsocken ausziehen – und das wiederum bedeutet, ein Verbot der Mutter zu überschreiten! Auf dem Übertreten elterlicher Gebote stand aber damals als Strafe die ewige Verdammnis[317]. Zudem handelt es sich bei dem zu holenden Holz auch noch zum Teil um frisch geschnittenes, das Bernadette anfangs nicht anrühren will, aus Angst, als Diebin verhaftet zu werden[318]. Diese Angst ist dabei umso verständlicher, als auch ihr Vater wegen der Anklage auf Holzdiebstahl definitiv seine soziale Achtung verloren hatte. Bernadette konnte sich dann aber trotzdem nicht dagegen wehren, eben dieses frischgeschnittene, im Mühlenkanal vor der Grotte sich befindende Holz auflesen zu müssen. Dies dürfte ihre Doppelzwangslage noch zusätzlich verschlimmert haben: Das in Aussicht stehende Holz war an sich schon sowohl geboten als auch verboten.

Bernadette muss sich also im Augenblick der Erscheinung in höchster Lebensgefahr empfunden haben – sowohl körperlich als auch psychisch und sozial. Egal welcher auch ihr nächster Schritt sein wird: er wird todbringend sein. Und aus eben dieser höchst verzweifelten, absolut unhaltbaren Stellung heraus wird Bernadette auf wundersame Weise durch ihre Vision errettet.

Nicht zufällig stellt sich die Vision in genau dem Moment ein, in dem Bernadette das mütterliche Verbot zu übertreten beginnt und sie sich mit dem Ablegen der Wollsocken als Symbol mütterlicher Machtausübung und körperlicher Unterlegenheit eine gefährliche Blöße gibt – ein psychisch umso aufwühlenderes Moment, als sie eben bei ihren Gefährtinnen sah, wie schmerzhaft für die bloßen Füße das Überqueren des eisigen Wassers sein würde.

Psychologisch gesehen ist somit Bernadettes erste Vision als charakteristische, konfliktlösende, „heilende" Reaktion auf eine scheinbar ausweglose physische und psychische Situation zu verstehen. Darüber hinaus gab es ja gerade für einen solchen halluzinatorischen Notausgang kulturell vorgegebene Exempla, wie etwa die Erscheinungen in Garaison und vor allem in Bétharram[319].

Verstärkungsfaktoren

Auch darf in Bezug auf die Psychodynamik der doppelte Verstärkungsfaktor der Grotte nicht übersehen werden: als düsterer, verrufener Ort muss die Grotte Bernadettes Verlassenheitsgefühl noch um ein vielfaches gesteigert haben[320]; als ominöser Spukort muss sie zugleich aber auch das Aufkommen einer numinosen Erscheinung assoziativ nahegelegt haben – zumal ja obendrein von Alters her geweissagt wurde, an der Grotte werde eines Tages ein Wunder geschehen[321]. Sind allgemein Erfahrungen verzweifelter Verlassenheit eine einleitende Konstante von Erscheinungserlebnissen[322], so verstärkt gerade die Grotte von Massabielle den von Pierre Janet formulierten Übergang von Angst zur Ekstase[323] um ein Vielfaches. Die an diesem Tage herrschende eisige Kälte sowie das chronische Hungergefühl müssen als weitere, den Leidensdruck verstärkende Faktoren angesehen werden[324], zumal die Vision ja gerade dann eintrat, wenn der Hunger am stärksten ist: gegen Mittag.

Mehr Licht!

Dass die Vision sich gerade in der Mittagsstunde einstellte[325] – einer klassischen Geisterstunde[326] – verdient in der Tat Beachtung. Dies umso mehr, als ein außergewöhnliches Licht der Vision vorausging und auch noch nach deren Abklingen anhielt[327]. Dieses Licht wurde von Bernadette in ihren Berichten immer wieder mit der Sonne verglichen – beziehungsweise mit dem auf der Erde ankommenden Licht der Sonne[328]. Nun stand und steht aber um die Mittagszeit die Sonne im Zenit, und der vor der Erscheinungsgrotte sich befindende Beobachter geographisch genau in der Süd-Nord Achse, wie der Blick auf die Karte zeigt. Man kann natürlich nur Vermutungen darüber anstellen, ob der Effekt des mittäglichen Sonneneinfalls noch verstärkt wurde durch ein plötzliches Brechen der Sonne durch einen – mikroklimatisch noch verstärkt – trüben und nebeligen Februarhimmel[329] –; jedenfalls ist so oder so das Zusammenfallen von Lichtspielen und Visionen kein Zufall, sondern bestätigt die Beobachtung, dass oftmals veränderte Bewusstseinszustände im Allgemeinen und insbesondere „in fast allen Fällen visionäre Erlebnisse durch Licht ausgelöst werden“[330] – eine Tatsache, die auch die Bernadette am 27. März untersuchenden Ärzte in ihrem Bericht festhalten[331] .

Der Wind, der Wind – das himmlische Kind!

„Bevor ich den Mühlenkanal von Madame La Fitte überschritt, um zur anderen Seite zu gelangen, hörte ich ein sehr starkes Brausen in der Hecke, welche sich oberhalb der so genannten Grotte von Massavieille befindet. Ich schaute in diese Richtung, und gewahrte die Hecke in heftiger Bewegung und dahinter etwas Weißes, das einem Mädchen glich“[332].

Diese erste Niederschrift der bernadetteschen Vision bringt deutlich die Bedeutung des Windstoßes unmittelbar vor der ersten Schauung zum Ausdruck. Unschwer kann man sich die emotionale Wirkung vorstellen, die dieses anscheinend zweimal vernommene Brausen auf die sowieso schon in höchster seelischer Spannung sich befindende Bernadette gehabt haben muss[333]. Das Brausen des Windes muss auf das ängstliche Mädchen umso mehr unheimlich und aufwühlend gewirkt haben, als es buchstäblich aus heiterem Himmel erfolgte: Als sie sich umschaute, sah sie keine Wolken am Himmel und auch die Bäume in der Wiese hinter ihr standen still. Erst beim zweiten Windstoß blickte sie dann in Richtung Grotte, wo sie zuerst die sich bewegende Hecke und dann das weiße Etwas sah[334]. Für Xavier Recroix, den hervorragenden Kenner der Bergwelt der Pyrenäen, handelt es sich bei dem von Bernadette vernommenen Brausen höchstwahrscheinlich um einen an der Grotte emporsteigenden Windzug, welcher sowohl die langen, elastischen Stängel der Rosenhecke in Bewegung brachte, als auch den Ausbuchtungen der Grotte ein starkes Windpfeifen entlockte, untermalt noch von dem Rascheln aufgewirbelter welker Blätter. Solche Windspiele könnten auch die Ursache der unheimlichen Geräusche an der Grotte sein, von denen sowohl vor als auch nach Bernadettes Visionen berichtet wird[335]. Jedenfalls ist es schwer vorstellbar, dass dieses unheimliche Spektakel an einem unheimlichen Ort die in einer unerträglichen Situation sich befindende Bernadette nicht in jenen Zustand versetzt haben soll, dem die sagenhaften Erscheinungen des Naturgottes Pan ihren Namen verliehen haben: Panik – mit dem Unterschied, dass Bernadettes Erscheinung den Notausgang aus unsagbarer Panik öffnet, noch ehe diese Bernadette richtig in ihren Bann schlagen kann.

Auch darf die hypnotische Wirkung, welche von den wippenden Stängeln des Dornbusches ausgeht, nicht unterschätzt werden – zumal Bernadette ja auch bei ihren weiteren Visionen die Hecke als Fixierpunkt benutzen muss[336]. Dass bei diesen Gelegenheiten niemand die Dornen-

sträucher in Bewegung bringen darf, weil sonst Bernadette in aufgebrachte Tränen ausbricht[337], erweckt den Anschein, als wolle die Seherin nicht mehr an die unerträglichen Emotionen erinnert werden, die die vom Windzug verursachten Bewegungen des Rosenbusches am Tage ihrer ersten Vision bei ihr ausgelöst hatten.

Dea ex machina ...

Wie schon angedeutet, wurde das Auftauchen von Liebfrauenerscheinungen in ausweglosen Situationen durch Überlieferungen nahe gelegt, die zu den bedeutendsten Bestandteilen der sowohl vorchristlichen als auch christlichen lokalen Kultur und Religion gehörten. Der diesbezüglich in jeder Hinsicht nächstliegende Topos ist Bétharram, das eine der Gefährtinnen fast unmittelbar vor der Vision noch Bernadette gegenüber erwähnte, weil der zu überquerende Kanal dort hinführen könnte[338]. Bernadette, die vor dem Felsen von Massabielle so steht wie der sprichwörtliche Ochse vor dem Berg, findet nun plötzlich eine wunderschöne Liebfrauendarstellung vor, genauso wie nach einer Bachüberquerung der ausgerissene Ochse von Bétharram[339], mit dem die Seherin sich später ausdrücklich verglichen haben soll[340]. In Bétharram wird „Unsere

Der Empfang der Unbefleckten

Seite 94 links:
Die Willkommensjungfrau aus der Pfarrkirche von Lourdes.

Seite 94 rechts:
Unsere Liebe Frau des Wassers im Klostergarten von Nevers.

links:
Die Wunderbare Medaille.

Liebe Frau vom Sterne" verehrt, ein Titel, den auch Bernadettes im Schein des mittäglichen Sonnengestirns geschaute Dame völlig rechtens beanspruchen könnte. Die vom Winde psychisch gekippte Bernadette wird, wie das vom Sturmwinde umgeworfene Kruzifix in Bétharram, durch „Unsere Liebe Frau vom Kalvarienberg" wunderbar aufgerichtet – wie auch die Felsmasse von Massabielle mit ihren Knochenresten als Ort der bis zur bitteren Neige vollbrachten Krux der Bernadette deutliche Züge eines Kalvarienberges trägt. Und wie in illo tempore zu Bétharram Unsere Liebe Frau ein armes Mädchen an einem schönen Zweig wunderbar aus den todbringenden Fluten des Gave gerettet hatte, so wird mit Bernadette erneut ein armes Mädchen durch eine in den Zweigen des Rosenbusches erscheinende schöne Dame aus den Wassern des Gave errettet[341] – und es ist ja nicht das erste Mal, dass ein Soubirous aus Lourdes nach einem Sturz in den Gave von „Unserer Lieben Frau vom Schönen Zweige" („Notre-Dame de Bétharram") wunderbar errettet wird.

Zudem: lag damals nicht genau gegenüber dem Heckengestrüpp, in dem Bernadette die weiße Liebfrau schaute, das Heiligtum „Notre-Dame du Bouix" – „Unsere Liebe Frau vom Buchs"? Die dort verehrte Liebe Frau des als Heckengestrüpp wachsenden Buchsbaumes wurde als Patronin der Familie betrachtet – und gerade solch eine Familienversicherung hatte Bernadette bitter nötig, als sie von den Ihrigen verlassen, in ihrer Rolle als familientragende „héritière" zu scheitern drohte[342]. Und wird nicht auch von La Salette berichtete, die dort erscheinende Dame habe mit ihren Sehern einen Bach überquert?[343]

In diesem Zusammenhang ist es bedeutsam, auch die Pose von Bernadettes Vision näher zu betrachten. In der Pfarrkirche von Lourdes gab es 1858 vier Marienstatuen[344]: drei Muttergottesstatuen – Madonnen mit Kind – und eine Statue der Maria als Unbefleckt Empfangene, die wegen ihrer weit geöffneten Hände und Arme, die sie dem unter ihr stehenden Beobachter entgegenhält, „Willkommensjungfrau" („Vierge de l'Accueil") genannt wird. Gefragt, welches Marienbild ihrer Vision am nächsten käme, hat Bernadette immer entgegnet, am ehesten käme dieser eben jene Willkommensjungfrau in der Pfarrkirche von Lourdes nahe, die sie wöchentlich mehrmals besuchte. Auch die weiteren, von Bernadette als ihrer Vision ähnlich anerkannten Marienabbildungen: die Unbefleckte Maria auf der Médaille Miraculeuse der Rue du Bac, sowie später dann die kleine weiße Statue der Maria als unbefleckt empfangene „Unsere Liebe Frau vom Wasser" („Notre-Dame des Eaux") im Garten des Klosters von Nevers, vor der sich Bernadette in den ersten Tagen ihres Noviziates ausweinte[345], haben als identisches Merkmal eben jene offenarmige Aufnahmepose. Sie stellt genau das dar, was die am 11. Februar 1858 vor der Grotte von Massabielle sich befindende Bernadette überlebensnotwendig brauchte: die Aufnahme in die Arme eines höher stehenden Fräuleins, das sie in einer anderen Welt willkommen heißt, die für sie den Ausweg aus der lebensbedrohlichen Verlassenheit ihrer Doppelzwangslage darstellt. Alle später nach ihren Visionen entworfenen Statuen mit andächtig gefalteten Händen, allen voran jene, welche sich heute in der Erscheinungsnische der Grotte von Massabielle befindet, wurden deshalb von Bernadette mehr oder weniger kategorisch als irrelevant, da ihrer Erfahrung nicht entsprechend, verworfen[346].

... nec Mater Dei ...

Was sah Bernadette nun genau? Auf diese Frage pflegte die Seherin in der Zeit ihrer Visionen immer die gleiche Antwort zu geben: „aquerò": „das da", eine Bezeichnung, die in ihrer dinghaften Unpersönlichkeit auch heute noch viele Menschen schockiert. Doch in der Tat: Zuerst sah Bernadette ein Licht, und in diesem Licht etwas Weißes, welches nach und nach, in den ersten Berichten der Seherin auf die ständigen Fragen ihrer Zeitgenossen hin[347], das Antlitz eines kleinen Mädels annimmt, mit den bekannten Attributen: Rosenkranz, blauer Gürtel, Rosen auf den Füßen, usw. Bernadette hat jedoch zeitlebens immer große Schwierigkeiten, ihre Erscheinung präzise zu beschreiben. Dennoch ist die Seherin, außer in Detailvariationen, im Großen und Ganzen immer bei der gleichen Version ihrer Vision geblieben, ohne sich jemals in ausschweifende Ausschmückungen zu ergehen – ganz im Gegenteil.

Bemerkenswerterweise wird dieses geschaute Etwas („aquerò") von Bernadette während der Zeit ihrer Visionen jedoch niemals expressis verbis als Muttergottes identifiziert. Im Gegenteil: Das Seherkind protestiert anlässlich der Verhöre durch die Zivilautoritäten ausdrücklich gegen Unterstellungen, sie habe behauptet, die Muttergottes gesehen zu haben[348]. Auch nach ihren Visionen behauptet sich Bernadette noch auf diese Position, so etwa am 7. September 1863 dem Jesuiten P. de Langlade gegenüber: „Sie haben die Heilige Jungfrau gesehen, fragte er sie? – Ich sage nicht, ich hätte die Heilige Jungfrau gesehen, ich sah die Erscheinung"[349].

Und auch am 25. März 1858, am Fest Mariä Verkündigung, verkündigt das in der zu dieser Gelegenheit mit einer Statue der Unbefleckten Empfängnis geschmückten Grotte erscheinende Fräulein nur eine Identität, die höchst unpersönlich ist: die Unbefleckte Empfängnis, terminus technicus eines äußerst abstrakten Dogmas. Erst später, als die Zeit ihrer Schauungen vorbei ist, übernimmt Bernadette, ganz konventionell, für ihre Visionen die von der kirchlichen Autorität proklamierte Identifikation zwischen dem weißen Fräulein ihrer Visionen und der Muttergottes. In diesem Sinne dürften dann die am Ende ihres Lebens von Bernadette geäußerten Zweifel, sie möge sich geirrt haben[350], weniger als eine radikale Infragestellung zu deuten sein, ob sie überhaupt etwas gesehen habe, sondern vielleicht eher als das ununterdrückbare Hochkommen der Aussicht, dass dieses Etwas vielleicht gar nicht die von der kirchlichen Lehre verkündigte Muttergottes gewesen sein könnte.

Wie dem auch sei: Bernadette pflegt zu keinem Zeitpunkt ihre Vision als Muttergottes zu beschreiben, sondern immer nur als einsames Fräulein, das nur durch interpretatorische Induktionen zur Muttergottes werden kann. In der Tat definiert sich theologisch die ihrer Verehrung zugrunde liegende Würde Marias christozentrisch durch ihre Mutterschaft. Das heißt: erst ihr Sohn Jesus-Christus verleiht Maria ihre Besonderheit, und nur als Gebärerin des Sohnes Gottes, also letztendlich nur zur Ehre Gottes allein, darf Maria kultisch gepriesen werden[351].

Diese Theologie gilt der kirchlichen Marienverehrung als Grundprinzip und findet sich auch in der klassisch-traditionellen Ikonographie: Ausgehend von der archetypischen Ikone des heiligen Lukas wird Maria als Mutter Gottes dargestellt, das heißt eben auch visuell: christozentrisch, mit dem Sohn in ihrer Mitte, der ihr ihre Verehrungswürdigkeit einbringt[352]. Ohne Christuskind ist das geschaute Fräulein eine Jung-

oder Liebfrauenerscheinung, nicht aber eigentlich eine Muttergotteserscheinung. Man mag diese Unterscheidung nun als irrelevante theologische Haarspalterei abtun, psychologisch ist der Unterschied auf jeden Fall relevant: Durch die Schauung eines kindlosen Fräuleins befreit sich Bernadette in einem gewissen Sinne von der real erfahrenen, ambivalenten Muttermacht, so dogmatisch fraglich eine Maria ohne Kind auch erscheinen würde: „Eine mächtig auf die marianische Wirklichkeit zentrierte Schöpfung, doch konnte man, bei dieser Befreiung der Frau, eine spirituelle Trennung zwischen der Mutter und dem Sohne vollziehen, dieser Verbindung, welche sich im Herzen jeder dogmatischen Vollendung befindet“ [353]. Doch hatte Bernadette eben nie behauptet, ihr geschautes Liebfräulein sei Maria, die Muttergottes – ihre Vision ist in dieser Hinsicht also durchaus dogmatisch korrekt: auf der psychosozialen Ebene, auf der sich der Bruch via die Vision vollzieht.

... alter ego Bernadettae

Auch sei noch einmal darauf hingewiesen, dass Bernadette die Vision nicht in der Grotte selbst sah, sondern in einer kleinen Nische oberhalb der Grotte, einer Nische, die von einem Dornbusch größtenteils zugewachsen war. Laut Bernadettes Aussagen sah sie dort zuerst in dem vorausgehenden Licht etwas Weißes, das jedoch nicht lange antlitzlos bleiben und bald ein liebliches Gesicht bekommen sollte: das Angesicht eines kleinen Fräuleins. Sind zwar bekanntlich die Erscheinungen von kleinen weißen Liebfräuleins ein typisches Motiv volkstümlicher Vorstellungen, so ist dennoch bemerkenswert, dass in ihren Zügen dieses schöne kleine Fräulein offenbar als alter ego der Bernadette fungiert. Genauer gesagt: als idealisiertes, den Wünschen der Seherin gemäßes alter ego, „wie die Projektion eines idealisierten Ichs“[354]. Auch dies entspricht der klinischen Beobachtung, dass nicht-psychotische Halluzinationen in manchen Fällen das Erscheinungsbild eines Doppelgängers annehmen, der zum intimsten Partner wird: „Dieses Phänomen, im Deutschen mit dem Namen Doppelgänger bezeichnet, im Englischen Doubleganger, in der neuro-psychologischen Fachsprache Heautoskopie, besteht darin, sich selbst zu sehen, vor sich, neben sich, wie eine ständiger Begleiter. Dies ist ein mythisches Thema aller Kulturen, vewandt mit dem Mythos des Narziß. (...) Imaginärer Begleiter, (...) ist er der bevorzugte und geliebte Gesprächspartner (...). Manchmal jedoch ist der Doppelgänger etwas verschieden vom Subjekt selbst: Er ist Bruder, Freund, Liebhaber“[355]. In diesem Fall wäre also die Vision der Bernadette als idealisierte Erscheinung der Bernadette selbst zu deuten – und somit das Spiegelbild von Bernadettes innerstem Ich: „Das Thema der

‚Erscheinungen von Lourdes' wäre also von den tiefen Tendenzen von Bernadettes Affektivität diktiert worden, und würde so ein bisschen von dem Rätsel der zutiefst unvermittelbaren Persönlichkeit Bernadettes offenbaren"[356].

Das von Bernadette Geschaute ist betörend schön – während die sehr schmutzige, von Läusen und Ungeziefer befallene Bernadette[357] sich selbst höchstwahrscheinlich als hässliches Entlein empfunden haben muss, kränklich und unansehnlich, noch ein Kind und keine Jungfrau. Auch ist das in der Vision geschaute Fräulein so schön, dass im Vergleich zu ihr alle ob ihrer Schönheit gefeierten Lokalnotabilitäten verblassen, wie Bernadette auf Anfrage, aber mit spürbarer Genugtuung und zum Teil den anderen mitten ins Gesicht, bemerkt[358]. Mehr noch: das Fräulein der Vision wird als so schön erfahren, dass sich die Seherin Jahre später einen schnellen Tod herbeiwünscht, um sie wiedersehen zu können: „Bernadette, mit Ausdruck: ‚Oh ... so schön, dass, wenn man sie einmal gesehen hat, es einen drängt zu sterben, um sie wiederzusehen'"[359] – ein Sterben, was dann auch, allerdings unter unerwarteten Qualen, eintritt. Offenbar wurde demnach die Diskrepanz zwischen dem geschauten Ideal und der erlebten Wirklichkeit von Bernadette als so unerträglich empfunden, dass ihr nur der definitive Übergang in eine andere Welt die dauerhafte Lösung dieses schmerzlichen Konfliktes zu bringen schien.

Sodann ist die Vision blendend weiß: sicherlich ein konventioneller Topos von pyrenäischen Elfenerscheinungen[360]. Hingegen ist Bernadette schwarz, in dem Sinne, dass sie gebräunte Haut und schwarze Augen besaß[361] – während die Seherin ihre Vision später mit blauen Augen und mit weißer, edelblasser Haut beschreibt[362]. Weiß, mit großen Perlen und mit einem golden glänzenden stattlichen Kruzifix ist auch der Rosenkranz der Vision[363], während Bernadettes eigener Rosenkranz ausgesprochen unansehnlich ist, billig, klein und von dunkler Farbe[364]. Diesen kontrapunktisch funktionierenden Projektionen würde auch entsprechen, dass sowohl die Seherin als auch ihre Vision mit anderen, schmuckeren Rosenkränzen absolut nichts anzufangen wissen[365].

Auch wurde ihre Erscheinung von Bernadette ausdrücklich als jung beschrieben[366]. So sagt Bernadette unter anderem aus, das geschaute Fräulein gleiche der „petite de M. Pailhasson", einer etwa zehnjährigen Tochter aus gutem Hause, welche öfters Sonntags ganz in weiß gekleidet in der Kirche erschien[367]. Und wenn das geringe Alter ihrer Vision auch die damaligen Beobachter stark irritiert, weil es den gängigen Muttergottesvorstellungen zuwiderläuft, so haben sie doch bei ihren Datierungsversuchen das Alter des kleinen Fräuleins mit überwältigender Mehrheit zwischen 14 und 20 angesiedelt – ein Alter, das auch hier wiederum dem Wunschalter der unmündigen Erstgeborenen entsprechen dürfte, die allen Überlieferungen zufolge mit 14 noch aussah wie ein Kind von 12.

Auch hat ihre Vision in etwa genau die Größe Bernadettes: Mal gibt die Seherin an, ihre Erscheinung sei kleiner gewesen als sie selbst, dann wiederum, sie sei etwas größer gewesen, dann wiederum, sie sei nicht größer als sie selbst[368]. In jedem Fall jedoch hat ihr inneres Erscheinungsbild genau so wie Bernadettes äußeres Erscheinungsbild ein recht kleines körperliches Mittelmaß – was wiederum den gängigen Muttergottesvorstellungen ihrer Zeitgenossen zuwiderläuft, auch wenn in der ganzen Gegend aus früheren Jahrhunderten Muttergottesstatuen mit kindlich-kleinen Ausmaßen überliefert sind[369]. Durch die unkonventionelle, den äußeren Erwartungen nicht entsprechende kleine beziehungsweise mittlere Größe ihrer Erscheinung wird so jedenfalls auch Bernadettes zurückgebliebenes Klein- beziehungsweise Mittelmaß indirekt aufgewertet – wie ja auch das kleine Fräulein sich öfters während den Visionen buchstäblich auf den gleichen Fuß mit der Seherin stellt. „Ich habe eine Schwäche für alles, was klein ist“, soll Bernadette einmal gesagt haben, während sie ein kleines Lämmchen in ihre Arme nahm[370]. Genauso nimmt jedenfalls das visionäre Liebfräulein mit dem weißen Schleier das vor der Grotte verlorene Schäflein Bernadette auf – eine tröstliche Kompensation zur rauhen Behandlung, welche der kleinen Bernadette in Wirklichkeit seitens kleiner und großer Frauen und Fräulein widerfährt[371].

Ein Wort noch zur Kleidung: Der weiß leuchtende Schleier der Vision mag als überhöhtes Pendant des weiß verwaschenen second-hand Schleiers Bernadettes erscheinen. Dass das geschaute Fräulein, ähnlich der Tracht der Marienkinder, ein weißes Kleid und einen blauen Gürtel um die Taille trug – weshalb man ja denn auch zuerst an eine Erscheinung des kürzlich beigesetzten heiligmäßigen Marienkindes Elisa Latapie gedacht hatte[372] –, könnte dann als projektive Identifikation Bernadettes mit eben dieser etwas älteren, sozial hochgeachteten – und dazu noch in einer anderen, besseren Welt sich schon befindenden – Dame gedeutet werden. Alles in allem jedoch trägt Bernadettes Erscheinung in all ihrer außergewöhnlichen Pracht ein betont schlichtes weißes Kleid, das mit den Verzierungen üblicher Muttergottes- und Herrschaftskleider kontrastiert; zudem aus einem Stoff, „wie man ihn nicht bei den Händlern sieht“[373], das heißt: wie keine auch noch so reiche Dame ihn sich kaufen könnte. Auch durch diese Details ihrer Vision wird wiederum Bernadettes Armut tröstlich der Stachel genommen, indem die teuren, aufwendigen Kleider der Reichen verblassen müssen vor zu unerwerblicher Pracht erhöhter einfachster Gewandung.

Auch die Barfüßigkeit der Vision[374] erscheint von Bedeutung: Nicht nur, dass traditionellerweise die Barfüßigkeit einer Erscheinung als himmlischer Ausweis diese von dem teuflischen Bocks- oder Klumpfuß abgrenzt[375]. Die Nacktheit ihrer Füße stellt Bernadettes Erscheinung auch hier wiederum, entfernt von den herrschaftlich beschuhten Zierfüßchen üblicher Liebfrauendarstellungen, auf gleichen Fuß mit den Barfüßern unterster sozialer Milieus. Darüber hinaus war ja gerade Bernadette dabei, verbotenerweise ihre Füße zu entblößen und sie ins todbringende Wasser zu stecken. In diesem Zusammenhang mögen die geschauten goldenen Rosen auf jedem Fuß der Vision fast wie die Märtyrerkrone der Bernadettes Füßen unmittelbar bevorstehenden Kaltwasserprobe erscheinen. Traditionell jedenfalls werden die goldenen Rosen als Auszeichnung für eben jene Füße gedeutet, mit denen die Heilige Jungfrau in ihren Darstellungen als Unbefleckte Empfängnis der mörderischen Schlange siegreich den Kopf zertritt. Dass sie in dieser Pose als Sonnengleiche auf die Mondsichel tritt, auf der sich die Schlange windet, kann unschwer als Triumph des Lichten über das feuchte Element gedeutet werden – sowie auch Bernadette dank ihrer lichten Vision das feuchte Element bezwingen kann: unmittelbar das lebensgefährliche Wasser des Kanals, das sie jetzt ohne Schmerzen durchwaten kann, mittelbar aber auch die ebenso lebensbedrohliche Feuchte ihres Familienverlieses („cachot"), welches für Bernadette durch ihre Schauungen merklich erträglicher gemacht wird und aus der die Seherin ihre Familie bald endgültig heraus führt – eine halluzinatorische Wunscherfüllung, welche beachtenswerterweise dann nachher Wirklichkeit wird.

Demgegenüber fungiert die Erscheinungsgrotte selbst als wirklichkeitsgetreuer Doppelgänger des cachot. Und beiden verrotteten und verruchten Löchern wird ja tatsächlich durch die Bernadette geltenden Besuche von schönen Damen eine ungeahnte Erhöhung zuteil werden.

Und wenn ihr es nicht erschaut, ihr könnt es nicht erjagen

Doch die prägendste Charakteristik von Bernadettes Vision ist ihre Unbestimmbarkeit. Immer wieder betont Bernadette, dass dieses weiße Etwas („aquerò") in Mädchengestalt nicht wahrheitsgetreu wiedergegeben werden kann – weder durch akribische Protokolle noch durch hochbezahlte Meisterskulpturen[376]. Man kann sich des Eindrucks nicht erwehren, dass es der ärmlichen und unfähigen Seherin fast Freude gemacht hat, die gefeiertsten – und bestbezahlten! – Bildhauer barsch als klägliche Versager, ja Madonnenfrevler, hinzustellen – dazu noch mit dem herausfordernden Hinweis, dass das Einfachste das Beste sei und die Herren am besten selbst seherisch nachschauen gingen[377].

So ist es denn auch nicht verwunderlich, dass Bernadette ihre Vision vorzugsweise immer nur als „aquerò" bezeichnet[378] – zur größten Bestürzung aller Beobachter. Denn „aquerò" bedeutet ja soviel wie „das da" („cela"), was man sicher auch mit „etwas" sinngemäß wiedergeben könnte, zumal Bernadette ihre Vision auch als „quaoucaré" – „quelque chose", eben: „etwas", bezeichnet[379]. Und indem sie angibt, „etwas" gesehen zu haben, ohne aber präzise Personalien anzugeben, frustriert die Seherin sowohl die volkstümliche als die fachtheologische Neugierde, welche unablässig nach dem Namen der Schauung bohren. Zugleich sichert sich Bernadette aber dadurch eine unanfechtbare Macht über ihre somit zutiefst private Vision, welche dadurch eben nicht von den Anderen und deren Besserwissen vereinnahmt werden kann, wie es in den kollektiv-gemeinschaftlichen Strukturen der damaligen Gesellschaft und der Kirche eigentlich erwartet wird. Bezeichnenderweise wird erst nach Abschluss der Quinzaine, in der drittletzten Vision, am Fest Mariä Verkündigung, das Geschaute der Bernadette erwartungsgemäß ihren Namen verkündigen – um dann für immer zu verstummen. Zudem besteht die Möglichkeit, in diesem Verhalten auch das Nachwirken traditioneller Feenlegenden zu sehen, wo ihre Namensnennung an Außenstehende den beleidigten Rückzug des charmanten Liebfräuleins auslöst: „Diese Legenden, wie sie in verschiedenen Versionen in den Pyrenäen erzählt wurden, schärften unermüdlich ein, von einer Namensnennung abzusehen. Vielleicht erklärt eine solche Angst Bernadettes Unwillen, *Aquéro* zu identifizieren, denn alle übernatürlichen Geschöpfe verlangten anscheinend diese respektvolle Verschwiegenheit"[380].

War diese Namensnennung auf die Dauer auch der sozialen beziehungsweise ekklesialen Legitimierung wegen quasi unumgänglich und, wie noch gezeigt werden wird, aus diesem Grunde für die psychologische Aufbaufunktion ihrer Visionen sehr wichtig, so ist diese Namensnennung doch zugleich der erste Schritt zu einer Entpersönlichung, welche die Relevanz ihrer Erscheinungen für Bernadette sehr stark relativiert und ihr das Ende der Visionen erträglicher gemacht haben dürfte.

Interessanterweise qualifiziert Bernadette selbst, soweit rekonstruierbar, ihre außergewöhnlichen Erfahrungen auch niemals als „apparition" („Erscheinung"), sondern konstant immer als „vision"[381]. Auch dies rief Befremden hervor. In der Tat gab es zu der Zeit in der Theologie noch die fundamentale Unterscheidung zwischen Vision und Erscheinung, zwischen nur vermeintlich echtem, das heißt subjektiv Vernommenem und echtem, tatsächlich objektiv Geschautem, getreu der leitmotivhaften Schlüsselfrage: Hat Bernadette wirklich die – leibhaftig ihr von außen erscheinende, für alle anderen aber wundersam unsichtbare – Muttergottes gesehen oder hat sie es sich alles nur innerlich eingebildet?[382].

Kein Muttercharakter

Ruth Harris[383] stellt mit Nachdruck fest, dass Bernadettes Visionen keinerlei Muttercharakter aufweisen. Auch dies erscheint psychologisch gesehen nicht weiter verwunderlich. Es darf ja nicht vergessen werden, dass Bernadettes visiogene Doppelzwangsituation mit ihrer eigenen Mutter in Zusammenhang steht. Da neben der Mutter „Zwickmüllerin" Bernadette zeitlebens unter dem Druck bevormundender, ja unterdrückerischer Matriarchen zu leiden hatte – von der zweiten Mutter Tante Bernarde über die Ziehmutter Marie in Bartrès bis später zu den Müttern Oberinnen –, kann für Bernadette das Mütterliche nur mit einer höchsten, ja perversen Zwiespältigkeit behaftet gewesen sein. Wozu die von Bernadette ihren Befragern gegenüber beharrlich betriebene Verabsolutierung der Allgüte dieser Mutterfiguren noch den a-contrario-Beweis liefern würde.

Der Ausweg aus der Zwickmühle todbringender Lebensspenderinnen wird denn auch nicht durch eine kompensatorische Vaterfigur versucht, für die es eben in Wirklichkeit für die Seherin kein Modell gab. Bernadettes Vater war ihr zwar sehr zugetan, doch ein tragischer Schwächling und Versager. Auch bei den bon Pères hatte die Seherin nicht mehr Glück: Bernadette erntete – vor ihren Visionen! – niemals viel Aufmerksamkeit und Ansehen bei geistlichen Herren, im Gegenteil. Und ebenfalls der Gute Vater im Himmel konnte so gut auch wiederum nicht erscheinen, da er es doch war, der die Leiden der Bernadette wollte – so jedenfalls versucht ja das Mädchen es sich einzureden[384]. Solchermaßen kann denn in einer matriarchalischen Gesellschaftsstruktur und einer betont mariozentrischen Frömmigkeit das machtvoll sich auftuende Heil nur von etwas Weiblichem erwartet werden – welches aber aufgrund von Bernadettes persönlichen Erfahrungen keine Mutterfigur sein konnte.

Der halluzinierte Ausweg aus der zwanghaften Wirklichkeit nimmt für das Seherkind deshalb die Form einer doppelgängerischen Jungmädchenfigur an. Dieses kleine weiße Fräulein ist es, welches wunderbar freundlich zu ihr ist und ihr den Weg des Heiles aufzeigt – heraus aus dieser psychisch und physisch unerträglichen Situation, die zum Krank- und Verrücktwerden keinen anderen Ausweg zulässt. Dass dann Bernadette später einige Male ihre Vision als „cette (diese) [nicht: „ma" (meine)!] tendre Mère (zärtliche Mutter)" bezeichnet[385], mag dennoch vielleicht mehr sein als nur ein simples Nachplappern offizieller Floskeln und Kirchenlieder[386]: Diese Bezeichnung mag insofern treffend sein, als

Bernadettes Vision tatsächlich die Rolle einer vornehm-zärtlichen Lebensspenderin hatte, jedoch ohne die für ihre wirkliche Erfahrung des Mütterlichen so charakteristische Ambivalenz. Somit wäre diese kompensatorische Mutterfunktion der Visionen der Bernadette als halluzinierter Kontrapunkt zur am eigenen Leibe erfahrenen real existierenden Mütterlichkeit anzusehen, wenn auch die Vision in ihrer Gestalt selbst keine mütterlichen Züge trug. Doch muss man wohl diese psychische Stützfunktion vor allem in der Verbindung mit einem mehr als Kameraden fungierenden halluzinierten Doppelgänger ansiedeln, zumal ja auch die Jugend und die geringe Körpergröße der Vision eher dem alter ego als der Mütterlichkeit gleichkommen.

Wenn Bernadettes Vision von Außenstehenden flugs als Maria gedeutet wird, so scheint die Marienfigur im Französischen doch weit weniger mütterlich behaftet als im Deutschen. Vielleicht ist es tatsächlich nicht unwichtig, sich bewusst zu sein, dass man im Französischen quasi nie von einer „Mère de Dieu", einer Muttergottes spricht, sondern vorzugsweise von der „Vierge Marie", der Jungfrau Maria – während im Deutschen von Maria fast immer nur als „Muttergottes" geredet wird. Die 14-jährige, auf den Namen Marie-Bernarde getaufte Bernadette war nun sowohl eine Jungfer als auch eine Marie, und somit eigentlich, einem religösen und sozialen Ideal entsprechend, die Doppelgängerin jener Jungfrau Maria, welche sie als ihre idealisierte Doppelgängerin schaute. Wie gesagt trägt Bernadettes Vision, entgegen den meistverbreiteten Muttergottesdarstellungen, auch kein Kind – ein Grund, weshalb es so schwierig war, sie sogleich als Muttergottes zu identifizieren, während es natürlich für die Seherin umso leichter ist, sich bei ihrer Vision sowohl als Gespielin wie auch als an Kindesstatt Angenommene zu projizieren. Und auch später verkündet Bernadettes Vision nur, sie sei die Unbefleckte Empfängnis – also keine mütterliche Person, sondern ein kürzlich zum Dogma erhobenes theologisches Konstrukt.

Darüber hinaus ist der Begriff „Unbefleckte Empfängnis" selbst ja schon ein paradoxer Ausweg aus einem unentrinnbaren Dilemma: Entweder man ist, und damit ist man auch befleckt, oder man ist unbefleckt, und ist nicht(s)[387]. Die Unbefleckte Empfängnis ist also ein Existenzmodus in einer offenbaren contradictio in terminis, wo beide sich logisch gegenseitig ausschließende Wirklichkeiten neben- und miteinander bestehen bleiben. Eine unbefleckte Empfängnis ist so etwas wie eine befreite Gefangene – etwas, was Bernadette ja auch durch ihre Visionen hindurch werden konnte. Dergleichen Paradoxe – gipfelnd in der Schlüsselfigur Jesus Christus, wahrer Mensch und wahrer Gott zugleich –, sind nun aber grundlegend für das Christentum und werden dort auch als zutiefst Leben spendend erfahren. Solche frontensprengenden Paradoxe sind jedenfalls auch psychologisch von einer zwiespältigen, potentiell perversen coincidentia oppositorum zu unterscheiden, wie sie etwa eine als zutiefst ambivalent erfahrene Mutterfigur darstellt: sowohl Leben spendend als auch Leben tötend, und deshalb unerträglich und unentrinnbar zugleich. Eben die Figur der magna mater, die Bernadettes Erscheinung, trotz aller Weiblichkeit, nicht ist.

Image de synthèse

Somit kann festgehalten werden, dass in Bernadettes spontaner Vision der Ausweg aus einem psychischen Konflikt gesucht wird, und zwar durch halluzinatorische Aneignung und Verschmelzung von verschiedenen Liebfrauenfiguren, die durch Überlieferung und Ikonographie vorgegeben waren[388]. Dass aus dem weißen Etwas ihrer anfänglichen Vision bald ein kleines Fräulein wurde, mag auch daran gelegen haben, dass im damaligen Empfinden allgemein, und nicht nur bei Kindern, man sich im Gegensatz zu hochintellektuellen Gebildeten keine abstrakten, unpersönlichen Wirkkräfte vorstellen konnte[389], insbesondere, wenn diese als gezielt wohlwollend beziehungsweise böswillig erlebt werden – ein Weltempfinden, das besonders im Kontext der Lourdesheilungen noch eingehender analysiert werden müsste. Jedenfalls scheint diese animistische Weltanschauung neben kultur-, entwicklungs- und kommunikationspsychologischen Faktoren auch mit ein Grund zu sein, weshalb das von der Seherin geschaute weiße Etwas nicht lange antlitzlos bleiben konnte, sondern eine Maske (lateinisch: „persona") und ein Kostüm bekommen musste – also nicht bloß, weil gerade Karneval war.

„Aber die Intervention der Persönlichkeit der Seherin legt es nahe zu denken, dass es im Ablauf der Ereignisse in Massabielle keine passive Wiedergabe von vorher gesehenen und gehörten Materialen gegeben hat, sondern, mehr oder weniger in Funktion der vom Mädchen durchlebten Probleme, eine ‚Neugestaltung' aufgrund der vom sozialen Faktor eingebrachten Elemente"[390]. Tatsächlich tut sich in der Art und Weise, wie sich Bernadette für die Ausstattung ihrer Vision im Bilderbuch der Tradition bedient, eine gewisse Kreativität auf. Doch weit kreativer als die Form erscheint der Inhalt von Bernadettes Vision: Diese zielt auf Wunscherfüllung ab, nicht nur, indem sie einfach superlative Ichideale in ihre Vision projiziert, sondern auch, indem ihre Vision in ihrer ganzen Art und Weise eine außergewöhnliche, ja umstürzlerische Logik offenbart, die, wie gezeigt werden wird, weit über Bernadettes individuelle Situation hinaus kollektiv Sinn und Wirkmächtigkeit gewinnen kann.

Händeringen

Ein Wort noch zu den Handbewegungen der Bernadette und ihrer Vision. Beim Anblick des schönen Fräuleins wird Bernadette von Furcht erfasst, sie reibt sich die Augen und greift nach dem Rosenkranz in ihrer Tasche und versucht, ein Kreuzzeichen zu machen.

Diese Gesten dürfen zum einen als Versuch Bernadettes gedeutet werden, ihre Vision nicht kritiklos hinzunehmen, sondern sie erst einmal einer Prüfung zu unterziehen. Eine kritische Prüfung liegt umso näher, als Bernadette ihre erste Vision anfänglich als furchteinflößend erlebt, und sie deshalb zunächst versucht, das Geschaute als Selbsttäuschung zu verscheuchen:

> „Ich stob plötzlich zurück: eine schreckliche Angst bemächtigte sich meiner. Ich konnte meinen Augen nicht trauen und rieb sie mit der Hand um mich zu vergewissern, dass sie mir keine Illusion bereiteten“[391].

Das Augenreiben erscheint einmal als geläufiger Gestus des ungläubigen Staunens, aber auch des Nichtwahrhabenwollens, als Versuch, sich ihrer angsteinflößenden Vision zu entziehen – zudem wird ja durch das dem Reiben vorhergehende Schließen der Augen tatsächlich auch ein vorübergehendes Verschwinden der Vision erreicht[392] –; aber auch als Reaktion auf die durch das Leuchten ihrer Vision für sie veränderten Lichtverhältnisse[393].

Der anschließende Griff nach dem Rosenkranz[394] und das versuchte Kreuzzeichen sind bestens bekannte, traditionsvermittelte, reflexartige Verhaltensweisen ungeheuerlichen Erscheinungen gegenüber. Ängstliche Zeitgenossen hatten generell die Angewohnheit, sich beim Anblick der verwunschenen Grotte von Massabielle zu bekreuzigen[395]. Zudem mag der Griff nach dem Rosenkranz auch als Griff nach einem kompensatorisch-beruhigenden Übergangsobjekt im Sinne von Donald W. Winnicott gedeutet werden[396]; dies umso mehr, als der überall mitgetragene Rosenkranz hierin seiner Funktion nach nicht nur abergläubische Amulette, sondern auch kindliche Puppenanhängsel ersetzte[397]. Dass Bernadette später angibt, ihre Vision habe gleichfalls einen Rosenkranz getragen, mag, auch wenn es sich bei diesem Bericht um eine Retroprojektion handeln würde, trotzdem ein weiteres Argument für die angeführte Doppelgängerfunktion ihrer Schauung sein: Ist diese, als erhöhte Projektion ihres eigenen Ichs, nicht Gespielin, sondern Führerin, so ist es nur logisch, dass Bernadette den ergriffenen Rosenkranz erst dann beten kann, als das geschaute Fräulein selbst dies unternimmt.

Gleiches gilt vom Kreuzzeichen: Bernadette kann ihre reflexartig angesetzte Bekreuzigung erst durchführen, nachdem das weiße Liebfräulein dies ihrerseits tut[398]. Auch diese Doppelgängergeste beinhaltet eine Reminiszenz, und zwar des Abbé Ader, welcher als Katechet in Bartrès einen großen Eindruck auf Bernadette ausgeübt haben muss[399]. Denn gerade Abbé Ader hielt mit beredten Worten seine Schützlinge nimmermüde zur bedächtigen Pflege des Kreuzzeichens an: Anstatt hastig ein Kreuz zu schlagen, so als ginge es darum, Mücken zu verjagen, mahnte Abbé Ader zur Nachahmung jener ernsten Bekreuzigungen, welche er selbst majestätisch auf seine weite Brust zeichnete[400]. Indem sie das reflexartig angesetzte Kreuzzeichen zur Verscheuchung ihrer Vision nicht ausführt, sondern das erbauliche Kreuzzeichen der ihr visionär Vorgesetzten nachahmt, zeigt sich Bernadette jedenfalls selbst im veränderten Bewusstseinszustand als eifrige Schülerin des Abbé Ader.

Auch zu ihren späteren Schauungen gibt Bernadette an, immer nur das zu tun, was ihre Vision ihr vorgibt: Sie ist glücklich oder traurig, wenn ihre Vision dies ist; sie bekreuzigt sich, grüßt und betet, weil das kleine Fräulein dies tut[401]. Xavier Recroix bringt dieses Verhalten mit dem kindlichen antizipatorischen Mimen von Situationen, deren Eintreffen diese sich wünschen, in Verbindung; einem phantasierten Vorgreifen, welches auf spielerischer Persönlichkeitsverdoppelung beruht[402]. Zudem würde dieses Vorgehen auch dem anerzogenen Verhaltensmuster von damaligen Kindern im Allgemeinen, und von Bernadette im Besonderen, entsprechen, nur das zu tun, was die anderen, und besonders Vorgesetzte, auch tun[403]. Mit anderen Worten: Bernadette kann nur dann Eigeninitiative zeigen, wenn sie diese sich selbst und den anderen gegenüber als fremdbestimmt erscheinen lässt. Und dies wiederum zeigt, in welchem Maße Bernadette fremdbestimmt war und nur der Rückgriff auf die Traumwelt der Visionen dem Kind den Übergang zu einer erträglicheren Situation ermöglichen konnte.

Die Visionen als Übergangsritus

Durchbruch

„Erfüllt vom Verlangen, einen inneren Konflikt zu lösen, der vom Druck des sozialen Faktors erzeugt wird, welcher ihre persönlichen Pläne durchkreuzt, hätte Bernadette so nicht in Massabielle, in einer Art Traumzustand, einen unbewussten Lösungsversuch durchlebt, der eine Veränderung im subjektiven Zustand des Mädchens bewirkte? (...) Kann man antworten, es handle sich um eine Lösung im Bruch mit dem sie umgebenden sozialen Milieu“[404].

„Ein derartiger Bruch, das Überschreiten einer Schwelle, war bei diesen Sehern häufig“[405].

Aus mehreren Gründen liegt es nahe, bei den Visionen der Bernadette an einen Übergangsritus zu denken. Einmal finden Bernadettes Visionen im Gesamtkontext des ihr versagten Übergangsritus der Kommunion statt, ohne den sie auch nicht zum nachfolgenden Übergangsritus der Firmung zugelassen werden kann. Hier sei noch einmal daran erinnert, dass die feierliche Firmung in Lourdes genau einen Tag vor Bernadettes erster Vision stattfand. Im 19. Jahrhundert gingen häufig Marienvisionen mit dem Vorbereitungsunterricht auf die Firmung einher[406]. Auch Bernadette versuchte sich verzweifelt im Vorbereitungsunterricht zur Kommunion. Eben deshalb hatte sie einige Wochen zuvor den Übergang von Bartrès zurück nach Lourdes eingefädelt – für die gedemütigte und unterdrückte Bernadette sicher ein bedeutender Schritt, wenn die erhoffte Befreiung in Lourdes dann so auch nicht eintreten sollte. Zudem hatte Bernadette 10 Tage vor ihrer ersten Vision das 14. Lebensjahr überschritten und befand sich somit im Alter, auch biologisch den Übergang vom Kind zur Frau vollziehen zu müssen – obschon sich vor ihren Visionen noch keine Anzeichen einer beginnenden Pubertät bei ihr gezeigt hatten[407].

Die Vision erfolgt zudem bezeichnenderweise, als sich Bernadette vor der Grotte gegen ihren Willen gezwungen sieht, einen Übergang vollziehen zu müssen. Indem das am anderen Ufer geschaute Fräulein Bernadette zu sich heranwinkt, ermuntert es das Kind dazu, diesen Übergang zu vollziehen. Dann setzt die Schauung präzise in dem Augenblick ein, als Bernadette mit dem Ablegen der Socken nicht nur einen potentiell todbringenden Wasserlauf zu überqueren sich anschickt, sondern, nach damaligem Verständnis, ein ebenso todbringendes Überschreiten eines mütterlichen Gebotes vollzieht[408].

Ihre Vision ermöglicht Bernadette nun nicht nur ein höchst reelles, dazu auch noch schmerzfreies Überqueren des Wassers, sondern alsbald auch den in traditionellen Gesellschaften durch Riten vollzogenen Übergang vom Mädchen zur Frau. Auf biologischer Ebene lässt sich, anhand von indirekten Indizien und Zeugenaussagen, mit größter Wahrscheinlichkeit vermuten, dass mit den Visionen bei Bernadette auch die ersten Regelblutungen auftraten[409]. Auf psychologischer Ebene entwickelt die Seherin anhand ihrer Visionen ein vorher nie gekanntes Selbstbewusstsein, insbesondere den standesmäßig üblicherweise unterwürfigst gefürchteten weltlichen und geistlichen Würdenträgern gegenüber. Dem entspricht eine durch ihre Visionen bewirkte soziale Anerkennung, mit der Bernadette ihre Position als Erstgeborene nicht nur innerhalb ihrer eigenen Familie verwirklichen kann, sondern diese vielleicht noch wirkungsvoller ebenfalls bei der ganzen sozialen Gemeinschaft zu etablieren vermag. Auch dies ist eine der typischen, der sehr niedrigen sozialen

Position vieler Seher entsprechende Konstante bei Muttergotteserscheinungen im 19. Jahrhundert.

Wunderbarer Wandel

„Mit einem Wort, ihre Erfahrungen bewirkten eine Statuserhöhung, auch (und vielleicht gerade) dann, wenn ihr Betragen einfach und unverdorben blieb. An die Stelle der Alltagsplackerei traten Aufmerksamkeit und Respekt der Erwachsenen, darunter zuweilen die Elite der Gesellschaft und die Herrscher der Kirche. Hatten viele Kinder vor ihren Visionen in der Tat ein Aschenbrödeldasein geführt, so erlebten sie nun den unerwarteten, glücklichen Schicksalsumschwung, der für Aschenbrödel und andere Märchen kennzeichnend ist"[410].

„In einen gewissen Sinn kann der Fall Berndatte Soubirous also als der unbewusste Versuch eines Mädchens gedeutet werden, gegen ihr soziales Milieu zu reagieren, ein eigenartiges Beispiel einer Persönlichkeitsbildung inmitten einer relativ geschlossenen Gesellschaft, in der das Übernatürliche ein ausschlaggebender Bestandteil des täglichen Lebens ist"[411].

Von einer kläglichen Randfigur wird Bernadette nun plötzlich, dank ihrer Visionen, nolens volens zu einem regelrechten Fanal, dem Abertausende von Personen aller Stände, und bald Millionen aus der ganzen Welt, folgen werden. Dass sie schließlich aufgrund der durch die Schauungen ihr zuteil gewordenen Sonderbehandlung zur Kommunion zugelassen wird, mag zwar für den heutigen Beobachter höchst zweitrangig erscheinen, wurde aber von Bernadette in punkto Glücksempfinden mit den Visionen gleichgestellt – und sogar ausdrücklich mit den Erscheinungen in einen logischen Zusammenhang gebracht: „Weswegen bist Du glücklicher gewesen: wegen der Erstkommunion oder wegen der Erscheinungen? Sie antwortete: – Dies sind zwei Sachen, die zusammen gehen, aber sie können nicht miteinander verglichen werden. Ich war in beiden sehr glücklich"[412]. Hier hat es also allen Anschein, als hätte die von der Kommunion und der daraus resultierenden altersgemäßen Rangstellung ausgeschlossene Bernadette spontan einen ihr eigenen, kompensatorischen Übergangsritus geschaffen.

So haben Bernadettes Visionen nicht nur eine individuelle Rettungsfunktion zugunsten der Seherin, sondern auch eine kollektive, die auf Bernadettes ganzes Umfeld übergreift, eingedenk der Tatsache, dass in früheren Gesellschaftssystemen das Individuum nur im Bezug zur Kollektivität existieren konnte.

Bernadettes Erhöhung wird von ihrer ganzen Sippe geteilt, und zwar nicht nur, weil die Seherin aus ihrer Mitte stammt, sondern auch, weil das geschaute schöne Fräulein Bernadette vornehm anredet und siezt, und im Lourder Platt redet – womit sowohl Bernadette persönlich, wie auch das

Bernadettes Erstkommunion-kappe, wie eine Trophäe zur Schau gestellt im Musée Notre-Dame (Lourdes, vor 1958).

ganze einfache Volk der französisch redenden Herrscherschicht und den Einwohnern der umliegenden Ortschaften gegenüber eine übernatürlich begründete Statuserhöhung erfahren.

Auf längere Sicht erlauben Bernadettes Visionen also sowohl der Seherin als auch ihren Nächsten, den Übergang aus einer sozial geächteten zu einer angeseheneren Stellung zu vollziehen – handfest veranschaulicht durch den sozialen Wiederaufstieg der Familie Soubirous, während sich das abseits aller Bade- und Pilgerorte gelegene Lourdes zur zweitgrößten Fremdenverkehrsstadt Frankreichs und zum zweitgrößten Pilgerort der Welt entwickeln konnte[413].

In der Tat können auch die klassischen drei Phasen eines Übergangsritus bei Bernadettes Visionen unterschieden werden[414]:

1. Rites préliminaires (rites de séparation) – Vorliminäre, das heißt Trennungsriten:

Physisch sondert sich Bernadette an dem an sich schon sozial und geographisch abgeschiedenen Erscheinungsort noch einmal von ihren Gefährtinnen ab, um durch entsprechende – beim ersten Mal unwillentliche, danach willentliche – Übungen zum veränderten Bewusstsein zu gelangen;

2. Rites liminaires (rites de marge) – liminäre, das heißt Rand- oder Schwellenriten:

Der veränderte Bewusstseinszustand entspricht einem zeitlich begrenzten Ausnahmezustand, in dem die normalen Gesetze aufgehoben sind: sowohl die Gesetze des Körpers (eingeschränkte Sinneswahrnehmung, Schmerzlosigkeit, etc.) als auch die Gesetze der Gesellschaft: Ein in jeder Hinsicht unansehnliches Kind wird zum Fokus der ganzen Gemeinschaft; ein unmündiges Mädchen nimmt sich ungeahnte Freiheiten allem sozialen Erwartungsdruck gegenüber; die Kleinen und Armen werden erhöht, die Großen und Mächtigen erniedrigt.

Aber nicht nur die Zeit der Vision, auch die Visionszeit als solche entspricht einer liminären Phase, in der die alte Ordnung auf den Kopf gestellt wird – zur größten Bestürzung der Ordnungshüter. Dass die ersten visionären Erlebnisse um Karneval herum stattfanden, ist zwar sekundär, aber vielleicht doch nicht irrelevant: Denn die Karnevalszeit ist ja gerade gekennzeichnet durch das Aufheben beziehungsweise Umstürzen aller sozialen Gebote und Verbote, dem Sichaustoben mit farbenprächtiger Verkleidung, mit denen der Übergang zur Fastenzeit vollzogen wird –

Arriviert, kurz vor dem Abschied: Bernadette als stolze Heritière inmitten der jetzt ebenso stolz wie stattlich gekleideten Soubirous (1866).

und nicht zufällig werden Bernadettes erste Visionen als „carnavalades" abgetan[415].

Zugleich entsteht aber in der zentralen, liminären Phase des Übergangsritus zwischen allen Teilnehmern eine so gennante Communitas[416], das heißt die Erfahrung eines liebevollen Zusammenlebens in innigster Gemeinschaft, in welcher alle gewohnten zwischenmenschlichen Spaltungen zeitweilig aufgehoben sind[417]. Und dies ist auch in Lourdes der Fall, zuerst zwischen Bernadette und dem Etwas („aquerò") der geschauten anderen Welt, dann aber auch zwischen der Seherin und den sich um sie scharenden Anhängern. Zwischen diesen selbst sind desgleichen für eine begrenzte Zeit alle Standesunterschiede aufgehoben, insofern die Ausführung derselben rituellen Gesten in Antwort auf Bernadettes Visionen Einheit schafft.

Einheit im Glauben an das Sehen

„Dem Auge bot sich ein grandioses Schauspiel, wirklich ergreifend. Eine heilige Stille herrschte rings umher: Es war die fromme Andächtigkeit des Glaubens und des Gebets. Jeder, wachdiensttuende Militärs wie Zivilbeamte, nimmt auf ein Zeichen hin seinen Hut ab, verneigt sich, bekreuzigt sich und betet, nach dem Beispiel Bernadettes. Alle Ränge der Gesellschaft mischten sich: Barone, Grafen, Marquis und Herzöge mengten sich unter Ländler und Stadtarbeiter. Alle hatten sie eine bescheidene und andächtige Haltung von Christen, überzeugt, der Erscheinung der Jungfrau beizuwohnen, wie sie nur den Augen dieses unschuldigen und jungfräulichen Kindes sichtbar war"[418].

Es wird somit ein liminärer Raum für Communitas um die Grotte begründet, der bis heute anhält – ein „ritueller Prozess" (Victor W. Turner), dem auch bei den Heilungen eine bedeutende Rolle zukommt[419].

3. Rites postliminaires (rites d'agrégation) – postliminäre oder Aufnahmeriten.

Hier spielt sich die für den Erfolg des Übergangsritus ausschlaggebende Rückeingliederung des durch die liminäre Phase gewandelten Menschen in sein ihm zugewiesenes Umfeld ab. Dies heißt mikroperspektivisch: Nach ihrer Vision kann Bernadette den Bach ohne Schmerzen überschreiten und eine nie gekannte physische Kraft an den Tag legen, mit der sie ihrer Position als Älteste zum ersten Mal gerecht werden kann. Dann aber auch makroperspektivisch: Das Leben nimmt wieder seinen normalen Lauf, jetzt aber im Aushalten und Ausleben der durch den Übergangsritus erzielten Veränderungen. So geht denn Bernadette, außerhalb ihrer außergewöhnlichen Schauungen, einem betont unauffälligen und bescheidenen Leben nach, in das sie ihren neuen Status als Seherin jedoch kompromisslos mit hinein nimmt.

Nach dem Abklingen ihrer Visionen gefragt, soll Bernadette in Nevers einmal folgende Aussage gemacht haben: „Maintenant, je suis comme tout le monde – jetzt bin ich so wie alle Welt“[420]. Und in der Tat ist Bernadette nach ihren Visionen so wie jedermann: nicht nur ohne die in der westlichen Gesellschaft und katholischen Kirche höchst ungern tolerierten Bewusstseinsveränderungen, sondern auch in einer ihren Erwartungen angepassteren, erträglicheren Stellung. Dazu kommt, dass man Bernadette als übernatürlich begnadeter Seherin fortan eine gewisse Narrenfreiheit zugesteht – auch wenn dieses traditionelle Privileg im Klosterhospiz auf den entgegengesetzten Topos von heiligmäßiger Verklärtheit stößt[421]. Diese neu gewonnene Freiheit kennt ihren sicher spektakulärsten Ausdruck in einem schon fast als „halluzinant“ zu bezeichnenden Rollenspiel mit Dechant Peyramale. Dieser bittet Bernadette in Gegenwart einer Besucherin, die Seherin möchte ihn nachahmen, wie er sich damals ihr gegenüber hartnäckig geweigert habe, ihren Visionen und Auditionen Glauben zu schenken – wobei anschließend der Dechant sich hochbelustigt an Bernadettes hofnarrenartiger Nachahmung seiner selbst ergötzt[422]! Nicht auszudenken, was passiert wäre, wenn jemand anders sich erdreistet hätte, den ob seiner Wutanfälle gefürchteten Hochwürden nachzuäffen …!

Die Tatsache, dass die anfängliche, „wilde“ Spontanerscheinung in ein regelmäßiges Ritual umgewandelt werden konnte, in dem die Bedürfnisse und Sehnsüchte, sowohl Bernadettes als auch der Gesellschaft, wechselseitig Befriedigung und Befriedung finden konnten[423], trug maßgeblich dazu bei, dass die Visionen Bernadette nicht nur einmalig aus einer lebensgefährlichen Wasserdurchquerung und einer ausweglosen psychologischen Doppelbindung erretteten, sondern darüber hinaus wirkungsvoll die soziale Situation der Seherin, ja bald das Schicksal fremder Personen dauerhaft umzukehren vermochten.

Die verabredeten Visionen in ihrer persönlichen und kollektiven Bedeutung

Die nach ihrer ersten spontanen Schauung auftretenden Visionen, das heißt, als Bernadette zu Grotte ging, um willentlich Etwas („aquerò“) zu sehen, gehören eindeutig der von Bernhard Grom unterschiedenen Gruppe der selbstinduzierten und kognitiv komplexen Auditionen und Visionen an. „Daß solche Erlebnisse steuerbar und selbstinduziert sind, läßt die Tatsache vermuten, daß sie oft genauestens den persönlichen Orientierungsbedürfnissen oder den Erfordernissen einer Gesellschaft entsprechen“[424]. Selbstinduziert will jedoch nicht sagen, dass sich das schauende Subjekt dessen auch in jedem Fall klar bewusst wäre und durch das gleichzeitige Weismachen einer übernatürlichen Fremdbestimmung seine Umwelt absichtlich täuschen würde – im Gegenteil: „Auditionen und Visionen dieser Art müssen keineswegs immer auf bewußtem Betrug beruhen: Daß sie weitgehend selbstinduziert sind und gleichzeitig als unwillkürlich und aus einer ichfremden Quelle kommend empfunden werden, bildet keinen Widerspruch“[425].

Psychologisch betrachtet ist also die erste Vision der Bernadette als eine Art dea ex machina animae zu verstehen, durch welche das Mädchen aus einem tragischen Moment höchster Lebensbedrohung einen Ausweg findet. Nun entsprach aber das Moment, das die Initialvision auslöste, einer höchst spezifischen Lebenslage, die sich als solche nicht willentlich reproduzieren lässt. Das während ihres Ausnahmezustandes schauend Erfahrene – sowie auch ihre neugierigen Gefährtinnen – drängen jedoch Bernadette mit unwiderstehlichem Verlangen, die Erfahrung zu wiederholen und die Vision zu reproduzieren. Zur erneuten Erlangung ihrer Erscheinungen muss sich Bernadette dann entsprechender Psychotechnik, vor allem des Rosenkranzbetens, bedienen.

Mit dem Wieder-Holen der Visionen muss sich nun aber logischerweise auch ihr Inhalt weiterentwickeln, wenn er mit den Veränderungen der Wirklichkeit der Seherin in Einklang bleiben will. Wenn die Vision als Übergangsritus nicht nur einmalig Bernadette einen Bach überqueren helfen, sondern auch ihre soziale Position wirkungsvoll verändern soll, dann müssen nicht nur andere Motive in die Schauungen mithineingebracht werden beziehungsweise bestehende Motive ausgebaut werden. Die Inhalte der Visionen müssen zudem auch noch sozial vermittelbar und teilbar sein; dies umso mehr in einer traditionellen, kollektiven Gesellschaft wie zur Zeit Bernadettes. So ist denn auch die individuelle, persönliche Signifikanz von Bernadettes Schauungen nie von derjenigen der ganzen Gesellschaft zu trennen. Wenn nun Bernadettes Visionen im Zusammenhang der persönlichen Wunscherfüllung der Seherin angegangen werden, wird hierbei zugleich auch schon die soziale Dimension unübersehbar.

Die Einrichtung der Visionen

Wenn auch noch bei der zweiten Vision die Sicherstellung des gutmütigen Charakters derselben im Vordergrund steht – eine Feststellung, die sowohl für die Seherin wie auch für das Kollektiv sehr wichtig ist –, wird in der dritten Vision die neue Signifikanz der Visionswiederholung erarbeitet. Indem es den besseren Damen gelingt, Bernadettes Mutter dazu zu bewegen, das Verbot zu einem weiteren Grottenbesuch aufzuheben, offenbart sich für die Seherin eindeutig, welches Promotionspotential in ihren Visionen liegt. Doch anstatt sich bei den Damen einfach nur wichtig zu machen, in dem sie flugs deren Erwartungen, so weit möglich, erfüllt, gelingt es Bernadette, sich wahrhaft wichtig zu machen, und zwar indem ihre Vision das Verlangen der Damen frustriert und deren Nichtigkeit verkündigt.

„N'ey pas necessari"

In der Tat offenbart Bernadette bei ihrer dritten Vision ein ausgeprägtes, bisher unbekanntes, und auch gar nicht standesgemäßes Selbstbewusstsein, das die anwesenden Bürgersfrauen denn auch mit einigem Befremden zur Kenntnis nehmen müssen. Zuerst einmal wird den gleichen Damen, welche Bernadette eben noch unwirsch gesagt haben, sie solle den Mund halten, durch eine energische Handbewegung der Seherin die Grotte verwehrt: Sie müssen buchstäblich wie kleine Kinder draußen warten, vom Seherkind schlicht hinter sich gelassen. Erst am Ende der Schauung wird ihnen von Bernadette gnädig ihre Anwesenheit gestattet[426]. Auch gibt das Seherkind nachher an, die Vision hätte die jüngere der beiden Damen lange angeschaut und ihr zugelächelt – welches die dadurch zurückgesetzte ältere Anführerin sichtlich erbost haben soll.

Als Bernadette ihrer Vision das Schreibzeug zwecks Niederschrift ihrer Anliegen entgegenhält, lacht diese und sagt, das sei nicht nötig („n'ey pas necessari"). Mit dieser scheinbar unbedeutenden Entgegnung wird mit einem umstürzlerischen Schlag Bernadettes analphabetische Not zu einer Tugend erhoben, die nicht nur aus dem Schreibzwang vor der Grotte rettet. Während im Alltagsleben das arme Volk im Allgemeinen und Bernadette im Besonderen wegen ihres Analphabetentums in eine soziale und sogar religiöse Randposition gedrängt werden – selbst um zur Kommunion zugelassen zu werden, muss man ein Minimum an Lese- und Schriftkenntnissen mit sich bringen, über die Bernadette nicht verfügt –, werden nun die „Schriftgelehrten" mit übernatürlicher Autorität ausgelacht, vom Platze verwiesen und die Ungebildeten ins rechte Licht gerückt. Und selbst später, als Bernadette des Lesens und Schreibens kundig geworden ist, hat sie ihrer Schwester davon abgeraten, lesen zu lernen – und zwar mit der Begründung, dies sei besser[427].

Dass dieses „n'ey pas necessari" von dem schönen Liebfräulein zudem noch mit „sanfter und feiner Stimme" vorgetragen wird, entspricht wiederum einem radikalen Umsturz der Alltagslogik, wo, wie die Seherin es eben sogar noch bei Beginn ihrer Schauung erfahren musste, die feinen Herrschaften mit dem ungehobelten Pöbel nur allzu gerne im barschen

Befehlston umspringen – genau so wie dies auch ihre Mütter mit Bernadette halten.

Dass ihre Vision dann auch noch auf Platt – und, so präzisiert Bernadette nicht ohne Lokalpatriotismus, auf Lourder Platt – redet, und nicht in der französischen Herrensprache, setzt dem offenbarten Umsturz aller Alltagsnormen die Krone auf – und erhöht zugleich Bernadette, die im Augenblick ihrer Visionen noch gar kein Französisch beherrscht. Und später werden die besseren Leute sich immer wieder an der Tatsache stoßen, dass Bernadettes Erscheinung nicht Latein oder Französisch, sondern für sie oftmals unverständliches Platt geredet hat – eine für die Muttergottes ungeziemende Ausdrucksweise[428]. Aber genau solche Überlegungen verstärken ja im Grunde nur noch die Funktion der Visionen und Auditionen als „eine wahre Kompensations- und Sublimationslösung für die konkrete Situation des Scheiterns, an der Bernadette leidet“[429].

„Wollen Sie die Gnade haben, vierzehn Tage nacheinander hierher zu kommen?“

Durch den zweiten, von ihrer Vision gesprochenen Satz[430] wird nicht nur Bernadettes Person ob der ungewohnt vornehmen und höflichen Form der Bittstellung des Liebfräuleins noch einmal in bisher nie erlebter Weise aufgewertet, sondern auch ihr Wunsch zum täglichen Grottenbesuch wird, kraft ihrer Schauung, zu einem Befehl von übernatürlicher Autorität, dem sich kein Mensch mehr widersetzen kann.

Der Sonderstatus des Botschafters

„Im Volke gilt das Kind als heilig und als wirkmächtiger Fürsprecher beim Himmel. Um so mehr noch, wenn es direkt mit dem Himmel sprechen kann. Dadurch wird die Integration vollzogen, die soziale Anerkennung wird zu einer vollendeten Tatsache, und dies auf höchstmögliche Art“[431].

„Am Montag nach dem ersten Fastensonntag ging ich zu den Soubirous, um sie zu verpflichten, sie [Bernadette] nicht mehr zur Grotte gehen zu lassen. Die Nachbarinnen entgegneten mir: ‚Wer sind Sie, dass Sie diese Kleine an ihrer Pflichtausausübung hindern? Die Dame hat ihr aufgetragen, sie solle während vierzehn Tagen kommen‘“[432].

Und in der Tat: Mit Berufung auf die Weisungen ihrer Vision wird Bernadette jedem zuwiderlaufenden menschlichen Willen trotzen können.

Beachtenswert ist die Sinnfülle, die der Audition wegen der Doppeldeutigkeit des Wortes „Gnade“ („gracie“) zukommt. Dieser Satz kann sowohl im Sinne von „Wollen Sie so gut sein…“ in respektvoller Anrede an ein „gnädiges Fräulein“ verstanden werden, als auch im Sinne von „Wollen Sie das Glück haben …“, das heißt als Angebot von etwas Erquickendem – und spricht so doppelt den Gratifikationswünschen Bernadettes aus dem Herzen.

Zudem werden Bernadettes Visionen dadurch, dass der Befehlswunsch ihres Erscheinens auf vierzehn Tage angesetzt ist, von vorneherein zu einer zeitlich begrenzten Ausnahmeerscheinung – und in diesem Sinne vielleicht auch zu einem sehr realistischen Wunsch, der sich sozial ungleich leichter verwirklichen lässt als tägliche Erscheinungen auf unbestimmte Zeit. Zugleich muss man sich der unterschwelligen liturgischen Bedeutung des Begriffs „Quinzaine“ („fünfzehn Tage“) bewusst sein, mit dem man im Französischen einen Zeitraum von vierzehn Tagen bezeichnet[433]: Indem Bernadette genau so viele Tage schauen kommen soll, wie der Rosenkranz Geheimnisse hat: nämlich fünfzehn, wird die Visionszeit noch einmal zusätzlich religiös legitimiert und eingefasst: Der Ausnahmezustand soll im Grunde so lange wie ein Rosenkranzgebet dauern. Durch den unwiderstreitbaren Wunsch, vierzehn Tage lang zur Grotte zu gehen, um dort dieses schöne Etwas zu schauen, werden Bernadettes Visionen jedenfalls vollends zu einem festen Ritus erhoben, was ihre umwandlerische Wirkung noch ungemein verstärkt[434].

„Ich verspreche Ihnen nicht, Sie in dieser Welt glücklich zu machen, sondern in einer anderen“

Kein Satz ist auf den ersten Blick hermeneutisch so ambivalent wie dieser. Lässt man ihn dem vorhergegangen Satz („Wollen Sie die Gnade haben …?“) sofort folgen, oder ihn gar vorangehen – die genaue Satzfolge ist nicht mehr rekonstruierbar![435] –, übersetzt man zudem „in *einer* anderen Welt“, so wird diese Audition zum Paradebeispiel für die kompensatorische Wunscherfüllungsfunktion von Halluzinationen[436]. Die Visionen offenbaren sich hier unverblümt als Flucht in eine Traumwelt, auch wenn gerade sie es sind, durch die die Seherin eine lebenserweiternde Anpassung an die Realität ihres Alltags verwirklichen kann.

In der herkömmlichen Präsentation wird dieser Satz losgelöst von dem vorherigen Satz und folgt diesem konklusiv, zudem mit dem sehr eindeutig bestimmenden „in *der* anderen Welt“. Damit wird diese Audition dann plötzlich zu einer Prophezeiung, die alle späteren Leiden der Seherin als gottgewollt angibt und leidvolle Entsagung als Weg zum Himmel lehrt – eine Leidensbewältigungsstrategie, die, wie schon gesehen, auch Bernadette nur allzu gut bekannt war[437].

So liegt trotz aller Verschiedenheit beiden Lesarten dieser Audition eine identische Weltflucht mit kompensatorischer Befriedigung in einem veränderten Bewusstseinszustand zugrunde, eine Bewältigungsstrategie, die Bernadette paradoxerweise zu einem befriedigerenden Realitätsbezug verholfen hat. Angesichts der spezifischen Situation, in der sich Bernadette im Moment ihrer Schauungen befand, kann man sogar sagen, dass ihre Visionen der einzig mögliche Weg zur heilenden Selbstfindung waren, auch wenn diese ihr nicht die Wohltaten dieser Welt eröffneten.

Die Visionen als Heilungsritus

Somit können denn auch Bernadettes Visionen sehr plausibel als Heilungsritus verstanden werden. Und zwar nicht nur als individueller Heilungsritus zur persönlichen Krisenbewältigung, sondern auch als kollektiver, im Sinne einer Leid bewältigenden Funktion für die ganze Gruppe. Dabei bestehen diese beiden Aspekte wohlgemerkt nicht getrennt nebeneinander, sondern bedingen sich gegenseitig in einer Art gruppendynamischer Interaktion. Unter diesem Gesichtspunkt verlagert sich im Laufe der Zeit die Relevanz der Visionen zusehends von der Seherin auf das Kollektiv.

Interaktives Schauspiel

So wird denn auch die vorher zumindest wohlwollend geduldete Präsenz von Publikum durch die 13. Vision ausdrücklich verlangt, mehr noch: Publikumspräsenz soll sogar noch von der kirchlichen Autorität verfügt werden („Sagen Sie den Priestern, man solle in Prozessionen hierher kommen ...“[438]). Der bei dieser Gelegenheit zugleich geäußerte Wunsch nach einem Kapellenbau entspricht zwar einem traditionellen Topos von Marienerscheinungen, wovon Garaison das nächstliegende und Bernadette bestbekannte Beispiel ist[439], und auch das Motiv des Kommens in Prozessionen mag als Reminiszenz der Wandmalereien der Kapelle von Garaison gedeutet werden[440]. Das Verlangen nach Publikum noch während der Visionen jedoch läuft dem gängigen Schema zuwider. In der Tat befinden sich Erscheinungen coram publico im Widerspruch zum Topos von derartigen Erlebnissen in den Pyrenäen, welche quasi immer unter Ausschluss der Öffentlichkeit stattzufinden hatten[441] – wie dies auch in La Salette der Fall war und zuvor, mit besonders betonter Geheimnistuerei, in der Rue du Bac. Jedenfalls ist die außergewöhnlich starke Präsenz von Zuschauern oder besser gesagt: von Teilnehmern, ein beredtes Zeugnis für die gruppentherapeutische Dynamik von Bernadettes Visionen.

„Unnütz zu sagen, welchen immensen Zulauf von Schaulustigen wir in Lourdes an all jenen Tagen hatten, als Bernadette zur Grotte ging“[442]. Die Leute kommen zu den Erscheinungen Bernadettes in offensichtlicher Erwartung eines wunderbaren, und zudem auch noch eintrittsfreien Spektakulums in einer Stadt ohne große Zerstreuungsmöglichkeiten. Wie sonst würde sich wohl die Tatsache erklären, dass Augenzeugen Bernadettes Auftritt spontan mit demjenigen von Theaterstars verglichen, welche jedoch von Bernadettes Darbietung in den Schatten gestellt werden?[443] Nicht zuletzt wegen der einzigartigen Mitwirkung des Publikums können Bernadettes Visionsvollzüge jedoch zu einer wahrhaft interaktiven Performance ausgebaut werden, zu einem Open-Air Happening der Extraklasse: „Unsere Wiese war bedeckt mit Fußgängern, Reitern, Leuten im Karren oder im Wagen. Dem Auge bot sich ein grandioses Schauspiel, wirklich ergreifend. (...) Jeder [machte mit] nach dem Beispiel Bernadettes (...), in der Überzeugung, an der Erscheinung der Jungfrau teilzunehmen“[444].

In der Tat wandeln sich deshalb die Zuschauer zu Teilnehmern, weil sie in Bernadettes Visionen die Übermittlung einer Gnadenbotschaft sehen, welche sich ausdrücklich an alle Menschen guten Willens richtet. Deshalb gerade die herbe Enttäuschung der Menge am Ende der Quinzaine – „Diejenigen, welche sich auf den ersten Logenplätzen befanden [d. h. die Seherin sehen konnten], waren etwas enttäuscht“[445], vermerkt voll Understatement der Staatsanwalt –, als entgegen den Erwartungen der Mitwirkenden Bernadettes letzter Auftritt nicht in einem großartigen, alles überbietenden Wunderfinale endet[446].

Die universelle Bedeutung von Bernadettes Visionsvollzug ist expressis verbis ab der 8. Vision gegeben, als die Seherin auf Geheiß ihrer Schauung ihre Übungen jedesmal ausdrücklich „für die Sünder“ verrichtet. Da nach christlicher Auffassung jeder Mensch ein des geistlichen Beistandes bedürftiger Sünder ist, erscheinen somit Bernadettes visionäre Darbietungen als ein Unterfangen von höchstem öffentlichem Nutzen, welcher noch verstärkt wird durch das Freilegen einer gemeinnützigen Quelle. Solches Handeln entspricht wiederum dem schon erwähnten traditionellen Topos des Kindes als Mittler übernatürlicher Zuwendungen an die Gemeinschaft[447].

Demgegenüber ist der persönliche Nutzen der Visionen für Bernadette selbst der Öffentlichkeit weit weniger offenbar; ja, er darf dies auch nicht sein, da seine Bewusstmachung dem unbewusst verlaufenden Heilungsprozess zuwiderlaufen würde. Dies würde zudem noch den Verdacht einer egoistischen Wichtigtuerei der Seherin verstärken, während so gerade in der Verborgenheit des Unbewussten ein sowohl individuell als auch kollektiv konstruktives, wahrhaft wichtiges Tun vollzogen werden kann.

Vor der näheren Analyse dieser interaktiven Umwandlungsprozesse jedoch muss, wie schon angedeutet, darauf aufmerksam gemacht werden, dass Bernadette durch das Appellieren an die Öffentlichkeit sowohl das Publikum bekommt, das sie gruppendynamisch für ihre Therapie braucht, als auch den von ihr inszenierten Heilungsritus entindividualisiert. Diesem wird dadurch ein zunehmend kollektiv-gemeinschaftlicher Sinn zuteil, sodass der öffentliche Ritenvollzug um die Grotte für das Verlangen der Seherin selbst schließlich irrelevant wird[448]. Denn um das in trauter Zweisamkeit Geschaute für Bernadette therapeutisch wirksam werden zu lassen, braucht es die Menge als „garde-fou". Als diese jedoch ungemein anschwillt, die Kontrolle der vollzogenen Riten vom Klerus in die Hand genommen und dann auch noch der Erscheinungsort fast bis zur Unkenntlichkeit baulich erschlossen wird, ist besagte traute Zweisamkeit für Bernadette nicht mehr gegeben. Trotz aller Sehnsucht will sie deshalb nicht mehr zur Grotte zurück – obwohl die Veränderungen an der Grotte ja gerade ausdrücklich aufgrund der während ihrer Auditionen vernommenen Aufforderungen erfolgt sind. Die Anwesenheit der Menge, die zur therapeutischen Wirksamkeit von Bernadettes Erscheinungsritual erforderlich ist, führt also letztlich zum Aufheben der persönlichen Relevanz dieses Ritus für die Seherin selbst. Dieser Prozess ermöglicht Bernadette dadurch zugleich das therapeutisch notwendige Loslassen vom Ausnahmezustand – was noch lange nicht jedem Seher gelingt –, verhindert also das Steckenbleiben in der liminären Phase des Übergangsritus zugunsten der Erlangung eines neuen postliminären Alltagslebens jenseits aller visionären Absonderungen[449].

Kraft des Rosenkranzes

Diese gruppentherapeutische Dynamik geschieht umso natürlicher auch deshalb, weil Bernadette zur Erlangung ihres außergewöhnlichen Bewusstseinszustandes auf Handlungen zurückgreift, deren Form an sich schon überpersönlich ist: das Kerzenanzünden und vor allem das Rosenkranzgebet: „Von nun an ist der Ritus festgelegt, fast hätte ich gesagt: die ‚Liturgie' der Erscheinungen. Alle spielen sich ab, während der Rosenkranz durch die Finger der Bernadette und der sie Umgebenden gleitet"[450].

Mit dem Rosenkranzgebet bedient sich Bernadette zudem einer Übung, welche ihr von der breitesten kirchlichen Tradition vorgegeben wird[451]. Indem sie ihn auch ganz im Sinn der Kirche betet, erlangt die Seherin somit ipso facto eine Öffnung auf all die Menschen, die vor ihr, nach ihr und im Augenblick selbst überall auf der Welt den gleichen Ritus vollzogen haben und vollziehen. Zugleich erlaubt das Rosenkranzgebet ihrer Umgebung, anstandslos und mit größter überindividueller Sinngebung, an den von Bernadette inszenierten Erscheinungen teilzunehmen. Der an die Seherin gerichteten Aufforderung, während einer Quinzaine zur Grotte zu kommen, können sich die Leute zudem umso leichter anschließen, als sie auch sonst gewohnt sind, sich zum Vollzug einer rituellen Quinzaine zusammenzuschließen: eben zum gemeinsam verrichteten Durchbeten der fünfzehn Geheimnisse des Rosenkranzes, am vorzüglichsten in speziellen Andachten. Dem Rosenkranzgebet kommt somit anthropologisch gesehen eine konstitutive Rolle beim Zustandekommen einer entgrenzenden marianisch-kirchlichen Communitas zu[452].

Des Weiteren wird durch das Rosenkranzbeten nicht nur Bezug zur Transzendenz genommen, sondern ein wahres Psychodrama leibhaftig wiedergegeben und miterlebt: die Teilnahme an der Erfahrung der Mutter Christi mit ihren höchst dynamischen und signifikanten Stufen von Freude, Schmerz, und Triumph. Dies alles geschieht in einer bis zum Äußersten getriebenen Intensität, die durch das rhythmische Wiederholen und das kollektive Beten noch um ein Vielfaches verstärkt wird. Der Rosenkranz ist somit mehr als nur hypnogenes Hilfsmittel: Er ist als sozusagen multidimensionaler Übergangsritus auch zutiefst therapeutisch sinnstiftend.

Schicklich

Diese überindividuelle Gebetsdynamik ist mit ein Grund, weshalb Bernadettes Ritus und dessen Sinngebung von der breitesten Bevölkerung geteilt werden können. Hinzu kommt noch, dass Bernadettes Visionen in ihrer Form zwar manchmal als befremdend, Erscheinungen als solche jedoch, wie schon bemerkt, trotz aller Außergewöhnlichkeit nicht als etwas Anormales, gar Pathologisch-Isolierendes empfunden wurden. Im Gegenteil: Erscheinungen galten als erlauchtes Erlebnis, das einem traditionellen volkstümlichen Topos entsprach[453] und waren daneben auch bei den kirchlichen Autoritäten als vorzüglichster Gnadenerweis wieder in Mode gekommen[454]. Zu bemerken ist ebenfalls, dass der von der Seherin offenbarte Inhalt ihrer Visionen der allgemein breitesten Tradition entspricht und von seinem Sinn her nichts Extravagantes enthält. Zusammen mit dem augenscheinlich bescheidenen, selbstlosen Verhalten Bernadettes sind dies Gründe, warum es im Falle ihrer Visionen nicht zu einer Sektenbildung kam, im Gegensatz zu dem, was bei anderen Sehern geschah und auch heute immer noch geschieht. Hier muss man sagen, dass Bernadettes Erscheinungen zur richtigen Zeit, am richtigen Ort, und mit den richtigen Personen stattfanden, sonst hätten sie niemals eine solche individuell und kollektiv integrierende Funktion ausüben können.

Ganz in diese therapeutische Dynamik passt, dass Bernadette nicht nur die Menge als mitwirkende Zeugen ihrer Visionen nimmt, sondern diesbezüglich auch noch einen qualifizierten Supervisor zu Rate zieht, und zwar in der Person eines Beichtvaters. Schon zwei Tage nach ihrer ersten Vision eröffnet Bernadette sich spontan dem vorher anscheinend unbekannten Beichtvater vom Dienst, Abbé Pomian[455]. Psychologisch gesehen ist das ein wichtiges Indiz für den psychodynamisch positiven Charakter ihrer visionären Erlebnisse. Dies zeigt, dass Bernadette ihre Erfahrung nicht nur aufgrund eines akuten Gewissheitserlebnisses emotional wahrhaben und womöglich ob der Schönheit des Erlebten gegen jede Infragestellung schützen will, sondern im Gegenteil auch kognitiv reflektieren möchte, und zwar im Blick auf ein überindividuelles, der allgemein zugänglichen Tradition entsprechendes Referenzsystem. Somit dürfte Bernadette zu jener Kategorie von Menschen gehört haben, die psychische Ausgeglichenheit suchen und die Wert darauf legen, „ihre Intensiverfahrungen trotz der akuten Gewißheitserlebnisse nach den Maßstäben ihrer (und ihrer Glaubensgemeinschaft) normalbewußten Reflexion zu prüfen. Damit suchen sie eine Glaubensgewißheit, die sich sowohl auf das emotionale als auch auf das kognitive Orientierungssystem stützt: Sie nehmen ihren Intensiverfahrungen gegenüber eine selbstkritische und kommunikative Einstellung ein“[456].

Eine sehr positive Rolle spielt auch, dass der Beichtvater, Abbé Pomian, Bernadettes Erlebnis weder abwies, noch sofort zu vereinnahmen versuchte, sondern die Dinge zuerst einmal auf sich beruhen ließ. Somit konnte Bernadette ihr Visionsritual frei und ungezwungen, jedoch immer in Verbindung mit einer anerkannten Supervisionsinstanz entwickeln. Darüber hinaus bat Abbé Pomian mit bemerkenswertem psychologischem Feingespür die Seherin um Erlaubnis, über ihr Erlebnis mit dem Dechanten sprechen zu dürfen. Diese in jeder Hinsicht offene Haltung, sowie auch die Tatsache, dass Bernadette sich niemals „pfaffenhörig“ beziehungsweise hysterisch um Anerkennung heischend an ihren Seelenführer schmiegen wollte, erlaubte es von vornherein, eine bei visionären Erlebnissen oftmals vorkommende, folie-à-deux-artige gegenseitige Hochschaukelung zwischen Beichtvater und Seherin zu vermeiden. Auch hier gelang es Bernadette intuitiv und dank der Mitwirkung Anderer, auf höchst bemerkenswerte Weise Fremd- und Eigenbestimmung dynamisch-interaktiv und icherweiternd aufeinander abzustimmen.

„Der Status der Visionärin war wie die Krankheit eine Ressource der Schwachen, ein Mittel zur Flucht. Doch bot das Drama der Erscheinung auch eine verhüllte Möglichkeit des Protestes gegen wirkliche oder imaginierte schlechte Behandlung"[457]. Wenn Bernadette diesen seherischen Protest gegen die gängigen Machtverhältnisse durchziehen konnte, dann deshalb, weil es dafür religiöse Vorlagen gab, welche in der damaligen Gesellschaft als allgemein höchste Norm angesehen und allgemein akzeptiert wurden. Dass einem armen Kinde aus verrufener Familie eine himmlische Offenbarung zuteil wurde, wirkte auf viele besser situierte Personen befremdend, ja schockierend. Dies konnte aber mehr als gerechtfertigt werden durch die in der damals allgemein hochverehrten Heiligen Schrift bezeugte Vorliebe Gottes für die Kleinen, Armen, und sozial Geächteten. Das Gleiche gilt für den umstürzlerischen Gebrauch des Platt, welcher nur als ein weiteres Indiz dafür gedeutet wurde, dass sich in Bernadettes Erscheinung eine wohlbekannte, wenn auch meist verkannte, göttliche, und näherhin marianische Logik wirkmächtig offenbarte – getreu dem Gesang Mariens im Magnifikat:

„Da sagte Maria:
Meine Seele preist die Größe der Herrn, /
und mein Geist jubelt über Gott, meinen Retter.
Denn auf die Niedrigkeit seiner Magd hat er geschaut. /
Siehe, von nun an preisen mich selig alle Geschlechter.
Denn der Mächtige hat Großes an mir getan, /
und sein Name ist heilig.
Er erbarmt sich von Geschlecht zu Geschlecht /
über alle, die ihn fürchten.
Er vollbringt mit seinem Arm machtvolle Taten: /
Er zerstreut, die im Herzen voll Hochmut sind;
er stürzt die Mächtigen vom Thron /
und erhöht die Niedrigen.
Die Hungernden beschenkt er mit seinen Gaben /
und lässt die Reichen leer ausgehen.
Er nimmt sich seines Knechtes Israel an /
und denkt an sein Erbarmen,
das er unsern Vätern verheißen hat, /
Abraham und seinen Nachkommen auf ewig"[458].

Dieser umstürzlerische Geist des Magnifikats, der sich in Bernadettes Schauungen verwirklichend offenbart[459], mag mit ein Grund dafür gewesen sein, warum die Vision der Bernadette spontan als Erscheinung der in unzähligen gleichlautenden Hymen gepriesenen Muttergottes gesehen –

und somit als mahnende Wiederbewusstmachung des ewigen göttlichen Gesetzes gedeutet wurde, dem man nicht ungestraft widerstehen konnte, dessen Befolgung aber tiefstes Glück mit sich bringt.

„Dein Name ist mir gegraben ins Herz hinein bishin zum Kern"[460]

Auffällig viele Anrufungen aus der Lauretanischen Litanei – einer frühmittelalterlichen, nach dem Marienwallfahrtsort Loreto benannten, äußerst populären Muttergotteslitanei – lassen sich mühelos mit diesem von Bernadette geschautem Liebfräulein in Verbindung bringen. Hier seien nur einige genannt:
sancta virgo virginum (Heilige Jungfrau der Jungfrauen);
virgo praedicanda, potens, clemens, fidelis (zu verkündende, mächtige, gütige, treue Jungfrau);
speculum justitiae (Spiegel der Gerechtigkeit);
sedes sapientiae (Sitz der Weisheit);
causa nostrae laetitiae (Ursache unserer Freude);
salus infirmorum (Heil der Kranken);
consolatrix afflictorum (Trösterin der Betrübten);
auxilium christianorum (Helferin der Christen);
rosa mystica (geheimnisvolle Rose);
turris davidica (Davidsturm, Flucht- und Trutzburg von hochwohlgeborenen Stammhaltern);
turris eburnea (Elfenbeinturm, Chiffre für eine unangreifbare schöne weiße Welt);
domus aurea (goldenes Haus, kontrapunktisch zum Cachot);
janua caeli (Himmelstor, Tür zu einer besseren Welt);
stella matutina (Morgenstern, im Lichte des endigenden Morgens geschautes Andämmern einer neuen Welt);
regina virginum, confessorum, martyrum, apostolorum, prophetarum, patriarcharum (Königin der Jungfrauen, der Bekenner, der Martyrer, der Apostel, der Propheten, der Patriarchen, alle diese Genitivfunktionen kann auch Bernadette durch Unterwerfung unter ihre Vision in gewissem Sinne ausüben);
regina sacratissimi rosarii (Rosenkranzkönigin);
Oder, wie im Marienvesperlied „Ave Maris Stella", als über den Fluten des Gave erscheinendes, mit bezaubernden Begrüßungen einhergehendes weißes Licht in hac lacrimarum valle, in diesem Tränental, wie es im jeden Samstag in der Pfarrkirche von Lourdes gesungenem Salve Regina[461] heißt. All diese zum kirchlichen Allgemeingut gehörenden, äußerst verbreiteten Anrufungen legen den damaligen Menschen die Zuflucht zur Lieben Frau in Notsituationen nahe – sub tuum praesidium confugimus, wir flüchten uns unter deine Herrschaft, wie es in einem anderen Marienlied heißt –; zugleich legen diese Hymnen aber auch die Deutung von Liebfrauenvisionen in Notsituationen als Erscheinung der Muttergottes nahe. Dass analphabetische Hirtenkinder sehr wohl im Stande sind, in der Liturgie gehörte – oder besser gesagt: rituell eingeimpfte – hochkomplexe Formeln so zu verinnerlichen, dass sie diese mit außerordentlicher Treffsicherheit schöpferisch verformt unerkannt wiederzugeben wissen, davon zeugte besonders beeindruckend schon der Prozess der Visionärin Jeanne d'Arc[462].

Mag die Erscheinung eines weißen Liebfräuleins auch als Topos der heidnischen Sagenwelt gelten – in einem wesentlichen Punkt unterscheidet sich Bernadettes schönes Fräulein von traditionellen Feen und Nymphen, ja selbst von der „synkretistischen" Madonnenfigur pyrenäischer Volksvorstellungen: Während diese alle mehr oder weniger ambivalent, kapriziös, schnell beleidigt und strafend sind – weshalb das Volk denn auch Opfergaben am Erscheinungsort niederlegt und von gepeinigten Erscheinungsgegnern erzählt[463] –, ist Bernadettes Liebfräulein der kirchlichen Lehre entsprechend offenbar wirklich uneingeschränkt gutmütig.

Deshalb sieht das Fräulein ihrer Vision nicht nur in ihrer äußeren Erscheinung der „Willkommensmadonna" genannten Statue in der Pfarrkirche ähnlich: Es heißt auch tatsächlich mit offenen Armen Bernadette in einer anderen, besseren Welt willkommen, in der kleine, arme Mädchen nicht mehr durch die Boshaftigkeit anderer leiden müssen. Somit offenbart sich in der Vision Bernadettes tiefster Wunsch nach einer anderen Welt, einer Welt, wo die Armen, Kranken, Hungernden und Traurigen nicht an den Rand gedrängt und unterdrückt, sondern erhöht und anerkannt – fast möchte man mit den Worten von Marias Kind sagen: selig[464] – werden. Wenn auch die wegen des Geschauten einsetzenden Schläge ihrer neidischen Schwester[465] nur die ersten einer langen Reihe von Widersprüchen sein werden, so widerfahren sie Bernadette gerade deshalb, weil die Seherin den Willen einer anderen Welt nicht verleugnen und diesem treu bleiben will. Wie Maria, so wird – mutatis mutandis! – auch Bernadette die im Rosenkranzgebet dargestellten freudigen, schmerzlichen und glorreichen Geheimnisse des Lebens erfahren.

Durch diese marianische Logik bekommen Bernadettes Visionen erst ihren wahrhaft subversiven Charakter: Es ist diese nicht äußerliche, sondern innerliche Bezugnahme auf Maria, die es der Seherin erlaubt, nicht nur sich selbst zu erhöhen, sondern auch ihr Umfeld auf verschiedene Art und Weise zu verändern. Dies alles geschieht in einem betont bescheidenen, gehorsamen und demütigen Auftreten, welches die verkündete Schau dieses Anderen („aquerò") noch um ein Vielfaches wirksamer werden lässt. Und gerade dieses Unscheinbare an ihrer Erscheinung ist es, welches in einem gewissen Sinne Bernadette die für damals extravagantesten Freiheiten erlauben. Ein gegenteiliges rebellisches Auflehnen mit revolutionären Forderungen wäre in diesem Sinne höchst kontraproduktiv und kurzlebig gewesen.

So aber konnte aufgrund der Visionen eine Dynamik entstehen, die nicht nur ins Leben der Seherin, sondern auch in das anderer Menschen, ja der ganzen Gesellschaft, verwandelnd eingreift. Und wenn eines Tages im Heiligtum der Grotte auch die Beschäftigung mit den Visionen der Bernadette zusehends von der Sorge um die Kranken abgelöst werden wird[466], so entspricht dies doch letztendlich der inneren Logik von Bernadettes Schauungen. Um die Grotte herum sind die gewohnten Gesetze der menschlichen Natur auf den Kopf gestellt: Die Kranken – und seien sie noch so abstoßend – werden im Bereich der Grotte in den ehrenvollen Mittelpunkt der menschlichen Gesellschaft gestellt, und durch die leibhaftig praktizierte Fürsorge für die Gebrochenen eine allesumfassende göttliche Liebe greifbar darzustellen versucht – kein Wunder, dass an der verwirklichten Offenbarung dieser Logik selbst hoffnungslos Siechende Heilung finden werden!

Fastenzeit – Visionszeit

Vierzehn Tage lang ist es Bernadette erlaubt, jeden Tag zur Grotte zu gehen – ein wie gesagt unnatürliches Privileg, welches ohne Berufung auf einen übernatürlichen Befehl sofort als verwöhnte Anmaßung diskussionslos abgeschlagen worden wäre, jetzt aber als gemeinnützige Mittlerfunktion mit dem Himmel sozial anerkannt und gefördert wird[467].

Bernadette hat also vierzehn Tage lang ein regelmäßiges Rendez-vous mit etwas Schönem – oder genauer: dem schönen Etwas („aquerò"). Dass dieses persönlich instituierte, jedoch kollektiv approbierte und geteilte Ritual dann auch noch gerade in der Fastenzeit über die Bühne geht, mag eine besondere Beachtung verdienen: erscheinen doch die von Bernadette verlangten Gebete für die Sünder und demütigenden Bußübungen „wie ein Echo des Geistes der Fastenzeit, welche gerade während dieser Erscheinungszeit durchlebt wird"[468].

In der Tat: für Bernadette entspricht der gewöhnlichen Quarantäne (40 Tage) der Fastenzeit nun die außergewöhnliche Quinzaine (15 Tage) der Visionen; die eine offiziell und bedrückend, die andere privat und entzückend. Beide haben etwas gemeinsam: innere Umkehr und Besinnung auf das Wesentliche, näherhin die Bestimmung des Menschen im Lichte der Ewigkeit. Der Vollzug der Fastenzeit geht einher mit Bußübungen für die Sünden, in dem Bewusstsein, dass der Mensch aus dem Boden kommt und zum Boden zurückkehrt, und in Erwartung des Hervorquellens des gebenedeiten Taufbrunnens in der damaligen Liturgie des Karsamstags, nach der beeindruckenden Lichtfeier und den so genannten Prophezeiungen. Letztere bestehen aus der Lesung entsprechender Bibeltexte: zuerst des Schöpfungsberichtes – worin geschrieben steht, dass Gott den Menschen Graskräuter zur Nahrung bestimmt hat[469] –; danach wird die Sündhaftigkeit der Menschen beklagt; jede Prophezeiung wird mit einem Kniefall beantwortet. Wie man merkt, sind dies alles Motive, die auch in dem scheinbar sinnlosen, skandalösen Benehmen Bernadettes am 24. und 25. Februar unerkannt wiederkommen werden – ganz zu schweigen von der Erscheinung eines lichten himmlischen Wesens, von dem das Karsamstagsevangelium berichtet[470] …

Somit kann man sich des Eindrucks nicht erwehren, dass, ähnlich wie beim Übergangsritus der Kommunion, der in der Spendung der Eucharistie als himmlische Medizin zugleich auch Heilungsritus ist, nun auch der Übergangs- und Heilungsritus der Fastenzeit von Bernadette durch einen eigenen, aufgrund ihrer Visionen geschaffenen Ritus ersetzt worden ist. In ihm sind zwar die kollektiv bedeutsamen Fastenzeitmotive enthalten, aber eingeordnet in eine ungewohnt freie und entzückende Ausnahmeerscheinung.

Genau genommen ist die beglückende Quinzaine für Bernadette ein viel radikalerer Ausnahmezustand als 40 Tage Fasten, da ihr Leben ja seit jeher von den schlimmsten Entbehrungen geprägt gewesen ist. Doch könnten die Buß- und Sühneübungen der Erscheinungen zudem mit gutem Grunde auch als Kompensation für ein Fasten angesehen werden, das Bernadette ihrer schlechten Gesundheit wegen von der Mutter verboten worden wäre[471]. Somit würde Bernadette auch in Punkto kollektive Fastenzeitübungen nach anfänglichem Ausgeschlossensein eben durch ihre kompensatorischen Visionen „so wie jedermann" werden können[472].

Um Himmels Willen

Unter diesem Aspekt der Kompensation drängen sich für den Religionsanthropologen bei Bernadettes Visionen unweigerlich Parallelen mit transkulturellen Besessenheitskulten auf. Diese rituell inszenierten, als Hereinbrechen höherer Wesenheiten interpretierten, veränderten Bewusstseinszustände ermöglichen es insbesondere frustrierten Frauen, im Ausnahmezustand bestimmte, sonst verwehrte, Wünsche erfüllt zu bekommen[473]. Diese gemeinschaftlich ausgelebten Ausnahmezustände erlauben es den betroffenen Personen, nachher wieder ein Leben voller Entbehrungen auf sich nehmen zu können. Man denke diesbezüglich zum Beispiel an den äthiopischen Zarkult[474], aber auch an den Dionysoskult[475] der griechischen Antike, wo zu „Mänaden" entrückte Frauen die Stadt für die wilde Bergwelt verlassen, um dort hinreißenden Ekstasen zu frönen – wenngleich bei der „maïnado"[476] Bernadette die rituellen Bewusstseinsveränderungen, mit Ausnahme der signifikanten Sudeleien am 8. und 9. Visionstag, auf die noch zurückzukommen ist, zivilisierter verlaufen und die Seherin jedes noch so kleine materielle Präsent entschieden zurückweist.

Doch braucht man nicht in entfernten Kulturen Vergleiche zu suchen, um Beispiele für funktionale Rückgriffe auf ritualisierte psychische Ausnahmezustände zu finden, welche als von höheren Wesen verursacht angesehen werden. Auch in den Pyrenäen entsprechen traditionellerweise bestimmte veränderte Bewusstseinszustände kulturell vorgegebenen Verhaltensmustern, welche als Befreiungsventil von sozial unterdrückten Frauen funktionieren. Xavier Recroix schildert in eindrucksvoller Weise ein solches Krisenritual für ihrer Drangsal überdrüssige Vertreterinnen des schwachen Geschlechtes: Durch rhythmisch-repetitives Skandieren religiös gefärbter Wehklagen in Art eines crescendo furioso steigert sich die Frau in einen veränderten Bewusstseinszustand hinein, in welchem sie ihre gewohnte Körperkontrolle verliert und laut schreiend um sich schlägt. Nach einem selbstversetzten Schlag an den Kopf tritt eine Phase der Beruhigung ein, während derer die Frau mit lautem Wehklagen ihren angeblich unmittelbar bevorstehenden Tod bejammert. Die Krise endet mit dem Beten des Ave-Maria und dem Verbrennen einer geweihten Kerze, welche den als Ursache der Krise bezeichneten Teufel vertreibt[477]. Mit Verweis auf ein unsichtbares Wesen kann somit ein veränderter Bewusstseinszustand erreicht und ausgelebt werden, der in einem unterdrückerischen Sozialmilieu die einzige Möglichkeit für das Ichstärkende Abreagieren angestauter Aggressionen darstellt: „Erscheinen diese ‚Nervenkrisen' nicht vor allem instinktive Befreiungsversuche zu sein, die von einer Persönlichkeit hervorgerufen werden, die so reagiert wie sie es eben kann, um sich in einem Milieu, welches sie erstickt, zu behaupten, da jeder Versuch von Individuation, von persönlichem Sichausdrücken durch das Leben in der Familie, den sozialen Kodex, beachtlich gebremst, wenn nicht gar abgeschafft wird"[478].

Die durch rhythmisch-repetitive Anrufungen selbstinduzierten veränderten Bewusstseinszustände der Bernadette funktionieren ähnlich, nur dass hier mit Verweis auf dieses hehrere und liebliche „das da" („aquerò") in Liebfrauengestalt und dem vorherigen Anzünden von gesegneten Kerzen ihre Trance positiv gestaltet wird, und als vom Himmel verursacht, also gottgewollt, den sozialen Aufpassern gegenüber legitimiert und durchgesetzt wird.

In solch einem Kontext ist die psychische Funktion von veränderten Bewusstseinszuständen immer die gleiche, ob diese nun negativ, als Besessenheit dem Teufel[479], oder positiv, als Offenbarung, dem Himmel zugeschrieben werden. Indem ihr Ausnahmezustand auf eine übernatürliche Verursachung zurückgeführt wird, werden die betroffenen Personen ihrer Verantwortung sich selbst und den anderen gegenüber entbunden. Dies ist insbesondere für sozial Geknebelte interessant, erlaubt es ihnen doch, ihre Fesseln zeitweilig zu lösen und, kollektiv toleriert, ihren Mitmenschen gegenüber ein Verhalten an den Tag zu legen, welches ohne diese religiöse Narrenfreiheit schärfste Sanktionen nach sich ziehen würde. So jedoch, durch ihre einbindende soziale Ritualisierung und sinnstiftende religiöse Deutung, können diese veränderten Bewusstseinszustände sowohl dem Individuum als zugleich auch der Gesellschaft jene Augenblicke von regressiver Zwanglosigkeit und Darstellungsfreiheit bringen, die für beider Fortbestand überlebensnotwendig sind[480].

Geheimnisse

Zur kompensatorischen halluzinatorischen Wunscherfüllungsfunktion der Visionen passt vorzüglich, dass Bernadette irgendwann am Ende der Quinzaine drei nur für sie bestimmte Geheimnisse sowie allem Anschein nach ein geheimes Gebet offenbart bekommt[481]. Auch dies entspricht wiederum dem vorgegebenen Topos früherer Erscheinungen, von denen die naheliegendste und berühmteste La Salette ist. Und in der Tat: Nichts ist wichtigtuerischer, als über ein geheimes Wissen zu verfügen – wobei auch wiederum nichts fremdbestimmter und gruppenabhängiger ist als das Prestige von Geheimnissen[482]. So ist es nicht verwunderlich, dass Seherkinder wie Mélanie von La Salette oder Lucia von Fatima sich mit Genuss durch solche Geheimnisse bis zum Papst hinauf wichtig zu machen versuchen, um dann durch stückchenweise Preisgabe dieser ominösen Geheimnisse ganze Verehrerscharen in Atem zu halten. Nichts dergleichen jedoch bei Bernadette: Obwohl die ihr übermittelten Geheimnisse der Punkt ihrer Visionen war, über den die Seherin am meisten ausgefragt wurde[483], bleibt sie doch unerhört standhaft in ihrer Weigerung, niemandem – nicht ihrem Beichtvater und prinzipiell selbst dem Papst nicht! –, ihre Geheimnisse kundzutun. Bernadette beruft sich dabei auf die Bestimmungen ihrer Vision, im Sinne der doppelten Begründung, dass die übermittelten Geheimnisse nur für sie persönlich bestimmt, aber auch nur für sie persönlich nützlich seien. Sie enthielten nichts Schreckliches und seien trotzdem bedeutsam. Psychologisch betrachtet könnten so vielleicht die niemandem zu enthüllenden innig-privatesten Geheimnisse der Bernadette als bemerkenswert ausgeglichen angesehen werden, wodurch sie sich von psychopathologischer Mythomanie abheben würden.

Dass Bernadette in ihrer Vision ein Gebet „nur für sie allein" vernimmt[484], ist auf jeden Fall höchst beachtenswert, da Gebete – besonders in traditionellen, gemeinschaftsbezogenen Gesellschaften – sozusagen per definitionem obrigkeitsbestimmtes Gemeingut und Gemeinschaftspraxis sind. Dass dieses in ihrer Vision erfahrene Gebet vermutlich in Platt war[485] – während alle Bernadette bisher bekannten Gebete in den esoterischen Herrensprachen Latein und Französische waren[486] –, ist ein weiterer Hinweis auf die psychologische Aufbaufunktion besagten Geschehens. Ob sie dieses Gebet nun während jeder Vision oder sogar an jedem Tag ihres weiteren Lebens gebetet hat, lässt sich nicht mit Sicherheit bestimmen; fest steht jedenfalls, dass dieses ureigenste und urinnigste Gebet, zusammen mit den eben solchen Geheimnissen, als das psychohygienisch äußerst wichtige Auf- und Ausbauen eines eigenständigen Ichs, einer „Ich-Demarkation“[487], zu deuten ist; einer autonomen Innerlichkeit, deren Zugriff die Seherin anderen gegenüber – und seien sie die mächtigsten Autoritäten – verwehren muss. Dies gelingt Bernadette denn auch symptomatisch wirkungsvoll. Das Anlegen eines unscheinbaren „jardin secret“ inmitten von ansonsten öffentlichen Erscheinungen ist dementsprechend ein weiteres Argument für ihre Funktion als Heilungsritus, der auch hier für die Seherin selbst nur in dynamischer Interaktion mit anderen therapeutisch wirksam werden kann.

„Que soy era l'Immaculada Councepciou“?!

Am offensichtlichsten wird das unbewusste Zusammenspiel zwischen der Seherin und ihrem Umfeld mit der Selbstoffenbarung des weißen Etwas als „Unbefleckte Empfängnis“.

Zuerst muss noch einmal die erstaunliche Tatsache festgehalten werden, dass bis zur 16. Vision, also während eines Zeitraums von 44 Tagen, ihr geschautes Fräulein von der Seherin nicht namentlich identifiziert worden ist. Entgegen der allseits geteilten Überzeugung, es sei die Muttergottes, wurde es von Bernadette beharrlich als dieses geschaute Etwas („aquerò“) bezeichnet. Dies allein zeigt schon, dass die Interaktion zwischen dem Inhalt der Vision und dem kollektiven Umfeld nicht nach dem stereotypisch-simplen Automatismus einer hysterischen Suggestibilität à la Charcot, dem berühmten Pariser Psychiater, der willensschwache Hysterikerinnen napoleonenhaft-theatralisch zu beinflussen verstand[488], verläuft, in der Bernadette als widerstandsloser Resonanzkörper ihrer Umgebung fungieren würde. Im Gegenteil: Bernadette zeigte auch hier eine schon fast erstaunliche Ichstärke, die es ihr ermöglichte, nur den tatsächlich erfahrenen Inhalt ihrer Vision zu vertreten, entgegen dem überwältigenden Druck der Umwelt, die naheliegende Identifizierung mit der Muttergottes zu vollziehen. Dies bleibt der Fall, auch wenn man sich die schon erwähnte Frage stellt, inwiefern die Wahrung der Anonymität ihrer Vision nicht auch eine Reminiszenz der pyrenäischen Feenvorstellungen darstellt. Dort hat das Ausplaudern ihres Namens an Außenstehende unweigerlich den beleidigten Rückzug eines weißen Liebfräuleins zur Folge[489]. Bernadettes visionäres Wesen wird jedenfalls nach der Nennung ihres Namens verstummen und sich nur noch zweimal sehen lassen.

Immerhin mussten die Menschen 44 Tage lang nach Bestätigung dürsten, ehe Bernadettes Vision ihnen ihren Namen preisgab. Wenn diese späte Genugtuung nun nicht eingetreten wäre, so wäre nicht nur die vom Dechanten gestellte Bedingung für den Kapellenbau nicht erfüllt gewesen, sondern unweigerlich auch die Glaubwürdigkeit im Sinne der sozialen Akzeptanz von Bernadette und ihren Visionen stark beschädigt worden – und somit letzten Endes auch ihre therapeutische Funktion. Deshalb muss man sich sehr wohl fragen, „inwiefern der Druck des sozialen Faktors nicht die Entdeckung der Identiät der Dame provoziert hat“[490], zumal Dechant Peyramale offenbar gedroht hatte, Bernadette nicht zur Kommunion zuzulassen, wenn es dieser nicht gelänge, das geschaute Fräulein zur Preisgabe ihres Namens zu bewegen[491].

So glaubte Bernadettes Umgebung dann unbeirrbar, dass es nur eine Frage der Zeit sei, wann die Vision sich ausdrücklich als Muttergottes zu erkennen geben würde. Auch meinte man untrüglich zu wissen, wann das Liebfräulein verkünden werde, sie sei Maria: natürlich am Fest von Mariä Verkündigung! Und vielleicht wurde deshalb auch die Grotte zwei Tage vor Mariä Verkündigung mit festlichem Marienschmuck gerüstet und sogar mit großem Pomp und im Beisein von 600 Personen eine Statue der Unbefleckten Empfängnis installiert[492], eine Statue, welche laut Aussagen Dritter Bernadettes Vision große Freude bereitet hat[493].

Dass denn auch tatsächlich die verlangte Audition an dem von jedermann – außer anscheinend der Seherin selbst – vorgesehenen Tage stattfand, wurde dann nicht als Indiz für interaktive Induktion, sondern im Gegenteil als Beweis für die rein übernatürliche Kausalität der visionären Ereignisse gedeutet. Den Gläubigen schien es selbstverständlich, dass sich die Muttergottes vorzugsweise an den ihr geweihten kirchlichen Festtagen offenbaren würde – wobei dann in einem hermeneutischen Zirkel der Kirchenkalender die Erscheinung und die Erscheinung den Kirchenkalender bestätigt. Dies, obwohl in diesem spezifischen Fall das Hochfest Mariä Verkündigung nicht einer Verkündigung aus dem Munde Marias gedenkt, sondern der Verkündigung, die Maria aus dem Munde des Engels erhalten hat[494]. Dass hier mit der Umdeutung des Genitivus objektivus in einen Gentivus subjektivus auch der Sinn des Kirchenfestes auf den Kopf gestellt wurde, dürfte dem theologisch ungebildetem Volk sicherlich nicht einmal bewusst gewesen sein – zumal es ja tatsächlich funktionierte! So befindet man sich denn auch hier, wie in der ganzen Dynamik der Erscheinungen, vor einer populären, volkstümlichen Schöpfung, die mit der theologischen Lehre recht frei umgeht und bestenfalls im Nachhinein von der kirchlichen Obrigkeit kanalisiert, nicht aber gesteuert oder gar manipuliert werden kann. Dies unbeschadet der Tatsache, dass man bei Bernadettes Visionen sehr wohl von einer teilweisen, hauptsächlich unbewussten Förderung ihrer übernatürlichen Deutung durch verschiedene Ortsgeistliche reden kann. Noch ungewollter wurden

Erscheinungsnische ohne Statue (1996)

Gleiche Statue, wechselnde Titel, verkannte Originalversion

die Erscheinungen übrigens von Seiten der weltlichen Obrigkeit gefördert, deren Negativhaltung genau gegenteilige Trotzreaktionen hervorrief.

So ist es nicht erstaunlich, dass, obwohl ja die Visionen programmgemäß mit dem Ende der Quinzaine am 4. März abgeschlossen sind, Bernadette in den ersten Stunden des 25. März, Festtag von Mariä Verkündigung, mit dem unwiderstehlichen Gefühl aufwacht, zur Grotte gehen zu müssen. Dort stellt sie dann die schon vorher einstudierte (!) rituelle Frage nach dem Namen an ihre Vision. Auch wenn beim Vortragen der eingeprobten Formel der gedächtnisschwachen Bernadette ein nicht bedeutungsloser Versprecher unterläuft – aus „wollen Sie die Güte („bountat") haben, mir ihren Namen zu sagen?", wird „Wollen sie den Willen („boulentat") haben …"[495] –, so gibt doch nach dreimaligem schweigendem Lächeln ihre Vision eine Antwort und Bernadette vernimmt, sie sei die Unbefleckte Empfängnis.

Diese von ihrer Formulierung her widersinnige Audition – „dass ich die unbefleckt Empfangene bin", hätte es logisch heißen müssen – wird von Bernadette nicht verstanden. Sie eilt, den vernommenen Satz auswendig vor sich hin sagend, damit sie ihn nicht vergisst, zum Dechanten, was anfänglich zu Ungunsten seines himmlischen Ursprungs gedeutet wird[496]. Doch später wird gerade die Tatsache, dass ein analphabetisches, des Dahersagens französischer Katechismusformeln unfähiges „Dummerchen" die Unbefleckte Empfängnis verkündet, und zwar unter größeren Schwierigkeiten und im totalen Unverstand der Bedeutung dieses 1854 definierten Glaubenssatzes – eines übrigens auch für Fachtheologen nur schwer verständlichen Dogmas – zum Hauptargument für eine rein übernatürliche Kausalität: So ein beschränktes, unschuldiges Kind kann unmöglich so schwierige, erhabene Wörter aus sich selber heraus formuliert haben, diese können also nur unmittelbar vom Himmel selbst kommen.

Dies umso mehr, als Bernadette angibt, vorher nie etwas von einer Unbefleckten Empfängnis vernommen zu haben[497] – auch wenn das schier unmöglich zu sein scheint![498] Da Bernadette in allen Zeugnissen vor, während und nach ihren Visionen immer gerade durch eine außergewöhnliche Ehrlichkeit besticht, ist es auch hier kaum anzunehmen, dass die Seherin willentlich gelogen hätte. Davon abgesehen, dass man Bernadette gerne glaubt, tatsächlich niemals etwas von der Unbefleckten Empfängnis gehört („entendu") zu haben, im ursprünglichem Sinne von „entendre": „verstehen"[499], so scheint es doch auch gerade der Unverständlichkeit dieses theologischen Konstruktes wegen sehr plausibel, dass Bernadette tatsächlich mit bestem Gewissen glaubt, noch nie etwas von der „Unbefleckten Empfängnis" vernommen, das heißt aufgenommen zu haben. Dies würde dann auch mit der Beobachtung übereinstimmen, dass Bernadettes Visionen mit einem veränderten Bewusstseinszustand zusammengehen, einem Zustand, in dem das Subjekt erwiesenermaßen im Wachzustande Vernommenes, aber nicht ins wache Bewusstsein Aufgenommenes, auf oft schöpferische Weise wiedergibt[500].

Dies scheint nun auch zweifelsfrei bei Bernadette der Fall gewesen zu sein. Zuerst einmal steht wie schon erwähnt fest, dass das Seherkind allabendlich vor dem Schlafengehen, also vor dem Übergang in einen veränderten Bewusstseinszustand und also noch in diesen mithineinnehmend, als Abschluss ihres stets auf französisch vorgetragenen Abendgebetes laut „O Marie conçue sans péché …“ – „O Maria, ohne Sünde empfangen …“ betete[501], ein Gebet, das Catherine Labouré 1830 in der Rue du Bac von einer Marienvision übermittelt und daraufhin als Überschrift für die Darstellung der Unbefleckten Empfängnis auf die Frontseite der so genannten Wunderbaren Medaille geprägt wurde[502].

Es ist kaum anzunehmen, dass Bernadette vor ihren Visionen noch nie mit der millionenfach unters Volk gebrachten Wunderbaren Medaille der Unbefleckten Empfängnis in Berührung gekommen war. Auch ist nicht auszuschließen, dass die Bernadette nach ihrer 4. Vision zugesteckte Muttergottesmedaille[503] eine solche Wunderbare Medaille der Unbefleckten Empfängnis war. Jedenfalls war nach Aussage Bernadettes die Pose, die ihre Vision unmittelbar vor ihrer Namensverkündigung einnahm, identisch mit der, welche die Unbefleckte Empfängnis auf der Médaille Miraculeuse einnimmt[504]. Darüber hinaus wurde kirchlicherseits der Kult der Unbefleckten Empfängnis massiv mit weiteren dementsprechenden Abbildern gefördert[505].

Auch in der Kirche und im Katechismus kann Bernadette unmöglich nichts von der Unbefleckten Empfängnis vernommen haben[506]. Denn tatsächlich stammte Bernadette aus der Herde des Mgr. Laurence, der als geistlicher Oberhirte des in der Diözese Tarbes liegenden Lourdes ein überaus großer Verehrer der Muttergottes im Allgemeinen und der Unbefleckten Empfängnis im Besonderen war. So zählte der Ortsbischof von Lourdes zu den Bischöfen, die Papst Gregor XVI. drängten, die bisher theologisch umstrittene Unbefleckte Empfängnis der glorreichen Jungfrau Maria als Glaubensdogma zu definieren. Auf Anfrage Papst Pius' IX. wiederholt Bischof Laurence 1853 diese Bitte, und nach der Verkündigung des Dogmas der Unbefleckten Empfängnis am 8. Dezember 1854 hält Mgr. Laurence seinen Klerus an, dieses neue Dogma allen Pfarrkindern gebührend zu vermitteln – was denn auch mit feierlichstem Pomp geschieht[507].

Klangvoller Name

„Am Ende des Jahres 1854 verkündete der Unsterbliche Pius IX. das Dogma der Unbefleckten Empfängnis. Der Widerhall brachte die Worte des Pontifex bis an die Enden der Welt; die katholischen Herzen hüpften vor Freude, und überall feierte man das glorreiche Privileg Mariens durch Feste, deren Erinnerung für ewig in unsere Gedächtnisse eingemeißelt bleiben wird“[508].

Die Unbefleckte Empfängnis war somit den Gläubigen doch wenigstens dem Namen nach bekannt – außer bei verstandesmäßig unfähigen Kindern, welche die auf unverständlichem Französisch vernommenen komplizierten und abstrakten Glaubenswahrheiten nicht begreifen und nicht in ihr waches, kognitives Bewusstsein aufnehmen konnten. Eindrucksvoll zeigt sich im Fall Bernadette, dass derartige Ungereimtheiten bei einem veränderten Bewusstseinszustand – zwar immer noch unverstanden – aus dem Unterbewusstsein, wo sie „für immer in die Erinnerung eingemeißelt“ worden sind, getreu der schon zitierten Aussage des Marienliedes: „Dein Name ist mir gegraben ins Herz hinein bis hin zum Kern“[509], dann hervorgebracht werden können. Dies deshalb, weil im veränderten Bewusstseinszustand die rationale Ich-Kontrolle ausgeschaltet ist, die es im Wachzustand nicht zulässt, Sachen zu verkündigen, die irgendwo aufgegriffen, aber nicht verstanden worden sind: „Man versteht deshalb, wie dies schon in La Salette der Fall gewesen ist, dass Bernadette, angesichts dieser Projektion einer Information ihres Unterbewusstseins, sich darauf beschränkt, ein Vokabel, welches sie tatsächlich auf der Ebene ihres Bewusstseins ignoriert, gefügig, aber entstellt, wiederzugeben“[510].

Dem entspricht, dass mit größter Wahrscheinlichkeit Bernadette den Namen ihrer Vision nicht wie den ihn einbettenden Satz in Platt, sondern zum Teil auf Französisch vernommen hat – wie eben immer nur „Bernadette (...) das Geheimnis der Unbefleckten Empfängnis auf Französisch predigen und erklären gehört hat“[511]. Somit bestätigt auch die Psychologie von in verändertem Bewusstseinszustand erlebten Offenbarungen des Unterbewussten die ältesten Textquellen, nach denen die von Bernadette am 25. März vernommene Audition wie folgt lautete: „Que soy l'Immaculée Conceptiou(n)“[512]. Erst 21 Jahre später tauchen die ersten Versionen auf, in denen die Audition integral in Platt angegeben wird („*Immaculada* Conceptiou“).

Dass Bernadette diesen Namen während ihrer visionären Audition anders als auf Französisch-Platt vermischt vernommen haben könnte, ist für Xavier Recroix nicht einmal ein Thema. Und auch René Laurentin kommt nicht umhin festzustellen: „In all ihren Aussagen, außer einer, welche aber die späteste ist, gibt Bernadette zu Protokoll: IMMACULÉE (und nicht: IMMACULADA)"[513]. Dazu zieht er sogar noch den Vergleich mit der „Konkurrenzseherin" Marie Courrech von der so gennannten „Seherepidemie" heran: „So glaubte die Seherin Marie Courrech zu vernehmen, die Jungfrau sage folgendes zu ihr «*Que soï* Marie conçue sans péché» (*Que soï* auf Platt, der Rest auf Französisch [...])"[514] – also eine eindeutige Wiedergabe der stets auf Französisch verrichteten Anrufung der Wunderbaren Medaille!

Wenn man aber, entgegen aller Evidenz, bezüglich Bernadettes Audition einer Version integral auf Platt den Vorzug gab, dann deshalb, weil ihre Vision bisher immer nur in Platt mit der Seherin redete und das hybride „Immaculée Conceptiou(n)" als zu ausgeliehen erschienen wäre. Es wäre sonst wohl zu offensichtlich geworden, dass diese Worte nicht zwingend von der außergewöhnlichen, unmittelbaren Verkündigung der himmlischen Muttergottes, sondern eher von der regelmäßig vernommenen, aber nur halbwegs assimilierten, Verkündigung der irdischen Mutter Kirche gestammt hätten. Vor allem konnte die Purissima Immaculata ja nicht in einem buntgemischten, französchisch-platt gefleckten Kauderwelsch reden, so als hätte sie ihren eigenen Namen nicht richtig verstanden: Sie konnte also nur entweder in einem lupenreinen Platt oder in einem lupenreinen Französisch sprechen. Und auch ein einfältiges, beschränktes, des Französischen unkundiges Mädchen musste schön brav bei der ihr zugewiesenen Rolle des unschuldigen Naivchens bleiben und nicht plötzlich hochtrabende französische Wörter hervorbringen. Zumal das possierliche Platt doch so urwüchsig klingt und vortrefflich in eine idyllische Pyrenäenromantik passt! Und wenn Bernadette dann trotzdem aussagte, ihre Audition beinhalte eine französische Vokabel, dann tat die Seherin das nur, weil sie zu beschränkt war, den in Wirklichkeit integral in ihrer Muttersprache vernommenen Namen ohne fremdsprachige französische Verfärbung wiederzugeben – so René Laurentin[515] ...

In diesem Zusammenhang subjektiven, auch zeitgeschichtlich bestimmten Empfindens, erscheint die Unbefleckte Empfängnis als Modeerscheinung in jeder Hinsicht, welche aufs Vorzüglichste den Geschmack der geistlichen Obrigkeit – des Dechanten, des Bischofs, ja des Papstes – traf. So wurde denn von dieser Seite Bernadettes Vision begeistert als orakelhafte Bestätigung des eben erst von ihnen verkündeten Dogmas gesehen: „Scheint sie [die Muttergottes] nicht durch ein Denkmal das unfehlbare Orakel des Nachfolgers des heiligen Petrus bestätigen zu wollen?", frohlockt der Bischofs von Tarbes im offiziellen Anerkennungsdekret der bernadetteschen Erscheinungen[516]. Im Umkehrschluss wurde so zugleich das Dogma zur Bestätigung der Visionen Bernadettes herangezogen. Mit anderen Worten: Die Schauungen der Seherin bestätigen die Kirche, woraufhin die Kirche die Seherin bestätigt. Somit schließt sich wiederum ein hermeneutischer Zirkel: Die Umgebung liefert der Seherin den Input, dessen Output sie dann anerkennend als verstärkenden Input aufnimmt. So ist es auch nicht von ungefähr, dass Bernadette mit ihrer Namensaudition sofort zum Pfarrer läuft und ihm sozusagen die Wörter rapportiert, die er von der Kanzel ausgeschleudert hatte. Denn schließlich erwartet ja Dechant Peyramale mit seiner ständigen, ultimativen Frage nach dem Namen des geschauten Fräuleins nichts anderes, als dass Bernadette ihm einen der kirchlichen Verkündigung entstammenden Terminus übermittelt. Die Statue in der Erscheinungsgrotte ist die Verkörperung dieses Prozesses: Bernadette bekommt am 25. März eine kleine, in eine spezielle Nische auf dem Boden der Grotte gefasste Gipsstatue der Unbefleckten Empfängnis vorgesetzt, die dann durch eine nach den Vorgaben der Seherin angefertigte Statue der Unbefleckten Empfängnis ersetzt wird – diesmal jedoch in übergroßem Marmor, hoch oben in der Erscheinungsnische thronend!

Diese Verstärkerfunktion der Visionen entspricht einer oft beobachteten transkulturellen sozialen Dienstbarmachung von veränderten Bewusstseinszuständen[517]. Eine Funktion, die eine solide psychische Gesundheit der Medien voraussetzt, wenn sie ohne Schaden für sich selbst („mediumnistische Psychosen")[518] und ihre Mitmenschen diese Rolle dauerhaft erfüllen wollen. Dabei soll nicht vergessen werden, dass es unter ganz bestimmten Umständen gerade diese sozial anerkannten, bei Bedarf kontrolliert produzierbaren veränderten Bewusstseinszustände sind, die dem Medium eine Art von psychischer Gesundheit ermöglichen[519].

Bemerkenswerterweise jedoch ist das Fest Mariä Verkündigung das erste und das letzte Mal, wo Bernadette mit Hilfe ihres veränderten Bewusstseinszustandes ein solches gegenseitiges – betonen wir noch einmal: unbewusstes! – Aufbauspiel mit der Gesellschaft und insbesondere der kirchlichen Obrigkeit eingeht. Dieses eine Mal genügte, um auf mittlere und lange Sicht eine einmalige Position in Kirche und Gesellschaft zu erreichen. Jedes Wiederholen im Sinne einer ritualisierten, orakelhaften Mittlerfunktion zwischen der Menge und der Muttergottes hätte Bernadette in ein zwanghaftes Abhängigkeitsverhältnis, sowohl den Leuten als auch ihren Visionen gegenüber gebracht, das ihre soeben gewonnene Freiheit sofort wieder aufgehoben hätte. Auch dieses intuitiv-unbewusste treffsichere Umgehen mit ihren öffentlich ausgetragenen veränderten Bewusstseinszuständen – im Sinne einer Optimierung ihrer therapeutischen Potenz – zeugt von einem gewissen, in diesem Zusammenhang eigentlich bemerkenswerten, psychischen Gleichgewicht der Bernadette und hebt sich zudem wohltuend von den wahrsagerischen Machenschaften anderer Seherkinder ab.

Doch ist die Unbefleckte Empfängnis nicht bloß als eine Annerkennung bringende Botschaft der geistlichen Obrigkeit gegenüber aufzufassen. Sie darf auch als Zurechtweisung der possessiven mütterlichen Obrigkeit gedeutet werden, die ja besonders von den Tanten der Seherin eifersüchtig in Anspruch genommen wird[520]. In der Tat sind die Bernadette zu ihren Visionen eskortierenden Tanten Bernarde und Basile alle wegen voreehelicher Empfängnis[521] – also einer in den Augen der damaligen Gesellschaft: befleckten Empfängnis – vom Dechanten Peyramale aus den „Enfants de Marie", der Jungfrauenkongregation der Marienkinder, verjagt worden[522] – während die erst nach der Heirat ihrer Eltern gezeugte Bernadette in dieser Hinsicht eine unbefleckte Empfängnis ist.

Anrüchiger Eskortservice

„Ich war skandalisiert zu sehen, welche Frauen sie führten, sie beschützten, ihr Kerzen liehen, ledige Mütter: dies nahm mir den Glauben"[523].

Schließlich ist es ja Bernadette, die den Leuten verkündigt: „Ich bin die Unbefleckte Empfängnis". Auch wenn sie behauptet, dass dieser Satz ihr von ihrer Vision offenbart worden sei: „Etwas („aquerò") sagte mir: ‚Ich bin die Unbefleckte Empfängnis'", so ist diese Aussage doch zweideutig und ohne weiteres auch auf die Seherin selbst zu beziehen. Die Deutung dieser Audition als „eines idealisierten Ichs unter den Zügen der Unbefleckten Empfängnis"[524] wäre zudem, eingedenk der ausgemachten Doppelgängerfunktion der bernadetteschen Vision, äußerst naheliegend. Unbewusst jedenfalls wird diese halluzinatorische Doppelgängerfunktion der Unbefleckten Empfängnis sogar von René Laurentin wahrgenommen, als er bei Bernadettes Verkündung des Namens ihrer Vision dem Dechanten Peyramale folgende Affektreaktion der Seherin gegenüber andichtet: „Es drängt ihn zu rufen: ‚Du bist die Unbefleckte Empfängnis'"[525]; während das folgende „Du kleine Wichtigtuerin"[526] belegt ist und gleichsam die ausgemachte psychologische Funktion von Bernadettes Audition, wenn auch pejorativ, bezeichnet.

Durch die Verkündigung der Unbefleckten Empfängnis offenbart sich Bernadette jedenfalls als das Marienkind, das die Tanten wegen ihrer befleckten Empfängnis zu ihrer größten Schande nicht mehr sein können. Zudem wäscht sich die Seherin mit der Offenbarung ihrer unbefleckten Empfängnis auch von der die Akzeptanz ihres Erscheinungsritus bedrohenden unreinen Aura ihrer Begleiterinnen[527] rein. Eine durch den Satz „Ich bin die Unbefleckte Empfängnis" erfolgende Erhöhung der

Prima inter pares : „Die Würdenträgerinnen der Jungfrauenkongregation von Lourdes bilden mit Bernadette ‚la chaine d'amitié', eine ‚Freundschaftskette', indem sie sich gegenseitig die Hand reichen" (Leonard von Matt).

Seherin den mütterlichen Tanten gegenüber wäre demnach unter diesem Gesichtspunkt in doppelter Hinsicht sinnvoll, nicht nur innerfamiliär, sondern auch dem sozialen Umfeld gegenüber.

Bezeichnenderweise wurde die Vertreibung der Tanten aus der Kindschaft Mariens (der „Enfants de Marie" sich nennenden Jungfrauenkongregation) durch ein männliches Machtwort des Dechanten vollstreckt – ein Machterweis den Matronen gegenüber, wie ihn der Bernadette sehr wohlwollend gesinnte, jedoch ohnmächtige Vater nie hätte fertig bringen können.

Wenn man den Sinn von Bernadettes Unbefleckter Empfängnis psychologisch angehen will, darf man sich in der Tat nicht vor der Feststellung drücken, dass für die überwältigende Mehrheit des Kirchenvolkes die erwähnte Befleckung sowohl unbewusst als auch bewusst ausdrücklich mit Sexualität in Verbindung gebracht wird – dies umso stärker in der leibfeindlichen Frömmigkeit des 19. Jahrhunderts! Dass dies theologisch falsch ist, ändert nichts an der Tatsache – denn schließlich wurde ja auch die im Dogma mit Befleckung visierte Erbsünde nach damals gängiger Schulauffassung durch den während des prinzipiell schon niedrig bewerteten Geschlechtsaktes getätigten Samenerguss des Mannes übertragen[528]. Auch im Sinne des Vorhergesagten muss man sich also fragen, inwieweit in Bernadettes Vorstellung die einzig der Muttermacht überlegene Macht der Priester mit ihrer gelobten und gelebten Unbeflecktheit in Verbindung steht, während die Macht der Mütter ja eben zwangsläufig aus einer sündhaften, unreinen Befleckung resultiert – eine Tragik, aus der, wie schon gesehen, nur das Paradox einer Unbefleckten Empfängnis retten kann. Dies wäre auch eine weitere Erklärung dafür, warum Bernadettes Vision keinen Muttercharakter aufweist und in ihrer Funktion einige mannhafte Züge trägt – so wie Bernadette kurz vor ihrem Tode, als sie zum ersten Mal den Namen ihres geschauten Etwas ganz in Platt wiedergab, diesen mit „*immaculado* counceptiou" übersetzt[529].

Die moderne Jungfrau: Von der Gottesgebärerin zum einsamen Engel

„Der spirituelle Genius der modernen Jungfrauen ohne ihr Kind in den Armen: (...) jegliches Zeichen von Mutterschaft verschwindet aus ihrem Bild: nicht mehr Mütter sondern reiner noch, da sie nicht geboren haben. Dies ist die bestimmendste Gegebenheit, ein spiritueller Tropismus der modernen marianischen Bilderwelt der alleinstehenden Jungfrauen. An ihrem Ursprung befindet sich unbestreitbar der dogmatische Kampf für die Unbefleckte Empfängnis, welcher diese Darstellung formen wird: eine astrale, einsame, im Himmel schwebende Jungfrau, beleuchtet mit jenseitigem Licht, mit ihren bloßen Füßen die verführerische Schlange zertretend, die sich zusammenrollt auf der gerundeten und menschenleeren Kuppel des Planeten Erde. Derart frei von jedweder biologischer Bindung werden, in der Neuzeit und vor allem in der Gegenwart die Erscheinungsjungfrauen meistens einzeln auftreten, wie um desto sicherer in einer auf die schiefe Bahn geratenen Welt ihren Dienst der beschützenden Fürbitte und Prophezeiung erfüllen zu können: Davon zeugt die Jungfrau von Lourdes, die meistverbreitete Figur dieses Kultes einer Jungfrau ohne Makel, von jedem ursprünglichen Schandmal der menschlichen Animalität rein"[530].

Doch dürfte vielleicht auch Bernadette selbst am 25. März nicht so unbefleckt dagestanden haben, wie sie es gerne getan hätte. Wenn es nämlich stimmt, dass im Laufe ihrer Visionen auch Bernadettes erste Regelblutungen eintraten, diese aber dem unvorbereiteten Mädchen getreu damaliger Auffassung als etwas unsäglich Schmutziges erscheinen und eine dementsprechende psychische Belastung hervorgerufen haben mussten[531], so wäre dies ein Argument, in der geschauten Unbefleckten Empfängnis eine weitere kompensatorische Wunscherfüllung unter verstärktem Leidensdruck zu sehen – zumal sich mit der Befleckung der ersten Regelblutung für Bernadette ja auch die Möglichkeit einer Empfängnis, und eben auch einer befleckten Empfängnis, bedrohlich auftut[532].

Wie dem auch sei: Durch die Vision der Unbefleckten Empfängnis und deren Verkündung wird die unterdrückte Bernadette erhöht, während die unterdrückerischen Matronen erniedrigt werden, so wie auch in ihren übrigen lichten Zügen Bernadettes Vision als Kontrapunkt zu ihrer tagtäglich am eigenen Leibe erfahrenen Müttermacht gelten kann. Somit wird die – unreine! – invasorische Mutterrechtsausübung der Tanten als anmaßende Usurpation offenbart, da über die reine „héritière" als visionär offenbartes Marienkind in Wahrheit nur das da („aquerò"), was einzig Bernadette sehen kann, Mutterrecht ausüben darf. Und das macht dieses schöne Fräulein kraft einer wahrhaft wunderbaren, himmlischen Liebe und Güte, die Bernadette verklärt und selbst ihre körperlichen Gebrechen verschwinden lässt.

Aus psychologischer Sicht trifft die Namensnennung „Unbefleckte Empfängnis" demnach mehrere Fliegen auf einen Schlag: Sie ermöglicht Bernadette bei der männlichen Obrigkeit Anerkennung zu finden, zugleich die besitzergreifende mütterliche Machtausübung der Tanten indirekt zu unterhöhlen und sich selbst als unbeflecktes Marienkind zu offenbaren. Ihre ritualisierten Visionen erlauben Bernadette – wenigstens ansatzweise – die überlebensnotwendige, emanzipierende Erfahrung eines Umsturzes der missbräuchlichen Muttermacht zugunsten einer anderen, mehr Freiheit und Anerkennung gewährenden, männlich-jungfräulichen Autorität. Auch sieht man hier wieder, in welchem Maße die Seherin in ihrem psychischen Ausnahmezustand ihr Bekanntes hervorbringt, jedoch nicht wahllos und zufällig, sondern in einer Art und Weise, die wirkungsvoll zur individuellen und kollektiven Sinnfindung beiträgt.

Schlussendlich muss auch bemerkt werden, dass der Name „Unbefleckte Empfängnis" solch einen Eindruck hinterlässt, dass der Dechant die zweite Bedingung für den Bau einer Kapelle, nämlich das Erblühen des Rosenstrauches[533], vergisst ... und somit die letzte Hürde zur Anerkennung der bernadetteschen Visionen durch den Dechanten wie weggezaubert entfällt.

Die Übungen der Bernadette

Im interaktiv-gruppendynamsichen Prozess von Bernadettes rituellen Erscheinungen nehmen die 8. und 9. Vision ohne Zweifel eine besondere Bedeutung ein.

Verrückt?

Während der 8. Vision am 24. Februar beobachtet die Menge mit Befremden, wie Bernadette abwechselnd Freude und Trauer ausdrückt: Sie schleudert außerhalb ihrer Ekstasen mit Zorn und Tränen erfüllte Blicke in die Menge, dann fällt sie auf die Knie und küsst den Boden – auf

Bitten ihrer Vision und als Buße für die Sünder, wie die Seherin später erklärt[534].

Tags darauf sollte es noch schlimmer kommen: Bernadette wühlt auf allen Vieren im Schlamm eine Quelle frei, deren eklige Brühe sie dann auch noch unter abscheulicher Besudelung ihres Gesichtes trinkt. Danach isst sie auf dem Boden der Grotte wild wachsendes Kräutergras. Die Menge ist, ob solch viehischem Benehmen, denn auch äußerst gegen Bernadette aufgebracht und erklärt die Seherin für plötzlich verrückt geworden[535], während nichtanwesende Ärzte diese Gesten später als unverkennbare Zwangshandlungen einer geistig Umnachteten darstellen: „Am 19. [Februar] hingegen, wird, kaum daß das Objekt ihr erscheint, ihre Gesicht bleich, ihr Körper scheint sich zu versteifen, ihr Blick hängt sich unbeweglich an der Grotte fest, und ein konvulsives Lachen irrt über ihre Lippen. Man sieht sie später sogar sich mit dem Gesicht zum Boden verneigen und, im Anflug ihres Deliriums, den Staub beißen. Eines Tages verschlingt sie Gras: es ist ihr Objekt welches es ihr befiehlt. Diese Überspanntheit legt sich erst, wenn die Vision verschwunden ist“[536].

Ausdruckstheater

Dennoch mag Bernadettes Benehmen nicht nur als Symptom eines charakterisierten Deliriums gewertet werden, sondern auch als Ausdruck eines konstruktiv geäußerten Leidens – vergessen wir nicht, dass Bernadettes Gesichtsausdruck, während sie diese Gesten ausführte, als sehr traurig beschrieben wurde –, dessen theatralische, wiewohl selbstkontrollierte und supervidierte Darstellung schließlich dennoch als sowohl persönlich wie auch kollektiv sinnvoll integriert werden konnte[537].

Es erscheint nicht abwegig zu vermuten, dass Bernadette sich mit ihren Gefühlsausbrüchen, nicht nur aus Glückseligkeit, sondern auch aus Wut und Trauer, vielleicht zum ersten Mal in ihrem Leben, das Recht genommen hat, sich selbst in all ihrer körperlichen und seelischen Zerrissenheit darzustellen und sich derart anzunehmen und annehmen zu lassen. In dieser performativen Darstellung entschleiert Bernadette sich nicht nur, indem sie wie am 25. Februar in der Grotte sich ihres Kopftuchs entledigt. So gesehen, wäre Bernadettes Benehmen zugleich als Hilfe- und als Protestschrei an die Adresse der in Erwartung eines erhabenen Schauspiels versammelten Menge zu verstehen. Dieses Darstellen und Annehmen ist jedenfalls etwas, was die Seherin gegen die Erwartungen der anderen durchsetzen muss, die denn auch vehement Widerstand leisten. Dies zeigt sich jedoch nicht in dem Sinne, dass sie die auf höheren Befehl zur Grotte zitierte Bernadette einfach an der Ausführung ihrer Gesten hindern, sondern darin, dass sie dann die Seherin in ihrem

Benehmen schleunigst zurechtweisen, wenn dieses ihren an die Schauung einer hehren Lichterscheinung gestellten Erwartungen zuwiderläuft. Hier erntet Bernadette vor allem mütterlicherseits starke Schelte.

Rückhalt in der Gemeinschaft

Psychologisch gesehen mag eine derartige Interaktion zwischen Seherin und Gruppe eine doppelte Bedeutung haben: Der zu überwindende Widerstand der Gesellschaft stärkt Bernadettes Ich, verhindert jedoch zugleich ein verkrampftes Versacken in zerstörerischer Selbstdarstellung, wie es in Gesten wie das Küssen von mit Schweineborsten, -blut und -exkrementen behaftetem Boden, Ins-Gras-Beißen, Schlammtrinken, usw. potentiell präsent ist.

Derartige Erscheinungsaktionen können als Heilungsritus nur funktionieren, weil Bernadette den Menschen ihrer Umgebung nicht egal ist, und diese ihr bizarres Verhalten nicht einfach links liegen lassen. Ganz im Gegenteil: Ob sie nun Bernadettes Visionen Glauben schenken oder nicht, die Menschen ihrer Umwelt fühlen sich durch ihre ausdrucksstarken Body-Performances betroffen. Dies wird an ihren heftigen Reaktionen überdeutlich, die Bernadette auch am eigenen Leib zu spüren bekommt; und gerade dieses Spüren am eigenen Leibe ist eine notwendige, grundlegende Erfahrung in einer Zeit, in der das Gemeinschaftlich-Körperliche das Dasein des Menschen in der Welt ungleich mehr bestimmt als das Individuell-kopfhafte, wie gerade im Zusammenhang der Lourdesheilungen besonders zu bedenken ist[538].

Durch die Anteilnahme der Stadtbevölkerung als eine Art „Therapy Management Group“[539] werden Bernadettes Visionen erst aus dem Absondernden des Absonderlichen herausgenommen werden können. Die unter reellen Entsagungen und Entbehrung jeglicher Bequemlichkeit an der Grotte zusammenströmenden Menschen teilen das Erleben der Bernadette: Vor der Grotte kniend, in stiller Andacht oder rosenkranzbetend, haben sie mit ihren eigenen Körpern Teil am Erleben des Seherkindes – ohne jedoch den Eindruck zu vermitteln, massenhypnotisch oder -hysterisch von Bernadette in den Bann gezogen zu werden, wie ihr stets zumindest ansatzweise vorhandenes kritisches Bewusstsein der Seherin gegenüber zeigt.

So sind die um Bernadette herum versammelten Menschen nicht nur Zuschauer, sondern auch Chor des Dramas, welches sich in der Grotte abspielt. Wie in der antiken Tragödie, so wird auch hier eine allgemeine Katharsis erzielt und erreicht. Bernadettes Visionen sind ein Heilungsritus, in dem die Leiden der Seherin gebärdenhaft verkörpert, zugleich auf eine kollektive Sinngebung erhoben werden, gestützt zudem durch die nachhaltigen Deutungen der Seherin selbst, wie sie wiederum im Austausch mit der Umwelt ausgearbeitet werden. Eben dadurch können Bernadettes Leiden ein Ausleben, ein Annehmen und eine Umwandlung erfahren.

Sinngebung

Auch wenn sie auf den ersten Blick noch so befremdend wirken, so haben Bernadettes Gesten während der Quinzaine doch einen tieferen Sinn, welcher von den Außenstehenden teilweise intuitiv erfasst zu werden scheint, teilweise auch rational und sozial plausibel mit den Worten ihrer Audition von der Seherin selbst begründet werden kann.

Isoliert betrachtet ist es durchaus naheliegend, das Bodenknien und -küssen, das Grasessen und auch das Schlammbrühetrinken als Symptome eines psychotischen Schubes zu deuten. Doch schon die Tatsache, dass Bernadette sich stark überwinden musste, das Wasser zu trinken, und sie es erst tut, als ihr das Wasser ausreichend klar und genießbar erscheint, zeigt, dass dieser Gestus doch nicht ganz genau jenen psychotisch-kompulsiven Zwangshandlungen entspricht, wie man sie auch heute noch in den psychotischen Schüben von vor der Grotte dekompensierenden psychisch Kranken beobachten kann. Weil das Wasserberühren von Bernadette kulturbedingt als etwas Widernatürliches und Abstoßendes angesehen wird[540], kann es als Bußübung ausgebaut werden – Xavier Recroix sieht hierin „den Erfindergeist eines um Kasteiung besorgten kleinen Mädchens“[541] –, und, wie noch verdeutlicht werden wird, auch als Heilungsritus. Des Weiteren entspricht dieses Bußetunwollen nicht einer perversen Bizarrerie, sondern im Gegenteil, einer in dieser Zeit den Menschen schon von Kindesbeinen anerzogenen religiösen Idealhandlung, die gerade in der Fastenzeit erwartet wurde. Widernatürlich in dieser Hinsicht war nur die Tatsache, dass es Bernadette, wie schon erwähnt, wegen ihrer schlechten Gesundheit von ihrer Mutter verwehrt worden war zu fasten, also die zu dieser Zeit naturgemäß erwarteten Bußübungen zu vollziehen[542]. Somit erscheinen besagte Bußübungen wiederum als visionär vorgegebene und dadurch übernatürlich legitimierte, dem tiefsten Verlangen Bernadettes entsprechende Kompensation für die Frustrationen ihrer Alltagssituation.

Des Weiteren hat das Freilegen einer Quelle einen kollektiven, äußerst positiven Sinn, der denn auch gleich so verstanden wird, ohne dass Bernadette große Erklärungen dazu abgeben muss: Kaum hat die Seherin der freigelegten Quelle den Rücken gekehrt, befleißigen sich einige Zuschauer, den Gestus der Bernadette zu wiederholen und aus dem eben freigelegten Wasser zu trinken[543] – womit sie die Quelle zu jener Heilquelle küren, die sie schon Tage später werden wird. Es scheint deshalb auch nicht abwegig, Bernadettes Tun als Wiederholung des traditionsvermittelten Gestus des Heilquellenfreilegens zu verstehen: „Bernadette handelte wie alle Erschaffer von Heilquellen, als sie aus ihren Händen das wunderbare Wasser hervorquellen ließ, nachdem sie auf den Knien über den Boden der Grotte gerutscht war"[544].

Ähnliches gilt auch abstufungsweise vom Bodenküssen und vom Grasessen. Diese sind an sich keine psychisch abnormen Gesten: Bodenknien und -küssen sind religiöse Ehrerbietungs-, Buß- und Besinnungsübungen, die zudem gerade in der Fastenzeit auf dem Programm stehen. So wird auch das Grasessen ja nicht nur in der ersten Lesung des Karsamstags normativ erwähnt, sondern es gehört in der Tat, wie Bernadette zu Recht bemerkt, zu den Essgewohnheiten der Menschen[545] – was diese aber augenscheinlich vergessen hatten. Dass dieses Gras der Grotte eigentlich kein Gras ist, sondern der Familie der essbaren Kresse angehört[546], ist alles andere als belanglos: Anscheinend wurde früher in den Pyrenäen aus dieser Kresse auch Suppe gekocht, ja, sie wurde sogar als Salat angerichtet, wobei es jedoch darauf ankam, die Bitterkeit dieser Pflanze zu neutralisieren. Selbst Heilkräfte wurden ihr zugeschrieben[547]. Man darf deshalb davon ausgehen, dass diese Kresse und ihre besonderen Eigenschaften Bernadette bekannt waren und sie also nicht wahllos-zufällig gerade diese Pflanze als Bußübung für die Sünder aß. Dass sich laut Zeugenaussagen Bernadette stark überwinden muss, um auch nur eine geringe Menge Kresse in den Mund zu nehmen, welche sie dann gleich wieder ausspeit[548], mögen weitere Indizien gegen eine einseitige Fixierung dieser Gesten auf kompulsive Zwangshandlung und psychotische Selbstverstümmelung sein. Darüber hinaus war Kresse das einzig Essbare in der Grotte. Von den Schweinen blieben ja nur noch Spuren übrig – genauso wie die von Bernadette gekochten Grassüppchen manchmal das einzig Essbare in dem feuchten Loch des Cachot waren[549], wo Fleisch in unerreichbare Ferne entschwunden war. In diesem Sinne wäre das visionäre Kresseessen zusätzlich auch als anklägerische Darstellungsgeste den Satten gegnüber zu deuten.

Bezeichnenderweise wiederholte Bernadette diesen Gestus des Grasessens nicht mehr. Die Vermutung liegt nahe, dass sie dies nicht nur unterließ, weil ihr rohe Kresse nicht gut schmeckte, sondern auch, weil dieser Gestus von ihrer Umgebung absolut nicht verstanden und geteilt werden konnte. Auch dies würde die enge Wechselbeziehung zwischen den Visionen der Seherin und ihrem Kollektiv verdeutlichen. Dass Bernadette während ihren Erscheinungsaktionen nur Sachen wiederholt, deren Sinn sozial verständlich und teilbar ist, wäre zugleich auch eine Differenzialdiagnose, nicht nur zur neurotischen Psychorigidität, sondern auch zur wahnhaften Geisteskrankheit, deren unkontrollierbare Visionen und Aufforderungen sich dem Subjekt unwiderstehbar aufdrängen und, da oft persönlich, vor allem jedoch kollektiv sinnlos und unverständlich, es als verrückt isolieren.

Wiederkehr des Verdrängten

Dass die Umstehenden Bernadettes Handlungen nicht sofort annehmen wollen, beweist nicht unbedingt, dass sie sie nicht verstehen – im Gegenteil: Vielleicht wollen sie das von Bernadette Geschaute und ihnen nun Gezeigte gar nicht wahrhaben, weil es eine unbequeme Wahrheit ist, deren Offenbarung zur Wandlung aufruft.

So werden denn auch Bernadettes Gesichtsverschmierungen von der Menge als unerträgliches Schauspiel empfunden, als Kehrtwendung eines ansonsten so artigen und unterwürfigen Mädchens. Um das Empfinden der Menge wiederzugeben, schreibt René Laurentin lyrisch von „dieser aggresiven Schnauze, welche der um die Lippen geschmierte Schlamm ihr verleiht“[550] – obwohl kein angeführter Textzeuge jemals diesen Ausdruck „aggressive Schnauze“ gebrauchte. Doch mag der Schriftsteller in seiner Deutung von Bernadettes Beschmutzungen als Kriegsbemalung gar nicht mal falsch liegen, werden doch von ihrer Funktion her oftmals öffentlich-rituell ausgetragene Ausnahmezustände von Anthropologen als „mildere Formen mystischer Aggression, wie sie gehen Höherstehende gebraucht werden“[551] gesehen – eine Deutung, die, angesichts der umstürzlerischen Botschaft ihrer Vision, im Fall Bernadette Soubirous vollkommen zutrifft. Zumal es auch bei anderen Seherkindern des 19. Jahrhunderts Fälle gibt, „wo es den Anschein hat, als würden sie mehr oder minder bewusst Rache nehmen an der harten Welt der Erwachsenen“[552].

Auch das als viehisches Benehmen interpretierte Verhalten Bernadettes erscheint in dieser Perspektive etwas mehr zu sein als bloß der Ausdruck eines sinnlosen Deliriums. Was ist näher liegend, als dass Bernadette in der sprichwörtlich für schlechte Erziehung stehenden Schweinegrotte von Massabielle einmal so richtig „die Sau herauslässt“? Das säuische Suhlen in Schlamm und Exkrementen entspricht zudem einer charakteristischen Ausdrucksgebärde der traditionellen Karnevalfolklore[553]. Doch erscheint dieses Verhalten nicht bloß als das verspielte Austoben einer verspäteten Pubertät oder einer verlängerten Fastnacht. Mit Traurigkeit und „als Buße für die Sünder“ ausgeführt, ruft Bernadettes Wühlen im Dreck der Schweinehöhle der Gemeinde unweigerlich ins Bewusstsein, dass in Lourdes nicht alles sauber ist. In der provokativen Offenbarung verdrängter Verfehlungen mit Berufung auf ekstatische Kommunikationen höherstehender Wirklichkeiten tut sich erneut eine Parallele zu den transkulturellen Konstanten von Besessenheitskulten, das heißt zu den therapeutischen Funktionen von ritualisierten außergewöhnlichen Bewusstseinsveränderungen, auf[554]. Zugleich ist dieses straflose Umstürzen aller Konventionen und Schweigegesetze ein charakteristischer Bestandteil von Übergangsriten in ihrer liminären Phase[555].

Somit fungiert Bernadette während ihren Visionen in der Schweinsgrotte als eine Art Hofnarr: Kommen nicht die Leute einer ästhetisch-erhabenen Belustigung wegen zur Grotte, wobei sie aber ihr stillschweigendes Einverständnis mitbringen, brüskiert zu werden, und so ein Wechselbad der Gefühle mitzuerleben: „Man war ‚erschreckt' und ‚glücklich'; man verspürte ‚Freude' und ‚Leid'"[556]? Zugleich erfüllt die Seherin aber hierin auch die Rolle einer Prophetin, welche durch ihre Buße die Sünden der Gemeinschaft offenbart und austrägt: „Man hätte meinen können, dass sie unter der Last von etwas litt, dass sie das Leiden der ganzen Welt auf sich trug", sagt eine Zeugin über die Erscheinung der Seherin aus[557].

Sinn oder Wahnsinn?

In diesem Sinne offenbart und verkörpert Bernadette mit dem zu Bodenfallen und ins Grasbeißen die Auswirkungen der Sünden der Mächtigen auf die Kleinen und Wehrlosen, die zu Boden gedrückt „ins Gras beißen" müssen. Wie gesagt: Diese im Folgenden teilweise zum Ritual ausgebauten Gesten scheinen jedenfalls mehr zu sein als bloß das Symptom einer Psychose, deren Gebärden, wenn überhaupt, nur dem Kranken selbst verständlich und nur innerhalb seiner pathologischen Struktur logisch erscheinen, ohne dass diese Gesten an sich jedoch irgendwie konstruktiv oder kommunikativ wären. Bei Bernadette hingegen haben die Gebärden, auch wenn sie die Leute schockieren, trotzdem – oder gerade deshalb – einen kollektiven Sinn bekommen können, nicht zuletzt auch mit Hilfe erklärender Worte seitens der Seherin. Ist dieses kollektive Verständnis nicht gegeben, wiederholt Bernadette diese Geste dann nicht mehr, ohne sie jedoch im geringsten zu bedauern oder zu verleugnen. Der Seherin gelingt es so also unbewusst, eine individuelle Revolte in einen allumfassenden, auch kollektiv konstruktiven Sinnzusammenhang zu erheben und lebenserweiternd ausklingen zu lassen. Somit kann Bernadettes therapeutischer Visionsprozess verstanden werden als „die Umwandlung von privater Erfahrung in öffentlichen Glauben und die Umwandlung von Leiden, des Leidens bestimmter Personen aber auch, letztendlich, das Leiden einer Gemeinschaft und der ganzen Welt, in Sinn"[558]. Und auch das im Ave-Maria des Rosenkranzgebetes und in der Fastenzeit nahe gelegte Motiv des Tuns für die Sünder ist nicht in einem krankhaften Welterlösungswahn stecken geblieben – was man leider nicht von allen Ausnahmezustände erlebenden Frauen behaupten kann[559]. Die von Bernadette an der Grotte ins Spiel gebrachten Symbolfiguren und -handlungen, auch wenn sie auf den ersten Blick unverständlich, ja schockierend erscheinen mögen, ergeben bei genauerer Analyse alle einen Sinn, ja eine wahre Sinnfülle, die man sowohl individualpsychologisch als auch soziokulturell unter dem Gesichtspunkt einer unbewusst-kreativen Aufbaudynamik verstehen kann.

Des Weiteren ist Bernadette in der Lage, die kollektiv sinnvollen Züge ihres persönlichen Dramas von nur für sie bedeutenden Erfahrungen abzugrenzen. Und mit genauso einer geradlinigen, bescheidenen Bestimmtheit, wie sie die zu veröffentlichenden Wörter ihrer Auditionen verkündet, behält sie die anderen für sich – wie gesagt: ohne Geheimnistuerei, und entgegen der im Wesen des Geheimnisses fast zwangsläufig liegenden Mitteilungsversuchung. Gerade in diesem Sinne kann der von Bernadette geübte Umgang mit ihren Geheimnissen im Sinne einer Ich-stärkenden Funktion gedeutet werden.

Tatsächlich scheint die Ich-Demarkation ein wichtiges Kriterium für den pathologischen oder nicht-pathologischen Charakter von Halluzinationen „im Sinne einer krankhaften Isolation oder eines schutzlosen Überflutetwerdens, aber auch im Sinne einer reversiblen, positiv empfundenen mystischen Ich-Entgrenzung“[560] zu sein – und letzteres sind Bernadettes Erscheinungen eindeutig, wie sich anhand des beeindruckenden, gefestigten Persönlichkeitsbildes der Seherin nach ihren Visionen beobachten lässt[561].

Bernadettes Visionen entsprechen bei genauerem Hinsehen nicht dem Erscheinungsbild von Wahnideen und Wahnwahrnehmungen. „Die Bewertung von Äußerungen Wahnkranker wird meist auch dem charakteristischen Benehmen etwa auf der Straße oder in der Kirche, dem Ausdruck und der Haltung Rechnung tragen müssen: unbewegliche Gebetshaltung, lebhaftes Gestikulieren und lautes, auch rhythmisches Schreien. Wesentlich ist insbesondere die Feststellung, ob eine Veränderung der Persönlichkeit einen Wahn oder Wahnideen zu Folge hat“[562]. Nun ist es jedoch so, dass alle Zeugen Bernadette außerhalb ihrer veränderten Bewusstseinszustände ein ganz normales Benehmen bescheinigen, das nur durch eine neu gewonnene, ungeahnte Meisterung ihrer Anfechtungen durch die Obrigkeit auffällt. Und bezeichnenderweise werden die veränderten Bewusstseinszustände, abgesehen vom initialen Spontanerlebnis, immer gewollt durch ein präzises, auch Anderen nachvollziehbares Ritual und nur vor der Grotte ausgelöst.

Im Gegensatz zu dem bizarren und exzentrischen Verhalten, welches oftmals bei der als Reaktion auf Bernadettes Schauungen ausbrechenden

„Seherepidemie" in Lourdes beobachtet wurde[563], berichten die Augenzeugen mit überwältigender Mehrheit über den ergreifenden, erhabenen und ästhetischen Charakter von Bernadettes Benehmen während ihrer Visionen[564] – auch dies mag als Unterschied zu den unschönen Zwangsgebärden genuiner Psychotiker gelten. Und schließlich ist, wie schon gesehen, das viehische Benehmen während ihrer Visionen alles andere als ein unverständliches, sinnloses Delirium. Im Gegenteil: hier baut sich in gruppendynamischer Interaktion eine sowohl individuelle als auch kollektive Sinnfindung auf, welche bei den Beteiligten eine positive Lebenserweiterung zu Folge hat.

Die Tatsache, dass sich Bernadettes Erlebnisse in ihrer Entstehung psychologisch verständlich zurückverfolgen lassen, konstituiert ein weiteres wichtiges differenzialdiagnostisches Kriterium zur Abgrenzung von echtem Wahn[565].

Gegen die Pathologisierung von Bernadettes Schauungen im Sinne von Wahn spricht, wie schon gesehen, ebenfalls, dass die Seherin ihre Visionen nicht als hilflos Überwältigte distanzlos-passiv erleidet, sondern ihnen deutend, forschend und handelnd gegenübertreten kann, dies auch mit Bezug auf ein überindividuelles Referenzsystem. Gegen Wahn spricht weiterhin, dass sie sich nie isoliert, die Supervision von Experten in Anspruch nimmt, und ihre Visionen immer im Beisein einer Kontrollgruppe erlebt; dass sie sich niemals, weder durch Machthaber noch durch Massenaufläufe aus dem Gleichgewicht bringen lässt; dass sie sich weder beirren noch suggerieren lässt, was den Sinn ihrer Schauungen betrifft; dass sie niemals Geld, Macht oder Ruhm aus ihren Visionen schlagen will, und dies auch ihrer Familie untersagt – Xavier Recroix redet deshalb hier gar vom „Stempel des Edeln, der die Begebenheiten von Massabielle prägt"[566]. Dies alles sind Haltungen, die einer starken Persönlichkeit bedürfen, die sich Bernadette offensichtlich gerade dank ihrer Visionen heranbilden konnte.

Auffällig an Bernadettes Visionen ist auch das außergewöhnliche Glücksempfinden, das die Seherin in ihren visionären Erlebnissen erfuhr („Die Grotte war mein Himmel"[567]), auch wenn nach Aussagen von Beobachtern ihre glückselige Verzückung während ihrer Ekstasen regelmäßig im Wechsel mit Tränen tiefster Traurigkeit auftrat[568]. Dieser Wechsel im Gesichtsausdruck ist sich nicht unbedingt immer abrupt im Sinne von „Himmelhoch jauchzend – zu Tod betrübt" vorzustellen, zumindest laut den Ergebnissen der Interviewstudie von Abbé Sempé im November 1868: „Ihr Gesicht blühte fortwährend im Glück auf, ein Schatten von süsser Trauer verhüllte es für Augenblicke und dann blieb dennoch das Lächeln, melancholisch, aber glücklich"[569] . Wie sind diese augenscheinlichen Glücksgefühle nun zu deuten?

„Gehobene Stimmungen können sowohl im pathologischen als auch im nichtpathologischen Zusammenhang auftreten. Die Unterschiede zeigen sich oft nicht in der Hochstimmung selbst und nur bedingt in den religiösen Vorstellungsinhalten – hier ist die Störung am deutlichsten formal in deren Paradoxheit und in der wahnhaften Unkorrigierbarkeit zu erkennen – wohl aber im *Kontext*, in dem sie auftritt. Im Allgemeinen sind Ekstasen umso wahrscheinlicher Symptome einer psychischen Störung, je *unkontrollierbarer*, der willentlichen und kognitiven Steuerung entzogen, sie hereinbrechen und je *destabilisierender*, das heißt aufwühlender, verwirrender, erschöpfender, vereinsamender und desintegrierender sie wirken. Sie sind umso weniger pathologieverdächtig, je mehr sie kontrolliert, integriert, erfrischend, ermutigend, sozial motivierend und produktiv verlaufen"[570]. Aus der bisherigen Analyse von Bernadettes Visionen müsste zur Genüge hervorgegangen sein, dass unter Anwendung der eben zitierten Kriteriologie ihre Erlebnisse in mannigfaltiger Hinsicht ausgesprochen wenig pathologieverdächtig erscheinen.

Anhand der von Bernhard Grom verfassten Beschreibung von Ekstasen im Kontext von Psychosen, scheinen Bernadettes Erlebnisse weder den Dämmerzuständen von Epileptikern[571] noch der manischen Phase von affektiven Psychosen[572], noch dem Beginn von Schizophrenien zu entsprechen[573]. Aufgrund ihrer Beschreibungen – besonders des Initialerlebnisses vom 11. Februar – scheinen Bernadettes Visionen auch nicht durch Rückführung auf hysterische Persönlichkeitsstörungen erklärbar[574].

Bernadettes Visionen könnten jedoch in gewissem Sinne zu einer anderen Gruppe von Ekstasen im Kontext von Neurosen und Persönlichkeitsstörungen gezählt werden. „Religiös-ekstatische Episoden können aber auch auf *Depressionsabwehr und Kompensation von Verlassenheits-, Minderwertigkeits- und Angstgefühlen* beruhen. Sie werden unterschiedlich erlebt: Entweder rein passiv, als Flucht vor der Wirklichkeit – psychoanalytisch: regressiv – oder aber als Grundlage für eine aktive Problembewältigung und psychische Integration – psychoanalytisch: progressiv, entwicklungsfördernd"[575]. Dass Bernadettes Visionen der letztgenannten Kategorie angehören, wird auch durch ein von Bernhard Grom zitiertes diesbezügliches Fallbeispiel einer ekstatischen Intensiverfahrung nahe gelegt, welche als „Intensivform religiös motivierter Angstbewältigung" und „Nachbildung von Selbstwertgefühl" gedeutet werden kann. „Die nahezu hypnotische Konzentration auf den Gedanken an Gottes [bei Bernadette: Liebfräuleins] Halt und Zuwendung sowie auf die dabei erlebte, überraschende Fähigkeit, sich selber als wertvoll zu empfinden und seine Situation angstfrei, kontrollierbar zu sehen, wird im Kontrast zur vorangegangenen Resignation ekstatisch als ‚aufbrechende Quelle' [bei Bernadette nicht bloß eine Metapher!] erlebt. Wer sie als ‚grenzenlosen Mut und Kraft' empfindet, achtet vor allem auf die überwältigende Energie, die er nun in sich spürt und übersieht sicher vieles an den realen Schwächen und Schwierigkeiten, mit denen er zu kämpfen haben wird – aber er verleugnet sie nicht einfach, sondern gibt sich einer korrigierbaren ‚Kontrollillusion' hin. Die Vor- und Nacharbeit ermöglicht es, daß er die ekstatisch erlebte Angstfreiheit und Zuversicht in nüchterner Form auch in späteren Situationen – lerntheoretisch: in einem Transfer – neu finden kann. Dann wirkt die Ekstase nicht nur als momentane Erleichterung und Ablenkung"[576]. Und genau dies scheint bei Bernadette in bedeutendem Maß der Fall gewesen zu sein.

Bernhard Grom zitiert als weiteres Fallbeispiel eines solchen Prozesses „auch Teresa von Avila, die nach einer Christusvision und den ihr folgenden mystischen Einheitserlebnissen von einem psychisch labilen, von Lähmungen heimgesuchten Problemfall zu einer schöpferischen Schriftstellerin und tatkräftigen Ordensreformerin wurde"[577]. Dass es bei Bernadette Soubirous entschieden nicht so weit kam, liegt an den anthropologischen Determiniertheiten ihrer Person und ihres Milieus, welche diesem Prozess unüberwindbare Schranken setzten. Bernadette war wohl eine gewisse persönlichkeitserweiternde Umwandlung möglich, nicht aber eine persönlichkeitsaufhebende Verwandlung à la Froschkönig, wie sie eben nur im Märchen stattfinden kann – Bernadettes Entgrenzung war begrenzt. Die Fähigkeit, sowohl die Ekstasen kontrolliert herbeizuführen als auch deren Hochstimmung genießen zu können, ist ebenfalls ein eindeutiges Indiz für „Ekstase im nichtpathologischen Ausnahmebereich"[578]. „Nichtpathologische Ekstasen werden vermutlich durch zwei Faktoren ermöglicht (...): (1) Die *Konzentration (Fokussierung) der Aufmerksamkeit und emotionalen Reaktionsbereitschaft* auf ein positives Gefühl (bzw. auf den Gedanken, der es auslöst) und (2) die alle kritsche Distanz aufgebende *Hingabe an dieses Gefühl* (...)"[579].

Steht „in motivationaler Hinsicht (...) wahrscheinlich jede religiöse Intensiverfahrung im Spannungsfeld *zwischen selbstbezogenem, sozial desinteressiertem Geborgenheits- und Zuwendungsbedürfnis und andernbezogener Bereitschaft zu (soziozentrischem) prosozialem Empfinden und zu (theozentrischer) Dankbarkeit und Verehrung*"[580], so haben Bernadettes visionäre Erlebnisse in ihrer ganzen Ausrichtung eindeutig ihren Schwerpunkt auf dem letztgenannten Pol.

So sind denn Bernadettes Halluzinationen in ihrer ganzen gruppendynamischen Ritualisierung viel weniger Symptom als Therapie, in der das Mädchen nicht nur für sich selbst Heilung im Sinne einer besseren, lebensfähigeren und anhaltenden Anpassung an die Wirklichkeit erleben kann – nebst einem, wenn auch auf die Dauer der Vision begrenzten Verschwinden ihrer körperlichen Krankheitssymptome –, sondern auch Drittpersonen für einen Umwandlungsprozess motivieren kann, dessen spektakulärste Verkörperung die so genannten Wunderheilungen sind, welche noch während der Erscheinungszeit – jedoch schon losgekoppelt von der Anwesenheit Bernadettes – an der Grotte stattfinden.

Zusammenfassend muss noch einmal betont werden, dass die Visionen Bernadettes in ihrem ganzen Verlauf vor allem deshalb keiner krankhaften Bewusstseinsveränderung entsprechen, weil die Produktionen des veränderten Bewusstseinszustandes im Hinblick auf die Psychohygiene nicht nur für die Seherin selbst, sondern auch für Drittpersonen einen Sinn ergeben, dem diese dann folgen können oder nicht. Denn bemerkenswerterweise sind die Äußerungen der bernadetteschen Visionen immer nur Einladungen, niemals Befehle. Im Gegensatz zu anderen Erscheinungen sind Bernadettes visionäre Einladungen auch nicht an ein drohendes Strafgericht im Falle des Nichtvollzuges gekoppelt – was, wie die spontane Legendenbildung um Bernadettes Schauungen zeigt, allein schon von den zeitgenössischen volkstümlichen Vorstellungen her nahe liegend gewesen wäre[581]. Zudem sind die Einladungen an die anderen nur auf den Bau einer Kapelle und das Kommen in Prozessionen bezogen[582]. Das Beten und Bodenküssen für die Sünder, sowie das Wassertrinken, Sichwaschen und Grasessen hingegen sind eigentlich nur für Bernadette bestimmt. Obwohl all diese Aufforderungen heutzutage in Stein gehauen nahe der Grotte angebracht sind, haben sowohl die Pilger als auch ihre Betreuer eine Auswahl getroffen und nur diejenigen Aufforderungen auf sich bezogen, die ihnen sinnvoll erschienen sind: So sind Bodenküssen und Grasessen stillschweigend fallen gelassen worden[583]. Das Volk und seine Hirten haben sogar eine wichtige Botschaft hinzugefügt, die in Bernadettes Visionen explizit gar nicht vorhanden war: der Ritenvollzug für die Kranken. Doch dies störte niemanden, auch Bernadette nicht. Und wenn sie auch die pilgerbedingten Veränderungen um die Grotte verabscheute, so waren diese doch nur entstanden, weil die Leute ihren Worten Folge geleistet und sich in Prozessionen dorthin begeben hatten.

Dem Beispiel Bernadettes folgend würde die Botschaft von Lourdes demnach in der heilenden Selbstverwirklichung liegen. Diese wäre individuell verschieden, aber niemals total erfüllend und wunschlos glücklich machend, sondern würde auch das Inkaufnehmen einer erträglichen Dosis Unglück bedingen. So ist es vielleicht gerade dieses Offene, in gewissem Maße Zwanglose, Kreative in der Botschaft von Lourdes, welches einen nicht abreißenden Pilgerstrom hervorquellen lässt – auch wenn die massenhaften Krankenheilungen heutzutage versiegt sind.

Nachhaltige Entwicklung

„Es bleibt hingegen, dass, wie im Falle des Traumes, Bernadettes Visionen und Auditionen gedeutet werden müssen als Konstruktion des ganzen Wesens der kleinen Soubirous, wie eine Darstellung, welche der Entwicklung der ganzen Persönlichkeit des Kindes gehorcht. Doch wie nachdenklich stimmen, im Kontrast zu den hypnagogischen Phantasmagorien, die Diskretion, die tiefe Ruhe, die innere Logik, der gesunde Menschenverstand, die Ausgeglichenheit, welche im Fall von Bernadette Soubirous immer vorherrschen. So viele Seher gleiten im Namen ihrer vernommenen Stimmen, ihrer Erscheinungen, in die Ausgefallenheit, die Lächerlichkeit, oder die Verachtung ab. Niemand jedoch kann sich dem Charme des Kindes von Massabielle entziehen. Sein inneres Drama wird ein Lebenszeugnis schaffen, das zahlreichen Generationen auf der Suche nach Humanismus zum Nutzen gereichen wird“[584].

„In Lourdes gibt es ein Gefühl lebendiger Communitas (...). Etwas von Bernadette hat das ganze soziale Milieu durchtränkt – eine heitere Einfachheit, eine große Tiefe von Gemeinschaft“[585].

7. Bernadette als Heilerin

Die Deutung der bernadetteschen Visionen als auch kollektiver Heilungsritus wird zusätzlich durch die Tatsache untermauert, dass Menschen spontan mit der Bitte um Heilung an Bernadette herantraten.

7.1. Heilbringende Handgreiflichkeiten

Schematisch formuliert: Während die Bürgersleute eher als Zuschauer eines erhabenen Schauspiels und der daraus zu gewinnenden Emotionen den Erscheinungen der Bernadette beiwohnen[586], will das Volk eine diesbezügliche gebärdenhafte Teilhabe mit körperlicher Wandlung[587].

Die von Ruth Harris herausgestrichene Vorherrschaft des Körperlichen in Lourdes bezieht sich nicht nur auf die Betrachtung des Körpers der Bernadette, sondern auch auf dessen Berührung. Wie schon erwähnt, beruhte in der damaligen Kultur – vor allem der Volkskultur – der Daseinsvollzug viel betonter auf dem Köperlich-Gebärdenhaften als auf dem Geistig-Abstrakten[588]. So war es für die Leute ein Bedürfnis, ihre Gefühle der Seherin gegenüber handfest, durch affektgeladenes Anfassen von Leib zu Leib auszudrücken: durch Schläge im Falle von Missbilligung und, häufiger noch, durch mehr oder weniger zärtliches Berühren bei Zuneigung oder gar Bewunderung.

Ein Empfang bei der Souveränin

„Es war ein Markttag. Von der Grotte zurück folgte ein Volk (...) und drang in das Haus ein – man führte Bernadette in den ersten Stock, die Menge folgte, die Leute traten in der Schlange in das Zimmer ein, so als gingen sie zum Kirchenopfer. Man bat mich um Hilfe; ich ließ defilieren, nachdem jeder die Hand berührt oder geküsst hatte: Augenblicklich erkannte sie, ob man ihr die Hand drücken oder sie küssen wollte, und sie berührte die Hand oder küsste; man defilierte von einer Seite und trat auf der anderen Seite hinaus, ich war recht müde: dies dauerte zwei Stunden"[589].

Anthropologisch gesehen erklärt sich dieses Verhalten durch das Leibhaftig-Partizipatorische des damaligen Daseinsvollzuges: Durch Berührung erlangte man eine Teilnahme am Wesen des Berührten, wobei die Qualitäten des Stärkeren diejenigen des Schwächeren imprägnierten.

Durch Berührung entsteht eine Dynamik, eine teilhabende Kommunion zwischen zwei Leib- und Lebewesen – wie ja auch der vorzüglichste Ritus in der katholischen Kirche die Kommunion als Teilnahme am Leib des Herrn ist.

Der durch Berühren erfolgende kommunikative Transfer von Kraft (dynamis, virtus) erfolgt auf einer Achse, auf der zwei Fließrichtungen mit jeweils entsprechenden Gebärden auszumachen sind: das Handauflegen als Gestus, mit dem ein Stärkerer einem Schwächeren Kraft übermittelt – sei diese Kraft nun unmittelbar seine eigene oder mittelbar die eines dritten –[590]; oder das Anfassen, mit dem ein Schwächerer an der Kraft eines Stärkeren Anteil haben kann[591]. Diese Gesten und die sie begründende Weltauffassung sind von großer Wichtigkeit für das Verständnis der anthropologisch-existentiellen Dynamik in Lourdes. Und zwar nicht nur zu Zeiten Bernadettes, sondern bis heute: Der um die Grotte praktizierte Ritenvollzug fußt, damals wie heute, auf dieser leibhaftig-partizipativen Anthropologie der Begegnung. In diesem Sinne kann auch Materie, zum Beispiel Wasser, animiert sein und zu Leib werden – wie das Wasser in der antiken Terminologie der Physik ja auch als Körper bezeichnet wird. In dieser Begegnung von zwei Leibern wird eine Kraft vermittelt und übertragen, deren Ursprung in der Potenz eines Dritten, noch mächtigeren, wenn auch eigentlich leiblosen Wesens gesehen wird. Und dieses Wesen ist Gott bzw. der durch Maria vermittelte Gott. In diesem Sinne fußt auch die katholische Liturgie in einer Anthropologie, wo wesentlicher Wandel nicht durch körperlose Geistesübungen herbeigeführt werden soll, sondern durch einen handfesten corps-à-corps, in dem die leibhaftig gewordene Macht Gottes erhofft und auch als solche erfahren wird[592]. Nicht zufällig erfolgen die Heilungen in Lourdes vorzugsweise beim Vollzug der zeichenhaften Körpersprache der liturgischen Riten, bei welcher der kranke Körper von anderen angefasst, im Wasser gebadet, mit der Eucharistie gespeist, neuerdings auch mit Öl gesalbt und durch Handauflegung berührt wird.

Eben dieser archaische, leibhaftige Daseinsvollzug nährt den Wunsch vieler Menschen, Bernadette zu berühren, um im wahrsten Sinne der Seherin ihre Sympathie auszudrücken: sowohl um persönliche Zuneigung der Bernadette gegenüber handfest kundzutun, aber vielmehr noch, um dadurch in den Genuss der Zuneigung Bernadettes und der ihr innewohnenden Kraft zu gelangen[593]. Die Menschen, die sie anfassen, wollen mit Bernadette sympathisieren, im Sinne des griechischen „sympathein“: zusammen erleiden, das heißt mitfühlen, teilend erfahren, und somit auch Bernadettes Erfahrung leibhaftig teilen, näherhin Bernadettes Begegnung mit der ihr offenbar gewordenen himmlischen Macht Marias. Indem sie Bernadette berühren, wollen sie körperhaft vermittelt die den

Leib Bernadettes berührende Muttergottes berühren. So wird Bernadette zur leibhaftig gewordenen Kraft des Himmels, und alles, was mit Bernadette in Berührung kommt, kommt somit mit der Kraft des Himmels in Berührung. Deshalb ist es verständlich, warum die Menschen Bernadette nicht nur anfassen und küssen wollen, sondern auch von der Seherin berührte Gegenstände, wie zum Beispiel abgeschnittene Haarsträhnen und Kleiderstücke als kraftgeladene Kontaktreliquien mit nach Hause nehmen wollen[594]. Aber nicht nur der ungehobelte Pöbel, auch adelige Kirchenfürsten werden eines Tages unter allen nur erdenklichen Tricks versuchen, Bernadette zum Anfassen von mitgebrachten Gegenständen zu bewegen[595]. Aufgrund dieser leiblich-partizipatorischen Ansteckungsauffassung ist es bis zu Bischöfen hinauf für das Volk selbstverständlich, dass die ihr erscheinende Muttergottes mit Bernadette genau das getan hat, was es selbst von Bernadette verlangt: nämlich ihren Rosenkranz zu berühren und so wesentlich verwandelnd „aufzuladen"[596].

Kettenreaktionen

„Vor den Erscheinungen war er [Bernadettes Rosenkranz] von geringem Wert, aber nach den Erscheinungen, glaube ich, war er von unschätzbarem Wert, da die unbefleckte Jungfrau geruhte, ihn in ihre Hände zu nehmen; dies habe ich mehrere Male erzählen hören; ich habe das nicht von Bernadette. (...) Was mich glauben lässt, die Heilige Jungfrau habe ihn berührt, ist was am 4. März geschah, als die Menge im Hause zusammenlief und ihr Rosenkränze zur Berührung hinhielt; ich tat es am Ende so wie die andern, ich hielt ihr die [Rosenkränze] entgegen, die ich hatte, und sie sagte mir: ‚Nicht doch, Sie auch, was wollen Sie denn, dass ich Ihnen daran bewirke? Ich bin doch kein Priester'. Nach einem Moment der Überlegung sagte sie mir: ‚Geben Sie her, ich werde sie mit dem meinen in Berührung bringen'. (...) Nachdem sie sie mit dem ihren vermischt und vermengt hatte, sagte sie zu mir: ‚Bewahren Sie sie sorgfältig auf, nicht weil ich sie angefasst habe, sondern weil sie mit dem, den ich habe, in Berührung gekommen sind'. Als ich das hörte, verspürte ich ein Gefühl, das ich nicht auszudrücken vermag, aber Bernadette sagte mir nicht, dass die Heilige Jungfrau ihren berührt hatte"[597].

Wenn die Leute Bernadette berühren und ein Stück von dieser Berührung mit sich nehmen wollen, dann wie gesagt nicht, um ein originelles Souvenir aus Lourdes zu ergattern, sondern um dauerhaft leibhaftig mit der Macht Marias kommunizieren zu können.

Auch Bernadettes klausurbedingte Unberührbarkeit in Nevers stellt keinen absoluten Verlust ihres Gnadenstroms für die Mitmenschen dar: Es ist immer noch möglich, Bernadette zum Beispiel an der Bettdecke eines kranken Buben häkeln zu lassen, um so besagter Decke eine – tatsächlich eintreffende! – Heilkraft zu verleihen[598].

Über den Tod hinaus

„Man glaubt, ich sei eine Heilige ... Wenn ich tot bin, wird man kommen, um mich Bilder und Rosenkränze berühren zu lassen, und während dessen werde ich im Fegefeuer schmoren ...“[599].

Als Berührungszauber sind solche Praktiken anthropologisch gesehen nur dann zu bezeichnen, wenn – laut Definition[600] – eine übermächtige Kraft zur eigenen Wunscherfüllung zwingend in Dienst genommen, und womöglich in einem handlichen, stets verfügbaren Gegenstand sozusagen dingfest gemacht werden soll. Der regelrecht unverfrorene Eifer, mit dem die Leute, koste es, was es wolle, eine Berührung durch Bernadette beziehungsweise einen mit Bernadette in Berürung gekommenen Gegenstand, besitzen möchten, lässt einen solchen magischen Beweggrund zumindestens unbewusst in vielen Fällen, und nicht nur beim einfachen Volk, vermuten. Der Hauptbeweggrund für das Anzapfen der himmlischen Macht via Bernadette als Medium war natürlich das erhoffte – oder im Falle von Magie: das automatisch erfolgen müssende – heilbringende Benefiz einer solchen Berührung.

7.2. Bernadettolatrie

Das Verlangen nach dem Anfassen des Unfassbaren war offensichtlich so stark, dass niemand so recht wahrhaben wollte, dass dadurch mit Bernadette ein Kult betrieben wurde, der eigentlich nicht im Sinne der Kirche sein konnte. Von überall herbeiströmende Pilger, ja selbst geistliche Würdenträger drängen die Seherin unablässig, mitgebrachte Devotionalien – besonders Rosenkränze – sowie sie selbst zu segnen[601].

Bernadettes Priestersegen

„Sie hatte viel zu leiden unter den Forderungen gewisser Besucher und auch deren unbedachten Lobpreisungen oder dem gar zu offensichtlichen Ausdruck ihrer Verehrung. Priester sind vor ihr auf die Knie gefallen, haben sich den Segen geben lassen; zumindest einer tat dies mit großem Eklat, und andere taten ähnliche Sachen“[602].
Dass dies auch noch gut 190 Jahre später der Fall sein kann, berichtete uns im Sommer 1997 in Lourdes eine Nachkommin der Bernadette (die ihr zudem in Aussehen und im Augenblick des Vorfalls auch im Alter ähnelte): Ein Priester aus Südeuropa, dem durch eine Drittperson die Identität der neben ihm stehenden Nachkommin offenbart worden war, fiel spontan vor ihr auf die Knie und bat um ihren Segen. Laut Aussagen der Soubirous sind solche Reaktionen kein Einzelfall, weshalb sie in Lourdes womöglich ihren Namen verschweigen würde.

Nicht immer kann sich Bernadette mit dem Verweis auf das kanonische Verbot des Laiensegens und auf das ausdrückliche Verbot ihres Beichtvaters[603] der Erfüllung diesbezüglicher Bitten entziehen. Was anthropologisch mit Begriffen wie „Ansteckung“, „Aufladung“, soziologisch mit dem Gegensatz von Institution und Charisma beschrieben werden könnte, lässt hier den Eindruck entstehen , selbst für geistliche Machthaber sei Bernadette durch direkte muttergöttliche Berührung mit einer unvermittelteren, frischeren, mächtigeren Gnadenkraft aufgeladen worden als ihnen von Amts wegen durch bischöfliche Berührung in der sakramentalen Weiheliturgie zuteil wurde. Diese theologisch unsinnige, anthropologisch aber verständliche Erwartungshaltung einer Energieübertragung ist jedenfalls auch mit ein Beweggrund, warum Menschen nicht durch gewöhnlichen Ritenvollzug – und sei er dogmatisch noch so hoch angesiedelt, wie etwa die Sonntagsmesse –, sondern bevorzugt in außergewöhnlichen Riten ihr Heil suchen – zum Beispiel in einer Pilgerfahrt nach Lourdes.

Doch konnte man selbst bei einem Seherkind nicht um ein x-beliebiges Heil anklopfen. Da nach christlicher Auffassung Gott nicht für Machtgelüste des Menschen dienstbar gemacht werden kann, war die Gesundheit des nach Gottes Abbild geschaffenen Leibes, der zudem durch den Ritus der Kommunion vollends zum Tempel des Herrn geworden war, eigentlich das einzige materielle Gut, das man legitimerweise von seinem Schöpfer bittend verlangen konnte. Auch wenn das Berühren zwecks Heilungssuche ein uralter menschlicher Reflex ist, von dem das Neue Testament die bekanntesten Beispiele liefert[604], so war es für seinen Vollzug in Lourdes doch wichtig, dass ihm ein theologischer Sinn gegeben werden konnte. Denn ohne das normative Vorbild vom Menschen heilenden Christus und den ihn nachahmenden Heiligen hätte die Heilungssuche bei Bernadette, und später allgemein in Lourdes, nicht vollzogen werden können.

So war es denn auch nicht verwunderlich, dass noch während ihrer Erscheinungen Menschen sich spontan zwecks Heilungssuche an Bernadette wandten. Das „Rotkäppchen“ Eugénie Troy[605] liefert hier den bekanntesten Fall, auch wenn es noch andere zu erwähnen gäbe[606].

Berühren geboten

„Meine Mutter litt unter heftigen Schmerzen am Finger, und dies seit mehreren Tagen. Eines Sonntags, nach der Vesper, sagte sie zu Bernadette:

– Hör zu, fass meinen Finger an.

– Was wollen Sie denn, dass ich Ihnen tun soll?

– Ich sage dir, du sollst diesen Finger anfassen.

Bernadette tat dies lächelnd, und am gleichen Abend war meine Mutter geheilt“[607].

In allen Fällen zeigt sich Bernadette zwar hilfsbereit, streitet aber strikt jede persönliche Heilkraft ab. So stellt sie beim Verhör durch die Zivilbehörden am 18. März 1858 jegliche Heilertätigkeit in Abrede[608]. Vor zwei andern Besuchern betont Bernadette, Wunderheilungen seien ihr zwar berichtet worden, selbst gesehen habe sie aber noch keine, auch habe sie zu nichts in dieser Hinsicht beigetragen[609].

Statt auf eine eigene, verweist die Seherin bald auf die Heilkraft der von ihr freigelegten Quelle[610].

Heilen – und andere abgelehnte Gaben

„Wenn Bernadette mir nicht verboten hätte, etwas von diesen Damen und Herren, die vorbeikamen, anzunehmen, ich wäre einer der glücklichsten in Lourdes. Man hat mir sehr viel angeboten: Herren, die aus Pau kamen, haben mir eines Tages eine ganze Hand voll Goldstücke angeboten. Die Visionen waren noch im Gange. Sie kamen zu dritt, gegen zwei Uhr nach Mitternacht und klopften an die Tür: sie brachten ein Fräulein von 15–16 Jahren, seit langem krank. Bernadette lag zu Bett und schlief. Wir weckten sie auf, weil diese Herren Bernadette bitten wollten, die Kranke zu küssen und ihre Brust zu berühren. Bernadette, verstimmt, entgegnete: ‚*Nou me cargui pas de guari! Labalo dab'aïguo de la Grotte:* Ich übernehme es nicht, zu heilen, wascht sie mit dem Wasser der Grotte'[611].

Auch hier hebt sich Bernadettes Verhalten sowohl von anderen Seherkindern, zum Beispiel der „Seherepidemie", als auch von späteren, allerdings inoffiziellen, Lourdesgeheilten ab, die im Anschluss an ihre Heilung anfingen, sich selbst als Heiler zu betätigen, manchmal auf recht zweifelhafte Art und Weise[612].

Die Angst vor Scharlatanerie in religiösem Gewand ist ein Grund, warum die Kirche solchen mit wissenschaftlich nicht anerkannten Methoden operierenden Heilern immer recht misstrauisch gegenüber gestanden hat – selbst wenn diese aus ihren eigenen Reihen stammten[613]. Von dieser Seite konnte Bernadette also kaum Unterstützung für eine Rolle als Heilerin erwarten, wäre dies ihr Wunsch gewesen. Auch die weltliche Obrigkeit, allen voran die aufstrebende Ärzteschaft, hätte eine diesbezügliche Etablierung Bernadettes kaum wohlwollend betrachtet. Doch vor allem war es ja nie Bernadettes Wunsch, sich als Heilerin zu profilieren. Eine Ursache hierfür war sicher ihre angeschlagene Gesundheit, die es ihr auf Dauer kaum erlaubt hätte, all jene Menschen auch nur zu berühren, die sich in wahren Aufläufen um sie scharten und die Seherin regelrecht belagerten[614]. Zudem mag auch die Schwemme von Lichtbildern, die Bernadette in gekünstelten Posen eines frommen Hirtenmädchens zeigen, das Ihrige dazu beigetragen haben, von Bernadette als wundertätigen Heilerin abzulenken: „Diese einstudierten und gekünstelten Fotos verbreiteten Bernadettes Bild und verwandelten ihren volkstümlichen Kult jenseits aller Erkennbarkeit. In der weiten Welt wird sie nicht als Wundertäterin, die berührte und heilte, bekannt werden, sondern als ein tugendhaftes, doch ungebildetes Bauernkind"[615]. Und schließlich konnte das Vorhandensein einer Quelle sehr schnell über den Verlust der Bernadette als Heilerin, die sie nie werden wollte, hinwegtrösten. Zumal eine Heilquelle ja auch ungleich verfügbarer und symbolfreudiger ist als ein unwilliges, kränkliches Seherkind. In der bischöflichen Ordonnance vom 28. Juli 1858, in der die Untersuchung der im Zusammenhang mit den Visionen erfolgten Heilungen angeordnet wird, ist bezeichnenderweise nur die Rede von Heilungen, die durch das Wasser der Quelle erwirkt worden sind; Bernadettes Heilungspotenzen werden nicht einmal in Betracht gezogen[616].

Man darf jedoch nicht vergessen, dass nach ihrem Tode der kirchliche Erwartungsdruck genau umgekehrt war: Nun musste Bernadette plötzlich als Heilerin wirksam werden, sonst hätte sie nicht zur Ehre der Altäre erhoben werden können. So wurden ihr denn kirchlicherseits am 1. Mai 1925 zwei außergewöhnliche Heilungen offiziell zugesprochen: die Heilung von Henri Bosselet von tuberkulöser Peritonitis und die Heilung von Marie-Mélanie Meyer, die im Jahre 1912 nach einem Gebet am Grabe der Bernadette von einem Magengeschwür genas[617].

Es muss also festgehalten werden, dass sich Bernadette zu Lebzeiten, entgegen starkem Erwartungsdruck, nicht in die Rolle einer Heilerin drängen ließ, sondern diesbezüglich auf die Heilkraft eines symbolischen Ritenvollzuges verwies – eine Haltung, die von der geistlichen und zivilen Obrigkeit nur begrüßt werden konnte.

Doch für sich selbst konnte und wollte Bernadette keine körperliche Heilung in den von ihr angegebenen Heilpraktiken finden[618]. Auch ihr Vater wurde nicht von seiner Augenverletzung geheilt – während ein anderer Mann, dessen Auge unter ähnlichen Umständen noch schlimmer verletzt worden war, bereits während der Erscheinungen Heilung im Wasser der Quelle fand[619] –, noch konnte der frühzeitige Tod von Bernadettes Mutter verhindert werden. Sie starb ausgemergelt von den harten Lebensumständen schon Ende 1866 im Alter von knapp 41 Jahren.

Soweit zu Bernadette als Heilerin körperlicher Leiden. Doch auch anderer Probleme wegen wandte man sich an Bernadette: „Frauen redeten mit ihr über sehr delikate Sachen, fragten sie um Rat … Sie zeigte sich nicht beeindruckt. Sie gab zur Antwort, dass sie beten werde"[620] – was heißt, ihrer erwarteten Rolle als heilsvermittelnde Fürsprecherin gerecht zu werden. Dass René Laurentin Bernadette eine Rolle als Psychotherapeutin und Seelenheilerin im Kloster von Nevers zuschreibt[621], mag zwar etwas übertrieben wirken, erscheint aber dennoch nicht abwegig, haben wir doch schon Bernadettes psychotherapeutisches Feingespür bei der Heilung der Maulsperre des kleinen Doucet erlebt[622]. Zudem entspräche eine solche seelische Beistandsfunktion dem auch anthropologisch relevanten religiösen Topos des heilbringenden Außenseiters und „wounded healer“[623]. Und verletzt war Bernadette ja allemal.

8. Bernadette als Kranke

Die Deutung der Visionen Bernadettes als ureigener Heilungsritus bezieht sich vor allem auf den psychischen Bereich: Die Visionen ermöglichten Bernadette den Übergang zuerst aus einer als akut lebensgefährdend empfundenen einzigartigen Situation, danach die Ausarbeitung und Festigung einer allgemein verbesserten sozialen und psychischen Position. Keinesfalls darf man in diesem Zusammenhang Begriffe wie „Heilung“ und „Selbstfindung“ verabsolutieren, sondern man muss sie sowohl mit der Ausgangsposition vor den Visionen vergleichen, als auch das soziale Umfeld, in dem die Seherin zu leben hatte, in Betracht ziehen. Zu Ersterem ist unseres Erachtens eine deutliche Besserung der Lebensqualität Bernadettes durch ihre Visionen erwirkt worden, und dies unter allen Gesichtspunkten. Zum anderen muss man aber auch sehen, dass Bernadette trotz ihrer Schauungen kein unbeschwertes Leben zuteil wurde. Dies mag nun an verschiedenen Ursachen liegen: an den damaligen gesellschaftlichen Verhältnissen, die einem kleinen, kränklichen, ungebildeten, einfältigen, aus ärmlichsten Verhältnissen stammenden Mädchen aus einem verlorenen Bergnest der Pyrenäen keine großen Möglichkeiten zu einer modernen „autonomen Selbstverwirklichung“ ließen; dann aber auch an Bernadettes eigener leiblicher Verfasstheit mit ihren mentalen und physiologischen Determinierungen von frühester Kindheit an. Aus all diesen Ursachen heraus konnte Bernadette nicht einfach über ihren eigenen Schatten springen und ein Leben anfangen, das beispielsweise den Idealen eines emanzipatorischen Feminismus des ausgehenden 20. Jahrhunderts hätte gerecht werden können, vorausgesetzt, diese seien jemals real und glückbringend zu verwirklichen.

Doch soll uns hier vor allem die Frage beschäftigen, warum Bernadette im Anschluss an ihre Visionen keine Heilung von ihren körperlichen Gebrechen fand. Nun waren diese ja allemal zahlreich genug[624]: seit dem Alter von sechs Jahren litt Bernadette an chronischen, meistens als Asthma diagnostizierten Atembeschwerden mit immer wiederkehrenden Anfällen von Atemnot; des Weiteren, nach überstandener Cholerainfizierung, an andauernden „Magen- und Milzschmerzen“, die zu einer Sonderdiät zwangen; und all dies auf dem Hintergrund einer chronischen Unterernährung mit Läusebefall.

Hier können die psychosomatischen Auswirkungen ihrer Visionen zwar ein spektakuläres Verschwinden der Atembeschwerden bewirken, dieses ist jedoch nur von kurzer Dauer: Ende April 1862 droht Bernadette einer fiebrigen Lungenentzündung zu erliegen, von der sie durch die Verabreichung der Sterbesakramente (Letzte Ölung und Kommunion) sowie von Lourdeswasser plötzlich genest. Zwei Jahre später setzt „Blutspeien" (Magenblutungen oder eher Tuberkuloseauswurf?) ein, dann Gelenkbeschwerden, die als tuberkulöse Rheumaentzündungen diagnostiziert worden sind. Während sie sich nach ihrem 1866 erfolgten Eintritt ins Kloster als Krankenpflegerin betätigt, wird sie von anhaltenden Zahnschmerzen geplagt, die zu eitrigen Mund- und Kieferentzündungen führen. Dann leidet sie auch unter wiederholten Nasen- und Ohrenentzündungen mit Eiterfluss und Taubheit, sowie täglichen Anfällen von Kopfschmerz und Epigastralgien (Bauchschmerzen); dies alles bei sich verschlimmernden Asthamakrisen, die sie vor allem nachts heimsuchen. Die Schwäche-, Schwindel-, und Bewusstlosigkeitsanfälle könnten auf eine durch das anhaltende Blutspucken verursachte chronische Anämie zurückzuführen sein, zu der 1876 tuberkulöser Knochenfraß am rechten Knie hinzu kommt, der Ende 1877 fistuliert. Wegen ihrer noch durch Anorexie verschlimmerten Abmagerung ruft die lange Bettlägerigkeit Schorf am Gesäß und Steißbein hervor. Ihr unter großen Qualen erfolgter Tod am 16. April 1879 könnte auf Herzinsuffizienz als tuberkulöse Folgeerscheinung zurückgeführt werden.

All diese Krankheiten kann man unschwer auf die mangelhafte Hygiene, die ungenügende medizinische Versorgung sowie auf die beschränkten Mittel der Medizin jener Zeit zurückführen. Dennoch sollte auch die psychosomatische Komponente dieser Gebrechen, im Sinne einer Konversion – Somatisierung seelischer Beschwerden – nicht außer Acht gelassen werden, insbesondere eingedenk der Leibhaftigkeit des damaligen Daseinsvollzugs und der Unmündigkeit Bernadettes. Sind die Atembeschwerden sehr wahrscheinlich als allergische Reaktion auf Mehlstaubmilben zurückzuführen, so muss doch auch Bernadettes „beständige Verängstigung" als ein nicht zu vernachlässigender Auslösefaktor der Asthmakrisen gesehen werden[625]. Dass Bernadette im Kloster von Nevers verbotenerweise immer die Fenster aufreißen wollte, darf sicher nicht nur als Erstickungsangst infolge einer Milbenallergie gesehen werden. Erhärtet wird diese psychosomatische Komponente der Atemnot durch das plötzliche Verschwinden jeglicher Atembeschwerden während ihrer Visionen, in denen Bernadette ja laut Aussage einen nie gekannten Glückszustand erfahren konnte[626].

Auch darf nicht außer Acht gelassen werden, dass Bernadette außerordentlich heftig auf religiöse Riten reagierte. Dies veranschaulichen besonders eindrucksvoll jene Riten, die in aritculis mortis an ihr vollzogen werden und das sofortige und unvorhergesehene Verschwinden sämtlicher lebensbedrohender Symptome bei der Seherin bewirken: in erster Linie die Bernadette mehrmals verabreichten Sterbesakramente – Beichte, rituelle Ölsalbung und Kommunion als Zehrung für den Weg ins Jenseits –, wie sie damals nur bei unmittelbar bevorstehendem Tode gespendet wurden.

Als man Bernadette am 28. April 1862, dem akuten Erstickungstode nahe, die Sterbesakramente nebst einigen Tropfen Lourdeswasser verabreicht, ist ihre Reaktion äußerst spektakulär: Nach Empfang einer Hostienpartikel fühlt Bernadette eine sofortige Besserung – es sei ihr, als wäre ein Berg von ihrer Brust genommen worden –, und sie verspürt das heftige Verlangen, zu lachen und zu weinen, ja aufzustehen und zu essen: Ihr Beichtvater habe ihr in Form der Kommunion einen guten Arzt gegeben, der sie geheilt habe[627].

Noch spektakulärer ist jener Fall, welcher sich am 25. Oktober 1866 im Kloster von Nevers abspielt[628]. Nur weil man sie dem Tode nahe glaubt, erlaubt man Bernadette, ihre Profess abzulegen, welche ihre definitive Aufnahme in den Orden besiegelt. Der Bischof höchstpersönlich eilt zu fortgeschrittener Stunde herbei, Bernadette das Gelübde in den letzten Augenblicken ihres Lebens abzunehmen. Die röchelnde Bernadette, die soeben noch eine Schüssel voll Blut gespuckt hat, ist sogar unfähig, die Formel daherzusagen, so dass der Bischof selbst diese für sie sprechen muss, und Bernadette die bischöflichen Wörter bloß mit Amen gutzuheißen braucht. Doch kaum hat der Bischof das Zimmer verlassen, findet Bernadette ihre Sprache wieder und sagt lachend zur Generaloberin: „Sie haben mir die Profess erlaubt, weil sie glaubten, ich würde heute Nacht sterben; aber sehen Sie, ich werde diese Nacht nicht sterben"[629]. Dass die Generaloberin daraufhin einen Wutanfall kriegte und Bernadette von ihren Mitschwestern des geistlichen Trickdiebstahls bezichtigt wurde, änderte nichts an der Tatsache, dass die Aufnahme in den Orden nun nicht mehr rückgängig zu machen und somit Bernadettes Lebensabend gesichert war, während die Seherin bisher immer in der Angst leben musste, der Orden würde sie wegen ihres andauernden Krankseins letzten Endes doch nicht aufnehmen. Wieder war es das Ausspielen einer klerikalen männlichen Autorität, wodurch Bernadette eine einengende mütterliche Autorität übergehen konnte.

Diese zwei Beispiele genügen, um klarzumachen, in welchem Ausmaß Bernadette, um mit den Worten von René Laurentin zu reden, „mit ihren Symptomen gespielt hat"[630]. In diesem Sinne ist es denn auch nur logisch, dass Bernadette auf ihre Symptome nicht verzichten mag, erlauben sie ihr doch, in den Genuss von Privilegien zu kommen, die zwar für eine Erstgeborene standesgemäß sein mögen, einer gesunden Erstgeborenen wenn überhaupt, dann nur unter Beweis eben jenes Durchsetzungsvermögens zugestanden worden wären, welches Bernadette nicht aufzubringen konnte. So jedoch ist es die Krankheit, welche Bernadette jene Sonderbehandlung einbringt, die ihr anderwärts erlittenes Leid beziehungsweise Unrecht kompensiert – auch wenn diese Privilegien dann wieder einen verstärkten Leistungsdruck bewirken, dem die Seherin nur durch eine wie auch immer geartete Weltflucht entrinnen kann. Sehr deutlich hat dies Jahre später Bernadettes kleinere Schwester Toinette zum Ausdruck gebracht, als sie Bernadettes erste Vision schildert: „Ich war wütend gegen Bernadette, weil sie als Leidende so von allen geliebt war; wenn es etwas mehr gab, so war es für sie“[631].

Diese unbewusst verlaufende Leidensbewältigungsstrategie des Heischens um Zuneigung und Erhöhung, indem man sich klein und krank macht, mag zwar durch die aus ihren Visionen hervorgegangene Statuserhöhung eine gewisse Umwandlung erfahren haben – näherhin in dem Sinne, dass Bernadette jetzt bewusster mit ihrer Krankheit umzugehen vermag –, doch scheint es ihr bis ans Lebensende nicht gelungen zu sein, ganz darauf zu verzichten. Im Gegenteil: Nur unter dem Vorschützen ihrer krankheitsbedingten Schwäche kann die Seherin versuchen, sich die immer zahlreicher werdenden Leute vom Leib zu halten, die eine segensreiche Berührung von ihr verlangen. „Es hat den Anschein, als ob Bernadettes schon angeschlagene Gesundheit sowohl von dem Druck, vor den Schwestern auftreten zu müssen, als auch von den Nachstellungen der Menge gefährdet wurde. In diesem Fall hatte Kranksein wenigstens den Vorteil, ihr einen Rückzug zu erlauben“[632]. Bernadettes schlechter Gesundheitszustand ist auch mit ein Hauptgrund, warum man die Seherin und ihre Familie schließlich aus dem muffigen Verlies („cachot“) befreit und ihnen eine neue Mühle als Broterwerb zu Verfügung stellt. Als Bernadette nach ihren Visionen ins Lourder Hospiz aufgenommen wird, will die Seherin plötzlich jedoch nicht, wie ursprünglich geplant, bei den höheren Töchtern in die Klasse gehen: Bernadette möchte ausdrücklich als „malade indigente“, als arme Kranke, dort aufgenommen werden[633]. Dass sie dort eine Vorliebe für die Krankenpflege an den Tag legt, mag in diesem Sinne auch als projektive Wunscherfüllung gedeutet werden – was ja übrigens auch den goldensten Maximen der Moral entspricht: die andern so zu behandeln, wie man selbst gerne behandelt werden möchte. In Nevers, wo Bernadette Zuflucht und Versorgung suchte, wiederholt sich dieses Schema: Bernadette als chronisch kranke Krankenpflegerin, welche die Krankheit zu ihrer Welt gemacht hat. Kranksein war somit im Kloster ihre Daseinsberechtigung in allen Hinsichten, während anderseits die ihr ob ihrer Gebrechen zuteil gewordenen Privilegien wiederum einen verstärkten Erwartungsdruck auslösen – auch dies nach bestbekanntem Schema: „Ich bin viel verwöhnt worden … privilegiert … Wenn ich dem nicht entsprechen würde… Ich wäre sehr schuldig“[634]. Es sieht so aus, als hätte Bernadette, um den Entsagungen zu entgehen, der Krankheit nicht entsagen können. Offensichtlich hat sie deshalb aber wiederum Schuldgefühle entwickelt, die sie die größten Entbehrungen auf sich nehmen lässt: Und hier war ja damaliger Spiritualität zufolge vor allem das durch Krankheit verursachte Leiden ein vorzügliches Mittel zur Erlangung von Gnaden[635].

So ist es nicht erstaunlich, dass Bernadette Leiden als ihre Arbeit ansieht –„Leiden, das ist meine Arbeit“[636] –; nicht erstaunlich auch, dass sie diese Arbeit nicht aufgeben will beziehungsweise kann.

Bernadettes Liegen auf der faulen Haut

„Eine Oberin … die bei ihr vorbeischaute, sagte zu ihr:
– Na? Was machen Sie da, Sie kleine Faulenzerin?
– Meine liebe Mutter, ich verrichte meine Arbeit.
– Was ist Ihre Arbeit?
– Kranksein, antwortete sie gutmütig“[637].

Aus diesem Grunde wäre dann auch verständlich, warum Bernadette schon in Lourdes angibt, niemals für ihre Gesundheit gebetet zu haben[638]. Auf die Frage einiger Besucher, warum sie selbst, die doch auch von dem Wasser der Quelle trinkt, noch nicht geheilt worden ist, während doch so viele Menschen durch dieses Wasser Heilung erfahren konnten und auch die Allerheiligste Jungfrau jedem Heilung versprochen habe, der aus dieser Quelle trinke, entgegnet Bernadette:

„Vielleicht will sie, dass ich leide. – Warum will sie, dass Sie leiden? – Vielleicht hab ich es nötig, zu leiden. – Warum haben sie es nötig zu leiden? – Ah! Das weiß Gott“[639].

Mit anderen Worten: Alles deutet darauf hin, dass Bernadette in Lourdes nicht genesen konnte, weil sie die Krankheit brauchte. Ja, mehr noch: Offensichtlich hat Bernadette zumindest am Ende ihres Lebens den Tod herbeigesehnt, zudem mit der bezeichnenden Aussage, das in Massabielle geschaute Fräulein wäre so schön gewesen, dass man nur einen Wunsch hätte: zu sterben, um es wiederzusehen[640]. So will die Seherin nicht, dass in Nevers eine Novene für sie gebetet wird („Um meine Heilung bitten, nicht doch!“[641]), auch sträubt sie sich dagegen, die Letzte Ölung zu empfangen, aus Angst, sie könnte genesen („Ich genas jedesmal, wo ich sie bekam“)[642]. Trotzdem war für sie der Übergang in eine bessere Welt mit mehr Leiden verbunden, als sie sich erwartet hatte („Ich hätte nicht geglaubt, dass man soviel leiden muss um zu sterben“[643]). Auch hier tut sie ihr Bestes, sich erwartungsgemäß in ihr Schicksal zu fügen, auch wenn sie noch bis buchstäblich zum letzten Atemzug pharmazeutische Linderung ihrer Qualen sucht.

Trotz der durch ihre Visionen erfahrenen Statuserhöhung war es demnach augenscheinlich, dass Bernadette nicht auf die „Flucht in die Krankheit[644]" verzichten konnte. Diese Strategie praktizierte sie bezeichnenderweise nicht, weil Leiden ihr Lust bereitet hätte, sondern weil von Kindheit an ihr unentrinnbares Kranksein für Bernadette als mehr gnadenbringend erfahren worden ist als unerreichbares Gesundsein. So ist es denn auch verständlich, dass Bernadette eher die Linderung ihrer Leiden – vorzugsweise in Weißwein und Schnupftabak[645] – gesucht hat, als deren Heilung durch Medizin und Religion. Dass Bernadette es fertig bringt, trotz allen Siechtums Zeugnisse einer unkonventionellen, erfrischenden Spontaneität abzugeben, spricht dennoch für eine eigentlich bemerkenswerte psychische Kraft – noch mehr Selbstbehauptung hätte ihre Umgebung jedenfalls kaum zugelassen.

9. Von den Visionen zu den Heilungen

9.1. Die Fragen der Kirche

Bernadette hat zu keinem Zeitpunkt die Menschen, die ihr begegnet sind, gleichgültig gelassen. Die allermeisten Besucher waren von ihrer Begegnung mit Bernadette, sei es während ihrer Visionen oder im Normalzustand, tief beeindruckt und überaus positiv eingenommen[646]. Gestandene Männer sind von Bernadettes unschuldigem Auftreten zu Tränen gerührt, abgebrühte Atheisten bekehren sich, und von Beruf argwöhnische Kleriker sind von Bernadette geradezu betört.

Wie Bernadette dem Jesuitenpater Cros erscheint

„Ihre Jugend hat einen *übernatürlichen* Charme, den man unmöglich nicht verspüren kann. Sie selbst ist eine Erscheinung: Übernatürliches liegt in ihren Zügen. (...) die *Einfalt*, die *Aufrichtigkeit*, die *Unschuld* des Kindes sind wie ein Wunder. (...) Ihre äußere Bescheidenheit ist von einer übernatürlichen Natürlichkeit, die große Freude bereitet“[647].

Abbé Pomian, Bernadettes Beichtvater, urteilt kategorisch, die Seherin selbst sei „der beste Beweis der Erscheinung“[648].

Doch nicht alle Menschen waren dermaßen von Bernadette begeistert. Während die zivile Obrigkeit auf Grund ihrer Vorurteile Bernadette stets mit Verachtung behandelte – was übrigens auch Kirchenleute wie etwa Abbé Peyramale[649] taten, allerdings nur, um getreu damaliger religiöser Pädagogik jeglichen Hochmut im Keime zu ersticken –, gab es auch innerhalb der Kirche Personen, die selbst nach längerer Beobachtung Bernadettes sich gewisser Zweifel nicht erwehren konnten[650]. Ursule Fardes, die Mutter Oberin des Lourder Hospiz' war nicht zu überzeugen, dass die von ihr verfemte Bernadette die Jungfrau Maria gesehen habe[651]; und Schulbruder Léobard war, wie andere Zeitgenossen auch, ob des Schelmenhaften in Bernadette sehr argwöhnisch geworden und konnte sich der Frage nicht erwehren, ob Bernadette nichts weiter als eine geschickte Schauspielerin sei:

„Auf den ersten Blick würde man glauben, sie sei mit sehr viel Einfalt ausgestattet; deshalb haben sich viel Leute, die sie nur vorübergehend gesehen haben, sich in ihr getäuscht; doch sobald man mit ihr zusammen ist, entdeckt man im Gegenteil viel Schelmenhaftigkeit. Das letzte Mal, als sie auf meine Anfrage hin mir erneut den Bericht von allem, was sie betrifft, abgelegt hat, habe ich mich mehr als einmal gefragt, in dem ich sie aufmerksam beobachtete, ob sie nicht eher eine geschickte Schauspielerin denn eine unschuldige Seherin ist; und, ich gestehe Ihnen dies ein, obwohl ich immer an die Wirklichkeit der Erscheinung geglaubt habe, wäre ich nun dazu gekommen, daran zu zweifeln, würden nicht die zahlreich erfolgten Heilungen meine Überzeugung bestimmen“[652].

Das Befremden vieler Zeugen, die Bernadette mit positivem Vorurteil begegneten, beruht zum größten Teil darauf, dass Bernadette nicht ihren Idealvorstellungen einer marianischen Seherin entspricht, welche ob ihrer Begegnung mit dem Himmel keine irdischen Regungen mehr zeigen dürfte. Dass sich Bernadette aber nicht willenlos in eine Rolle drängen ließ, sondern anlässlich der von ihren Vormündern verordneten Vorführungen bloß gute Miene zum bösen Spiel machte, unterscheidet sie letztendlich aber von anderen Frauen, welche auf ähnliche Art vorgeführt wurden, aber nicht die nötige Ichstärke zum inneren Widerstand hatten: nämlich von den gerade ab dieser Zeit in Mode kommenden Hysterikerinnen: „In diesen Interaktionen schien Bernadette gewissermaßen vorgeführt zu werden, nicht unähnlich den Hysterikerinnen der medizinischen Kliniken, welche gezwungen waren, die Gesten und Befehle auszuführen, die medizinische Operateure und Hörer zugleich ihnen suggerierten. Was sie von diesen Frauen unterschied, war die Vernunft eines Ichs, das gehorchte, sich aber nicht unterwarf. In dem sie sich selbst immer leicht bedeckt hielt, schützte Bernadette ihre Visionen und ihre Echtheit, fähig, sich dem Druck von Photographen, Priestern und Pilgern gleichermaßen zu widersetzen“[653].

Besagte negativen kirchlichen Stimmen – zu denen man noch jene zählen könnte, die sich an der bizarren Formulierung „Ich bin die Unbefleckte Empfängnis“ stoßen[654] –, zeigen den Stellenwert auf, den die im Zuge der Visionen erfolgten Heilungen für die kirchlichen Instanzen einnehmen. Diese standen von Anfang an nicht nur unter dem Druck frommer Gläubiger, auch die negativ eingestellte staatliche Obrigkeit drängte den Bischof zu einem Urteilsspruch. Um ein Urteil zu fällen, das letztendlich über Gedeih oder Verderb von Lourdes als Pilgerort entschied, verlangte die Kirche nicht bloß einen einwandfreien Leumund der Seherin, sondern vorzugsweise handfeste, wissenschaftlich belegbare Beweise: Und die glaubte man in den so genannten Wunderheilungen gefunden zu haben.

Sehr deutlich wird diese Fokusverlagerung von der Seherin zu den Heilungen an Hand der offiziellen Darstellung der vom Bischof eingesetzten Untersuchungskommission. Hier wird an erster Stelle die Abklärung der erfolgten Heilungen angeordnet, und erst an zweiter Stelle diejenigen der Visionen Bernadettes.

Anordnung Unseres Hochwürdigsten Herrn Laurence, Bischof von Tarbes, zur Errichtung einer Kommission mit dem Auftrag, die Echtheit und die Natur der Gegebenheiten festzustellen, welche sich ereignet haben (...) anlässlich einer Erscheinung, wahr oder vorgetäuscht, der Allerheiligsten Jungfrau

„Artikel 1: – Eine Kommission wird in der Diözese Tarbes errichtet, mit dem Auftrag, nachzuforschen
1. ob Heilungen aufgrund des Gebrauches des Wassers der Grotte von Lourdes, sei es als Trunk, sei es als Waschung, bewirkt worden sind, und ob diese Heilungen eine natürliche Erklärung finden können, oder ob sie einer übernatürlichen Ursache zugesprochen werden müssen?
2. Ob die Visionen, welche das Kind Bernadette Soubirous in der Grotte gehabt zu haben vorgibt, wirklich sind, und, falls dies der Fall ist, ob sie eine natürliche Erklärung finden können, oder ob sie einen übernatürlichen und göttlichen Charakter besitzen“[655].
Die anderen beiden Punkte, welche die Kommission abklären sollte, waren: 3. Die der Seherin übermittelten Aufträge; 4. ob die freigelegte Quelle schon vorher dort existierte.

Der näheren Beschäftigung mit der kirchlichen Vorgehensweise in Sachen Wunderheilungen muss jedoch die Frage vorausgehen, wie und warum es zu so zahlreich berichteten Heilungen im Gefolge der Visionen Bernadettes kam.

9.2. Der Beginn der Wunderheilungen

Kaum hatte Bernadette der soeben von ihr freigelegten Quelle den Rücken gekehrt, da fingen die Leute an, aus der Quelle zu trinken[656]. Dieser Mimetismus (Nachahmung) erfolgte bemerkenswerterweise spontan: Die Leute wussten noch nichts von dem visionär empfangenen Auftrag, Bernadette solle aus der Quelle trinken und sich mit dem Wasser waschen, ein Auftrag, der eigentlich nur an Bernadette selbst gerichtet war. Die das Publikum angehenden Aufforderungen betrafen, wie gesagt, nur das Kommen in Prozessionen und den Bau einer Kapelle. Auch enthalten die Worte der Vision nicht die geringste Andeutung einer Kausalwirkung zwischen dem Quellwasser und einer körperlichen Heilung – wiewohl Bernadette außerhalb ihres seherischen Zustandes alsbald Heilungssuchende an die Quelle verweisen wird. Bernadette selbst interpretiert allerdings das während ihrer Vision getätigte Freilegen der Quelle, das Trinken und Sichwaschen in ihr immer nur als Bußübung für die Sünder – von körperlicher Heilung war aus dem Munde der Seherin bei der Deutung ihrer Visionsgesten niemals die Rede.

Auch folgten jene Leute, welche am 25. Februar 1858 aus der Quelle tranken und deren Wasser sogar in Flaschen abfüllten, nicht einfach einer allgemein geteilten Massenbewegung, im Gegenteil. Viele Anwesende waren gerade über die Handhabung des stark verschmutzen Wassers aus dem Boden der Grotte äußerst gegen die Seherin aufgebracht[657].

Wenn trotzdem einige Beistehende sich beeilen, Bernadettes Gesten nachzuahmen und aus der Quelle trinken, so tun sie dies weder aus blindem Fanatismus für eine vergötterte Seherin, noch aus zwanghaften Nachahmungstrieb nach Art der sprichwörtlichen Affen. Die Leute trinken das anfangs ob des Schlammes noch nicht sehr erquickende und erlabende Wasser der Quelle[658], weil sie sich einen ganz bestimmten Nutzen davon erwarten: die Heilung ihrer körperlichen Gebrechen.

Exkurs II: Heilungssuche bei Quellen

Nova et vetera

So spontan das Wassertrinken zwecks Heilung aus der eben freigelegten Quelle erscheinen mag, so ist es doch im Grunde ein stereotyper, logischer Gestus angesichts einer unter etwas außergewöhnlichen Umständen –in einer Erscheinungsgrotte von einer Seherin freigelegt – hervorsprudelnden Quelle. In der Tat vereinte die Heilungssuche im Quellwasser sowohl Elemente des urzeitlich-vorchristlichen Quellenkultes[659] als auch des eben wieder in Mode gekommenen Bädertourismus. Und beides gab es konzentriert in der Umgebung von Lourdes, während Lourdes selbst diesbezüglich schmerzlich im Abseits stand[660].

Heilungssuche bei Quellen war ein wichtiges Element der antiken Religion. Der Aeskulapkult liefert hierzu das bekannteste Beispiel[661]: Zu den Heiligtümern, die dem Gott Aeskulap geweiht waren, pilgerten die Kranken von nah und fern, um durch spezifische Riten Heilung zu finden: Inkubation, Kontakt mit Priestern, gegebenenfalls auch medizinische Eingriffe im engeren Sinne. Diese Heiligtümer waren jedoch nur gegen Opferentgeld zugänglich. Unentgeltliche Fürsorgeeinrichtungen sollten erst durch das Erstarken des Monotheismus entstehen[662]: Vorher war Medizin ein Privileg der Reichen, auch wenn sie immer mehr oder weniger mit religiösen Referenzen verknüpft war. Wenn also Lourdes öfters mit Epidauros verglichen worden ist[663], so muss man sich doch

I

LE 2 mars, Bernadette se rendit de nouveau auprès de M. le Curé de Lourdes et lui parla une seconde fois au nom de l'Apparition.

— Elle veut qu'on construise une chapelle et qu'on fasse des processions à la Grotte, dit l'enfant.

Les faits avaient marché, la Source avait jailli,

Magnetismus der Quelle

eines wesentlichen Unterschiedes bewusst sein: Getreu der christlichen Lehre von der Nächstenliebe kann in Lourdes seit jeher jedermann unentgeltlich am Ritenvollzug teilnehmen. Ja, es sind nicht einmal spezifische Opfer im Falle einer erfolgten Heilung vorgesehen. Geldspenden waren und sind in Lourdes immer auf freiwilliger, unkontrollierter und anonymer Basis möglich, aber niemals unumgänglich vorgeschrieben. Ein weiteres wichtiges Unterscheidungsmoment zwischen Lourdes und den antiken Heilungssanktuarien ist, dass in Lourdes niemals den Kranken spezifische therapeutische Verhaltensmaßnahmen aufgetragen werden. Auch wird in Lourdes nicht von direkten Schauungen der Muttergottes durch die Heilungssuchenden bzw. -findenden berichtet, während in den Aeskulapheiligtümern der Heilgott den Kranken im Traume zu erscheinen hatte.

Heilungssuche bei Quellen war auch ein wichtiger Bestandteil der vorchristlichen Religion Galliens[664]. Mit der Ausbreitung des Christentums verfielen die heidnischen Heilungsheiligtümer. Die ihnen zugrunde liegenden Heilquellen wurden aber vom Volk weiter besucht, standen sie auch fortan unter dem Patronat eines christlichen Heiligen. Doch dies scheint nicht der einzige Unterschied zu sein: Während in heidnischer Zeit in den Quellenheiligtümern die beste – und teuerste – „wissenschaftliche" Medizin der damaligen Zeit ausgeübt würde, verlagerte sich diese mit der Ankunft des Christentums in die Klöster, wo der Grundstein sowohl der heutigen westlichen Medizin und Pharmazeutik als auch der Krankenpflege gelegt wurde[665]. Während demnach die rationale, offizielle Krankenpflege in den Händen der religiösen Orden lag, wurden die Heilquellen zum Relikt einer populären Volksmedizin, die sich außerhalb des Zugriffes der Obrigkeit am besten entfalten konnte[666]. Die dort gesuchten Heilungen wurden nicht dem bloßen Kontakt mit einer dem Wasser per se inhärenten Heilkraft zugeschrieben, sondern diese Heilkraft wurde zugleich auch mit einem Heiligen in Verbindung gebracht, der, so glaubte man, dieser Quelle vorstand. Deshalb musste zur Erlangung der Heilung auch dem Patron der Quelle ein Tribut gezollt werden. Denn nach vorchristlichen Auffassungen, die in den Mentalitäten der meisten Menschen hartnäckig fortbestanden, standen Quellen in enger Symbiose mit Wesen aus einer anderen Welt.

So wurden denn in den Pyrenäen wie anderswo auch beim einfachen Volk die Quellen als Behausung eines oder mehrerer machtvoller, übermenschlicher Wesen angesehen, dies insbesondere dann, wenn die Quelle abseits jeder menschlichen Behausung in numinoser Wildnis floss. Bezeichnenderweise ist das pyrenäische Wort für Quelle „hount", was so viel bedeutet wie Auge[667], und wenn eine Quelle austrocknete, so sagte man früher, das Auge einer Elfe sei geschlossen worden. Deshalb wäre logischerweise das Freilegen einer Quelle als das Öffnen eines Elfenauges zu bezeichnen gewesen. Doch war, wie schon Schuldirektor Clarens vermerkte[668], die Vorstellungswelt des Volkes soweit christianisiert, dass es trotz aller phänomenologischer Evidenz dieses von Bernadette geschaute weiße Fräulein nicht als Elfe, sondern als Jungfrau Maria identifiziert – eine Interpretation, die man religionsanthropologisch allerdings nicht vorschnell als Synkretismus bezeichnen sollte[669].

In diesem Sinne ließen sich die Opfergaben deuten, welche die Quellenpilger spontan an der Grotte zurücklassen.

Do ut des

„Die bedeutendsten Opfergaben kommen uns von der Kategorie von Besuchern, die die unglücklichsten und oft die ärmsten sind. (...) Ein unglücklicher Schneider (...), seit zwölf Jahren gelähmt, Vater einer jungen und zahlreichen Familie, der sich zur Grotte hat tragen lassen (...), hat als erster ein Goldstück von zehn Franken in die Grotte geworfen. Der Käse, den wir gestern in der Grotte gefunden haben, wurde dort hingelegt von einer armen Frau (...) welche alle Anzeichen der bescheidensten Herkunft trug; dieser Opfergabe fügte sie noch ein Fünf-Franken-Stück hinzu (...) [und] schrie: ‚Es ist alles für die Jungfrau'"[670].

„Es waren dort massenweise Rosenkränze aufgehängt; Wolle, Leinen, ein großer ganzer Käse, eine Kette aus Gold, eine Uhr, weitere Ketten. Ein junger Mann hatte dort die Uhr seiner Frau hingelegt, welche seit wenigen Tagen tot war (...). Bücher, viele Kerzen "[671].

Auch wenn sie von der Kirche flugs im Sinne der Nächstenliebe beschlagnahmt werden, so ist doch anzunehmen, dass die armen und kranken Pilger die teilweise beachtlichen Opfergaben nicht primär als gemeinnützige Spende für die Armen oder Geld für den Dechanten zum Messelesen verstanden haben, sondern eben als Opfergabe für dieses erscheinende Liebfräulein, das sich sicher nicht nur an Gold und Silber, sondern auch an den dargebrachten Naturalien ergötzt und sich dann, zu Dank verpflichtet, dem Spender gegenüber bestimmt erkenntlich zeigen wird. Getreu der religionsanthropologischen Logik des Opfers[672] ging es den Menschen jedoch auch darum, Gegenstände, zumal wenn sie wie Rosenkränze[673] und Uhren durch Tragen am Körper etwas von ihrer eigenen Person übertragen bekommen haben, als symbolisches Teil ihrer selbst der Quelle als Votivgabe darzubringen und so auch noch abwesend an der Grotte anwesend zu sein und in den Genuss der dortigen Heilskraft kommen zu können. Und in dem sie Leinen zurückließen, wollten die Pilger zugleich auch die mit den Kranken- und Totentextilien assoziierten Krankheiten an der Grotte zurücklassen[674].

Doch muss hervorgehoben werden, dass das Wasser von Massabielle als Katholikon, als Allheilmittel betrachtet wurde. Dies steht im Gegensatz zu der überwiegenden Mehrzahl von traditionellen Heilquellen – und, so muss man hinzufügen, auch Thermalstationen –, die alle auf bestimmte Krankheiten spezialisiert waren[675]. Nichts dergleichen in Lourdes: Hier kann das Wasser bei allen möglichen Krankheiten Verwendung finden, wie das breite Spektrum berichteter Heilungen von Anfang an eindeutig beweist.

Es ist vielleicht kein Zufall, dass gerade in der Zeit, als der mittelalterliche Quellenkult zusehends in gebildete Ungnade fällt, eben diese Gebildeten die „natürliche", sprich wissenschaftlich erweisbare, mineralogische Heilkraft der Quellen wiederentdecken. So können dann Bessersituierte unter dem Deckmantel der säkularen, rationalen Heilkunde eben jenem Bädertourismus frönen, den das Volk mit seinem zünftigeren, in religiöser Sprache gefassten Pilgern zu den Heiligenquellen vollzieht. Denn neben der mineralogischen Heilkraft der Quelle war es auch die soziologische Dynamik der Kurgesellschaft – mutatis mutandis das säkulare Pendant zur Pilgercommunitas –, welche die Bäder attraktiv machten. In der Tat darf nicht vergessen werden, dass der Wasserkontakt nur ein Element unter vielen bei der traditionellen Heilungssuche an Quellen war. Zumindest genauso bedeutend waren die mit dem Gestus der Wasserberührung einhergehenden Riten und Symbole, allen voran das Pilgern[676].

War im 19. Jahrhundert das „Wassernehmen" wieder neu in Mode gekommen, so erlebten gerade die Pyrenäen, und näherhin die Umgebung von Lourdes mit ihren uralten, früher kultischen, nun aber zum Teil säkularisierten Heilquellen, ein ungeahntes Hereinbrechen von mondänen Badegästen, mit der kaiserlichen Familie an der Spitze[677]. Nur Lourdes stand, wie gesagt, bei diesem Thermalboom im kläglichen Abseits. Umso größer waren die Hoffnungen, welche die von Bernadette freigelegte Quelle mit ihren allgemein vermuteten Heilkräften beim Bürgermeister von Lourdes hervorrief, der sein Städtchen nun endlich auch zur einträglichen Kurstation avancieren sah. Angesichts widersprüchlicher Wasseranalysen, die das Wasser von Massabielle von gesundheitsschädlich über gemeingewöhnlich bis zu mineralisch aktiv einstufen[678], verschafft endlich die Wasseranalyse, datiert auf den 7. August 1858, von Professor Filhol aus Toulouse, der angesehensten Fachautorität für pyrenäische Mineralwasser, die erwünschte Klarheit: Das Wasser der Grotte ist absolut banal, ohne inhärente therapeutische Wirkstoffe, und kann deshalb ohne Gefahr getrunken werden[679].

Besagte Wasseranalyse von Professor Filhol konstituiert nun einen Eckstein der gesamten Wunderproblematik im Fall Lourdes. Die ersten Heilungen erfolgten alle beim Gebrauch des Wassers von Massabielle, dieses Wasser jedoch besitzt erwiesenermaßen keine Heilkraft, also, so schlussfolgerte man, kann diese Heilkraft nur aus der Übernatur herstammen.

Eigenschaftslos, also wunderbar

„In der Tat ist es belegt, dass das Wasser von Massavielle ein natürliches Wasser ist, ohne die geringste therapeutische Eigenschaft. Es kann also nicht, aufgrund seiner natürlichen Kraft, die Finger der Catherine Latapie wiederaufgerichtet, ihr die Geschmeidigkeit ihres Spiels zurückgegeben haben, welche die so vielfältigen und lange angewandten wissenschaftlichen Heilmittel nicht wiederherzustellen vermochten: Also kann das wundervolle Resultat, welches einzig der Kontakt mit diesem Wasser unverzüglich bewirkt hat, ihm nicht zugesprochen werden; also muss man auf eine höherstehende Ursache zurückgehen, diese Ehre einer übernatürlichen Kraft zukommen lassen, der das Wasser von Massavielle Schleier und passives Instrument war. Im Übrigen, wenn das natürliche Wasser von so einer großartigen Wirksamkeit wäre, hätte Catherine Latapie schon seit langem seine Wohltaten verspürt aufgrund des täglichen Gebrauchs für ihre eigene Sauberkeit und der ihrer Kinder; denn sie gebrauchte täglich zu diesem Zwecke ein identisches Wasser“[680].

So wichtig diese Feststellung auch für die Kirche war, so wenig muss sie doch damals die interessierten Kranken vor Ort betroffenen gemacht haben. Ob natürlich oder übernatürlich, muss im Grunde das Volk wenig geschert haben: Es wollte geheilt werden. Bestenfalls konnte der Klerus versuchen, den spontan entstandenen Quellenkult in kirchlich approbierte Bahnen zu lenken. Ganz und gar steuern, geschweige denn machenschaftlerisch „erfinden“, konnte die Kirche die Heilungssuche in Massabielle keinesfalls. Zumal ja von altersher die Heilquellen von der Kirche eher argwöhnisch geduldet und verbissen zensuriert denn begeistert gefördert wurden, wobei schon von ihren abgeschiedenen Lagen her diese Quellen wild-pagan und nicht zivilisiert-urban waren[681]. Und bezeichnenderweise sind es ja gerade die Ärmsten und Ungebildetsten, die spontan und noch vor den Bürgersleuten Heilung bei der Quelle von Massabielle suchen[682].

Doch war es trotz des Mitte des 19. Jahrhunderts boomenden Bädertourismus nicht eine bloße Modeerscheinung, welche die Armen dazu trieb, in paradoxer Koinzidenz im gleichen Gestus sowohl ihre „abergläubischen“ Urväter als auch die „fortschrittlichen“ Bürgersleute durch Heilungssuche an einer Quelle nachzuahmen: Es war oftmals ganz einfach die einzige Hoffnung auf Heilung, die noch übrig blieb.

In der Tat entsprach dem damaligen desolaten Gesundheitszustand der Bevölkerung, Reiche miteinbezogen, ein ebenso desolater Zustand der Medizin[683]. Der in therapeutischer Hinsicht einzige Unterschied zwischen Arm und Reich war, dass sich die Armen keinen Arzt und keine pharmakologische Medizin leisten konnten. Doch wie der sehr oft tragisch verlaufende Krankheitsbefall auch in höchsten Gesellschaftskreisen verdeutlicht, war der damalige Arzt der Krankheit gegenüber öfters eher machtlos als machtvoll. In einer Zeit, in der es weder Narkose noch Desinfektion gab, wurde das Leiden der Kranken durch das Eingreifen der Ärzte oft nur noch mit zusätzlichen Qualen verschlimmert. Dies war neben ihrer Unverfügbarkeit – in ländlichen Gegenden wollte sich damals kein Arzt niederlassen – und ihrer Unerschwinglichkeit mit ein Grund, warum das Volk allgemein recht wenig von den Ärzten hielt. So blieb den allermeisten Menschen wohl oder übel nichts anderes übrig, als bei „abergläubischer" Volksmedizin ihr Heil zu suchen; auch wenn die Volksheiler als potentiell sowohl Heil als auch Verderben bringend gefürchtet waren, und ihre Heilrezepte oftmals so abstoßend wie unwirksam waren[684]. So ist es denn auch verständlich, dass die damaligen Menschen, anstatt Geld für zweifelhafte Remeduren auszugeben, lieber das reine Wasser einer frei fließenden Quelle zu sich nahmen, zumal in einer Zeit, in der Trinkwasser meistens verseucht und fließendes Wasser etwas Seltenes und Kostbares war.

Daneben wurde, wie schon gesagt, Baden gemeinhin als etwas Außergewöhnliches, ja Unnatürliches angesehen[685]. Dies nicht nur, weil Wasser knapp war und immer erst mühsam vom nächsten Brunnen herbeigeschleppt werden musste – von wohlig-warmem Badewasser nicht zu reden –, sondern Baden besonders beim Volke als ein potentiell lebensgefährlicher Akt angesehen wurde, als ein wahnwitziges Überschreiten der elementarsten Überlebensregeln, nach denen nichts den Körper vor eindringender Krankheit besser bewahrt als eine dicke Schutzschicht Schmutz. Die gerade um diese Zeit bei einigen gebildeten Vorreitern des so genannten Hygienismus[686] sich verbreitende Erkenntnis, dass dem nicht so ist, war noch weit davon entfernt, sich allgemein durchzusetzen. Es war deshalb tatsächlich für das Volk etwas Unnatürliches, den Leib willentlich dem eiskalten Wasser auszusetzen – etwas, was man nur in höchster Not tut: als Buße und Loswaschung für die Sünden, nicht nur bei außergewöhnlichen Erscheinungen, sondern auch in routinierten Tauf- und Weihwasserriten, oder als ultima ratio der Lebenserhaltung, wie bei der Heilungssuche an Quellen, und abgeschwächter bei Köperreinigung, sofern diese denn nun wirklich unumgänglich erschien.

Bezeichnenderweise hat gerade das Eintauchen eines sterbenden Kleinkindes in das eiskalte Winterwasser[687] als Archetypus der frühesten Heilungssuche an der Quelle in Massabielle die Vorstellungen geprägt und als Farbfenster die obere Basilika des Heiligtums geschmückt. Die Dramatik dieser Szene – händeringend versuchen bestürzte Umstehende,

Das Wunder der Heilung des Justin Bouhort.

die Frau von dieser vermeintlich kindsmörderischen Tat abzuhalten – illustriert am deutlichsten, wie widernatürlich Wasserbäder empfunden wurden. Dass schließlich dem Baden – zudem noch eines Kleinkindes, welches im Sterben lag – nicht der Garaus, sondern Heilung folgte, wurde dann als unmissverständlicher Beweis eines wunderbaren Eingreifens göttlicher Kräfte verstanden, auf die die Mutter allen Widerständen zum Trotz vertraut hatte.

Dieser an sich eigentlich traditionsvermittelte Gestus des Eintauchens sterbender Kleinkindern in besondere Heilgewässer[688] zeigt paradigmatisch die zugrunde liegende Logik des homöopathischen similia similibus curantur (gleiches wird mit gleichem geheilt)[689]: Als ultima ratio wird der Tod vertrieben, indem man ihn geradezu herausfordert, angefangen beim aufreibenden Pilgerweg und kulminierend im Wasserbad, das man einem Sterbenskranken entgegen jeglicher Vorsicht und Vernunft zumutet[690]. Es ist also nicht so, dass das Wasser primär allopathisch als Erquickung und Labung beziehungsweise als Säuberung der Wunden verstanden wurde. Das Wunder lag eben darin, dass trotz des Wasserkontaktes demjenigen, der sich ihm aussetzte, nichts geschah und im Gegenteil absolut widernatürlich dadurch sogar Heilungen von Sterbenskranken erfolgten. Bis in die 60-er Jahre des 20. Jahrhunderts hinein wird gerade das bewusste Verkennen der elementarsten Hygieneregeln – gipfelnd in dem demonstrativen Trinken des nach unzähligen Krankenwaschungen mit allen möglichen Ausscheidungen angereicherten Badewassers der Piszinen – das dem Wunderbaren zugerechnete Charakteristikum von Lourdes sein. Doch diese Extremform des Trinkens von Lourdeswasser stellt in sich schon eine Ausnahme dar, die am sinnvollsten in einer speziell den Wunderheilungen gewidmeten Arbeit zu analysieren wäre, genauso wie der Ritenvollzug um die Quelle von Massabielle und dessen Entwicklung.

Es kann jetzt jedoch schon festgehalten werden, dass, was den Gebrauch des Wassers der Erscheinungsgrotte zu therapeutischen Zwecken anbelangt, man hier schematisch gesehen zwei idealtypische Gesten unterscheiden kann: die Absorption (Einnehmen) und die Immersion (Eintauchen). Erstere wurde damals als natürlich, sanft und angenehm empfunden, letztere als widernatürlich, aggressiv und unangenehm. So könnten hier zwei entgegengesetzte therapeutische Pole ausgemacht werden: Heilung durch milde Güte und Heilung durch Schocktherapie. Beide wurden in Lourdes angewandt, erlauben sie doch beide eine leibhafte Begegnung mit der im oder durch den Körper des Wassers präsenten Heilkraft: In der Absorption nimmt der Mensch diese Kraft in sich auf, in der Immersion begibt sich der Mensch in die Kraft des Wassers hinein. Das Benetzen erkrankter Körperteile ist in diesem Zusammenhang als abgeschwächte Teilform der Immersion zu betrachten.

Auch muss berücksichtigt werden, dass mit dem Abfüllen des Wassers in Flaschen, das Bernadettes Freilegen der Quelle quasi unmittelbar folgt, ein anderes Verhältnis zu diesem Wasser entsteht: Es wird verfügbarer, und durch die bald einsetzende Verschickung desselben in alle Welt wird auch das anthropologisch so bedeutsame Pilgern zur Heilquelle nicht mehr zwingend notwendig. Nichtsdestotrotz sind unter den ersten Heilungen auch schon solche, die sich weitab der Grotte ereignen. Diese erfolgten aufgrund von Lourdeswasser, welches von Drittpersonen über Behälter übermittelt worden war und das die Geheilten dann verehrungsvoll getrunken und/oder auf ihre kranken Körperstellen aufgetragen hatten[691]. Überhaupt waren Lourdesheilungen anfänglich so exklusiv mit Lourdeswasserkontakt verbunden, dass man lange Zeit Lourdeswunder automatisch mit Lourdeswasser als Heilmittel in Verbindung brachte[692].

Dass bei diesen Praktiken leicht eine Verselbstständigung der Heilkraft des Wassers entsteht, welches dann per se als heilend angesehen wird, während es nach kirchlicher Lehre bloß als neutrales Vehikel der Gnadenvermittlung der Muttergottes dient[693], liegt auf der Hand. So müssen etwa auch Klosterschwestern davon unterrichtet werden, dass die Heilungen nicht durch das Wasser, sondern nur durch begleitende fromme Glaubenshandlungen erwirkt werden können[694]. In dieser theologischen Sichtweise gilt es als abergläubisch, dem Lourdeswasser selbst Heilkräfte zuzuschreiben, da die Heilung unter direkter Aufhebung der Naturgesetze von der Muttergottes und damit letztendlich von Gott selbst nach dessen freiem Gutdünken kommt. Doch selbst der Bischof von Tarbes gebraucht im offiziellen Anerkennungsdekret der Erscheinungen Formulierungen, die in diesem Sinne zumindest zweideutig wirken, wie: „die souveräne Wirksamkeit des Wassers der Grotte" oder: „das Wasser von Massavielle hat die Kranken geheilt"[695].

Nach urtümlich-traditioneller Sichtweise wird in der Tat das Wasser selbst als mit personaler Kraft beseelt angesehen, verehrt und angewendet. So darf es nicht wundern, dass selbst Priester in quasi direkter Anrede dem Wasser der Grotte ihren Dank aussprechen[696].

Wirkmacht der Symbolik

In der Tat ist es der Glaube an eine dem Wasser innewohnende personale Kraft, die traditionell das volkstümliche Pilgern zu einer Heilquelle bestimmt. Und nirgendwo wird die Verschiedenheit zwischen technisch-naturwissenschaftlicher und volkstümlich-traditioneller Weltanschauung so deutlich wie bei der Perzeption der durch die Quelle vermittelten Heilkraft.

Anthropomorph animiert

„Die vormodernen Kulturen waren Welten voller Götter, Geister und Dämonen, voller wunderbarer und schrecklicher Erscheinungen. Für jedes Ereignis ließ sich entweder ein verursachendes Subjekt finden oder das ‚Geschehen wurde seiner Anlage nach so aufgefasst, als ginge es von einem Subjekt-Agens aus' (...) während im Zuge der naturwissenschaftlichen Revolution ‚jede Sinnhaftigkeit nach Art menschlichen Denkens und Handelns' aus der Natur eliminiert wurde"[697].

Die Gebildeten, für die Heilquellen identisch mit Mineralquellen sind, stellen sich eine dem Wasser immanente Heilkraft vor; eine abstrakte, antlitzlose Naturkraft, die man durch eine im Labor errechnete chemische Formel verständlich machen kann, wie es eben der modernen, technisch-naturwissenschaftlichen Weltanschauung entspricht[698]. Demgegenüber sind abstrakte, antlitzlose Energien für eine traditionelle, primitive Weltanschauung buchstäblich unfassbar. Hier kann alles Seiende nur in

I

Les ennemis de la Superstition avaient perdu un terrain considérable dans leur lutte désespérée contre les événements qui, depuis dix ou douze semaines, scandalisaient leur philosophie aux abois.

De même qu'il était devenu impossible de nier la Source, dont les limpides flots s'écoulaient magnifiques aux

Kommunion, Kontemplation, Kalkulation: drei unterschiedliche Arten, dem Gnadenfluss gegenüberzutreten.

Referenz zum Menschen vorgestellt werden, das heißt anthropomorph, personenhaft, beseelt. So wird auch die Heilquelle als „menschenhafte Macht“[699] empfunden.

Der wissenschaftlichen Weltanschauung entspricht der Wille zu einer abstrakten, experimentell-spekulativen, verstandesmäßigen Beherrschung der Welt; dem traditionellen Daseinsvollzug die Hingabe an eine teilhabende, leibhaftige, unmittelbare Welterfahrung[700]. Man könnte, schematisch formuliert, behaupten, die Gebildeten kämen, um zu sehen und zu verstehen, die Ungebildeten, um teilzuhaben und zu erfahren; die einen, um eine rationale Bestätigung zu finden, die andern, um eine leibhafte Wandlung zu erlangen. Die Rezeption des Geschehens an der Grotte würde dann davon bestimmt, ob man sich auf dem einen oder anderen der beiden hier zu Anschauungszwecken idealtypisch extrapolierten Erfahrungspolen befände.

Ein beredtes Beispiel hierfür würde dann die angebliche Unversehrtheit von Bernadettes Fingern liefern, als sie diese während ihrer Ekstase am 7. April weltvergessen minutenlang in die Flammen ihrer Kerze hält[701]. Dieses so genannte „Kerzenwunder“, das unter ärztlicher Beobachtung stattfand, wird als vorzüglicher, weil wissenschaftlich-experimentell erbrachter Beweis der Übernatürlichkeit der Visionen Bernadettes von Notabilitäten propagiert, die eine spektakuläre und ästhetische Durchbrechung von Naturgesetzen am Leibe der anderen – vorzugsweise von Frauen – beobachten wollen[702]. Die Armen hingegen suchen keine derartige spekulative Bestätigung für ihren Glauben. Sie wollen sich teilhabend an Heilungen erfreuen und verbreiten diesbezügliche begeisterte Berichte, jede noch so geringe Besserung hoffnungsvoll als beglückenden Gnadenerweis feiernd[703]. Diese Leute wollen hingebungsvoll glauben, dass auch ihnen Heilung am eigenen Leibe widerfahren kann, und nichts ist für sie normaler und natürlicher, als dass dies bei numinosen Quellen geschehen wird. Durch entsprechendes Verhalten, so glaubt man, kann bei solchen beseelten Quellen Heilung manchmal beinahe zwingend erlangt werden. Das einer solchen machtvollen Quelle und ihrem genius loci gegenüber sich ziemende Verhalten ist, wie gesagt, dasjenige der respektvollen Demut. Diese wird durch den Ritus des Opfers[704] zum Ausdruck gebracht, sei es von Gebet oder Geld, Kniefall, Kerzen, oder Käse. Denn bei unehrerbietigem Verhalten kann die Heilkraft, getreu volkstümlichen Vorstellungen, in ihr Gegenteil umschlagen. Dies bezeugen die vielen Erzählungen, welche von numinos gezüchtigten Zweiflern der Erscheinungen und himmlisch heimgesuchten Frevlern der Grotte berichten[705]. Wie gesagt: in der volkstümlich-traditionellen Vorstellung ist ein Heiler immer auch potentiell ein Hexer, welcher bei ungebührendem Verhalten des Menschen seine machtvolle Gunst in ebensolche Missgunst umschlagen lässt, sei dieser Heiler nun ein Mensch oder ein übermenschliches Wesen[706]. Eine abstrakte Naturkraft jedoch ist neutral beziehungsweise entweder schädlich oder nützlich, je nach experimentell feststellbaren Gesetzmäßigkeiten. Jedenfalls ist es die berechenbare Dosis, die das Gift macht, und nicht die unberechenbare Laune eines personalen Wesens. Und somit ist es auch verständlich, warum der Mensch sich angesichts einer anthropomorph vorgestellten Heilkraft anders verhält als gegenüber einem mathematischen Naturgesetz. Was also die Gebildeten in abstrakte Naturgesetze fassen, dem begegnen die Ungebildeten als einem personenhaften Gegenüber: die Heil- und Lebenskraft der Quellen, die sowohl Ärzte als auch einfache Leute für sich in Anspruch nehmen wollen.

In den Augen von Bernadettes Zeitgenossen ist dieses geschaute Quellenfräulein nicht abergläubisch-rückständig die heilige Jungfrau Elfe, sondern gläubig-fortschrittlich die heilige Jungfrau Maria[707]. Doch darf man trotz aller scheinbar nahtlosen Übergänge zwischen heidnischen und christlichen Vorstellungen die grundlegende Sinnerweiterung mit wesentlicher Umpolung nicht übersehen, die durch die Glaubensverschiebung von der Quellenfee zur Muttergottes geschieht. Mit der „Taufe", das heißt der Verchristlichung des Signans (der Bezeichnung) vollzieht sich in Lourdes, wie in Marienwallfahrtsorten allgemein, zugleich auch eine tiefgreifende Umwandlung des Signatum (des Sinnes)[708].

Diese genuine Wesensveränderung des Kultes mittels Umwandlung der symbolischen Deutung unterscheidet Lourdes von beispielsweise afroamerikanischen Synkretismen. Im Candomblé von Bahia etwa verbirgt sich hinter der Gestalt der Muttergottes die launisch-verführerische Meeresgöttin Iemanja, denn nur durch das Vorschützen der Muttergottes war es den Negersklaven möglich, den Reiz der ewigen Weiblichkeit unverfolgt kultisch zu feiern[709]. Bezeichnenderweise wird im Candomblékult die Muttergottes denn auch nicht visionär geschaut, sondern körperhaft durch Besessenheitsmedien erfahren.

In Lourdes hingegen wird dieses als Muttergottes interpretierte geschaute Liebfräulein der Bernadette in all ihren Zügen als die traditionelle Muttergottes der kirchlichen Lehre erfahren[710]. Dies gelingt nicht zuletzt auch durch die tatkräftige Leitung der Geistlichkeit, die der anfänglichen Legendenbildung einer sich getreu pyrenäischen Volksvorstellungen strafend offenbarenden Zweideutigkeit der Erscheinung[711] schnell das Handwerk legt, indem sie diese als Aberglaube abtut. Die Muttergottes ist wie eine irdische Mutter, nur himmlisch, das heißt absolut gutmütig und mächtig, und niemals lässt sie ein Flehen ihrer Kinder unerhört. Kurz gesagt: In der auch in Lourdes propagierten marianischen

Frömmigkeit ist die Muttergottes so, wie in bester Theologie Gott ist. Bloß dass auf dem Terrain der damaligen Religiosität nur allzu gerne der Schwarze Peter eines zürnenden, strafenden Richtergottes in ein männliches Gottesbild hineinprojiziert wurde, vor dem man sich unter den Mantel der mütterlichen Maria flüchten musste[712]. Wasserfeen und Quellengeister sind kapriziöse Geschöpfe, deren Gunst man erschleichen und gegebenenfalls auch noch Nebenbuhlern vorenthalten muss. Auch Heiligen muss manchmal mit Drohungen und Schlägen nachgeholfen werden[713].

Herz und Schmerz

„Ihr Herz, fuhr der Pfarrer fort, ist auf der Höhe ihres Geistes. Eines Tages erkrankte ich schwer; Bernadette, die sich gerade im Kloster befand, wurde davon unterrichtet. Sie hing ein Herz an den Hals der Jungfrauenstatue, welche im Hof stand, und gab sich sehr vertrauensvoll. Das Übel verschlimmerte sich. Man läutete meine Sterbestunde: Bernadette war erschüttert ...

– Wenn er stirbt, rief sie aus, werde ich ihr das Herz herabreißen!“[714].

Maria aber ist die allgütige Mutter, die alle Menschen liebt und sich gerade der Schwachen und Ungeschickten annimmt, bei der man niemals Angst haben muss, in Ungnade zu fallen: In Victor Turners kulturanthropologischer Theorie der Symbolhandlungen wäre dies die „exegetische Bedeutung“ („exegetic meaning“) der Muttergottes als Symbol[715]. Dass all diese Vorstellungen von den Lourdespilgern nicht bloß kognitiv gutgeheißen, sondern auch leibhaftig geteilt wurden, davon zeugen unzählige Pilgerberichte und nicht zuletzt die um die Grotte erfolgten Heilungen, die in ihrer Zahl und der Breite ihres Spektrums einmalig in der Geschichte der Heilquellen zu sein scheinen: Dies wäre die „operationale Bedeutung“ („operational meaning“) der Muttergottes als Symbol[716].

Doch indem die erscheinende weiße Dame nicht als Wasserfee, sondern als Muttergottes gedeutet wird, erfährt sie nicht nur die wesentliche Wandlung von einer launischen Ambivalenz zu einer allgütigen Transparenz. Es eröffnen sich auch noch ganz andere, allumfassende Dimensionen. Indem in der Vision die Muttergottes gesehen wird, erhält sowohl die Erscheinung als auch alles, was mit ihr zusammenhängt, ein wesentliches Mehr an Sinn und Wirksamkeit. Während Quellenfeen als genius loci per definitionem an einen Platz, bestenfalls an eine Region und eine Lokalkultur gebunden sind und dies auch noch in hohem Maß bei Quellenheiligen der Fall ist – zumal diese ja meistens nur für eine bestimmte Krankheit beansprucht werden können[717] –, eröffnen sich mit der Muttergottes universale, ja schier unendliche Dimensionen: Laut

Victor Turner wäre dies die „positionale Bedeutung" („positional meaning") Marias als Symbol[718].

Horizontal gesehen wird Bernadettes Vision durch ihre Deutung als Muttergottes eine Katholizität im allumfassenden Sinn gegeben. In diesem Sinne wäre anthropologisch die kirchliche Annerkennung der Erscheinungen – „Die Aufgabenstellung der Kirche ist es, abzuschätzen, ob die Umstände der Vision einen geeigneten Symbolträger bilden können für Lehren, die für alle menschlichen Generationen, überall und immer, Gültigkeit haben"[719] –, auch als Garant ihrer optimalen symbolischen Heilwirksamkeit zu deuten. Das heißt, es wird eine Öffnung vollzogen und erfahren, welche die Geschehnisse um die Grotte und die darin implizierten Menschen symbolhaft, sowohl mit dem universellsten Glaubensgut, als auch mit allen Menschen verbindet, die darin kommunizieren. Bernadettes Vision wird dank kirchlich approbierter marianischer Deutung zur Offenbarung von etwas, was von jedermann überall und jederzeit geglaubt worden ist, zur Offenbarung einer höherstehenden, allgütigen und allmächtigen göttlichen Macht. Somit erlangen die Gläubigen um die Grotte ea ipsa eine größtmögliche Öffnung auf alle anderen Gläubigen hin, wie auch anders herum eine größtmögliche Zahl von Gläubigen in das Geschehen von Lourdes miteinbezogen werden kann. Durch den Muttergottesglauben wird nicht nur eine Verbindung von der Grotte zur Pfarrkirche hergestellt, sondern zum Marienland Frankreich, ja, zu der ganzen katholischen Welt und darüber hinaus. Zugleich ist es aber auch allen Gläubigen durch die Universalität des Marienkultes möglich, einen Bezug zur Grotte aufzubauen, und dies sogar, ohne sich jemals selbst dorthin begeben zu müssen. Durch die Identifikation der Vision mit der Muttergottes wird somit die Kommunion mit einer größtmöglichen Zahl von Menschen vergangener, gegenwärtiger und zukünftiger Generationen gewährleistet, sozusagen eine Art mystischer Communitas geschaffen, in der sich der Einzelne – auch der Heilungsuchende vor der Grotte – solidarisch aufgehoben wähnen kann. „In diesem System spielt Maria eine spezielle Rolle, die ihr eine Schlüsselposition im katholischen Wallfahrtswesen verleiht. (…) Sie verkörpert die Communitas der Kirche. (…) Maria ist nicht nur – in den Worten von Gabriels Gruß, ohne Ende durch die Zeiten hindurch im Rosenkranz wiederholt – ‚voll der Gnade', sie muss auch betrachtet werden als eine Personifizierung der Kirche in ihren non-legalistischen Aspekten, eine kollektive Mutter in der Ordnung der Freiheit"[720]. Zugleich ist in dieser Verbindung auch schon eine vertikale Dimension gegeben, die in der kirchlichen Lehre der Gemeinschaft der Heiligen ihren Grund findet[721].

In der Tat öffnet sich durch die marianische Symbolik – im pragmatischen Sinne des griechischen „syn-ballein": zusammenführen – auch eine unendliche Öffnung auf die vertikale Dimension, das heißt auf die göttliche Transzendenz. Gerade Maria wird, in den Himmel aufgenommen, als vorzüglichste Fürsprecherin bei Gott verehrt; eine Verehrung, die laut kirchlicher Lehre letztendlich immer nur Gott zuteil wird. Dass Maria dann als Gottesgebärerin zugleich auch die Mächte der Finsternis besiegt hat, verlängert die vertikale Dimension dieser menschlichen Symbolgestalt göttlicher Güte und Allmacht zudem noch bis in die Tiefen der siegreich bezwungenen Unterwelt.

Konstant, variabel oder different

„Die zentrale semantische Struktur des normativen Pols von marianischen Wallfahrtssymbolen (...) ist in der Geschichte bemerkenswert konstant geblieben, während es große Variationen in den kulturell bedingten Gefühlen und Motivationen gegeben hat, die mit den Symbolträgern in Verbindung gebracht worden sind. Unter diesem Gesichtspunkt sind die dominanten Symbole der Christenheit (...) scharf zu unterscheiden von den Symbolen von Stammesgesellschaften“[722].

Somit ist es vom religionsanthropologischen Standpunkt her alles andere als gleichgültig, ob dieses weiße Fräulein der Vision nun als Quellenfee oder als Muttergottes gedeutet wird. Durch die Deutung als Muttergottes erfährt die Erscheinung eine Wesenswandlung, die man anthropologisch mit den Worten von Schuldirektor Clarens[723] als Fortschritt werten muss: eben im Sinne einer sowohl horizontalen, wie auch vertikalen unendlichen Erweiterung des Sinnzusammenhangs, der hier eine absolut unzweideutige, allgütige und allmächtige Sinngebung erfährt. Dass dies nicht ohne Folgen für die therapeutische Wirksamkeit der Erscheinungsgrotte ist, liegt auf der Hand. Die für die Lourdespilger im Allgemeinen und die Wundergeheilten im Besonderen so kennzeichnende Erfahrung des Sichgeborgenfühlens, das Gefühl, in einem allumfassenden Sinnzusammenhang aufgehoben zu sein, in dem das eigene Leiden relativiert und zu einer weitestmöglichen Öffnung auf den Andern eingeladen wird; kurz: dass man etwas Anderes als nur sein Leiden erfahren, dieses gleichzeitig annehmen und transzendieren kann – dies alles wäre bei einer Quellenfee in diesem Maße undenkbar. Solch einem Wesen muss Heilung mit allen möglichen Mitteln abgerungen werden. An die Heilung durch die Muttergottes aber kann der Mensch glauben, wenn auch nur glauben.

Doch wurden die Heilungen in Lourdes nicht nur durch wirkmächtige religiös-rituelle Symbolhandlungen stimuliert, sondern viel prosaischer noch durch die blanke Not, in der sich eine große Anzahl von Heilung Suchenden befand, und welche als das anthropologische Grundterrain der Heilwirksamkeit von Symbolen zu gelten hat. „Not lehrt beten": Auf die Heilungssuche bei der Erscheinungsgrotte von Lourdes bezogen, stimmt diese Volksweisheit allemal.

Es wurde schon angedeutet, dass, angesichts des Zustandes der medizinischen Versorgung, für eine große Zahl von Menschen Lourdes die einzige Chance für eine Heilung darstellte. Überflüssig zu sagen, dass sich damit die hoffnungsvolle Erwartung, kurz: der Glaube, geheilt zu werden, in einem Maß steigerte, das für heutige Westeuropäer nur schwer nachvollziehbar ist[724].

Die Not, in denen sich die Menschen befanden, die die Lourdesgrotte damals um Heilung ansuchten, war meistens nicht bloß ein lebenshemmendes Handikap, sondern eine akut lebensbedrohliche Katastrophe. Dies war zum größten Teil noch bis in die Mitte des 20. Jahrhunderts der Fall, und zwar in mehreren Hinsichten. Zum einen waren, wegen der chronischen Unterernährung und desolaten hygienischen Verhältnissen, aber auch ob der Unzugänglichkeit und der Unbeholfenheit der Heilkunde, die Menschen den Krankheiten, insbesondere den seuchenartig sich ausbreitenden Infektionskrankheiten, ungleich mehr lebensbedrohlich ausgeliefert als im heutigen Abendland. Selbst banale Krankheiten konnten damals tödlich enden. Doch auch wenn man eine Krankheit überlebte, war damals das Überleben an sich noch nicht gesichert. Auch die Folgeerscheinungen einer Krankheit oder eines Unfalls konnten akut lebensbedrohlich sein. Denn in einer Zeit, in der es noch keine öffentlich-rechtliche Kranken-, Invaliden-, und Altersversorgung gab, die zum Überleben notwendige Arbeit aber körperlich um ein Vielfaches anstrengender war, war eine auch nur geringfügige Behinderung sofort existenzbedrohend, insofern sie die zum Lebenserhalt unabkömmliche harte Arbeitsleistung beeinträchtigte[725].

Somit gingen die Menschen, die bei der Grotte Heilung suchten, nicht mit der Neugier eines Experimentators ans Werk, der im Falle einer ausbleibenden Heilung dann eben seinen Lebensabend vor dem Fernseher im Pflegeheim verbringen würde. Nein, hier ging es im wahrsten Sinne des Wortes um Leben und Tod. Der Glaube an Heilung muss dementsprechend dramatisch die Grundfesten der Existenz berührt haben.

Zusätzlich wurde dieser hoffnungsvolle Glaube an Heilung dann auch noch durch Berichte von unter ähnlichen Umständen erfahrenen Genesungen stimuliert, ja geradezu aufgepeitscht[726]. Zumal zu den überlieferten Wunderheilungen aus vergangener Zeit sich plötzlich Heilungen gesellen, die hic et nunc, buchstäblich vor der Haustüre stattfinden, wie dies bei den ersten Wundergeheilten, die alle aus der Umgebung von Lourdes stammten, der Fall war. Hier bekamen nun die seit langem gehegten Sehnsüchte und Hoffnungen nach Heilung ihre konkrete Verwirklichung im wahrsten Sinne des Wortes greifbar nahe vorgeführt. Genauer gesagt: durch die Heilungsberichte wurde die überlebensnotwendige Heilung zu mehr als nur einer sehnsüchtigen Hoffnung, sie wurde zu einer im bezeugten Präzedenzfall verwirklichten realen Aussicht. Der beglaubigte Präzedenzfall ist es erst, der den auf Heilung hoffenden Menschen zu jener vertrauensvollen Gewissheit führt, deren er, anthropologisch betrachtet, für seine Heilung bedarf. Dass von Anfang an Ärzte, allen voran der hitzköpfige Dr. Dozous, die Wunderkraft der Quelle wissenschaftlich bestätigten und verordneten, hat sogar den Glauben von Priestern gestärkt.

Wissenschaftlich verordnet: Wirkt Wunder

„Ich tat ihm [i. e. Dr. Dozous] den Wunsch kund, mich am Marienbrunnen zu waschen: Er antwortete mir in einem Ton, welcher den geringsten Zweifel ausschloss: *Wascht Euch, verehrter Pfarrer, und Ihr werdet genesen.* Dieser Ton der Selbstsicherheit verstärkte meinen Glauben. Ich wusch mich drei mal im Abstand einer halben Stunde und ward geheilt "[727].

Dabei darf der soziale Stützfaktor in diesem Prozess nicht übersehen werden: Wunderheilungen waren damals nicht etwas, was exklusiv im stillen Kämmerlein einer schamvoll gehüteten sakrosankten Privatsphäre eine Daseinsberechtigung gehabt hätte; im Gegenteil: Wunderheilungen waren ein „soziales Drama“[728], ähnlich den Visionen und diesen in nichts nachstehend, ja diese sogar sehr schnell übertrumpfend und ersetzend.

10. Epilog: Die Anerkennung der Visionen durch die Kirche

Das Mandement des Bischofs von Tarbes, das die Visionen und Auditionen der Bernadette offiziell als echt anerkennt, institutionalisiert somit nur eine Entwicklung, wie sie in den obigen Ausführungen deutlich gemacht wurde: weg von den Erscheinungen und hin zu den Heilungen. Es ist nur auf den ersten Blick widersprüchlich, dass die offizielle Anerkennung der Visionen zugleich auch in einem gewissen Sinne das definitive Ende Bernadettes als Seherin, ja sogar ihres öffentlichen Auftretens schlechthin bedeutet: Diese Entwicklung lag sowohl in der Persönlichkeit Bernadettes, die sich weder als Seherin noch als Heilerin, noch als Kultidol etablieren mochte, als auch in der Dynamik der unabhängig von der Seherin erfolgenden Wunderheilungen.

Wie aus der Anordnung der Fragestellung der bischöflichen Untersuchungskommission hervorgeht, stehen die durch das Grottenwasser erfolgten Heilungen an erster Stelle, die Visionen der Bernadette folgen erst auf Platz zwei[729]. Vielleicht ist dies auch der Hauptgrund der Nichtanerkennung der anderen Seher von Lourdes, die im Einsetzungstext der Untersuchungskommission nicht einmal Erwähnung finden. Hatten die Seherinnen Marie Cazenave, Joséphine Albario, und allen voran, Marie Courrech, genauso gute, ja zum Teil noch bessere Voraussetzungen zur Anerkennung ihrer Visionen als Bernadette[730], so bleibt doch die Tatsache, dass die wunderbringende Heilquelle von Bernadette auf Geheiß ihrer Schauung freigelegt wurde. Bei den inhaltlichen Unstimmigkeiten zwischen den Visionen der Bernadette und der Marie Courrech wäre eine gleichzeitige Anerkennung beider Erscheinungen, so scheint es, schwierig gewesen, eine alleinige Anerkennung der gefälligeren Marie Courrech unter Ausschluss Bernadettes jedoch unmöglich: Das Vorziehen Marie Courrechs, und mit ihr die entscheidende Autorität der Kirche, wären buchstäblich im Wunderwasser von Bernadettes Visionsquelle untergegangen. Die Kirche konnte deshalb nolens volens nur Bernadettes Schauungen anerkennen und sich gleichzeitig von den anderen Seherinnen distanzieren: Die Heilquelle von Massabielle hatte eine Eigendynamik entwickelt, die nicht mehr zurückgestuft werden konnte.

Der folgende Text der offiziellen Anerkennung der Visionen und Auditionen Bernadettes steht somit für den Abschluss einer alten und den

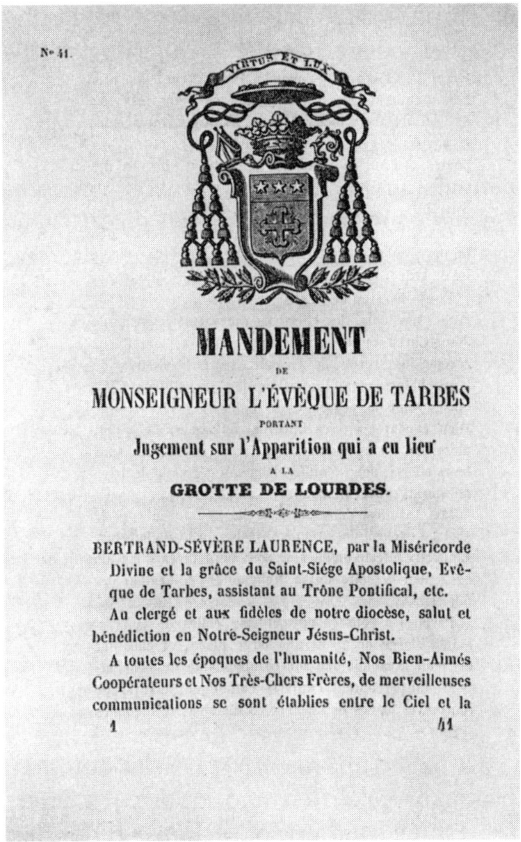
N° 41.

VIRTUS ET LUX

MANDEMENT

DE

MONSEIGNEUR L'ÉVÊQUE DE TARBES

PORTANT

Jugement sur l'Apparition qui a eu lieu

A LA

GROTTE DE LOURDES.

BERTRAND-SÉVÈRE LAURENCE, par la Miséricorde Divine et la grâce du Saint-Siége Apostolique, Evêque de Tarbes, assistant au Trône Pontifical, etc.

Au clergé et aux fidèles de notre diocèse, salut et bénédiction en Notre-Seigneur Jésus-Christ.

A toutes les époques de l'humanité, Nos Bien-Aimés Coopérateurs et Nos Très-Chers Frères, de merveilleuses communications se sont établies entre le Ciel et la

1 41

Beginn einer neuen Phase des Geschehens um die Grotte von Massabielle. Zugleich markiert das Mandement die kirchliche Übernahme dieses Geschehens, welches religionsanthropologisch als Übergang vom „wilden" Spontanphänomen zum domestizierten Kult zu verstehen ist. Dass die offizielle Anerkennung der bernadettschen Visionen als Erscheinung der Muttergottes zugleich einen nicht zu unterschätzenden Effekt auf die Dynamik der Heilungssuche hatte, wurde schon angedeutet. Zum Abschluss wenden wir uns nun den relevanten Textstellen dieses bischöflichen Erlasses zu, welcher den äußeren Prozess der visionären Erlebnisse der Bernadette bestens zusammenfassen.

Am Samstag, dem 18. Januar 1862, dem Fest des Petrusstuhles in Rom, erschien der „Erlaß Unseres Hochwürdigsten Herrn Bischof von Tarbes Urteil verkündend über die Erscheinung, welche in der Grotte von Lourdes stattfand"[731]: „BERTRAND-SÉVÈRE LAURENCE, durch das Erbarmen Gottes und der Gnade des Heiligen Apostolischen Stuhles Bischof von

Tarbes, Assistent am päpstlichen Thron, usw.," beginnt seine Schilderung der Visionen und Auditionen der Bernadette mit der Erinnerung an die himmlischen Erscheinungen, die dem Volk Gottes zu allen Zeiten zuteil wurden, gefolgt von der Schilderung der Schauungen Bernadettes.

„Also hätte das junge Mädchen ein Wesen gesehen und gehört, das sich als die Unbefleckte Empfängnis ausgab und das, obwohl menschliche Gestalt angenommen, von niemandem der zahlreich dieser Szene beiwohnenden Zuschauer weder gesehen noch gehört worden wäre. Was ist von diesem Vorkommnis zu halten?

Ihr seid nicht unwissend, Unsere Allerliebsten Brüder, dass die Kirche bei der Bewertung von übernatürlichen Begebenheiten eine weise Bedachtsamkeit an den Tag legt; sie verlangt sichere Beweise, ehe sie sie annimmt und als göttlich verkündet. Seit dem Urfall ist der Mensch, besonders in diesen Dingen, das Opfer vieler Irrtümer. Wenn er nicht durch seine so schwachsinnig gewordene Vernunft irregeführt wird, so kann er das Opfer der Fallstricke des Dämons werden. Wer weiß nicht, dass er sich manchmal in einen Engel des Lichtes verwandelt, um uns umso besser in seine Fallen tappen zu lassen[732]. Deshalb rät uns der Lieblingsjünger nicht jedem Geiste zu glauben, sondern zu prüfen, ob die Geister von Gott kommen[733]. Diese Prüfung haben wir durchgeführt, Unsere Allerliebsten Brüder: das Vorkommnis, von dem wir Euch unterrichten, ist seit vier Jahren Gegenstand unserer Aufmerksamkeit; wir haben es in seinen verschiedenen Phasen verfolgt; wir haben uns inspiriert bei der Kommission, zusammengesetzt aus frommen, gelehrten und erfahrenen Priestern, die das Kind verhört, die Fakten studiert, alles untersucht, alles gewogen haben. Auch haben wir die Autorität der Wissenschaft angerufen, und wir sind überzeugt geblieben, dass die Erscheinung übernatürlich und göttlich ist, und dass folgerichtig das, was Bernadette gesehen hat, die Allerheiligste Jungfrau ist. Unsere Überzeugung bildete sich aufgrund des Zeugnisses der Bernadette, aber vor allem aufgrund von Vorgängen, die sich ereignet haben und die nur erklärt werden können durch ein göttliches Eingreifen.

Das Zeugnis des jungen Mädchens zeigt alle Garantien vor, die wir nur wünschen können. Und zu allererst kann seine Aufrichtigkeit nicht in Zweifel gezogen werden. Wer, wenn er sich ihm nähert, bewundert nicht die Einfalt, die Offenherzigkeit, die Bescheidenheit dieses Kindes? Während alle Welt sich über die ihr offenbarten Wunderwerke unterhält, bewahrt allein sie das Schweigen; sie redet nur, wenn man sie ausfragt; dann erzählt sie alles ohne Künstelei, mit bewegender Treuherzigkeit; und auf die zahlreichen Fragen, die man an sie richtet, gibt sie, ohne zu zögern, klare, präzise und treffliche Antworten, die von einer großen Überzeugung geprägt sind. Harten Prüfungen ausgesetzt, war sie niemals durch Drohungen zu erschüttern; auf die freigebigsten Angebote hat sie mit einer edlen Uneigennützigkeit geantwortet. Immer im Einklang mit sich selbst, hat sie in den verschiedenen Verhören, denen sie unterzogen wurde, stets ihre vorherigen Aussagen behauptet, ohne etwas hinzuzufügen, ohne etwas zu widerrufen. Die Aufrichtigkeit Bernadettes ist also unanfechtbar. Fügen wir hinzu, dass sie auch unangefochten ist. Ihre Widersacher, falls sie welche hatte, haben ihr selbst diese Ehrerbietung gezollt.

Aber wenn Bernadette nicht täuschen wollte, hat sie sich nicht selbst getäuscht? Hat sie nicht zu sehen und zu hören geglaubt, was sie nicht gesehen noch gehört hat? Wurde sie nicht das Opfer einer Halluzination? – Wie könnten wir es glauben? Die Weisheit ihrer Antworten offenbart in diesem Kind einen geraden Geist, eine gelassene Vorstellungskraft, einen gesunden Menschenverstand, der ihr Alter übersteigt[734]. Das religiöse Empfinden hat bei ihr niemals den Charakter der Überspannung gezeigt; man hat in dem jungen Mädchen weder geistige Verwirrung, noch Sinnestrübung, noch Absonderlichkeiten des Charakters, noch Krankheitsbefall, festgestellt, die sie zu imaginären Schöpfungen geneigt haben könnten. Sie hat gesehen, nicht nur einmal, sondern achtzehnmal; sie hat zuerst plötzlich gesehen, während nichts sie auf das Ereignis, das da stattfand, hätte vorbereiten können, und während der Quinzaine, als sie sich erwartete, jeden Tag zu sehen, hat sie während zwei Tage nichts gesehen, obwohl sie sich in der gleichen Umgebung und unter den gleichen Umständen befand. Und dann, was geschah während den Erscheinungen? Es vollzog sich eine Wandlung in Bernadette; ihre Gesichtszüge nahmen einen neuen Ausdruck an, ihr Blick entflammte sich, sie sah Sachen, die sie nimmer mehr gesehen hatte, sie hörte eine Sprechweise, die sie nimmer mehr gehört hatte, deren Sinn sie nicht immer verstand, und die sie aber trotzdem in Erinnerung behielt. Diese Umstände alle zusammengenommen erlauben es nicht, an eine Halluzination zu glauben; das junge Mädchen hat also wirklich ein Wesen gesehen und gehört, das sich als Unbefleckte Empfängnis ausgab; und, da dieses Phänomen sich nicht natürlich erklären lässt, haben wir Grund zu glauben, dass die Erscheinung übernatürlich ist.

Das Zeugnis der Bernadette, schon wichtig an sich, erlangt eine ganz neue Kraft, wir sagen sogar seine Ergänzung, seitens der wundervollen Begebenheiten, die sich seit dem ersten Vorfall ereignet haben. Wenn man den Baum an seinen Früchten erkennen soll, so können wir sagen, dass die von dem jungen Mädchen erzählte Erscheinung übernatürlich und göttlich ist; denn sie hat übernatürliche und göttliche Wirkungen erbracht. Was geschah, Unsere Allerliebsten Brüder? Die Erscheinung war kaum bekannt, als die Nachricht davon sich mit Blitzesgeschwindigkeit verbreitete; man wusste, dass Bernadette vierzehn Tage lang zur Grotte gehen sollte: Und siehe da, die ganze Gegend gerät in Bewegung; Ströme von Volk stürzen zum Ort der Erscheinung herbei; man erwartet mit einer religiöser Ungeduld die feierliche Stunde; und während das junge Mädchen entzückt, außer sich, eingenommen ist von dem Objekt, das es betrachtet, vereinigen sich die Zeugen dieser Wunderwerkes ergriffen, gerührt, in einem und dem gleichen Gefühl der Bewunderung und des Gebetes.

Die Erscheinungen haben aufgehört; aber der Zustrom setzt sich fort: Pilger aus entfernten Gegenden sowie aus den Nachbarländern kommend, eilen zur Grotte herbei; und man sieht alle Alter, alle Ränge, alle Stände sich dort drängen. Und welches ist das Gefühl, das die zahlreichen Besucher antreibt? Ah! Sie kommen zur Grotte, um zu beten, und die Unbefleckte Maria um Gunstbezeigungen zu fragen. Sie bezeugen durch ihre gesammelte Haltung, dass sie etwas wie einen göttlichen Atem verspüren, der diesen inzwischen berühmt gewordenen Felsen beseelt. Bereits christliche Seelen haben sich in Tugend gestärkt; in Gleichgültigkeit erfrorene Männer sind zu den Ausübungen der Religion zurückgeführt worden; hartnäckige Sünder haben sich mit Gott versöhnt, nachdem man zu ihren Gunsten Unsere Liebe Frau von Lourdes angerufen hat. Diese Wunderwerke der Gnade, die einen Charakter von Universalität und von Dauer tragen, können nur Gott als Urheber haben: Kommen sie folgerichtig nicht, die Wahrheit der Erscheinung zu bestätigen?

Wenn wir nun von den erfolgten Wirkungen zugunsten des Heils der Seelen übergehen zu jenen, welche die Gesundheit der Körper betreffen, wie viele neue Wunderwerke müssen wir dann nicht erzählen? Man hatte Bernadette trinken und sich waschen gesehen an dem Ort, der von der Erscheinung angegeben wurde, und dieser Umstand hatte die öffentliche Aufmerksamkeit geweckt. Man fragte sich, ob dies nicht der Hinweis auf eine übernatürliche Kraft sei, welche über die Quelle von Massavielle herabgekommen sei. Mit diesem Gedanken versuchten Kranke von dem Wasser der Grotte, und dies nicht ohne Erfolg; mehrere, deren Gebrechen den energischsten Behandlungen getrotzt hatten, erlangten plötzlich die Gesundheit wieder. Diese außergewöhnlichen Heilungen kannten einen großen Widerhall, ihr Gerücht verbreitete sich alsbald in die Ferne. Kranke aus allen Ländern verlangten nach dem Wasser von Massavielle, falls sie sich nicht selbst zur Grotte begeben konnten. Wie viele Dahinsiechende, die geheilt, wie viele Familien, die getröstet worden sind! … Wenn wir ihr Zeugnis aufrufen wollten, würden sich unzählige Stimmen erheben, um im Ton der Dankbarkeit die souveräne Wirksamkeit des Wassers der Grotte zu verkünden. Wir können hier nicht alle erhaltenen Gnadenerweise auflisten; was wir aber sagen müssen, ist, dass das Wasser von

Massavielle Kranke geheilt hat, die aufgegeben und für unheilbar erklärt worden waren. Diese Heilungen wurden durch den Gebrauch eines Wassers erwirkt, das dem Bericht von gewandten Chemikern zufolge, die es einer strengen Analyse unterzogen haben, jeglicher natürlicher Heilkraft entbehrt. Sie wurden erwirkt, die einen augenblicklich, die anderen nach zwei- oder dreimal wiederholtem Gebrauch dieses Wassers, entweder als Trunk, oder als Waschung. Außerdem sind diese Heilungen anhaltend. Welches ist die Macht die sie bewirkt hat? Ist es die Macht des Organismus? Die zu diesen Punkt befragte Wissenschaft hat negativ geantwortet. Diese Heilungen sind also das Werk Gottes. Nun stehen sie aber mit der Erscheinung in Zusammenhang; sie ist es, die ihr Ausgangspunkt ist; sie ist es, die den Kranken das Vertrauen eingab: es gibt also eine enge Verbindung zwischen den Heilungen und der Erscheinung; die Erscheinung ist göttlich, da die Heilungen einen göttlichen Stempel tragen. Aber was von Gott kommt ist Wahrheit! Folgerichtig, da die Erscheinung sich als Unbefleckte Empfängnis ausgab, ist, was Bernadette gesehen und gehört hat, die ALLERHEILIGSTE JUNGFRAU! Rufen wir also aus: Der Finger Gottes ist hier! Digitus Dei est hic[735].

Wie, Unsere Allerliebsten Brüder, sollen wir hier nicht die Ökonomie der göttlichen Vorsehung bewundern? Am Ende des Jahres 1854, verkündete der Unsterbliche Pius IX. das Dogma der Unbefleckten Empfängnis. Der Widerhall brachte die Worte des Pontifex bis an die Enden der Welt; die katholischen Herzen hüpften vor Freude, und überall feierte man das glorreiche Privileg Mariens durch Feste, deren Erinnerung für ewig in unsere Gedächtnisse eingemeißelt bleiben wird. Und siehe da, drei Jahre später sagt die Heilige Jungfrau, während sie einem Kinde erscheint, zu diesem: *Ich bin die Unbefleckte Empfängnis, ich will, dass man hier eine Kapelle zu meinen Ehren errichtet.* Scheint sie nicht durch ein Denkmal das unfehlbare Orakel des Nachfolgers Petri weihen zu wollen?

Und wo will sie dieses Denkmal errichtet haben? Am Fuß unserer Pyrenäenberge, einer Gegend, wo sich viele Fremde versammeln, die aus allen Teilen der Welt kommen, unsere Thermalwässer um Gesundheit zu bitten. Würde man nicht sagen, sie lädt die Gläubigen aller Völker ein, sie verehren zu kommen in dem neuen Tempel, der für sie gebaut werden wird?

Einwohner von Lourdes, frohlocket! Die erlauchte Maria geruht, ihre barmherzigen Blicke auf Euch niederzuwerfen. Sie will, dass neben Eurer Stadt ihr ein Heiligtum errichtet wird, von wo aus sie ihre Wohltaten verbreiten wird. Dankt ihr für dieses Zeugnis der Vorliebe, das sie Euch gibt; und da sie Euch freigebig ihre mütterlichen Zärtlichkeiten austeilt (…) Öffnet Euer Herz der Hoffnung: ein neues Zeitalter von Gnaden ist für

Euch angebrochen; Ihr seid alle gerufen, Euren Anteil an den Euch versprochenen Segnungen einzustreichen. (…)

OB DIESER GRÜNDE (…)

NACHDEM WIR DEN HEILIGEN NAMEN GOTTES ANGERUFEN HABEN

Uns stützend auf die Regeln, die wohlweislich aufgezeichnet worden sind von Benedikt XIV. in seinem Werk über die Seligsprechung und die Kanonisation der Heiligen zur Unterscheidung der echten oder unechten Erscheinungen[736]: (…)

HABEN WIR ERKLÄRT UND ERKLÄREN WIR FOLGENDES:

Art. 1° Wir urteilen, dass DIE UNBEFLECKTE MARIA, MUTTERGOTTES, Bernadette Soubirous am 11. Februar 1858 und folgenden Tagen, achtzehn Mal an der Zahl, in der Grotte von Massavielle, nahe der Stadt Lourdes, tatsächlich erschienen ist; dass diese Erscheinung alle Charakteristiken der Wahrheit vorzeigt, und dass die Gläubigen Grund haben, diese als sicher anzunehmen. (…)“[737].

Mit diesem bischöflichen Erlass endet offiziell die Geschichte der Visionen und Auditionen der Bernadette Soubirous, und zwar zugunsten der in Folge aufgetretenen Wunderheilungen. Deren Geschichte dauert an bis zum heutigen Tag. Und jede Saison kommt ein neues Kapitel hinzu, geschrieben von sechs Millionen Menschen, die jährlich das Heiligtum besuchen.

Anmerkungen

1 Vgl. Théodore MANGIAPAN, *Les guérisons de Lourdes. Étude historique et critique depuis l'origine à nos jours*, s. l. [Lourdes], Œuvre de la Grotte, 1994, 13. Auch Angelika GRESS, *Treibhaus im Winter. Lourdes in der frankophonen Literatur*, Frankfurt/Main – Berlin – Bern – New York – Paris – Wien, Peter Lang, 1996, 1, nennt eine ungefähre Zahl von 4000 Veröffentlichungen zum Thema Lourdes.
2 Vgl. LDA, 7, 129–140.
3 Henri LASSERRE, *Notre-Dame de Lourdes*, Paris, Victor Palmé, 1869.
4 Siehe Ruth HARRIS, *Lourdes. Body and Spirit in the Secular Age*, London, Allen Lane/Pinguin Press, 1999, 177–209: „The Battle of the Books"; sowie die unveröffentlichte Arbeit von Andreas Johannes KOTULLA, *„Dies ist die Pforte des Himmels!". Die deutsche Lourdes-Rezeption im Spiegel der katholischen Literatur bis zum Jahr 1891*, Trier, 2001 (Wissenschaftliche Arbeit zur Erlangung des Diploms in Theologie an der Theologischen Fakultät Trier; Referent: Prof. Dr. Bernhard Schneider), 203 Seiten.
5 Siehe Léonard-Joseph-Marie CROS, *Histoire de Notre-Dame de Lourdes d'après les documents et les témoins*, Paris, Beauchesne, 1925–1927, 1957², 3 Bde.; Idem, *Lourdes 1858. Témoins de l'événement*, Paris, P. Lethielleux, 1957.
6 René Laurentin hat eigenen Angaben zufolge 30 Bände zum Thema Lourdes veröffentlicht (siehe LAURENTIN, „Marienerscheinungen: Ihre Bedeutung, ihre wesentliche Botschaft, ihre Wertung", in: Franz Breid (Hrsg.) *Maria in Lehre und Leben der Kirche. Referate der „Internationalen Theologischen Sommerakademie 1995" des Linzer Priesterkreises in Aigen/M.*, Steyr, Ennsthaler Verlag, 1995, 9–31, hier 10). R. Laurentins wichtigste und brauchbarste Werke für unser Thema sind LDA und LHA.
7 Laut Sylvie Barnay, Fachhistorikerin für Marienerscheinungen (vgl. Sylvie BARNAY, *Le ciel sur la terre. Les apparitions de la Vierge au Moyen Age*, Paris, Cerf, 1999) und enge Mitarbeiterin von R. Laurentin – sie klassierte R. Laurentins Dokumentationsarchiv über Marienerscheinungen, die Fondation René Laurentin am Institut de France –, entbehre R. Laurentins Darstellung der Geschichte von Bernadettes Visionen stark der gewünschten Wissenschaftlichkeit und müsse von Grund auf neu geschrieben werden (Aussage Sylvie Barnay an Patrick Dondelinger am 13. 5. 2000 in Metz). Im gleichen Sinne auch Sandra L. ZIMDARS-SWARTZ, *Encountering Mary. From La Salette to Medjugorje*, Princeton, Princeton University Press, 1991, 43.
8 Siehe Joachim BOUFLET, *Medjugorje ou la fabrication du surnaturel*, Paris, Salvator, 1999. Joachim Bouflet, einst Vertrauter von R. Laurentin, war zusammen mit Sylvie Barnay von seinem Mentor auserkoren worden, ihm bei der Fertigstellung eines bis dato inexistenten historischen und theologischen Werkes über Marienerscheinungen „das dieses Namens würdig wäre", zur Seite zu stehen; siehe René LAURENTIN, „Marienerscheinungen", art. cit., 11.
9 Siehe René LAURENTIN, *Le démon, mythe ou réalité? Enseignement et expérience du Christ et de l'Église*, Paris, Fayard, 1995.
10 Siehe Xavier RECROIX, *Essai sur le rôle du facteur social dans le cas de Bernadette Soubirous*, thèse manuscrite, s. l., s. d. [ca. 1959], 549 Seiten.
11 Vgl. z. B. ibidem, 399.
12 Brief Xavier Recroix' vom 25. 8. 2000 an Patrick Dondelinger. In der Tat ist X. Recroix als Missionar der Unbefleckten Empfängnis (MIC) dem in unmittelbarer Nachbarschaft von Lourdes gelegenen viel älteren Marienheiligtum Garaison zugeordnet. Diese Tatsache hätte bei den Oblaten der Unbefleckten Maria (OMI), die

Lourdes von den MIC übernommen hatten, sicher auch Erinnerungen an alte Rivalitäten wachgerufen, welche die Sympathien für Pater Recroix' Werk nicht unbedingt gesteigert hätten.

13 Siehe Carlos Maria STAEHLIN, *Visionen, Stigmata und Offenbarungen. Kritischer Essay*, unveröffentlichtes Manuskript, Bd. 1: VII + 490; Bd. 2: 216 Seiten. Es handelt sich hierbei um die deutsche Übersetzung des 1954 unter dem Titel *Apariciones. Ensayo critico* veröffentlichten Werkes, auf das auch Karl Rahner in seiner grundlegenden kritischen Analyse *Visionen und Prophezeiungen*, die gerade 1958 in zweiter Auflage erscheint, Bezug nimmt (siehe Karl RAHNER, *Visionen und Prophezeiungen*, Freiburg, Herder, 1958²; Neuauflage herausgegeben von Josef Sudbrack 1989).

14 Einzig Théodore MANGIAPAN, *Les Guérisons de Lourdes*, op. cit., zitiert und folgt den Darstellungen von Recroix' These. Ruth HARRIS, *Lourdes*, op. cit., XIX, beginnt zwar bezeichnenderweise ihr Werk mit einer tiefen Danksagung an X. Recroix, zitiert aber dessen Thesenmanuskript nicht. Wir selbst konnten erst nach der Fertigstellung der Untersuchungen des Manuskripts von X. Recroix habhaft werden. Umso größer war die Freude festzustellen, dass sich unsere Sichtweisen decken.

15 Vgl. David BLACKBOURN, *Wenn ihr sie wieder seht, fragt wer sie sei. Marienerscheinungen in Marpingen – Aufstieg und Niedergang des deutschen Lourdes*, Reinbek bei Hamburg, Rowohlt, 1997 (Übers. von: *Marpingen. Apparitions of the Virgin Mary in Bismarckian Germany*, Oxford, Clarendon, 1993), 30–31.

16 Thomas A. KSELMAN, *Miracles & Prophecies in Nineteenth-Century France*, New Brunswick (New Jersey), Rutgers University Press, 1983.

17 Ruth HARRIS, *Lourdes*, op. cit.

18 Siehe in diesem Sinne auch Sandra L. ZIMDARS-SWARTZ, *Encountering Mary*, op. cit., die als Auslöser für ihre Arbeit bezeichnenderweise die sehr positiven Eindrücke der in Lourdes erlebten Betreuung der Kranken angibt, zugleich aber dem Werke von R. Laurentin sehr kritisch gegenübertritt.

19 Wolfgang BRÜCKNER, „Lourdes und Literatur. Oder die Faszination des Massenkultes", in: Lenz Kriss-Rettenbeck/Gerda Möhler (Hrsg.), *Wallfahrt kennt keine Grenzen. Themen zu einer Ausstellung des Bayerischen Nationalmuseums und des Adalbert Stifter Vereins, München*, München-Zürich, Schnell & Steiner, 1984, 429–442, hier 429.

20 David BLACKBOURN, *Wenn ihr sie wieder seht, fragt wer sie sei*, op. cit., 30–31.

21 Vgl. René LAURENTIN, *Dieu existe: voici les preuves. Sciences-Philosophie-Révélation, les nouveaux acquis*, Argenteuil, Francis Bréchant, 1993.

22 Johannes MISCHO in: Idem/Ulrich J. NIEMANN, „Die Besessenheit der Anneliese Michel in interdisziplinärer Sicht", *Zeitschrift für Parapsychologie und Grenzgebiete der Psychologie*, 25, 1983, 185–186. Für die grundsätzliche Deutung von außergewöhnlichen Erfahrungen im Spannungsfeld zwischen Psychologie und Theologie, siehe Johannes MISCHO, „Grenzphänomene im religiösen Kontext und ihre psychologischen Implikationen", in: Andreas Resch (Hrsg.), *Paranormologie und Religion*, Innsbruck, Resch Verlag, 1997, 1–26.

23 Alphonse DUPRONT, *Du sacré. Croisades et pèlerinages. Images et langages*, Paris, Gallimard, 1987, 352: „Une histoire ‚vraie' de Lourdes ne saurait permettre plus que l'‚approche', la plus serrée possible, du fait des apparitions, et l'analyse de la création collective en son acceptation et son imposition tout ensemble de la présence surnaturelle. Aucune vérité qui prouve, au partir de l'histoire, donc pas d'apologétique possible; mais la conscience progressivement éclairée de la ‚manifestation', au travers de l'humain, rien que l'humain, tout l'humain".

24 Siehe darüber hinaus zur allgemeinen Epistemologie des wissenschaftlichen Zu-

ganges zu religiösen Phänomenen: Jean JONCHERAY (Hrsg.), *Approches scientifiques des faits religieux*, Paris, Beauchesne, 1997.

25 David BLACKBOURN, *Wenn ihr sie wieder seht, fragt wer sie sei*, op. cit., 31.

26 Ibidem.

27 Siehe Xavier RECROIX, *Essai sur le rôle du facteur social dans le cas de Bernadette Soubirous*, op. cit., 11–15.

28 Bekanntestes Beispiel hierfür sind die jedesmal voneinander abweichenden Erzählungen derselben Jesusvision des Saulus, dem zukünftigen Apostel Paulus, auf seinem Weg nach Damaskus, vgl. Apg 9,3–9; 22,4–21; 26,9–18.

29 Siehe LHA, 1.

30 Vgl. Edith TURNER, „Preface to the Paperback Edition", in: Victor Turner/ Edith Turner, *Image and Pilgrimage in Christian Culture. Anthropological Perspectives*, New York, Columbia University Press, 1978 [ca. 1995], xviii: „For the original adolescent-girl-to-adolescent-girl communion of the vision [of Bernadette] speaks something relevant to us that is hard to put into words" [Denn die ursprüngliche, von jugendlichem Mädchen zu jugendlichem Mädchen entstehende Gemeinschaftsbildung der Vision sagt etwas für uns Wichtiges, was nur schwer in Worte zu fassen ist].

31 „Aux yeux du psychologue, les bases d'un tel travail étant de date assez tardive: de 1861 à 1866, l'on a jamais sous les yeux que le résultat d'une élaboration, mieux, le schème d'un récit stéréotypé, à force d'être répété", Xavier RECROIX, *Essai sur le rôle du facteur social dans le cas de Bernadette Soubirous*, op. cit., 496, n. 1.

32 Es handelt sich hier um die Notizen, welche Kommissar Jacomet während seines Verhörs der Bernadette am 21. Februar 1858 verfasste, siehe LDA, 1, 158–168.

33 Xavier RECROIX, *Essai sur le rôle du facteur social dans le cas de Bernadette Soubirous*, op. cit., 501: „fixation du schème visionnel".

34 Bericht Kanonikus Ribes an Léonard Cros: „Le 1er juillet 1858 (...) je me mis à l'interroger sur les Apparitions, elle me répondit avec beaucoup de simplicité et sans le moindre embarras, mais il se produisit un incident que je ne puis omettre. (...) Dès que Bernadette les [i. e. Gruppen von Seminaristen] voyait arriver, elle interrompit son récit et poussait des exclamations: ‚Oh! Oh! ...' Elle avançait la tête et regardait curieusement, sans s'inquiéter de son interlocuteur. (...) Elle s'approchait de la fenêtre pour mieux voir (...) et le groupe, une fois disparu, Bernadette venait reprendre sa place et poursuivait la phrase commencée. La pauvre enfant était beaucoup plus intéressé par le spectacle de si nombreuses soutanes qui défilaient sous ses yeux, que des choses qu'elle racontait. Elle semblait d'ailleurs n'attacher aucune importance aux événements de la Grotte. Son innocence, sa simplicité et un air distrait m'impressionnèrent fortement. Je la quittai, me disant: ‚Cette enfant ne veut point tromper'. (...) Dans la première moitié du mois de septembre (même année 1858), (...) Bernadette nous fit son récit, en patois, pendant une heure entière, sur le même ton, sans broncher, prenant à peine le temps de respirer, comme un écolier qui récite une leçon bien apprise" (Léonard CROS, *Lourdes 1858*, op. cit., 291–292). Im Kontrast zu dieser fossilen Maskenhaftigkeit versteht es Bernadette jedoch auch, mit lebhaftem schauspielerischem Talent auf dessen Aufforderung hin den Dechanten Peyramale nachzuahmen; siehe Aussage Jeanne Védère, ibidem, 187.

35 Siehe LDA, 3, n. 242, 73–74.

36 Siehe LDA, 6, 26.

37 Vgl. Xavier RECROIX, *Essai sur le rôle du facteur social dans le cas de Bernadette Soubirous*, op. cit., 493, 505. Noch kategorischer ist Alphonse DUPRONT, *Du sacré*, op. cit., 356: „Autre aspect des commencements de Lourdes: l'évidente création collective. Dès le retour de Bernadette au monde, la première apparition reçue" [Ein anderer

Aspekt der Anfänge von Lourdes: die klare kollektive Schöpfung. Sobald Bernadette wieder zur Welt zurückgelangte, nach der ersten Erscheinung].

38 „C'est déjà bien loin ... toutes ces choses. Je ne m'en souviens plus. Je n'aime pas trop en parler, car, mon Dieu, si je m'étais trompée"; Brief des Bischofs und zukünftigen Kardinals Bourret vom 3. September 1879 an Henri Lasserre, in: LHA, 1, 80.

39 Vgl. Bischof Jean SAHUQUET in seinem Vorwort zu Théodore MANGIAPAN, *Les guérisons de Lourdes*, op. cit., 8.

40 Zu all diesen Fragen, siehe LHA, 1.

41 Vgl. oben, Endnote 7 und Sandra L. ZIMDARS-SWARTZ, *Encountering Mary*, op. cit., 43: „The extensive edited collection of these sources (...) must themselves be used very carefully, since, as is common with such collections, the editors have arranged and annotated the materials in accord to their own apologetic assumptions" [Die umfassende Sammlung dieser Quellen (...) muss ihrerseits sehr bedachtsam verwendet werden, da, wie es normal ist für solche Reihen, die Herausgeber das Material in Übereinstimmung mit ihren eigenen apologetischen Voraussetzungen angelegt und kommentiert haben].

42 Siehe Léonard CROS, *Lourdes 1858*, op. cit., 125–151; Ruth HARRIS, *Lourdes*, op. cit., 91–106. Doch nicht nur Kinder vor Ort wurden im Zuge einer so genannten „Seherepidemie" plötzlich von Bernadettes Erlebnissen visionär angesteckt; diese zogen auch andere mehr oder weniger skurille Seher von nah und fern magnetisch an, vgl. z. B. LDA, 2, 290–292 zum Auftreten des „Propheten" Jean Marre noch während den Visionen Bernadettes.

43 Vgl. Bernard BILLET/Pierre LAFOURCADE, *Lourdes pèlerinage. Guide historique et spirituel. Textes et documents. Indications pratiques*, s. l., DDB, 1981, 13–14.

44 Für eine wissenschaftliche Darstellung der Geschichte Lourdes, siehe Stéphane Baumont (Hrsg.), *Histoire de Lourdes*, Toulouse, Privat, 1993; für eine anspruchsvolle Populärdarstellung, Pierre VIDAL/Philippe GRAZIANI, *Lourdes, cité des miracles*, Lyon, Les Créations du Pélican, 1996.

45 Vgl. Robert VIÉ, „De la préhistoire à l'an mil", in: Stéphane Baumont (Hrsg.), *Histoire de Lourdes*, op. cit., 9 ff. Zur religiösen Bedeutung dieser Grotte, siehe Thérèse FRANQUE, „Gravir le Mont des Espélugues vers la Grotte de Sainte Marie Madeleine, une dévotion des pèlerins de Provence à Lourdes"; Vortragsmanuskript im Rahmen der Journées de Rencontres transfrontalières du Musée Pyrénéen (22.–23. Juli 2002).

46 Vgl. Eugène Cordier, Autor der zeitgenössischen *Légendes des Hautes-Pyrénées* (1855). Eines Tages begegnete er unweit von Lourdes „20 ou 30 femmes, seules ou par troupes, qui portaient d'énormes fagots sur leur tête. Elles allaient sous le faix, se déhanchant de droite à gauche, comme ces chevaux d'attelage, qui retiennent les voitures et que l'on nomme porteurs. J'étais navré. Je voyais la femme réduite à la condition de bête humaine" [20 oder 30 Frauen, einzeln oder als Truppe, welche riesige Reisigbündel auf ihren Köpfen trugen. Sie gingen unter der Last, indem sie sich von rechts nach links in den Hüften wiegten, wie jene Zugpferde, die Wagen zurückhalten und die man Träger nennt. Ich war von Leid erfüllt. Ich sah die Frau zu einem menschlichen Tier erniedrigt] (Zitat ohne Quellenangabe bei José CUBERO, „Des Lumières à la Seconde République" in Stéphane Baumont [Hrsg.], *Histoire de Lourdes*, op. cit., 143. Bei Eugène CORDIER, *Les Légendes des Hautes-Pyrénées. Réimpression de l'édition de 1878 avec un présentation de J.-F. Le Nail et une étude sur les sources du légendaire par le P. X. Recroix*, Tarbes, Association Guillaume Mauran, 1986, findet sich besagtes Zitat nicht). Die reisigtragende Bernadette ist somit alles andere als die pittoreske Possierlichkeit einer „heidiheilen" Bergwelt.

47 Vgl. Roger PILON, *Le Corps de Bernadette Soubirous dans sa vie, dans sa mort, dans sa béatification*, Lourdes, Œuvre de la Grotte, 1997, 16–17.

48 Vgl. Annie QUARTARARO-VINAS, *Médecins et médecine dans les Hautes-Pyrénées au XIXe siècle*, Tarbes, Association Guillaume Mauran, 1982.

49 Vgl. Georges TAVARD, *La Vierge Marie en France aux XVIIIe et XIXe siècles. Essai d'interprétation*, Paris, Cerf, 1998; Xavier RECROIX, „Un Aspect de la Piété Populaire dans les Pyrénées Centrales: La Dévotion Mariale", *Revue de Comminges*, 102, 1989, 121–128.

50 Siehe hierzu Ruth HARRIS, *Lourdes*, op. cit., 32–44 (besonders Karte 34–35); Xavier RECROIX, „Récits d'apparitions mariales (Pyrénées Centrales)", *Revue de Comminges*, 1986, 371–385, 509–522; 1987, 35–53, 162–175, 347–361, 503–519; 1988, 59–69, 189–204, 401–423.

51 Vgl. Ruth HARRIS, *Lourdes*, op. cit., 39–40; Xavier RECROIX, *Les peintures du Narthex de la Chapelle de Garaison*, Pau, Marrimpouey Jeune, 1981; Idem, *Anglèze de Sagazan et la chapelle de Garaison*, Pau, Marrimpouey, 1983.

52 Auch Bernadette wurde bezeichnenderweise ein – offiziell nicht anerkanntes – Nahrungswunder nachgesagt, siehe Léonard CROS, *Histoire de Notre-Dame de Lourdes*, op. cit., Bd. 1, 62.

53 Siehe hier besonders Xavier RECROIX, *Essai sur le rôle du facteur social dans le cas de Bernadette Soubirous*, op. cit., 269 ff.

54 Vgl. ibidem.

55 Vgl. die Aussage des heiligen Vinzenz von Paul: Auf der Staße nach Lourdes liegt „un lieu de grande dévotion ... le second le plus fréquenté du royaume. C'est Notre-Dame de Bétarram où il se fait souvent des miracles" [ein Ort großer Verehrung ... der zweitmeistbesuchte des Königreiches. Es ist dies Notre-Dame de Bétharram, wo oftmals Wunder sich ereignen] (nach Jean OYENHART, *La voyante de Lourdes Sainte Bernadette Soubirous, chez le voyant de Bétharram Saint Michel Garicoïts*, Bagnères-de-Bigorres, Les Editions pyrénéennes, 1988, ohne Seitenzählung. Dort finden sich auch die folgenden Beschreibungen von Bétharram).

56 Siehe ibidem, ohne weitere Angaben.

57 Zu Notre-Dame de Sarrance, siehe Ruth HARRIS, *Lourdes*, op. cit., 36-38.

58 Vgl. René LAURENTIN, *Vie de Bernadette*, Paris, DDB, 1978, 28-29, ohne Beleg.

59 Siehe hierzu LHA, 2, 11 ff.

60 Zu diesem Aspekt siehe besonders Ruth HARRIS, *Lourdes*, op. cit., 45–46.

61 Siehe LDA, 1, 83. Im Zivilstand heißt Bernadette übrigens genau umgekehrt: Bernarde-Marie; vgl. ibidem.

62 Vgl. LHA 2, 19.

63 Vgl. LHA, 2, 16–20.

64 Siehe Théodore MANGIAPAN, *Les guérisons de Lourdes*, op. cit., 22.

65 Siehe ibidem, 25.

66 Roger PILON, *Le Corps de Bernadette Soubirous dans sa vie, dans sa mort, dans sa béatification*, op. cit., 15: „Un autre factur non négligeable de ses crises a pu être l'angoisse permanente que devait percevoir cette fillette".

67 Vgl. auch die von René Laurentin eingebrachten medizinischen Ausführungen über Asthma in René LAURENTIN, *Bernadette vous parle*, Paris, P. Lethielleux, Lourdes, Œuvre de la Grotte,1972, Bd. 1, 274.

68 Alphonse DUPRONT, *Du sacré*, op. cit., 352–353: „Cet asthme en particulier, si révélateur d'inhibitions psychiques, qui font un petit être crocheté sur son secret vital ou miséreux d'une impuissance à vivre, avide d'autres compensations".

69 Vgl. LHA, 3, 116.

70 Vgl. z. B. LDA, 6, 362–364.

71 Siehe LDA, 1, 80.
72 Vgl. LHA, 2, 76–80.
73 Vgl. LHA, 2, 24.
74 Vgl. LHA, 2, 27.
75 Vgl. Léonard CROS, *Histoire de Notre-Dame de Lourdes*, op. cit., Bd. 1, 55-56 und LHA, 2, 111.
76 Siehe LHA, 2, 30, n. 85.
77 Vgl. LHA, 2, 77.
78 Siehe René LAURENTIN, *Vie de Bernadette*, op. cit., 38. In LHA, 2, 44, ist jedoch nur von „falscher Suppe" die Rede. Dieses Detail erscheint deshalb erwähnenswert, weil Bernadette einmal zum größten Unverständnis ihrer Zuschauer während einer Vision Gras essen wird.
79 Vgl. LHA, 2, 45.
80 Vgl. LHA, 2, 30, n. 87.
81 Vgl. LHA, 2, 50; 2, 193, n. 156.
82 Zur entsprechenden Anrufung auf der Médaille Miraculeuse („Médaille en l'honneur de l'Immaculée Conception de la très sainte Vierge Marie"), siehe René LAURENTIN, *Vie de Catherine Labouré. Voyante de la rue du Bac et servante des pauvres 1806–1876*, Paris, DDB, Bd. 1, 91 und Bd. 2, 195-196. Auch Bernadette trug aller Wahrscheinlichkeit nach eine solche der Unbefleckten Empfängnis gewidmete Wunderbare Medaille am Tag, als sie ihrer Vision den Namen „Unbefleckte Empfängnis" gab (vgl. LHA, 4, 12, zu der Bernadette zugesteckten Muttergottesmedaille).
83 Vgl. LHA, 2, 56–58.
84 Vgl. LHA, 2, 58, n. 170 und unten, Zitate S. 89.
85 Siehe Théodore MANGIAPAN, *Les guérisons de Lourdes*, op. cit., 27.
86 Vgl. LDA, 1, 152.
87 Zur Wichtigkeit der Kommunion als rite de passage in der damaligen Gesellschaft und Religion, siehe Xavier RECROIX, *Essai sur le rôle du facteur social dans le cas de Bernadette Soubirous*, op. cit., 191, 225.
88 Vgl. LHA, 2, 81–194. Beim „Fetten Donnerstag" handelt es sich um den letzten Donnerstag der Karnevalszeit damit zugleich den letzten vor der Fastenzeit.
89 Vgl. LHA, 3, 9–39 sowie unten, Illustrationen Seite S. 74 u. 76.
90 Vgl. LHA, 3, 27, n. 81.
91 Siehe LHA, 3, 33–34, hier 34: „C'étaient nos palais d'enfance pour aller jouer".
92 Vgl. LHA, 4, 400, die diesbezüglichen Erlebnisse des Herrn Lacrampe; LDA, 1, 229; sowie auch Xavier RECROIX, *Essai sur le rôle du facteur social dans le cas de Bernadette Soubirous*, op. cit., 351–353; LHA, 3, 30–31 und Ruth HARRIS, *Lourdes*, op. cit., 53–54.
93 Vgl. Léonard CROS, *Histoire de Notre-Dame de Lourdes*, op. cit., Bd. 1, 63, 126.
94 Vgl. Xavier RECROIX, *Essai sur le rôle du facteur social dans le cas de Bernadette Soubirous*, op. cit., 357.
95 Vgl. LDA, 5, 290, den weiter unten zitierten Erlebnisbericht einer zeitgenössischen Pilgerin, Marie-Caroline de Cornulier-Lucinière, über den im wahrsten Sinne des Wortes umwerfenden Eindruck der Grotte selbst auf einen mit Zweifeln anreisenden Pilger.
96 Siehe LHA, 3, 30.
97 Vgl. LHA, 2, 162, für die verschiedenen überlieferten Varianten dieses Ausrufes.
98 Übersetzung nach André RAVIER, *Lourdes. Land der frohen Botschaft*, Lourdes, Œuvre de la Grotte, (1965), 1983, 15–16. Diese Version, welche wir an Hand der Originaltexte ergänzt haben, ist ein Zusammenschnitt aus fünf Briefen Bernadettes (1861, 1864, 1865, 1866), vgl. die Synopsis in LHA 1, 44 ff.

99 Vgl. LHA, 2, 193. Bei dieser Episode scheint der Verdacht auf Retroprojektion noch größer als bei den vorherigen zu sein, auch wenn R. Laurentin sich für die Echtheit dieses Vorfalls entschließt, vgl. LHA, 2, 141–144.

100 Vgl. LHA, 2, 201–206.

101 Vgl. LHA, 2, 207–277.

102 Übersetzung nach LHA, 2, 262. Dieser von uns an Hand der Quellen ergänzte Text ist ebenfalls ein Zusammenschnitt aus den Niederschriften Bernadettes aus den Jahren 1864–1866, vgl. LHA, 1, 52–53.

103 Vgl. LHA, 2, 266.

104 Vgl. LHA, 2, 278–294.

105 Vgl. LHA, 2, 295–371.

106 „je pris l'encrier et la plume de mon père (huissier), une feuille de papier. J'avais pensé que puisque une dame apparaissait avec une robe blanche et ceinture bleue, c'était notre supérieure des enfants de Marie: Elisa Latapie, morte depuis peu de mois (demoiselle du directeur de la poste – on n'admet pas de femme mariée – Elle [= cette congrégation] était sous l'invocaion de l'Immaculée Conception. 1841: date de la fondation): c'est le costume des enfants de Marie: bande bleue, nouée devant, et à l'heure de la consécration, nous avions le chapelet au bras, au poignet, pour les enterrements aussi; et je pensais que si elle avait besoin de messes, elle écrirait sa demande (Antoinette [a de la] dévotion aux âmes [du purgatoire])"; Bericht Antoinette Peyret an Pater Cros, Anfang Juni 1878, in: LHA, 2, 328–329.

107 Vgl. ibidem, 329: „A peine à genoux, elle nous dit: – *Qué iéï* [Elle y est!]. Nous lui dîmes: – Tais toi, nous allons réciter le chapelet".

108 Zur Rekonstruktion von Bernadettes Auditionen, siehe LHA, 2, 346–353.

109 Vgl. LHA, 3, 231–234.

110 Vgl. LHA, 2, 370–371.

111 Vgl. LHA, 4, 7–26.

112 „C'était un plaisir de la voir", Aussage Josèphe Ourous an P. Cros vom Mai 1878, in: LHA, 4, 12, n. 17.

113 Vgl. LHA, 4, 27–40.

114 „En arrivant, il me vint à la pensée de réciter Ave Maria à genoux, en cas que ce serait la Sainte Vierge", Aussage Rosine Cazenave an P. Cros (1878) in: LHA, 4, 30, n. 8.

115 „qu'une petite fille de la ville a vu la Sainte Vierge" – „que la Vierge est apparue (...) à une petite fille des bas-fonds de la ville", Niederschrift Estrade vom September 1878 in: LHA, 4, 33, n. 13.

116 Vgl. LHA, 4, 41–63.

117 Vgl. LHA, 4, 64–124. Jean-Paul LEFEBVRE-FILLEAU, *L'affaire Bernadette Soubirous. L'enquête judiciaire de* 1858, Paris, Cerf; Montréal, Médiaspaul, 1997, ist nur eine Nacherzählung ohne genaue Quellenangaben.

118 Folgender Dialog nach der Rekonstruktion von René Laurentin in LHA, 4, 83–90.

119 „Il me fut répondu par Bernadette (...) qu'elle se sentait entraînée à s'y rendre par une force irrésistible", Bericht Staatsanwalt Dutour vom 1. März 1858, in: LHA, 1, 177. Zu dieser Problematik, vgl. LHA, 4, 150–161.

120 Vgl. LHA, 4, 125–177.

121 Vgl. LHA, 4, 178–228.

122 Vgl. LHA, 4, 215, n. 75.

123 Vgl. LHA, 4, 215, n. 76. Besagtes außergewöhnliches Phänomen, Vorläufer des „Kerzenwunders" des 7. April, wird von René Laurentin auf Basis der alleinigen Aussagen von Emmanuélite Estrade an P. Cros (1878 und 1884) zurückbehalten,

während Emmanuélites Bruder und gleichzeitiger Augenzeuge Jean-Baptiste, sowie P. Cros (vgl. Léonard CROS, *Histoire de Notre-Dame de Lourdes*, op. cit., Bd. 1, 495) diesem Zwischenfall eine viel geringere Bedeutung zumessen. Vgl. hierzu auch LHA, 6, 173– 200.

124 „C'est incroyable. Il faut avoir vu pour y croire! On dit que Bernadette joue la comédie; et bien! s'il est ainsi, il faut avouer que c'est la première comédienne du monde. J'ai vu à Toulouse et à Bordeaux Mlle Rachel sur le théâtre; elle est magnifique! Elle est sublime! Mais j'affirme qu'elle [est] infiniment au dessous de Bernadette. Non, mon cher abbé, non Bernadette ne joue pas la comédie elle a devant elle à la Grotte, un être surnaturel qu'elle voit, qui lui parle et avec lequel elle parle. La transformation subite de sa figure et de toute sa personne, est au-dessus des forces humaines; je crois connaître assez le monde pour pouvoir l'affirmer"; laut Denkschrift Abbé Pène vom 8. 1. 1879 die Aussage von Jean-Baptiste Estrade an den Autor am 23. 2. 1858; in: LHA, 4, 195.

125 Vgl. LHA, 4, 218, n. 84–85.

126 Allerdings handelt es sich bei Datum, Zweck und Inhalt des Gebetes um reine Spekulationen von Drittpersonen, vgl. die Textquellen in: LHA, 3, 256–257, 270–271.

127 Vgl. LHA, 4, 278–315.

128 Die Verstimmung der Seherin könnte ihre Ursache in dem unachtsamen Berühren des Rosenbusches durch das Publikum haben, vgl. LHA, 4, 287–299.

129 Vgl. LHA, 4, 285.

130 Zur Rekonstruktion dieser Auditionen, vgl. LHA, 4, 269–275.

131 Vgl. LHA, 4, 316–451.

132 Zur freigelegten, schon vorher vorhandenen Quelle, siehe LHA, 4, 372–388.

133 Vgl. LHA, 4, 388–394.

134 Vgl. LHA, 4, 423.

135 Diese Version ist ein Zusammenschnitt aus mehreren Schreiben Bernadettes (1861 bis 1866), vgl. LHA 1, 56–57.

136 Vgl. LHA, 4, 394, n. 70.

137 Vgl. LHA, 4, 430.

138 Vgl. LHA, 4, 448. Andern Zweiflern, ja Frevlern der Erscheinungsgrotte pflegte es den Gerüchten nach noch viel schlimmer zu ergehen. Siehe hierzu auch Ruth HARRIS, *Lourdes*, op. cit., 88–90.

139 Vgl. LHA, 5, 9–26.

140 Vgl. LHA, 5, 27–34.

141 Vgl. LHA, 5, 35–52.

142 Vgl. LHA, 5, 53–98.

143 Vgl. Denkschrift Abbé Dézirat vom 20. 9. 1878, in: LHA, 5, 57–62.

144 Für die Textquellen dieser Heilung siehe LHA, 5, 76–78.

145 Vgl. LHA, 5, 99–199.

146 Den genauen Wortlaut der Auditionen konnte sich die Seherin selbst niemals mehr ins Gedächtnis rufen, siehe LHA, 5, 157–164.

147 Vgl. LHA, 5, 200–245.

148 Vgl. LHA, 5, 246–356.

149 „Je m'étonnais que les gens ne se fussent pas tués. Il y avait une foule suspendue au rocher, il n'en pouvait pas tomber sans en faire tomber dix. Jamias je n'ai entendu parler d'un accident; pas de désordre, quelques-uns disaient des paroles, quelque pédant ou malotru: on en souffrait, mais il fallait être aveugle, sourd et muet pour les brutes", später Bericht des Gendarmen Jacques Malé in: LHA, 5, 267, n. 45.

150 „que la petite n'était atteinte d'aucune maladie à la tête", Aussage Jeanne Védère an P. Cros vom 8. 8. 1879, in: LHA, 5, 276.

151 Vgl. LHA, 5, 310. Es handelt sich hier um den „Fall Rotkäppchen (Eugénie Troy)", auf den wir weiter unten noch eingehen werden.

152 „Madame, je prierai pour votre enfant. Quant au cierge vous pouvez le faire brûler vous-même à la Grotte ou à l'église"; Bernadette laut Aussage Jeanne Védère an P. Cros vom 8. 8. 1879, in: LHA, 5, 310, n. 81.

153 Vgl. LHA, 5, 332.

154 Vgl. LHA, 5, 335–338.

155 Vgl. LHA, 5, 339–340.

156 Vgl. LHA, 5, 346–352.

157 „ Le bonheur rayonnait, en effet, sur son visage, et une énergie surnaturelle semblait véritablement soutenir et animer ce corps débilité ", Denkschrift Dutour an P. Cros (1879), in: Léonard CROS, *Histoire de Notre-Dame de Lourdes*, op. cit., Bd. 1, 397. Vgl. LHA, 5, 349, n. 266.

158 „Avec l'accent de la conviction la plus profonde, les larmes aux yeux, en présence de plusieurs témoins, il m'affirme sur la foi du serment que sa fille a recouvré la vue miraculeusement ", Brief Abbé Peyramale vom 9. 3. 1858 an seinen Bruder, in: LDA, 1, 231.

159 Dieses Protokoll ist nicht mehr auffindbar. R. Laurentin vermutet, dass Abbé Peyramale als Mitglied der bischöflichen Untersuchungskommission der Erscheinungen später alle Schriftstücke, in denen er sich beim Bischof für außergewöhnliche Begebenheiten stark gemacht hatte, welche nachher offiziell nicht anerkannt bzw. dementiert wurden, vernichtet habe, siehe LHA, 5, 352–353, n. 274.

160 Vgl. LHA, 6, 27–29.

161 Vgl. LHA, 5, 350.

162 Vgl. LHA, 5, 355.

163 „Tu ferais bien de dire à la dame que tu vois de t'enseigner un peu ta leçon. Tu ne sais rien apprendre"; Mémoire Frère Gérase, 22. April 1881, in: LHA, 6, 9–18.

164 Siehe LHA, 6, 18–26.

165 Siehe LDA, 7, 210–236, den eigenhändig geschriebenen und illustrierten Bericht des Knaben. Später muss dann doch irgendwann eine Besserung erfolgt sein, denn Doucet wird immerhin erst am 14. Februar 1908 (genau 50 Jahre nach der 2. Vision), im Alter von 60 Jahren, sterben.

166 Vgl. LHA, 6, 41–133.

167 Vgl. LHA, 6, 117, für den genauen Wortlaut dieser nicht ohne Mühe und Versprecher vorgetragenen Frage.

168 Für die genauen Wortlaute der überlieferten Versionen dieses Satzes, siehe LHA, 6, 96–97, und weiter unten.

169 Vgl. LHA, 6, 103–104.

170 „En conséquence, les soussignés pensent que la fille Bernadette Soubirous a pu présenter un état extatique qui s'est renouvelé plusieurs fois; que c'est là une affection morale, dont les effets expliquent les phénomènes de la vision. Y a-t-il nécessité de traiter cette affection? Nous avons peu de chose à dire à ce sujet. La maladie que nous croyons pouvoir attribuer à Bernadette ne peut faire courir aucun risque à la santé de cet enfant, dans les limites qu'elle nous offre. Il est vraisemblable, au contraire, que lorsque Bernadette ne sera plus harcelée par la foule, qu'on ne lui demandera plus de prières, qu'elle aura repris ses habitudes ordinaires, elle cessera de songer à la Grotte et au choses merveilleuses qu'elle raconte ". [Schlussfolgernd sind die Unterzeichneten der Ansicht, dass beim Mädchen Bernadette Soubirous ein

ekstatischer Zustand bestanden haben könnte, welcher sich mehrere Male erneuert hat; dass es sich hier um eine moralische Erkrankung handelt, deren Folgen die Phänomene der Vision erklären. Besteht die Notwendigkeit, diese Erkrankung zu behandeln? Wir haben hierzu wenig zu sagen. Die Krankheit, welche wir bei Bernadette festzustellen glauben, kann die Gesundheit dieses Kindes mitnichten gefährden, in ihrer bestehenden Begrenztheit. Es ist im Gegenteil wahrscheinlich, dass wenn Bernadette nicht mehr von der Menge bedrängt wird, man ihr keine Gebete mehr abverlangt, sie ihre üblichen Gewohnheiten wiedergewonnen haben wird, sie aufhören wird, an die Grotte und an die wundersamen Sachen, die sie berichtet, zu denken], Rapport des médecins Lacrampe, Balencie et Peyrous vom 31. März 1858, in: LDA, 1, 297–301, hier 301.

171 Vgl. LHA, 6, 136–137.

172 Vgl. LHA, 6, 143–221.

173 Dies ist die herkömmliche Überlieferung dieses „Kerzenwunders", welches aber in der Untersuchung Cros (vgl. Léonard CROS, *Histoire de Notre-Dame de Lourdes*, op. cit., Bd. 1, 479–499) als unhaltbare Übertreibung dargestellt wird. Für die Widerlegung von P. Cros durch R. Laurentin, siehe LHA, 6, 173–201.

174 Vgl. LHA, 6, 215.

175 Vgl. LDA, 2, 33–34.

176 Vgl. LDA, 2, 21–23; 57–108; LDA, 3, 19–20; Léonard CROS, *Lourdes 1858*, op. cit., 125-152; Ruth HARRIS, *Lourdes*, op. cit., 98–109. Während Léonard Cros diesen Sehern als Werkzeuge des Teufels (vgl. z. B. Léonard CROS, *Histoire de Notre-Dame de Lourdes*, op. cit., Bd. 2, 49) einen wichtigen Platz einräumt, werden sie von René Laurentin als Opfer einer psychischen Epidemie (vgl. LDA, 2, 21: „L'épidémie des visionnaires") pathologisiert und lächerlich gemacht, und in LHA, 6, 223–226, als absolut irrelevant übergangen.

177 Vgl. LDA, 2, 165.

178 „sainte fille s'il en fût", Brief Peyramale vom 8. Mai 1858 an Bischof Laurence, in: LDA, 2, 258. Nicht ohne Freude bemerkt Peyramale, dass die Heilige Jungfrau gerade der Magd jenen Mannes erschienen sein soll, welcher von den Zivilautoritäten mit der Verhaftung aller Seherinnen beauftragt worden ist.

179 Vgl. hier besonders Ruth HARRIS, *Lourdes*, op. cit., 102–109.

180 Immerhin werden sich diese im Anschluss an Bernadettes Visionen entstandenen Erscheinungen sporadisch bis mindestens Januar 1859 hinziehen, und auch 20 Jahre später finden sich noch Leute, die einigen dieser Seher Glauben schenken.

181 Vgl. LHA, 6, 227–252.

182 Zum weiteren Schicksal Bernadettes vgl. LDA, 5–7; René LAURENTIN, *Bernadette vous parle*, op. cit.; Idem, *Vie de Bernadette*, op. cit.

183 Siehe LDA, 6, 359–360; 363–364.

184 „Oh! ma Mère, s'écrie-t-elle, vous me montrez come une un bœuf gras"; übereinstimmende Aussage mehrer Zeugen, in: LDA, 7, 76.

185 „Mais, ma chère sœur, laissez-moi partir d'ici. Vous me faites voir comme une bête curieuse ", LDA, 7, 76. Vgl. René LAURENTIN, *Bernadette vous parle*, op. cit, Bd. 1, 395; Idem, *Vie de Bernadette*, op. cit., 189–190.

186 „ une paysanne … tenant sur ses genoux, enveloppé d'un lange grossier, une sorte de spectre d'enfant à la mamelle. Quelques instants plus tard, la tourière introduisit un ecclésiastique à la stature puissante, aux gestes brusques … un cuirassier revêtu d'un costume sacerdotal … Soutane élimée … il arpentait la pièce comme s'il ne pouvait tenir en place. C'était le curé Peyramale. Enfin, par la porte entrou-

verte, on entendit des pas, puis le bruit d'une respiration difficile, oppressée, pénible, sifflante. La supérieure parut suivie d'une enfant de petite taille qui paraissait treize ou quatorze ans: elle en comptait dix-neuf. La jeune fille portait le costume des paysannes. Le mouchoir traditionnel des gasconnes emprisonnait ses cheveux noirs, à peine visibles au-dessus d'un front découvert. Un fichu de couleur lui couvrait la poitrine et plongeait ses pointes sous le tablier sombre qui pendait de la ceinture. Sa figure d'un ovale plein et régulier, n'offrait rien de saillant. L'effort d'une marche pénible par la suite des suffocations avait donné aux joues une teinte carminée fréquente chez les phtisiques et les asthmatiques ... Le curé dit de sa voix rude: – Eh bien! Bernadette, cela ne va pas? Est-ce que tu voudrais déjà manger les pissenlits par la racine? Sans laisser à celle-ci le temps de répondre, parce que toute fatigue, même légère, pouvais lui occasionner une crise, il fit en quelques mots le récit des apparitons. – Te souviens-tu, ajouta-t-il, de la façon dont je t'ai reçue? Tu me dis que tu venais de la part de la Dame! Quelle Dame? Je ne sais pas! Mais alors tu mens! Et lorsque je t'ai fait demander à la Dame, si vraiment elle était la sainte Vierge, de faire fleurir le rosier en plein mois de février! Elle a souri, la Mère de Dieu. Le rosier n'a pas fleuri, mais la source a jailli, c'était la réponse ... Bernadette, toujours debout, gardait le silence. Son visage demeurait impassible. La pauvre mère donnait des signes d'impatience. Que lui importait ce bavardage! Elle se lève brusquement, tend le petit être et s'écrie avec des larmes dans la voix: – Mademoiselle, ma petite est bien malade. Au nom de la Bonne Dame, touchez-la de votre main ... La jeune fille eut un mouvement de recul. La Supérieure lui fit: – Donnez à la pauvre femme la satisfaction qu'elle vous demande. La religieuse nous fit remettre une photographie sur le verso de laquelle la voyante écrivit devant nous: ‚Priez pour Bernadette'"; Bericht Louis de Combes, Sommer 1863, in: René LAURENTIN, *Bernadette vous parle*, op. cit, Bd. 1, 283–285.

187 Das früheste Foto eines zukünftigen Heiligen überhaupt ist die 1859, also zwei Jahre vor dem ersten Ablichten Bernadettes, angefertigte Aufnahme des Pfarrers von Ars auf seinem Totenbett. Vgl. René LAURENTIN, *Visage de Bernadette*, Paris, P. Lethielleux, 1978, 2 Bde.

188 Über das geweihte Leben und die Religion als Mittel zur Emanzipation für die Frauen des 19. Jahrhunderts, siehe, mit näherem Bezug auf Lourdes, Ruth HARRIS, *Lourdes*, op. cit., 210 ff. Doch schon Xavier RECROIX, *Essai sur le rôle du facteur social dans le cas de Bernadette Soubirous*, op. cit., 453–456, untersuchte eindrucksvoll den psychologischen Werdegang der Wahl des Ordensstandes als konsequente Nachahmung des seherischen Prozesses der Anglèze de Sagazan: Bernadette wollte zuerst, wie Anglèze, bei den Zisterzienserinnen eintreten, wenn ihre Gesundheit es ihr erlaubt hätte. Den Klostereintritt als statuserhöhenden Bruch mit ihrem Ursprungsmilieu zu deuten, scheint umso gerechtfertigter, als man Bernadette als Alternative zum angesehenen Ordenstand eben die wenig brillante Karriere einer Näherin oder Büglerin anbot.

189 Vgl. Bernadettes heimlichen Brief vom 22. 10. 1865 an Abbé Charles Bouin: „je suis fatiguée de voir tant de monde; priez pour moi, je vous en prie afin que Dieu me prenne ou qu'il me fasse entrer vite au nombre de ses épouses, car c'est là mon grand désir, quoique bien indigne" [ich bin müde, immer soviele Leute zu sehen, beten Sie für mich, ich bitte Sie, damit Gott mich zu sich nimmt oder mich schnell in die Schar seiner Bräute eintreten tut, denn dies ist mein größter Wunsch, bin ich auch unwürdig], in: André RAVIER, *Les écrits de sainte Bernadette et sa voie spirituelle*, Paris, P. Lethielleux, Lourdes, Œuvre de la Grotte, 1993[3], 161.

190 Bernadette soll später einmal die Wahl von Nevers damit begründet haben, dass die-

ser Orden, im Gegensatz zu anderen, niemals versucht hätte, sie anzuziehen. Dies mag stimmen, zumal die Oberinnen des Lourdes Hospiz immer sehr demütigend mit Bernadette verfahren sind und zudem seit den Scherereien mit dem Ordenseintritt der Seherin von La Salette, Mélanie Calvat, einige Ordensleitungen sich vor Komplikationen mit der Aufnahme von proletarischen Bergseherinnen fürchteten. Anderseits ist es aber auch so, dass der Bischof von Nevers mit Nachhalt sowohl bei der Einwände vorschützenden Seherin als auch bei der unwilligen Generaloberin sich dafür einsetzte, dass Bernadette ins Kloster nach Nevers ging. Anfänglich wollte Bernadette dezidiert nicht bei den Schwestern von Nevers eintreten, schien sich dann aber verpflichtet zu fühlen, als Gegenleistung für die erhaltene Obhut die Schwestern nicht zu entäuschen und keinem anderen Orden sich anzuschließen. Und schließlich konnte sie sich ja auch in Nevers der Armen- und Krankenpflege widmen ... Vgl. LHA, 7, 79-127; René LAURENTIN, *Bernadette vous parle*, op. cit, Bd. 1, 315–336; Idem, *Vie de Bernadette*, op. cit., 177–184; LDA, 7, 79 ff.

191 Vgl. ibidem, op. cit., 186.

192 Vgl. Roger PILON, *Le Corps de Bernadette Soubirous dans sa vie, dans sa mort, dans sa béatification*, op. cit., 29 ff.

193 Vgl. Bernadettes Aussagen während ihrer Klosterzeit, in: R. LAURENTIN/M.-Th. BOURGEADE, *Logia de Bernadette. Étude critique de ses paroles de 1866 à 1979*, Paris, Apostolat des Éditions – P. Lethielleux; Lourdes, Œuvre de la Grotte, 1971, 3 Bde.

194 „Je suis moulu comme un grain de blé ... Je n'aurais pas cru qu'il faut tant souffrir pour mourir"; in: René LAURENTIN, *Bernadette vous parle*, op. cit, Bd. 2, 276.

195 Siehe André RAVIER, *Der Leichnam der heiligen Bernadette nach den Archiven des Klosters von St. Gildard, der Diözese und der Stadt Nevers*, Baume-les-Dames, I. M. E., 1995.

196 Bezeichnenderweise fängt auch David BLACKBOURN, *Wenn ihr sie wieder seht, fragt wer sie sei*, op. cit., seine ausgezeichnete Allgemeindarstellung „Europäische Marienerscheinungen im 19. Jahrhundert" mit dem Hervorheben der überindividuellen Dimension an: „Marienerscheinungen waren eines der großen kollektiven Dramen im Europa des 19. Jahrhunderts" (39). Wie es im Titel von Xavier RECROIX, *Essai sur le rôle du facteur social dans le cas de Bernadette Soubirous*, op. cit., anklingt, beschäftigt sich auch dieser Autor vor allem – aber nicht nur – mit den sozialen Determinationen der Seherin.

197 „les apparitions ne s'étaient pas produites pour son seul plaisir à elle, mais pour que le monde entier fût édifié", Zeugenbericht vom 31. 8. 1892 an Émile Zola, in: Émile ZOLA, *Mes voyages. Lourdes. Rome. Journaux inédits*, Paris, Fasquelle, 1958, 113.

198 Siehe Xavier RECROIX, *Essai sur le rôle du facteur social dans le cas de Bernadette Soubirous*, op. cit., 452.

199 Vgl. LHA, 4, 215, n. 75. In der Nadelprobe verbindet sich, auf sicher unbewusste, aber doch bezeichnende Weise, neuzeitlich-hexenhämmerische Inquisition mit modernster wissenschaftlicher Hysterieexperimentation; vgl. Ruth HARRIS, *Lourdes*, op. cit, 63–64.

200 Vgl. LHA, 5, 31–32.

201 Der gefälligen Verfälschung von Bernadettes Vornamen enspricht die gleichgeartete Erzählung ihres Vorlebens, auf dessen Berichtigung hier nicht eingegangen werden soll.

202 „Une question se présente ici tout naturellement. La petite Bernardine Soubirous voit-elle quelque chose? La réponse ne saurait être douteuse: son jeune âge; – l'absence de toute instruction chez elle; – sa vie passée paisiblement à la campagne chez son père nourricier, où elle était encore bergère il y a à peine un mois; – son innocence naïve, tout en elle témoigne hautement qu'elle est incapable de la plus

légère supercherie "; Denkschrift Clarens vom 4. 3. 1858 an Präfekt Massy, in: LDA, 1, 190–204, hier 201.

203 Vgl. mit besonderem Bezug auf die Pyrenäen Xavier RECROIX, „Récits d'apparitions mariales (Pyrénées Centrales)", art. cit.; Idem, „Un Aspect de la Piété Populaire dans les Pyrénées Centrales: La Dévotion Mariale", art. cit.

204 „Mais alors, que voit-elle? Nos ancêtres n'auraient pas manqué de s'écrier que la fée Mélusine de Bretagne, ou Banshée d'Irlande, ou Ortoli de Corse, ou Morgane, ou Urgèle, ou la Dame blanche, etc., avaient quitté ces parages pour venir habiter un antre privilégié, à la racine de nos monts"; Denkschrift Clarens vom 4. 3. 1858 an Präfekt Massy, in: LDA, 1, 201–202.

205 Vgl. LHA, 5, 113. Sich einstellende Sprachschwiergkeiten werden von der Küsterin und vom Dechanten Peyramale flugs benutzt, ihren Schützling den auswärtigen Fragestellern zu entziehen, bevor Bernadette eine Antwort geben konnte.

206 „Mais la grande masse (...) croit et propage aujourd'hui avec tant de fureur: que la Vierge avait apparu à une fille pour lui faire quelque révélation. Tout en blâmant la facilité avec laquelle les populations crient au miracle, avant que l'autorité ecclésiastique, qui seule doit être leur guide à cet égard, ait prononcé, on ne peut s'empêcher de reconnaître, avec une grande satisfaction, que les idées superstitieuses des anciens ont fait place à des idées religieuses dans l'esprit de nos contemporains; et certes, ce n'est pas là une petite chose. Heureux si nos rudes labeurs de chaque jour pouvaient avoir une part, quelque mince qu'elle fût, à ce progrès de notre siècle!"; Denkschrift Clarens vom 4. 3. 1858 an Präfekt Massy, in: LDA, 1, 202.

207 „*Mais un miracle est-il impossible?* Sans remonter aux histoires sacrées, l'autorité ecclésiastique a, de tout temps, consacré, chez nous, les miracles des Apparitions de Héas, de Piétat, de Garaison et Bétharram. L'histoire profane elle-même nous en offre des exemples, dont un même est assez récent, la conversion de Ratisbonne par l'Apparition de la Vierge dans une église de Rome"; Denkschrift Schuldirektor Clarens vom 4. März 1858, LDA, 1, 202.

208 Laut Sylvie BARNAY, *Le ciel sur la terre*, op. cit., 11, enstand der Glaube an die Erscheinungen der Muttergottes gegen 390 in Konstantinopel. Eine in allen Punkten der kritischen Wissenschaft gerecht werdende Gesamtdarstellung der Muttergotteserscheinungen fehlt unseres Wissens bis heute. Am ehesten noch wird diesem Anspruch zumindest ansatzweise gerecht Joachim BOUFLET/Philippe BOUTRY, *Un signe dans le ciel. Les apparitions de la Vierge*, Paris, Bernard Grasset, 1997, wo sich auch weiterführende Bibliographien zu den hier angesprochenen Erscheinungen finden. Gleiches gilt in weitaus abgeschwächterem Maße für Yves CHIRON, *Enquête sur les appartitions de la Vierge*, Paris, Perrin/Mame, 1995 und völlig unkritisch Gottfried HIERZENBERGER/Otto NEDOMANSKI, *Erscheinungen und Botschaften der Gottesmutter Maria. Vollständige Dokumentation durch zwei Jahrtausende*, Aschaffenburg, Pattloch, 1998.

209 Vgl. David BLACKBOURN, *Wenn ihr sie wieder seht, fragt wer sie sei*, op. cit., 77–78.

210 Vgl. Georges TAVARD, *La Vierge Marie en France aux XVIIIe et XIXe siècles*, op. cit, 143–169, der für das 19. Jahrhundert von einer „explosion visionnaire" (143) spricht. Vgl. auch Barbara Corrado POPE, „Immaculate and Powerfull: The Marian Revival in the Nineteenth Century", in: Clarissa W. Atkinson/ Constance H. Buchanan/Margaret R. Miles (Hrsg.), *Immaculate and Powerfull. The Female in Sacred Image and Social Reality*, Boston, Beacon Press, 1985, 173–200; Claude LANGLOIS, „Mariophanies et mariologies au XIXe siècle. Méthode et histoire", in: Jean Comby (Hrsg.), *Théologie, histoire et piété mariale. Actes du colloque. Université catholique de Lyon, 1–3 octobre 1996*, Lyon, Profac, 1997, 19–36.

211 Vgl. Bernhard SCHNEIDER, „Feminisierung der Religion im 19. Jahrhundert. Perspektiven einer These im Kontext des deutschen Katholizismus“, *Trierer Theologische Zeitschrift*, 111, 2002, 123–147. Dem entspricht auch eine identische Verweiblichung der Wundergeheilten in Kanonisationsprozessen, siehe Pierre DELOOZ, *Les miracles: un défi pour la science?*, Bruxelles, Duculot, 1997, 124–126.

212 David BLACKBOURN, *Wenn ihr sie wieder seht, fragt wer sie sei*, op. cit., 40–41.

213 Vgl. René LAURENTIN, *Vie de Catherine Labouré. Voyante de la rue du Bac et servante des pauvres 1806–1876*, Paris, DDB, 1980, 2 Bde.

214 Vgl. Jean STERN, *La Salette. Documents authentiques*, Paris, Bd. 1: DDB, 1980; Bd. 2: Cerf, 1984; Bd. 3: Cerf, 1991; François ANGELIER/Claude LANGLOIS (Hrsg.), *La Salette. Apocalypse, pèlerinage et littérature (1856–1996)*, Grenoble, Jérôme Millon, 2000.

215 Vgl. René LAURENTIN/Albert DURAND, *Pontmain. Histoire authentique*, Paris, Lethielleux, 1970, 3 Bde.

216 Die Veröffentlichung einer kritschen Dokumentation zu den Erscheinungen in Fatima ist erst vor kurzem angefangen worden (vgl. Anton ZIEGENAUS, „Die Ereignisse in Fatima. Zum Erscheinen des ersten Bandes einer kritischen Dokumentation“, *Forum katholische Theologie*, 11, 1995, 299–310. Der Autor präsentiert den status quæstionis und setzt sich für die Echtheit der Erscheinungen ein). Für eine kritsche Bewertung von Fatima, vgl. Carlos Maria STAEHLIN, *Visionen, Stigmata und Offenbarungen*, op. cit., passim; Karl RAHNER, *Visionen und Prophezeiungen*, op. cit., passim; Josef HANAUER, *„Muttergotteserscheinungen“. Tatsachen oder Täuschungen*, Aachen, Karin Fischer, 1996, 84–191.

217 Vgl. Fernand TOUSSAINT/Camille-Jean JOSET, *Beauraing (1932–1982)*, s. l., DDB, 1981; Camille-Jean Joset (Hrsg.), *Dossiers de Beauraing*, Beauraing, Pro Maria; Namur, Recherches Universitaires, 1981–1984, 5 Bde. (der angekündigte Band 6: „Controverses [1933–1950]“ ist nicht erschienen).

218 Vgl. Ludwig Joseph KERKHOFS, *U. L. Frau von Banneux. Studien und Dokumente*, Aachen, M. Brimberg, s. d., 2. deutsche Auflage (Übers. aus dem Französischen) (der Autor hat als Ortsbischof die Erscheinungen anerkannt).

219 Vgl. René LAURENTIN, *20 janvier 1842, Marie apparaît à Alphonse Ratisbonne. (17 novembre 1841 – 20 juin 1842)*, Paris, O.E.I.L., 1991, 2 Bde.

220 Vgl. David BLACKBOURN, *Wenn ihr sie wieder seht, fragt wer sie sei*, op. cit., 39–103; Ruth HARRIS, *Lourdes*, op. cit., passim.

221 Vgl. LDA, 1, 128–151. Bezeichnenderweise beginnt R. Laurentin seine Dokumentensammlung zu den Erscheinungen von Lourdes mit der Bestürzung, welches das Attentat gegen den Kaiser in Lourdes auslöste.

222 Vgl. William A. CHRISTIAN, *Apparitions in Late Medieval and Renaissance Spain*, Princeton, Princeton University Press, 1981.

223 Ruth HARRIS, *Lourdes*, op. cit., 24.

224 Vgl. Jean-Paul ROUX, *Montagnes sacrées, montagnes mythiques*, Paris, Fayard, 1999.

225 Vgl. Alphonse DUPRONT, *Du sacré*, op. cit., 361–364.

226 Vgl. Brigitte CAULIER, *L'eau et le sacré. Les cultes thérapeutiques autour des fontaines en France du Moyen Age à nos jours*, Laval, Presses de l'Université; Paris, Bauchesne, 1990, 33.

227 Siehe Michel LAGRÉE, „Les répliques de la grotte de Lourdes. Suggestions pour une enquête“, in: *Homo Religiosus. Autour de Jean Delumeau*, Paris, Fayard, 1997, 25–33. Die älteste Lourdesgrotte Deutschlands – 1890 eingesegnet – befindet sich laut Gabriele OBERHAUSER, *Wallfahrten und Kultstätte im Saarland. Von der Quellenverehrung zur Marienerscheinung*, Saabrücken, Saarbrücker Druckerei und Verlag, 1992, 171–172, im saarländischen Niedaltdorf, während Andreas Johannes KOTULLA, *„Dies ist die Pforte des Himmels!“*, op. cit., 74, schon deutsche Lourdesgrotten ab 1875 ausmacht.

228 Im Allgemeinen wurden in den Pyrenäen Grotten immer als Behausung und Tummelplatz von Elfen und Kobolden gesehen; vgl. Ruth HARRIS, *Lourdes*, op. cit., 52–54.

229 Vgl. Ruth HARRIS, *Lourdes*, op. cit., 86.

230 So auch Brigitte CAULIER, *L'eau et le sacré*, op. cit., 142.

231 „illa proceritas siluae et secretum loci et admiratio umbrae (...) tam densae atque continuae fidem tibi numinis faciet. Si quis specus saxis penitus exesis montem suspenderit, non manu factus, sed naturalibus causis in tantam laxitatem excauatus, animum tuum quadam religionis suspicione percutiet. Magnorum fluminum capita ueneramur; subita ex abdito uasti amnis eruptio aras habet", L. Annaeus SENECA, *Ad Lucilium epistulae morales*, 41, 3, Darmstadt, Wissenschaftliche Buchgesellschaft, 1980, 326 (Übers. Manfred Rosenbach).

232 Siehe Rudolf OTTO, *Das Heilige. Über das Irrationale in der Idee des Göttlichen und sein Verhältnis zum Rationalen*, München, Beck, (1917–1936), 1987.

233 Bericht der 18-jährigen Marie-Caroline de Cornulier-Lucinière, welche mit ihren Eltern vom 9. bis zum 11. Mai 1859 nach Lourdes pilgerte, in: LDA, 5, 290: „Tout alentour est grandiose et silencieux, des rochers abrupts et grandioses nous entourent, des montagnes noires et chenues nous dominent, le Gave gronde sourdement près de nous et chaque chose nous dispose au sérieux et à la prière. Vous tournez un rocher et vous êtes rendu au but de notre pèlerinage! En arrivant, je me disais: qui me prouvera que la Ste Vierge a visité ces lieux, puisque l'autorité ecclésiasitque n'a rien encore décidé; mais à peine avais-je posé le pied dans cette Grotte, avant même de l'avoir regardée, je me sentis jetée à genoux par une force irrésitible, je ressentis dans tout mon être une commotion violente et étrange; mes yeux se remplirent de larmes et je ressentis un tressaillement de bonheur et une émotion délicieuse, comme je n'en avais éprouvé encore qu'une fois et que je n'oublirai jamais de ma vie. Il est impossible d'exprimer ce que je ressentais d'ineffable joie, quelles délices avaient les larmes que je répandis; il me semblait que j'avais quitté la terre et que je pressentais les avant-goûts du bonheur du ciel. Lorsque j'y pense, je ressens encore cette même délicieuse émotion; il me semblait que je voyais, que j'entendais Marie me dire qu'elle était bein venue là et j'aurais tout sacrifié pour l'affirmer et le faire croire à tous les incrédules".

234 Die von Jean-Yves Hameline in Anlehnung an D. W. Winnicott ausgemachte Funktion liturgischer Heiligtümer als „espace transitionnel" [Übergangsort] (vgl. Jean-Yves HAMELINE, *Une poétique du rituel*, Paris, Cerf, 1997, 53–71), gilt in unerhört komplexer Art a fortiori für die Grotte von Massabielle, welche in vielfacher Hinsicht als ritueller Übergangsort zu anderen Wirklichkeiten benutzt worden ist und immer noch wird.

235 Hier sei nur auf die Heilungswunder der Lourdes in vielerlei Hinsicht so nahe gelegenen Heiligtümer Garaison und Bétharram verwiesen.

236 Vgl. Annie QUARTARARO-VINAS, *Médecins et médecine dans les Hautes-Pyrénées au XIXe siècle*, op. cit., 86–89; 174–187; Ruth HARRIS, *Lourdes*, op. cit., 289–293.

237 Vgl. Zitate Kasten oben.

238 „la préoccupation des sorciers et du merveilleux dans cette population, où une bourgeoisie pieuse peut en arriver à de pareilles imaginations!"; Émile ZOLA, *Mes voyages*, op. cit., 91. Für eine gute Gesamtdarstellung dieser – allerdings nicht nur auf Bauern zu beschränkende - zeitgenössischen Glaubenswelt, siehe Judith DEVLIN, *The Superstitious Mind. French Peasants and the Supernatural in the Nineteenth Century*, New Haven–London, Yale University Press, 1987.

239 Vgl. zu diesem Themenkomplex das Standartwerk von Michel MESLIN (Hrsg.), *Le*

merveilleux. L'imaginaire et les croyances en Occident, Paris, Bordas, 1984 sowie Patrick Dondelinger (Hrsg.), *Faut-il croire au merveilleux? Actes du colloque organisé les 12–13 mai 2000 à l'Université de Metz*, Paris, Cerf, 2003.

240 Vgl. LHA, 2, 190–194.

241 Siehe LDA, 2, 21–23; 57–108; LDA, 3, 19–20; Ruth HARRIS, *Lourdes*, op. cit., 98–109.

242 So. z. B. Schulbruder Léobard, siehe Léonard CROS, *Lourdes 1858*, op. cit., 255.

243 Ruth HARRIS, *Lourdes*, op. cit., 77: „By first calling the apparition *uo pétito damizéla*, Bernadette chose the term used to describe fairies, the little women of the forest".

244 Vgl. LHA, 5, 113.

245 Vgl. die schon zitierte Denkschrift von Schuldirektor Clarens, in: LDA, 1, 201–202.

246 Xavier RECROIX, *Essai sur le rôle du facteur social dans le cas de Bernadette Soubirous*, op. cit., 141–150. Siehe auch Thomas A. KSELMAN, *Death and the Afterlife in Modern France*, Princeton, Princeton University Press, 1993.

247 Vgl. LHA, 2, 190–192.

248 Siehe Xavier RECROIX, *Essai sur le rôle du facteur social dans le cas de Bernadette Soubirous*, op. cit., 429.

249 Siehe die dritte Vision am 18. 2. 1858, LHA, 2, 304–371.

250 Siehe den oben, S. 40, abgedruckten Bericht der Antoinette Peyret.

251 Vgl. auch Thomas A. KSELMAN, *Death and the Afterlife in Modern France*, op. cit., 60, 94: „Elisa had recently died in the most edifying of circumstances (…). A great many in this community of around five thousand were excited by the apparitions in part because they offered the gratifying possibility of gaining certain knowledge about Elisa's state in the afterlife. (…) In the fervent mood that followed Elisa's death (…) the apparitions of Lourdes (…) owe a great deal to the atmosphere created by the Catholic rituals of death" [Elisa war kürzlich unter erbaulichsten Umständen verschieden. (…) Viele in dieser Gemeinschaft von rund fünftausend Leuten waren zum Teil deshalb so brennend an den Erscheinungen interessiert, weil sie die erfreuliche Möglichkeit boten, etwas über Elisas Zustand im Jenseits in Erfahrung bringen zu können. (…) Wegen der glühenden Stimmung, welche nach Elisas Tod herrschte (…), verdanken die Erscheinungen von Lourdes sehr viel der von der katholischen Totenliturgie geschaffenen Atmosphäre].

252 Vgl. Thomas A. KSELMAN, *Death and the Afterlife in Modern France*, op. cit.; Nicole EDELMAN, *Voyantes, guérisseuses et visionnaires en France 1785–1914*, Paris, Albin Michel, 1995. Es sei daran erinnert, dass die „Bibel" des europäischen Spiritismus genau 1857 erscheint: Allan KARDEC [Hippolyte RIVAIL], *Le Livre des esprits, contenant les principes de la doctrine spirite*, Paris, Dentu, 1857.

253 Siehe LDA, 2, 273–277.

254 Siehe LDA, 2, 303–306

255 Siehe LDA, 2, 351–352.

256 Siehe LDA, 3, 244–243; 4, 117–118.

257 Siehe LDA, 4, 155–160.

258 Siehe den betreffenden Artikel vom Januar 1870, in: LDA, 5, 281–288.

259 Vgl. Régis LADOUS, „Le spiritisme et les démons dans les catéchismes français du XIXe siècle", in: Jean-Baptiste Martin/Massimo Introvigne (Hrsg.), *Le défi magique*, Lyon, Presses Universitaires de Lyon, 1994, Bd. 2, 203–228.

260 So ist z. B. der als Verbindungsmann zwischen Papst Pius X. und dem Präsidenten des Ärztebüros in Lourdes fungierende päpstliche Leibarzt Lapponi nicht nur Initiator einer strengeren Kontrolle der Heilungen in Lourdes, sondern auch Autor eines

Buches zum Thema Spiritismus, siehe Giuseppe LAPPONI, *Ipnotismo e spiritismo. Studio medico-critico*, Roma, Desclée, Lefebvre e C., 1906².

261 Vgl. LHA, 6, 38–40.

262 Vgl. den bereits oben zitierten Schuldirektor Clarens, LDA, 1, 202.

263 Vgl. Jacques GUILLET/Gustave BARDY/François VANDENBROUCKE/Joseph PEGON/Henri MARTIN, „Discernement des esprits“, *Dictionnaire de spiritualité*, Bd. 3, 1957, 1222–1287.

264 Vgl. LHA, 2, 207–277.

265 Für die von René Laurentin als unecht erklärte „diablerie du 19 février“, siehe LHA, 4, 19–20. In der bischöflichen Ordonnance vom 28. Juli 1858 wurde die Teufelshypothese nur indirekt erwähnt (siehe LDA, 3, 212–213); im bischöflichen Mandement vom 18. Januar 1862, mit dem die himmlische Echtheit der Erscheinungen proklamiert wurde, etwas expliziter, siehe unten, 192.

266 Siehe René LAURENTIN, *Vie de Bernadette*, 144–145.

267 Vgl. LHA, 2, 190–194.

268 Vgl. LHA, 4, 420, n. 9.

269 Hier sei nur auf das auch im bischöflichen Mandement vom 18. Januar 1862 erwähnte Standardwerk des zukünftigen Papstes Benedikt XIV., Prospero LAMBERTINI, *De servorum Dei beatificatione, et beatorum canonizatione*, (Bologna, 1734–1738), Prati, Albert Ghettus, 1741, 9 Bde., verwiesen.

270 Siehe Michel MESLIN, *Pour une science des religions*, Paris, Seuil, 1973, 41; Jan GOLDSTEIN, „The Hysteria Diagnosis and the Politics of Anticlericalism in Late Nineteenth-Century France“, *Journal of Modern History*, 54, 1982, 209–239; Cristina MAZZONI, *Saint Hysteria. Neurosis, Mysticism, and Gender in European Culture*, Ithaca – London, Cornell University Press, 1996.

271 Der ominöse Begriff „Hysterie“ ist 1858 als Erklärungsversuch noch nicht so geläufig, wie er es Jahre später für Lourdes sein sollte: Das berühmte, mit Bernadettes Erscheinungen eigentlich zeitgenössische Pionierwerk des Franzosen P. Briquet, *Traité clinique et thérapeutique de l'hystérie*, erschien erst 1859, vgl. Henri F. ELLENBERGER, *Histoire de la découverte de l'inconscient*, Paris, Fayard, 1994 (Übers. von *The Discovery of the Unconscious. The History and Evolution of Dynamic Psychiatry*, s. l., Basic Books, 1970), 174; Georges DIDI-HUBERMAN, *Invention de l'hystérie. Charcot et l'Iconographie photographique de la Salpêtrière*, Paris, Macula, 1982; Mark S. MICALE, *Approaching Hysteria. Disease and Its Interpretations*, Princeton, Princeton University Press, 1995 (besonders 260–284 das Schlusskapitel über Lourdes).

272 Vgl. LHA, 3, 81–112.

273 Vgl. Rapport des médecins Lacrampe, Balencie et Peyrous vom 31. März 1858, in: LDA, 1, 297–301, deren Schlussfolgerung oben, Endnote 170, zitiert wurde.

274 „A la science donc à nous dire si la fille est, ou non, hallucinée; – à l'autorité religieuse à prononcer s'il y a eu miracle; – à vous, lecteurs, en attendant que ces deux autorités aient parlé – et elles parleront – à prendre pour devise: *Attendre et douter*“; Denkschrift Clarens vom 4. 3. 1858 an Präfekt Massy, in: LDA, 1, 202.

275 Siehe die schon zitierte Denkschrift von Schuldirektor Clarens [= LHA, 1, 202]; sowie auch die diesbezüglichen Diskussionen im untenstehenden (S. 190 ff.) bischöflichen Mandement vom 18. Januar 1862 [= LHA, 6, 240–241].

276 Siehe Marc ORAISON, „Le point de vue du médecin psychiatre clinicien sur les apparitions“, in: Bernard Billet et alii, *Vraies et fausses apparitions dans l'Église*, Paris, P. Lethielleux; Montréal, Bellarmin, (1973), 1976²,127–129.

277 Siehe hierzu die grundlegenden Untersuchungen von Gerd SCHALLENBERG, *Visio-*

näre Erlebnisse. Visionen und Auditionen in der Gegenwart. Eine psychodynamische und psychopathologische Untersuchung, Augsburg, Pattloch, 1990, 328–376.

278 Siehe Bernhard GROM, *Religionspsychologie*, München, Kösel; Göttingen, Vandenhoeck & Ruprecht, 1992, 292–296.

279 Für die drei verschiedenen Modalitäten der veränderten Bewusstseinszustände und deren psychologische, soziokulturelle und religiöse Bedeutung, siehe die klassische Studie von Roger BASTIDE, *Le rêve, la transe et la folie*, Paris, Flammarion, 1972.

280 Für die Phänomenologie der bernadettschen Extasen, siehe LHA, 3, 36–56 (voher/nacher) und 81–133 (während).

281 Vgl. Gerd SCHALLENBERG, *Visionäre Erlebnisse*, op. cit., 343: „Es gibt während der visionären Erfahrung offensichtlich Übergänge von einer Bewußtseinslage zur anderen, wobei innerhalb des Wachzustandes ebenso Abstufungen ‚nach oben' existieren wie innerhalb hypnischer Zustände ‚nach unten'".

282 Siehe Bernhard GROM, *Religionspsychologie*, op. cit., 258 ff., zum Rosenkranz besonders 260; Gilbert ROUGET, *La musique et la transe. Esquisse d'une théorie générale des relations de la musique et de la possession*, Paris, Gallimard, 1980, 1990[2], zur rythmischen Rezitation; Gerd SCHALLENBERG, *Visionäre Erlebnisse*, op. cit., 341, zum Licht und zur Bedeutung der (Auto-) Hypnose. Auf die Fixierung auf den Rosenbusch als „sorte de facteur stimulant sensoriel (...) pour susciter les ficitions hypnagogiques" [einer Art sensorischen Stimulus (...) um hypnagogische Fiktionen hervorzurufen], macht Xavier RECROIX, *Essai sur le rôle du facteur social dans le cas de Bernadette Soubirous*, op. cit., 481, aufmerksam.

283 Siehe 22. Februar und 3. März 1858.

284 Auch Xavier RECROIX, *Essai sur le rôle du facteur social dans le cas de Bernadette Soubirous*, op. cit. gelangt zur Überzeugung, dass Bernadette sich tatsächlich in einem veränderten Bewusstseinszustand befunden hat, vgl. z. B. 485.

285 Siehe LDA, 5, 76.

286 Vgl. Xavier RECROIX, *Essai sur le rôle du facteur social dans le cas de Bernadette Soubirous*, op. cit., 377–380.

287 „Tantôt Bernadette est entièrement absorbée par la vision, tantôt elle perçoit ce qui l'entoure; en toute occasion elle reste capable d'une activité adaptée lorsque l'utilité se présente", René Laurentin, in: LHA, 3, 133.

288 Siehe Marc ORAISON, „Le point de vue du médecin psychiatre clinicien sur les apparitions", art. cit., 132ff.; Antoine VERGOTE, *Dette et désir. Deux axes chrétiens et la dérive pathologique*, Paris, Seuil, 1978, 255–265; Idem, „Visions surnaturelles et apparitions", in: Idem, *Explorations de l'espace théologique. Etudes de théologie et de philosophie de la religion*, Leuven, Leuven University Press/Peeters, 1990, 597–615; Th. KAMMERER, „Les apparitions et les visions au regard de la psychiatrie et de la psychologie religieuse", *Bulletin de l'Association Médicale Internationale de Lourdes*, 217–218, avril 1987, 12–23; Gerd SCHALLENBERG, *Visionäre Erlebnisse*, op. cit., 352–357; Bernhard GROM, *Religionspsychologie*, op. cit., 300–320; Théodore MANGIAPAN, *Les guérisons de Lourdes*, op. cit., 48. Es verdient vielleicht hervorgehoben zu werden, dass alle diese Wissenschaftler als annerkannteste Autoritäten für die humanwissenschaftliche Deutung von religiös interpretierten außergewöhnlichen Erlebnissen gelten, und dies sowohl innerhalb als außerhalb der katholischen Kirche. Auch Pater Xavier RECROIX, *Essai sur le rôle du facteur social dans le cas de Bernadette Soubirous*, op. cit. (siehe hier besonders 397 und 445) stützte sich bei der Auslegung von Bernadettes Visionen als nicht-pathologische Halluzinationen auf den als Mitglied der Académie Nationale de Médecine überall großes Ansehen genießenden katholischen Psychiater Prof. Jean Lhermitte (siehe Jean LHERMITTE, *Mystiques et faux mystiques*, Paris, Bloud

et Gay, 1952). Und auch René Laurentin erlangte seinerseits eine identische Antwort (nicht-pathologische Halluzinationen), als er einem katholischen Psychiater den Fall Bernadette Soubirous darlegte, siehe LHA, 3, 276, n. 11.

289 Freundlicher Hinweis von Dr. Gerd Schallenberg. Historisch gesehen steht hinter dieser Diskussion das Erbe des Positivismus, der mit einer immer wieder versuchten pathologischen Einengung des Begriffes „Halluzination" jedweden eidetisch Begabten, und spezifisch religiöse, aber auch allgemein seherisch-schöpferische Virtuosen, für verrückt erklären, und somit den Triumph der Wissenschaft über Religion, Philosophie und Kunst sichern will. Als bekanntestes Beispiel dieser Tendenz wird oftmals das – in der Tat einer gewissen Zweideutigkeit nicht entbehrende und daher meist missverstandene – im Anfangszitat angeführte Werk des Irrenarztes Louis-Francisque LÉLUT, *Du démon de Socrate. Spécimen d'une application de la science psychologique à celle de l'histoire*, Paris, Trinquart, 1836; Baillière, 1856[2] [L'Harmattan 2000], angesehen. Für die diesbezügliche Kulturgeschichte des Begriffes „Halluzination", siehe Tony JAMES, *Dream, Creativity and Madness in Nineteenth-Century France*, Oxford, Clarendon Press, 1995, besonders 69 ff. Laut ibidem, 70, hatte schon Esquirol in seiner grundlegenden Definition im *Dictionnaire des sciences médicales* von 1817 Halluzination sowohl mit Sehertum als auch mit Delirium in Verbindung gebracht („Un homme en délire qui a la conviction intime d'une sensation actuellement perçue, alors que nul objet extérieur propre à exciter cette sensation n'est à portée de ses sens, est dans un état d'hallucination. *C'est un visionnaire*" [Ein Mensch im Delirium, der die intime Überzeugung einer tatsächlich wahrgenommenen Sinnesempfindung hat, während kein äußerer Gegenstand, fähig, diese Sinnesempfindung hervorzurufen, seinen Sinnen zugänglich ist, befindet sich in einem Zustand von Halluzination. *Er ist ein Seher*]), doch wurde in den folgenden Auflagen des *Dictionnaire des sciences médicales* „en délire" bemerkenswerterweise ausgelassen.

290 Heinrich PETRI, „Theologische Überlegungen zu Marienerscheinungen", in: Albrecht von Raab-Straube (Hrsg.), *Marienerscheinungen in Deutschland*, Altenberge, Oros, 1996, 42–68, hier 48: „Es dürfte klar geworden sein, dass der Begriff *Marienerscheinungen* ein aposteriorischer oder ein Erfahrungsbegriff ist, mit dem subjektive Erlebnisse oder Empfindungen bezeichnet, zugleich aber auch gedeutet werden sollen. Unter dem Begriff verstehe ich also ein innerpsychisches Geschehen (...)." Vgl. auch die Definition von Wolfgang BEINERT, „Marienerscheinungen", *Lexikon für Theologie und Kirche*, 1997[3], Bd. 6, 1369: „Marienerscheinungen sind psychische Eindrücke oder Erlebnisse, in denen eine Person Maria, die Mutter Jesu, als sinnenhaft gegenwärtig erkennt".

291 Heinrich PETRI, „Marienerscheinungen", in: Wolfgang Beinert/Heinrich Petri (Hrsg.), *Handbuch der Marienkunde*, Regensburg, Friedrich Pustet, 1997[2], Bd. 2, 31–59, hier 34.

292 Vgl. LHA, 3, 231–232.

293 Vgl z. B. Denkschrift Sempé (Oktober 1868) in: LHA, 3, 88: „Un jour elle [Bernadette] dit à une personne, avec un vif témoignage de surprise: – Comment vous ne m'avez pas entendue? Je parlais si haut!"

294 Vgl. Xavier RECROIX, *Essai sur le rôle du facteur social dans le cas de Bernadette Soubirous*, op. cit., 427–428.

295 „La jeune fille ne verrait-elle pas ce qu'elle ne voit point? Toute paradoxale que paraisse cette proposition, elle pourrait parfaitement être une vérité. On ne saurait contester aujourd'hui qu'une personne peut croire avoir des perceptions qu'elle n'a pas réellement. Telle a cru voir, sans entendre; telle a cru entendre, sans voir; telle enfin a cru voir et entendre ce qui n'existait pas. Tout en déplorant la légèreté avec

laquelle certains matérialistes se sont emparés de la théorie des hallucinations pour repousser les visions consacrées par l'Écriture, ou mentionnées dans les Vies des Saints, on ne pourrait contester que ce ne soit là un point acquis par la science"; Denkschrift Clarens vom 4. 3. 1858 an Präfekt Massy, in: LDA, 1, 202.

296 Bernhard GROM, *Religionspsychologie*, op. cit., 301–302.

297 Ibidem, 302.

298 Ibidem, 303.

299 Ibidem, 305.

300 Siehe Xavier RECROIX, *Essai sur le rôle du facteur social dans le cas de Bernadette Soubirous*, op. cit., z. B. 451, 453, etc.

301 David BLACKBOURN, *Wenn ihr sie wieder seht, fragt wer sie sei*, op. cit., 46.

302 Siehe Xavier RECROIX, *Essai sur le rôle du facteur social dans le cas de Bernadette Soubirous*, op. cit., 507 und besonders 485 ff. für den „choc émotionnel qui va déclencher les visions de Bernadette" [emotionalen Schock, der die Visionen der Bernadette auslösen wird]; Théodore MANGIAPAN, *Les guérisons de Lourdes*, op. cit., 27–28.

303 David BLACKBOURN, *Wenn ihr sie wieder seht, fragt wer sie sei*, op. cit., 47.

304 Vgl. Xavier RECROIX, *Essai sur le rôle du facteur social dans le cas de Bernadette Soubirous*, op. cit., 315 ff; Théodore MANGIAPAN, *Les guérisons de Lourdes*, op. cit., 27–28.

305 Dies war für Mädchen aus der Umgebung von Lourdes noch 100 Jahre nach Bernadette der Fall, siehe Xavier RECROIX, *Essai sur le rôle du facteur social dans le cas de Bernadette Soubirous*, op. cit., 191.

306 Siehe ibidem, 225.

307 Siehe ibidem, 221.

308 „Je lui dis alors: mais puisque tu n'étais pas bien, pourquoi tu ne disais rien à ton père? – Oh! non, je pensais que le Bon Dieu le voulait. Quand on pense: le Bon Dieu le permet, on ne se plaint pas"; „Elle [Bernadette] était toujours résignée. Partout elle voyait l'ordre ou la permission du Bon Dieu"; Zeugenaussagen Jeanne Védère, in: LHA, 2, 58, n. 170.

309 „Jamais elle ne se plaignait de rien; toujours docile; aucune mauvaise réponse"; Aussage Marie Laguës, in: LHA, 2, 58-59, n. 170.

310 „Je dis à Bernadette: – Il paraît que votre nourrice était bien méchante, qu'elle vous a bien fait soufffrir ... – Ce n'est pas vrai, me dit-elle, elle était pleine de bonté et de prévenances pour moi", Aussage Justine Cassou 1878, in: LHA, 2, 59, n. 170.

311 „Bernadette disait: ‚Quand on ne désire rien, on a toujours tout ce qu'il faut'"; Aussage Julie Garros, in: LHA, 2, 59, n. 170.

312 Für die Psychopathologie solcher mit dem Bild eines „perversen Gottes" (vgl. Maurice BELLET, *Le Dieu pervers*, Paris, Cerf, 1987) funktionierenden Verleugnungsstrategien, welche neben Offenbarungserlebnissen auch – negativ – zu Besessenheit führen können, siehe Antoine VERGOTE, *Dette et désir*, op. cit. Bezeichnenderweise findet sich eine solche allmächtigkeitskompensierte Abtötung auch bei einer offiziell nicht anerkannten Lourdesgeheilten und späteren Besessenen, welche von René Laurentin betreut wird, der dämonische Umsessenheit darauf hin als Krönung der mystischen Gotteserfahrung hochstilisieren will; siehe René Laurentin (Hrsg.), *La passion de Madame R. Journal d'une mystique assiégée par le démon*, Paris, Plon, 1993.

313 Vgl. ibidem, 323.

314 „Le plus grand compliment que puisse recevoir une fillette n'est pas de s'entendre dire qu'elle est jolie ou qu'elle a de beaux yeux, mais que c'est une femme" (ibidem, 201).

315 Siehe ibidem, 101–103.

316 Zur Doppelbindungstheorie, vgl. Paul WATZLAWICK/Janet H. BEAVIN/Don D.

JACKSON, *Menschliche Kommunikation*, Bern – Stuttgart – Toronto, Hans Huber, 1969, 1990[8] (Übers. von *Pragmatics of Human Communication. A Study of Interactional Patterns, Pathologies, and Paradoxes*, New York, W. W. Norton & Co., 1967), 194 ff.

317 Siehe Xavier RECROIX, *Essai sur le rôle du facteur social dans le cas de Bernadette Soubirous*, op. cit., 193.

318 Vgl. Bericht Toinette Soubirous, in: Léonard CROS, *Lourdes 1858*, op. cit., 215.

319 Ein solcher letztendlich sowohl individual- als auch sozial- und kulturpsychologischer Zugang zu den Visionen erscheint für das Verstehen von Bernadettes Erfahrungen sinnvoller als ihre Zurückführung auf die Offenbarung symbolischer Archetypen im Sinne von Carl Gustav Jung. Dies wäre dann auch unsere Hauptkritik an dem zahlreiche scharfsinnige Intuitionen beinhaltenden Werk von Ursula BERNAUER, *Die schöne Dame von Lourdes. Geschichte und Geschehen tiefenpsychologisch gedeutet*, Freiburg – Basel – Wien, Herder, 1995. Vgl. ibidem, 29–30, die Deutung von Bernadettes visionärem Spontanerlebnis als „Hereinbrechen des Unbekannten“: „Sie zieht Schuhe und Strümpfe aus bzw. will sie ausziehen: In eben diesem Augenblick bricht für Bernadette die andere Wirklichkeit herein. (...) Gewiss, Bernadette wollte nur das Wasser durchqueren, um den beiden anderen zu folgen. Doch scheint mir die Gleichzeitigkeit dieses Vorgangs mit der ersten Erscheinung und die Ausführlichkeit, mit der Bernadette davon berichtet, auch auf einen religionsgeschichtlichen Zusammenhang hinzuweisen: In vielen Religionen ist das Schuhe-Ausziehen als rituelle Kulthandlung anzutreffen und entspricht einer symbolischen Entblößung, mit der sich der Mensch auf die Begegnung mit dem Göttlichen vorbereitet. Er entledigt sich damit – pars pro toto – der äußeren Hülle, um sich Gott in nackter Existenz anheimzugeben. Darin drückt sich eine Geste der Demut und Unterwerfung aus, jedoch auch das vertrauensvolle Bewusstsein, so wie Moses nun ‚heiligen Boden‘ zu betreten, an dem sich die Gottheit offenbaren will. [Verweis auf Eugen Drewermann und Mircea Eliade]. Vielleicht ist es dieses Moment von Vertrauen, das Bernadette den Schrecken und Furcht überwinden lässt, als ihr ‚das da‘ entgegentritt. Sie hält der Erscheinung stand und wird belohnt durch das Rosenkranz-Symbol, das die Seherin mit der schönen Dame verbindet.“ Doch wie erklärt sich dann die Tatsache, dass sich tagtäglich Milliarden von Menschen in sowohl praktischer als auch religiöser Absicht die Füße entblößen, ohne auch nur im geringsten mit einer Erscheinung belohnt zu werden ...?

320 Vgl. Xavier RECROIX, *Essai sur le rôle du facteur social dans le cas de Bernadette Soubirous*, op. cit., 49 ff.

321 Vgl. ibidem 351 und LHA, 3, 30–31.

322 Vgl. Antoine VERGOTE, *Dette et désir*, op. cit., 292 ff.

323 Siehe Pierre JANET, *De l'angoisse à l'extase. Etudes sur les croyances et les sentiments*, Paris, Félix Alcan, 1926–1928, 2 Bde. Es versteht sich von selbst, dass hier nicht der von Pierre Janet teilweise praktizierte Reduktionismus der Mystik auf das Pathologische aufgegriffen werden soll, sondern nur das Treffende seiner berühmten Formel für bestimmte Fälle von Bewusstseinsveränderungen. Es würde in der Tat schwer fallen, treffliche Gemeinsamkeiten zwischen Bernadette Soubirous und P. Janets Studienfall „Madeleine Lebouc“ zu finden. Zu Letzteren, vgl. Jacques MAITRE, *Une inconnue célèbre. Madeleine Lebouc/Pauline Lair Lamotte (1836–1918)*, Paris, Anthropos, 1993.

324 Vgl. Xavier RECROIX, *Essai sur le rôle du facteur social dans le cas de Bernadette Soubirous*, op. cit., 489–490.

325 Vgl. LHA, 2, 145–146.

326 Vgl. Roger CAILLOIS, *Les démons de midi*, s. l., Fata Morgana, 1991.

327 Vgl. LHA, 3, 175–176; 182.

328 Siehe Verhör vom 12. 8. 1859: „Comment était cette lumière? – C'était comme le soleil lorsqu'il est sur la terre" [Wie war dieses Licht? – Es war wie die Sonne wenn sie auf der Erde ist] (LDA, 5, 308).

329 Am 11. Februar 1858 herrschte in Lourdes dicker Nebel, ohne Regen. X. Recroix misst dem Nebel eine wichtige Rolle im Auftreten der ersten Vision zu, siehe Xavier RECROIX, *Essai sur le rôle du facteur social dans le cas de Bernadette Soubirous*, op. cit., 490, n. 3.

330 Gerd SCHALLENBERG, *Visionäre Erlebnisse*, op. cit., 319. Vgl. ibidem, 341.

331 Vgl. Rapport des médecins Lacrampe, Balencie et Peyrous vom 31. März 1858, in: LDA, 1, 300.

332 „Avant de traverser le canal du moulin de Mme Lafitte pour arriver de l'autre côté, j'entendis un bruissement très-fort dans la haie qui est au-dess(o)us de la Grotte dite Massevieille. Je regarde de ce côté et je vis la haie agitée et derrière quelque chose de blanc qui ressemblait à une fille"; in: LDA, 1, 161. Es handelt sich hierbei um die Notizen von Kommissar Jacomet während des Verhörs vom 21. Februar 1858, also um die allererste schriftliche Niederlegung von Bernadettes Spontanerlebnis.

333 Für Xavier RECROIX, *Essai sur le rôle du facteur social dans le cas de Bernadette Soubirous*, op. cit., 489, provoziert der Windstoß den die Vision auslösenden emotionalen Schock bei Bernadette.

334 Siehe „Relation d'un jeune avocat de Dijon sur sa visite à Bernadette" vom Juli 1858, in: LDA, 3, 236–237, sowie die Synopsis der Berichte Bernadettes in LHA, 1.

335 Vor Bernadette vernehmen z. B. ein Hirte und ein Holzhacker an der Grotte „des cris plaintifs et des gémissements" [Wehklagen und Jammerwinseln], sodass sie erschreckt Reißaus nehmen (siehe LDA, I, 229); während der Erscheinungsperiode hören Leute dort „comme un roulement de charrette" [Rollen wie von einem Wagen] (vgl. Xavier RECROIX, *Essai sur le rôle du facteur social dans le cas de Bernadette Soubirous*, op. cit., 492, n. 4).

336 Vgl. ibidem, 481, wo dieses Element besonders hervorgehoben wird.

337 Vgl. ibidem, 377–380.

338 Siehe LHA, 2, 158.

339 In Wirklichkeit der Ochse der von den Pères de Bétharram betreuten Notre-Dame de Sarrance, vgl. Ruth HARRIS, *Lourdes*, op. cit, 36-37.

340 Vgl. Jean OYENHART, *La voyante de Lourdes Sainte Bernadette Soubirous, chez le voyant de Bétharram Saint Michel Garicoïts*, op. cit.

341 So auch schon Xavier RECROIX, *Essai sur le rôle du facteur social dans le cas de Bernadette Soubirous*, op. cit., 355–357.

342 Vgl. ibidem, 355–357.

343 Vgl. Jean STERN, *La Salette. Documents authentiques*, op. cit.

344 Siehe Fotos LHA, 3, 184–185.

345 Siehe André RAVIER, *Lourdes*, op. cit., 13.

346 Vgl. LHA, 3, 186 ff.

347 Schon Xavier RECROIX, *Essai sur le rôle du facteur social dans le cas de Bernadette Soubirous*, op. cit., 393, macht mit der Gegenüberstellung der verschiedenen Versionen des Initialerlebnisses und mit dem Verweis auf die klinische Beobachtung von Halluzinationen darauf aufmerksam, dass Bernadette ihre Beschreibungen allmählich, in engem Wechselspiel mit den Fragen, die an sie herangetragen wurden, auf- und ausbaute.

348 Vgl. LHA, 4, 90, n. 80.

349 „Vous avez vu la Sainte Vierge, lui dit-il? – Je ne dis pas que j'ai vu la Sainte Vierge, j'ai vu l'Apparition“, in: LDA, 7, 274.

350 Vgl. LHA, 1, 80.

351 Zur kirchlichen Mariologie in all ihren Dimensionen, vgl. Wolfgang Beinert/Heinrich Petri (Hrsg.), *Handbuch der Marienkunde*, op. cit.

352 Vgl. z. B. Michel QUENOT, *L'icône. Fenêtre sur l'absolu*, s. l., Cerf-Fides, 1987, 157–163.

353 Alphonse DUPRONT, *Du sacré*, op. cit., 165: „Création puissamment centrée sur la seule réalité mariale, mais pouvait-on, dans cette libération de la femme, séparer spirituellement la Mère du Fils, ce lien au cœur même de tout accomplissement dogmatique“.

354 „comme la projection d'un moi idéalisé“; Xavier RECROIX, *Essai sur le rôle du facteur social dans le cas de Bernadette Soubirous*, op. cit. 449.

355 Th. KAMMERER, „Les apparitions et les visions au regard de la psychiatrie et de la psychologie religieuse“, art. cit., 18: „Ce phénomène, désigné en Allemand sous le terme de Doppelgänger, en Anglais Doubleganger, en langage neuro-psychologique Héautoscopie, consiste à se voir soi-même, devant soi, à côté de soi, comme un compagnon permanent. C'est un thème mythique de toutes les civilisations, voisin du mythe de Narcisse. (...) Compagnon imaginaire, (...) Il est l'interlocuteur privilégié et aimé (...). Parfois cependant le double diffère quelque peu du sujet lui-même: c'est un frère, un ami, un amoureux“.

356 Xavier RECROIX, *Essai sur le rôle du facteur social dans le cas de Bernadette Soubirous*, op. cit., 447: „Le thème des ‚apparitions de Lourdes' aurait-il donc été dicté par les tendances profondes de l'affectivité de Bernadette, révélant ainsi un peu de l'énigme de la personnalité la plus incommunicable de Bernadette“.

357 Vgl. Léonard CROS, *Lourdes 1858*, op. cit., 98.

358 Vgl. LHA, 3, 142.

359 „Bernadette, avec expression: ‚Oh ... si belle que quand on l'a vue une fois, il tarde de mourir pour la revoir'“ (Überlieferte Worte Bernadettes an ein siebenjähriges Mädchen, in: LHA, 3, 219, n. 102).

360 Vgl. Ruth HARRIS, *Lourdes*, op. cit, 78.

361 Vgl. LHA, 3, 46–49.

362 Vgl. LHA, 3, 162, n. 107. Blonde Haare, welche als Schönheitsideal in den Pyrenäen gelten, wurden aber von Bernadette nicht an ihrer Vision ausgemacht, da die Haare unter einem Schleier verborgen erschienen – so jedenfalls urteilt R. Laurentin, vgl. LHA, 3, 163, n. 108.

363 Vgl. LHA, 3, 168–169.

364 Vgl. LHA, 3, 50–53.

365 Vgl. LHA, 5, 88.

366 Vgl. LHA, 3, 150–152.

367 Vgl. LDA, 3, 161, n. 1.

368 Vgl. LHA, 3, 152–156. Es sei daran erinnert, dass Bernadette kaum 1,40 m groß war.

369 Vgl. Ruth HARRIS, *Lourdes*, op. cit., 75–77.

370 „J'ai un faible pour tout ce qui est petit“, vgl. LHA, 2, 59, n. 173.

371 Schon Xavier RECROIX, ibidem, 447, erkannte, dass in ihrer Doppelgängerfunktion Bernadettes Vision auch Schutz- und Zufluchtsfunktionen erfüllte.

372 Vgl. LHA, 2, 307–308.

373 „d'une étoffe telle qu'on n'en voit pas chez les marchands“, Aussage Bernadette laut Bruder Cérase am 30. April 1858, in: LDA, 2, 240; vgl. LHA, 3, 167.

374 Vgl. LHA, 3, 167, n. 130.

375 Vgl. LDA, 3, 74, die Fragen des Jesuitenpater Nègre, welcher Bernadettes Visionen für Teufelswerk hielt.

376 Vgl. LHA, 3, 137–140.

377 Vgl. LHA, 3, 142–143.

378 Vgl. LHA, 3, 143–147.

379 Vgl. LHA, 3, 145, n. 43.

380 Ruth HARRIS, *Lourdes*, op. cit., 78: „Such tales, which were told in different versions across the Pyrenees, reiterated tirelessly the need to refrain from this name-calling. Perhaps such a fear explains Bernadette's reticence in identifying *Aquéro*, for all supernatural creatures demanded, it seemed, this respectfull reticence".

381 Vgl. LHA, 3, 148.

382 Vgl. LHA, 3, 273–292. Diese Unterscheidung zwischen Vision und Erscheinung ist ein Produkt der Neuzeit (vgl. Sylvie BARNAY, „Le Moyen Age du surnaturel chrétien. Les apparitions de la Vierge entre Révélation et révélations", in: Patrick Dondelinger (Hrsg.), *Faut-il croire au merveilleux?*, op. cit.) und entspricht weder den Auffassungen des Mittelalters noch der heute überwiegenden theologischen Forschung, die beide Begriffe als Synomyme verwenden.

383 Vg. Ruth HARRIS, *Lourdes*, op. cit, 70, 82. Für einen psychologischen Beleuchtungsversuch der Mutter-Kind-Beziehung bei Frauen mit religös gedeuteten Ausnahmezuständen, vgl. Jacques MAITRE, *Mystique et féminité. Essai de psychanalyse sociohistorique*, Paris, Cerf, 1997, 123 ff., wo zwar der Fall Bernadette nicht ausdrücklich behandelt wird, dafür aber die Vorgängerseherinnen Catherine Labouré und Mélanie Calvat, sowie Marie-Thérèse Noblet, eine offiziell anerkannte Lourdesgeheilte, welche ihr Leben als Besessene und Ordensgründerin beenden sollte.

384 Vgl. LHA, 2, 58, n. 170 und Zitate oben, S. 89

385 Z. B. in einem Vorentwurf 1866, siehe André RAVIER, *Les écrits de sainte Bernadette et sa voie spirituelle*, op. cit., 93.

386 Vgl. LDA, 5, 113–114, den Kehrvers des offiziösen Lourdes-Liedes, welches Ende 1858 aus der Feder eines Kirchenfürsten floss und dessen Version in Platt lange Zeit sehr populär war: „Que s'en arrit, la may tendre, / La tendre may s'en arrit" [„Sie hat gelacht, die zärtliche Mutter, / die zärtliche Mutter hat gelacht"]. Bernadettes Bezeichnung erscheint somit als das – vermutlich unbewusste – schriftliche Hervorbringen auf Französisch eines auf Platt gehörten Textes. Die von Stéphane MICHAUD, *Muse et madone. Visages de la femme de la Révolution française aux apparitions de Lourdes*, Paris, Seuil, 1985, 70 formulierte Kritik dieses Kehrverses („C'était restreindre à un vague sentimentalisme la portée spirituelle des apparitions" [Dies bedeutete, die spirituelle Bedeutung der Erscheinungen auf einen vagen Sentimentalismus zu reduzieren] gilt auch für die psychologische Bedeutung der Visionen.

387 Für die gängige Erbsündenlehre im 19. Jahrhundert, unter Berücksichtigung des ihr zugrunde liegenden „negativen" Frauenbildes, siehe Marion WAGNER, *Die himmlische Frau. Marienbild und Frauenbild in dogmatischen Handbüchern des 19. und 20. Jahrhunderts*, Regensburg, Friedrich Pustet, 1999.

388 Dies ist auch die Grundthese von Xavier RECROIX, *Essai sur le rôle du facteur social dans le cas de Bernadette Soubirous*, op. cit., siehe z. B. 399, 453, etc.

389 Vgl. Irmtraud Götz von Olenhusen (Hrsg.), *Wunderbare Erscheinungen. Frauen und katholische Frömmigkeit im 19. und 20. Jahrhundert*, Paderborn – München – Wien – Zürich, Ferdinand Schöningh, 1995, 7.

390 Xavier RECROIX, *Essai sur le rôle du facteur social dans le cas de Bernadette Soubirous*, op. cit., 509: „Mais l'intervention de la personnalité de la visionnaire inicte à penser que dans le déroulement des faits de Massabielle il y a eu non pas passive reproduction

de matériaux déjà vus ou entendus, mais bien, plus ou moins en fonction des problèmes vécus par la fillette, nouvelle «mise en forme» à partir d'éléments apportés par le facteur social".

391 Laut Schuldirektor Clarens gab Bernadette zu Protokoll: „Je reculai soudain: une affreuse peur s'emparea de moi. Ne pouvant en croire mes yeux, je les essuie avec la main pour m'assurer qu'ils ne m'avaient pas fait illusion", LDA, 1, 197.

392 Vgl. ibidem die Folge des oben zitierten Satzes: „je les [i. e. die Augen] relève et je vois encore la fille" [ich richte die Augen auf und sehe wieder das Mädchen].

393 Dies jedenfalls war die Ursache, welche die Seher von La Salette und Banneux für ihr Augenreiben angaben, vgl. Xavier RECROIX, *Essai sur le rôle du facteur social dans le cas de Bernadette Soubirous*, op. cit., 503–506.

394 Siehe Denkschrift Clarens, LDA, 1, 197: „Dans ma frayeur je prends mes chapelets" [in meiner Furcht ergreife ich meinen Rosenkranz]. Vgl. auch Patrick DONDELINGER, „Lourdes, Hauptstadt des Rosenkranzes. Ein Pilgerort zwischen Charisma, Kult und Kommerz", in: Urs-Beat Frei/Fredy Bühler, *Der Rosenkranz – Kunst der Andacht*, Wabern/Bern, Benteli, 2003, 274–293.

395 Vgl. Ruth HARRIS, *Lourdes*, op. cit., 53.

396 Vgl. Donald W. WINNICOTT, *Playing and Reality*, London, Tavistock, 1971.

397 Dies mag auch eine zusätzliche Erklärung dafür sein, warum Bernadette mit ausgeliehenen Rosenkränzen bei ihren Visionen nicht zuwege kommt (vgl. LHA 5, 88), und sie auch später ihren Rosenkranz mit bemerkenswerter Sturheit nicht hergeben will (vgl. z. B. die vergeblichen Versuche eines Bischofs, ihr seinen vermeintlich machtvolleren Rosenkranz aufzudrängen, in: LDA, 3, 31–32; vgl. auch LHA, 3, 51). Zudem war der Rosenkranz für Bernadette ja auch Übergangsobjekt als Hilfsmittel zur Erlangung ihrer visionären Bewusstseinszustände.

398 Vgl. LHA, 3, 130.

399 Vgl. Xavier RECROIX, *Essai sur le rôle du facteur social dans le cas de Bernadette Soubirous*, op. cit., 503. Für den großen Einfluss Aders auf Bernadette, 401–405. Dennoch darf man Abbé Aders Einfluss nicht als ausschlaggebende Ursache der bernadetteschen Visionen ansehen, sondern lediglich als motivmitbestimmend (423).

400 Vgl. ibidem, 403.

401 Vgl. LHA, 5, 332.

402 Vgl. Xavier RECROIX, *Essai sur le rôle du facteur social dans le cas de Bernadette Soubirous*, op. cit., 451–454.

403 Vgl. zur damaligen Kindererziehung ibidem, 191 ff.

404 Xavier RECROIX, ibidem, 453: „Désireuse de résoudre un conflit intérieur provoqué par la pression du facteur social qui fait obstacle à ses projets personnels, Bernadette n'aurait-elle pas ainsi vécu à Massabielle, dans une sorte d'état de rêve, une tentative inconsciente de solution qui provoquât un changement dans l'état subjectif de la fillette? (...) Peut-on répondre qu'il s'agit d'une solution de rupture avec le milieu social ambiant".

405 David BLACKBOURN, *Wenn ihr sie wieder seht, fragt wer sie sei*, op. cit., 49.

406 Siehe ibidem.

407 Siehe René LAURENTIN, *Bernadette vous parle*, op. cit, Bd. 1, 381-382; Théodore MANGIAPAN, *Les guérisons de Lourdes*, op. cit., 25. In Zolas Reisetagebuch findet sich folgende Eintragung über Bernadette: „Elle devait pourtant, à quatorze ans, être au moment de la formation. On dit qu'elle n'était point réglée" [Sie hätte doch mit 14 im Augenblick ihrer Reife sein müssen. Man sagt, sie hätte keine Regeln gehabt]; Émile ZOLA, *Mes voyages*, op. cit., 63.

408 Für die traditionelle Wasserscheu und den bedingungslosen Gehorsam den Eltern

gegenüber im damaligen Volke, siehe Xavier RECROIX, *Essai sur le rôle du facteur social dans le cas de Bernadette Soubirous*, op. cit.

409 Vgl. René LAURENTIN, *Bernadette vous parle*, op. cit, Bd. 1, 382; Théodore MANGIAPAN, *Les guérisons de Lourdes*, op. cit., 25: „On peut être assuré qu'au début février 1858, elle n'était pas encore réglée, mais en revanche, que cette manifestation d'une puberté retardée dut suivre de près les apparitions " [Man kann sicher sein, dass sie [Bernadette] Anfang Februar 1858 noch keine Regelblutungen hatte, aber dass diese Erscheinung einer verspäteten Pubertät den Erscheinungen dicht folgte]. Erfolgt diese Diagnose des ehemaligen Leiters des Ärztebüros in Lourdes auch 135 Jahre post eventum, so dürfte sie doch aufgrund von Dr. Mangiapans Kompetenzen als Fachpädiater und Medizinhistoriker eine gewisse Richtigkeit für sich beanspruchen.

410 David BLACKBOURN, *Wenn ihr sie wieder seht, fragt wer sie sei*, op. cit., 52.

411 Xavier RECROIX, *Essai sur le rôle du facteur social dans le cas de Bernadette Soubirous*, op. cit., 511: „Sous un certain aspect, le cas de Bernadette Soubirous peut donc s'interpréter comme l'inconsciente tentative d'une fillette en réaction contre son milieu social, curieux exemple d'un effort de personnalisation au sein d'une société relativement close où le surnaturel a part prépondérante dans la vie de chaque jour".

412 „‚De quoi as-tu été le plus heureuse: de la première communion ou des apparitions?' Elle répondit: – ‚Ce sont deux choses qui vont ensemble, mais qui ne peuvent être comparées. J'ai été bien heureuse dans les deux'" (siehe René LAURENTIN, *Bernadette vous parle*, op. cit, Bd. 1, 158). Beachtenswerterweise vollzieht Bernadette ihre Erste Kommunion zudem vor einer Statue der Unbefleckten Empfängnis in der Pose der Willkommensmadonna (siehe Xavier RECROIX, *Essai sur le rôle du facteur social dans le cas de Bernadette Soubirous*, op. cit., 256). Besser hätte man diese Funktion ihrer Visionen wirklich nicht zum Ausdruck bringen können!

413 Übertroffen nur noch von dem mexikanischen Marienerscheinungsort Guadalupe, welcher mit jährlich 20 Millionen Besuchern der größte Wallfahrtsort weltweit ist. Zum Vergleich: Mekka soll eine Million Pilger jährlich anziehen (inoffizielle Angaben des Pressebüros des Heiligtums in Lourdes dem Autor gegenüber). Nach offiziellen Berechnungen des Pressebüros belief sich für 2001 die Zahl der Besucher des Heiligtums auf sechs Millionen.

414 Siehe Arnold VAN GENNEP, *Les rites de passage. Etude systématique des rites de la porte et du seuil, de l'hospitalité, de l'adoption, de la grossesse et de l'accouchement, de la naissance, de l'enfance, de la puberté, de l'initiation, de l'ordination, du couronnement, des fiançailles et du mariage, des funérailles, des saisons, etc.*, Paris, (Emile Nourry, 1909), Picard, 1981, 14. (dt. Übers: *Übergangsriten*, Frankfurt – New York, Campus; Paris, Maison des Sciences de l'Homme, 1986). Für ein vertieftes Verstehen der prozessualen Dynamik von Übergangsriten, in ihrer sowohl psychologischen als auch sozialen Dimension, mit einer hier nur andeutbaren Fülle von direkten Anwendungsmöglichkeiten auf die Visionen der Bernadette, siehe vor allem Victor TURNER, *From Ritual to Theatre. The Human Seriousness of Play*, New York, PAJ Publications, 1982 (deutsche Übers: *Vom Ritual zum Theater. Der Ernst des menschlichen Spiels*, Frankfurt, Fischer, 1995).

415 Siehe LHA, 2, 289–290, n. 9. Für den Karneval als Ausnahmezustand mit besonderer Berücksichtigung von Lourdes, siehe Ruth HARRIS, *Lourdes*, op. cit., 36. Auch die so genannte „Seherepidemie" fällt mit dem närrischen Treiben um Sankt Johannis zusammen und zeigt dementsprechende Charakteristiken, siehe ibidem, 102–106.

416 Siehe Victor W. TURNER, *The Ritual Process. Structure and Anti-Structure*, New York, Aldine, 1969 (dt. Übers: *Das Ritual. Struktur und Anti-Struktur*, Frankfurt – New York, 2000);

Idem, *Dramas, Fields and Metaphors. Symbolic Action in Human Society*, Ithaca-London, Cornell University Press, 1974; Victor TURNER/Edith TURNER, *Image and Pilgrimage in Christian Culture*, op. cit.

417 Communitas im Sinne von V. Turner ist strikt zu unterscheiden von einheitsmacherischen Fusionsbestrebungen von „psychospirituellen und religiös-autoritären Bewegungen (...) mit Regression zu narzisstischen Bedürfnissen nach Verschmelzung und mütterlich umsorgender Wärme" (Bernhard GROM, *Religionspsychologie*, op. cit., 57– 58): „I am stating another paradox – that the more spontaneously ‚equal' people become, the more distinctively ‚themselves' they become; the more the *same* they become socially, the less they find themselves to be individually" [Ich statuiere ein weiteres Paradox – je mehr Leute spontan ‚gleich' werden, je mehr werden sie verschiedenartig ‚sie selbst'; je mehr sie sozial *dieselben* werden, je weniger werden sie individuell existieren] (Victor TURNER, *From Ritual to Theatre*, op. cit., 47).

418 „Le coup d'œil offrait un spectacle grandiose, vraiment saisissant. Un religieux silence régnait partout: c'était le recueillement pieux de la foi et de la prière. A un signal donné, chacun, militaires en service de surveillance comme fonctionnaires civils, met chapeau bas, s'incline, se signe et prie, à l'exemple de Bernadette. Tous les rangs de la société étaient mêlés: barons, comtes, marquis et ducs étaient confondus dans la foule des campagnards et des ouvriers des villes. Tous avaient une attitude humble et recueillie de chrétiens, convaincus qu'ils assistaient à l'Apparition de la Vierge, visible seulement aux yeux de cette candide et virginale enfant"; Brief des 20-jährigen C. Pimorin, vom 21. März 1858 an seine Schwester Élise, in: LDA, 1, 267–271, hier 269.

419 Vgl. auch das schon erwähnte Funktionieren der Grotte als Übergangsraum („espace transitionnel") in Anlehnung an Jean-Yves HAMELINE, *Une poétique du rituel*, op. cit., 53–71.

420 Siehe LHA, 6, 252, n. 6.

421 Vgl. LDA, 6, 81–85.

422 Siehe Bericht Jeanne Védère in Léonard CROS, *Lourdes 1858*, op. cit., 186.

423 Analog der von Roger Bastide bei kultischen Bewusstseinsveränderungen im außereuropäischen Raum ausgemachten Dynamik, vgl. Roger BASTIDE, „Le sacré sauvage", in: Idem, *Le sacré sauvage et autres essais*, Paris, Payot, 1975, 214–236.

424 Bernhard GROM, *Religionspsychologie*, op. cit., 310.

425 Ibidem, 313.

426 Vgl. LHA, 2, 365.

427 Vgl. LDA, 6, 82.

428 Vgl. LHA, 3, 233, n. 9. So ist es denn nicht verwunderlich, dass hundert Jahre lang die Offenbarungsworte in Französisch an der Statue der Erscheinungsgrotte angebracht waren, bis ihnen dann die Version in Platt beigefügt wurde, und schließlich das Französische ganz verschwand (siehe unten, S. 131–135) – getreu sich wandelnder Modeerscheinungen und Ideologien.

429 Xavier RECROIX, *Essai sur le rôle du facteur social dans le cas de Bernadette Soubirous*, op. cit., 451: „véritable solution de compensation et de sublimation apportée à la très concrète situation d'échec dont souffre Bernadette".

430 Für die Rekonstruktion dieses Satzes, siehe LHA, 2, 347–348.

431 Xavier RECROIX, *Essai sur le rôle du facteur social dans le cas de Bernadette Soubirous*, op. cit., 452, n. 1: „Dans la couche populaire, l'enfant est saint et demeure un puissant intercesseur auprès du ciel. A plus forte raison s'il entre en communication avec le ciel. Du coup l'intégration est réalisée, la valorisation sociale est un fait accompli et à un degré bien supérieur à tout autre".

432 „Le lundi après le premier dimanche de carême, j'allai chez les Soubirous les engager à ne pas la laisser à la Grotte. Les voisines me dirent: ‚Qui êtes-vous pour empêcher cette petite de faire son devoir? La dame lui a dit de venir pendant quinze jours'", Bericht Fanny Nicolau in Léonard CROS, *Lourdes* 1858, op. cit., 114.
433 Vgl. Patrick DONDELINGER, „Lourdes, Hauptstadt des Rosenkranzes", art. cit.
434 Zur Einführung in die anthropologische Wirkungsdynamik von Riten, siehe z. B. Victor TURNER, *From Ritual to Theatre*, op. cit., besonders 79 ff.; Jean-Yves HAMELINE, *Une poétique du rituel*, op. cit.
435 Vgl. LHA, 2, 349–353.
436 So auch Xavier RECROIX, *Essai sur le rôle du facteur social dans le cas de Bernadette Soubirous*, op. cit., 451.
437 Vgl. LHA, 2, 58, n. 170 und oben, S. 89.
438 2. März 1858; der genaue Wortlaut ist nicht mehr zu rekonstruieren, vgl. LHA, 3, 230.
439 Siehe Xavier RECROIX, *Essai sur le rôle du facteur social dans le cas de Bernadette Soubirous*, op. cit., 464.
440 Siehe Ilustrationen in Xavier RECROIX, *Les peintures du Narthex de la Chapelle de Garaison*, op. cit.
441 So Ruth HARRIS, *Lourdes*, op. cit., 67–68. Doch auch in Garaison fand die Vision zeitweilig im Beisein von Nachbarn und Verwandten statt!
442 „Inutile de vous dire quel immense concours de curieux nous avons eu à Lourdes tous ces jours que Bernadette s'est rendue à la Grotte"; Brief des 20-jährigen C. Pimorin, vom 21. März 1858 an seine Schwester Élise, in: LDA, 1, 267–271, hier 269.
443 Vgl. die Aussage von Jean-Baptiste Estrade vom 23. 2. 1858, in: LHA, 4, 195 (Zitat oben S. 44).
444 „Notre prairie était couverte de piétons, de cavaliers, de gens en charette ou en voiture. Le coup d'œil offrait un spectacle grandiose, vraiment saisissant. (…) chacun (…) à l'exemple de Bernadette (…) convaincus qu'ils assistaient à l'Apparition de la Vierge"; Brief C. Pimorin, vom 21. März 1858, in: LDA, 1, 267–271, hier 269.
445 „Ceux qui étaient aux premières loges, ou, en d'autres termes, à portée de voir Bernadette pendant ses prétendues communications avec la Vierge, paraissaient un peu désappointés", Bericht Staatsanwalt Dutour vom 17. März 1858, in: LDA, 1, 254.
446 Vgl. LHA, 5, 324.
447 Vgl. Xavier RECROIX, *Essai sur le rôle du facteur social dans le cas de Bernadette Soubirous*, op. cit., 197; 452 n. 1.
448 Vgl. René LAURENTIN, *Bernadette vous parle*, op. cit, Bd. 2, 161–162; Idem, *Vie de Bernadette*, op. cit., 248–249.
449 Vgl. zum hier angesprochenen Prozess weiterführend Victor TURNER, *From Ritual to Theatre*, op. cit.
450 André RAVIER, *Bernadette et son chapelet. Esquisse d'une spiritualité mariale*, Nevers, Couvent Saint-Gildard, [1958] 1984, 12: „Désormais le rite est fixé, j'allais dire: la ‚liturgie' des apparitions. Toutes se dérouleront tandis que le chapelet s'égrène aux doigts de Bernadette et de ceux qui l'entourent".
451 Vgl. Patrick DONDELINGER, „Lourdes, Hauptstadt des Rosenkranzes", art. cit.
452 Vgl. Victor TURNER/Edith TURNER, *Image and Pilgrimage in Christian Culture*, op. cit., 171 (Zitat unten, S. 186).
453 Vgl. z. B. Xavier RECROIX, *Essai sur le rôle du facteur social dans le cas de Bernadette Soubirous*, op. cit., 452.
454 Vgl. z. B. Georges TAVARD, *La Vierge Marie en France aux XVIIIe et XIXe siècles*, op. cit.

455 Vgl. LHA, 2, 201–206.
456 Bernhard GROM, *Religionspsychologie*, op. cit., 228.
457 David BLACKBOURN, *Wenn ihr sie wieder seht, fragt wer sie sei*, op. cit., 53.
458 Lk 1, 46–55 (Einheitsübersetzung für die Liturgie).
459 Vgl. auch Stéphane MICHAUD, *Muse et madone*, op. cit., 13.
460 „däin Numm as mir gegruewen an d'Häerz bis an de Kär"; Luxemburgische Hymne zur Maria, Trösterin der Betrübten (Text: Karl Müllendorff [† 1902]), in: *Magnificat. „Gotteslob" für das Erzbistum Luxemburg. Katholisches Gebet- und Gesangbuch*, Luxemburg, Sankt-Paulus, 1993, 1003.
461 Siehe Xavier RECROIX, *Essai sur le rôle du facteur social dans le cas de Bernadette Soubirous*, op. cit., 249.
462 Siehe Paul DE CLERCK, *L'intelligence de la liturgie*, Paris, Cerf, 1997, 136.
463 Vgl. Ruth HARRIS, *Lourdes*, op. cit., 78–79.
464 Vgl. Mt 5, 3–12 par.
465 Vgl. LHA, 2, 187.
466 Vgl. Patrick DONDELINGER, „Le pèlerinage et le sacré", *La Vie Spirituelle*, septembre 1997, 479–502.
467 Vgl. Xavier RECROIX, *Essai sur le rôle du facteur social dans le cas de Bernadette Soubirous*, op. cit., 452, n. 1.
468 Ibidem, 464, n. 3: „comme un écho de l'esprit du temps de Carême vécu justement en cette période des apparitions".
469 „Ecce dedi vobis omnem herbam (...) ut sint vobis in escam" [Siehe, ich habe euch gegeben alles Kraut (...) damit sie euch zur Speise seien] (Gen 1, 29).
470 „Ein Engel des Herrn kam vom Himmel herab (...). Seine Gestalt leuchtete wie ein Blitz, und sein Gewand war weiß wie Schnee" (Mt. 28, 2b.3). – In welchem Maße gerade die Liturgie den Menschen in seiner innersten Tiefe formt, zeigt Paul DE CLERCK, *L'intelligence de la liturgie*, op. cit., welcher, wie schon erwähnt, darauf aufmerksam macht, dass die erstaunlichsten Antworten der kleinen analphaptischen Visionärin Jeanne d'Arc ihren Richtern gegenüber auch aus dieser Quelle unerkannt geschöpft worden sind (vgl. ibidem, 136).
471 Siehe LDA, 5, 62, n. 132.
472 Vgl. die schon zitierte Aussage Bernadettes am Ende ihrer Erscheinungen: „Maintenant, je suis comme tout le monde", LHA, 6, 252, n. 6.
473 Aus der Fülle der Literatur sei hier nur beispielhaft verwiesen auf Ioan M. LEWIS, *Ecstatic Religion. (An Anthropological Study of Spirit Possession and Shamanism*, Harmondsworth, Penguin Books, 1971) *A Study of Shamanism and Spirit Possession*, London/New York, Routledge, 1989².
474 Vgl. Michel LEIRIS, *La possession et ses aspects théatraux chez les éthiopiens de Gondar*, (1958), Paris, Sycomore, 1980.
475 Vgl. die klassiche Studie von H. JEANMAIRE, *Dionysos. Histoire du culte de Bacchus*, Paris, Payot (1951), 1985.
476 „Mädel" auf Platt, eine Bezeichnung, die auch von Bernadette und für Bernadette gebraucht wird, siehe z. B. LHA, 4, 24.
477 Vgl. Xavier RECROIX, *Essai sur le rôle du facteur social dans le cas de Bernadette Soubirous*, op. cit., 85–87.
478 Vgl. ibidem, 87: „En fait, ces ‚crises de nerfs' n'apparaissent-elles pas surtout comme d'instinctives tentatives de libération, provoquées par une personnalité qui réagit comme elle peut pour s'affermir au sein d'un milieu qui l'étouffe, toute tentative d'individuation, d'expression personnelle, étant considérablement freinée sinon abolie par la vie de famille, le code social".

479 Vgl. Patrick DONDELINGER, *L'exorcisme des possédés selon le Rituel Romain et son interprétation ecclésiale dans l'Occident contemporain*, Paris, Cerf (im Druck).

480 Vgl. in diesem Kontext auch François LAPLANTINE, *Les trois voix de l'imaginaire. Le messianisme, la possession, et l'utopie. Etude ethnopsychiatrique*, Paris, Editions Universitaires, 1974. Im Vergleich zu Messianismus, Besessenheit und Utopie nehmen Bernadettes Visionen jedoch eine Sonderstellung ein, und zwar nicht zuletzt durch ihren Symbolik- und Wirklichkeitsbezug, wie sie im Laufe dieser Arbeit aufgezeigt werden sollen.

481 Vgl. LHA, 3, 249–271.

482 Vgl. Georg SIMMEL, *Soziologie. Untersuchungen über die Formen der Vergesellschaftung*, (1908), Frankfurt/Main, Suhrkamp, 1992, 383–455. Sandra L. ZIMDARS-SWARTZ, *Encountering Mary*, op. cit., 165 ff. sieht bei Marienerscheinungen in den hervorgehenden Geheimnissen den Angelpunkt des Übergangs von privater Erfahrung zu öffentlichem Lehrstück.

483 Siehe LHA, 3, 249.

484 Vgl. LHA, 3, 270–271.

485 Vgl. LHA, 3, 256.

486 Vgl. LHA, 2, 50.

487 Bernhard GROM, *Religionspsychologie*, 296.

488 Georges DIDI-HUBERMAN, *Invention de l'hystérie*, op. cit.

489 Vgl. Ruth HARRIS, *Lourdes*, op. cit., 78. Erinnert sei auch an das im deutschsprachigen Raum bekannte Märchen vom Rumpelstilzchen.

490 Xavier RECROIX, *Essai sur le rôle du facteur social dans le cas de Bernadette Soubirous*, op. cit., 465: „jusqu'à quel point la pression du facteur social n'a pas provoqué la dévouverte de l'identité de la Dame?".

491 Siehe ibidem, 466, n. 2.

492 Vgl. LHA, 6, 36, nn. 92–93. Dass diese für Mariä Verkündigung in die Erscheinungsnische aufgestellte Marienstatue eine Statue der Unbefleckten Empfängnis gewesen ist, wird von René Laurentin mit keinem Wort erwähnt!

493 Vgl. LHA, 6, 115, n. 57.

494 Vgl. Lk 1, 26–38.

495 Vgl. LHA, 6, 117–118, nn. 63–64.

496 Vgl. LHA, 6, 103–104.

497 Vgl. LHA, 6, 100, n. 18.

498 Siehe zu all dem auch Xavier RECROIX, *Essai sur le rôle du facteur social dans le cas de Bernadette Soubirous*, op. cit., 249–269.

499 So auch schon Xavier RECROIX, ibidem, 469–474.

500 Vgl. zu all dem auch Xavier RECROIX, ibidem, besonders 469 ff., welcher hier von einem „produit de la création hypnagogique de l'enfant" [Produkt der hypnagogischen Schöpfung des Kindes] spricht (479).

501 Vgl. LHA, 2, 196.

502 Vgl. René LAURENTIN, *Vie de Catherine Labouré*, op. cit., Bd. 1, 91 und Bd. 2, 195–196.

503 Vgl. LHA, 4, 12.

504 Vgl. LHA, 3, 174.

505 Vgl. Xavier RECROIX, *Essai sur le rôle du facteur social dans le cas de Bernadette Soubirous*, op. cit., 261–265.

506 Siehe ibidem, 249–269.

507 Vgl. LHA, 6, 102.

508 „A la fin de l'année 1854, l'Immortel Pie IX proclamait le dogme de Immaculée-

Conception. Les échos portèrent jusqu'aux extrêmités de la terre les paroles du Pontife; les cœurs catholiques tressaillirent d'allégresse, et partout on célébra le glorieux privilège de Marie par des fêtes dont le souvenir restera à jamais gravé dans notre mémoire"; Mandement de Mgr l'évêque de Tarbes vom 18. Januar 1862, in: LDA, 6, 242.

509 „däin Numm as mir gegruewen an d'Häerz bis an de Kär"; Luxemburgische Hymne zur Maria, Trösterin der Betrübten (Text: Karl Müllendorff [† 1902]), in: *Magnificat*, op. cit., 1003.

510 Xavier RECROIX, *Essai sur le rôle du facteur social dans le cas de Bernadette Soubirous*, op. cit., 472, 4: „Comme ce fut le cas pour la Salette, on comprend alors que Bernadette devant cette projection d'une donnée de son subconscient se borne à reflèter docilement, tout en l'écorchant, un vocable qu'effectivement elle ignore au plan de sa conscience".

511 „Bernadette (...) a entendu prêcher et expliquer en français le mystère de l'Immaculée Conception"; René LAURENTIN, in: LHA, 6, 99.

512 Vgl. LHA, 6, 97–99. Zur gleichen Schlussfolgerung kommt auch Théodore MANGIAPAN, *Les guérisons de Lourdes*, op. cit., 45.

513 „Dans toutes ses dépositions, sauf une qui est précisément la plus tardive, Bernadette dicte IMMACULÉE (et non pas IMMACULADA)"; LHA, 6, 99.

514 „C'est ainsi que la visonnaire Marie Courrech croira entendre la Vierge lui dire: ‚*Que soï* Marie conçue sans péché' (*Que soï* en patois, le reste en français [...])"; LHA 6, 103.

515 Vgl. LHA 3, 99 und die Kritik von Théodore MANGIAPAN, *Les guérisons de Lourdes*, op. cit., 45.

516 „Ne semble-t-elle pas vouloir consacrer par un monument l'oracle infaillible du successeur de saint Pierre?"; Mandement de Mgr l'évêque de Tarbes vom 18. Januar 1862, in: LDA, 6, 242. Siehe unter diesem Gesichtspunkt auch Nicholas PERRY/ Loreto ECHEVERRIA, *Under the Heel of Mary*, London – New York, Routledge, 1988, 119–122, die Lourdes und das Marianische generell jedoch ausschließlich unter dem Aspekt der Machtpolitik angehen.

517 Vgl. Ioan M. LEWIS, *Ecstatic Religion*, op. cit.

518 Hans BENDER, „Mediumnistische Psychosen. Ein Beitrag zur Pathologie spiritistischer Praktiken", *Zeitschrift für Parapsychologie und Grenzgebiete der Psychologie*, 2, 1958/59, 173–201. Siehe auch die klassische Studie von Philippe ENCAUSSE, *Sciences occultes et déséquilibre mental*, Paris, Payot, 1943[2].

519 Vgl. Antoine VERGOTE, „Anthropologie du diable. L'homme séduit en proie aux puissances ténébreuses" in Publications des Facultés universitaires Saint-Louis, *Figures du démoniaque hier et aujourd'hui*, Bruxelles, Facultés universitaires Saint-Louis, 1992, 83–110, hier 86–87.

520 Entgegen Michael P. CARROL, *The Cult of the Virgin Mary. Psychological Origins*, Princeton, Princeton University Press, 1986, 162, dessen Erklärung der „hallucination of Aquero, modeled as she was upon Bernarde (...) as an attempt to gratify Bernadette's desire to be living in comfort with her loving godmother" [Halluzination von Aquero, welche nach dem Modell von Bernarde gestaltet war (...) ein Versuch der Befriedigung von Bernadettes Wunsch nach einem behaglichen Zusammenleben mit ihrer Taufpatin] genauso so irrig erscheint, wie seine vulgärfreudianische Reduktion alles Marianischen auf unterdrückte Sexualität.

521 Vgl. LHA, 2, 22, n. 48.

522 Vgl. René LAURENTIN, *Vie de Bernadette*, op. cit., 107.

523 „J'étais scandalisée de voir quelles femmes la conduisaient, la protégaient, lui

prêtaient un cierge, des filles-mères: cela m'ôtait la foi" (Aussage Dominiquette Cazenave bezüglich der Bernadette zu ihren Visionen begleitenden Tanten, in: Léonard CROS, *Lourdes 1858*, op. cit., 223). Für die sehr negative soziale Beurteilung einer unehelichen Schwangerschaft in jenen Tagen siehe auch Xavier RECROIX, *Essai sur le rôle du facteur social dans le cas de Bernadette Soubirous*, op. cit., 43–44.

524 Xavier RECROIX, *Essai sur le rôle du facteur social dans le cas de Bernadette Soubirous*, op. cit., 461: „Moi idéalisé sous les traits de l'Immaculée Conception".

525 „Il est pour dire: ‚Tu es l'Immaculée Conception!'"; LHA, 6, 128.

526 „petite orgueilleuse!"; ibidem.

527 Vgl. Xavier RECROIX, *Essai sur le rôle du facteur social dans le cas de Bernadette Soubirous*, op. cit., 337.

528 Vgl. Marion WAGNER, *Die himmlische Frau*, op. cit., 99–105, bes. 103.

529 Vgl. LHA, 6, 97. Jedenfalls wurde für die offizielle Version „immaculada" zurückbehalten.

530 Vgl. Alphonse DUPRONT, *Du sacré*, op. cit., 165: „(...) le génie spirituel des Vierges modernes sans leur enfant dans les bras": „(...) tout signe de maternité disparaît de leur image: non plus mères mais plus pures encore de n'avoir pas enfanté. C'est la donnée maîtresse, à tropisme spirituel, de l'imagier marial moderne des Vierges seules. À l'origine, incontestablement, le combat dogmatique pour l'Immaculée Conception qui va façonner la représentation de cette Vierge astrale, seule, en plein ciel, éclairée d'une lumière d'au-delà et écrasant de ses pieds nus le serpent tentateur fortement lové sur un dôme arrondi et désert de la planète Terre. Ainsi, libres de tout lien biologique, dans la période moderne et surtout dans notre monde contemporain, les Vierges d'apparition surviendront le plus souvent solitaires, comme pour plus sûrement accomplir dans un monde en perdition leur service d'intercession et de prophétisme tutélaire: témoin la Vierge de Lourdes, figure la plus répandue de ce culte de la Vierge sans tache, pure de tout stigmate originel de l'animalité humaine".

531 Vgl. Théodore MANGIAPAN, *Les guérisons de Lourdes*, op. cit., 25. Siehe auch Xavier RECROIX, *Essai sur le rôle du facteur social dans le cas de Bernadette Soubirous*, op. cit., 207–209.

532 Zur entsprechenden Besorgnis Bernadettes siehe Xavier RECROIX, *Essai sur le rôle du facteur social dans le cas de Bernadette Soubirous*, op. cit., 44, n. 1, mit einer entsprechenden Tagebucheintragung Émile Zolas.

533 Das Erblühen des Rosenstrauchs ist eine, durch ein populäres Pilgerlied unter dem Volk verbreitete, Reminiszenz von Garasion; dies als Bedingung an Bernadettes Vision zu stellen, war dem Publikum schon vor Dechant Peyramale in den Sinn gekommen, siehe Xavier RECROIX, *Essai sur le rôle du facteur social dans le cas de Bernadette Soubirous*, op. cit., 301. Bemerkenswerterweise wird in populären Darstellungen der Vision der Rosenstrauch systematisch zum Erblühen gebracht (vgl. Darstellung oben, S. 71).

534 Vgl. LHA, 4 , 251–268.

535 Vgl. LHA, 4, 416–420.

536 Rapport des médecins Lacrampe, Balencie et Peyrous vom 31. März 1858, in: LDA, 1, 297–301, hier 299–300: „Le 19, au contraire, à peine l'objet lui apparaît que son visage pâlit, son corps semble se roidir, son regard s'attache immobile à la Grotte, et un rire convulsif erre sur ses lèvres. On la voit même plus tard se prosterner face contre terre et, dans l'accès de son délire, mordre la poussière. Un jour, elle avale de l'herbe: c'est l'objet qui le lui ordonne. Cette exaltation ne se calme que lorsque la vision a disparu". Einer der Unterzeichneten hat sich später von dieser aufgrund verzerrter Zeugenberichte konstruierten Beschreibung distanziert.

537 Zu dem hier angedeuteten Prozess vgl. generell Victor TURNER, *From Ritual to Theatre*, op. cit.
538 Vgl. Françoise LOUX, *Pratiques et savoirs populaires. Le corps dans la société traditionnelle*, Paris, Berger-Levrault, 1979. Vgl. auch Ruth HARRIS, *Lourdes*, op. cit., welche der Dimension des Körperlichen in Lourdes eine besondere Aufmerksamkeit widmet.
539 Für diesen aus der Ethnomedizin (John M. Janzen) übernommenen Begriff, siehe Wolfgang BICHMANN, „Medizinische Systeme Afrikas", in: Beatrix Pfleiderer/ Katarina Greifeld/Wolfgang Bichman, *Ritual und Heilung. Eine Einführung in die Ethnomedizin*, Berlin, Dietrich Reimer, 1995, 33–65, hier 39–43.
540 Vgl. Xavier RECROIX, *Essai sur le rôle du facteur social dans le cas de Bernadette Soubirous*, op. cit., 101–103.
541 Ibidem, 465: „génie inventif d'une fillette soucieuse de mortification".
542 Vgl. LDA, 5, 62, n. 132.
543 Vgl. LHA, 4, 387.
544 Brigitte CAULIER, *L'eau et le sacré*, op. cit, 142: „Bernadette agit comme tous les créateurs de fontaines curatives en faisant jaillir de ses mains les eaux miraculeuses, après avoir foulé à genoux le sol de la grotte". Nichts verbietet darüber hinaus, im Anschluss an Victor Turners Deutung der rituellen Verflüssigung des Blutes des hl. Januarius – das so genannte „Blutwunder von Neapel" –, das Wiederherstellen des Quellflusses als Versinnbildlichung des kreativen „flow" der Bernadette zu deuten, durch den festgefahrene Strukturen zu lebendiger Communitas verflüssigt wurden und immer noch werden (vgl. Victor TURNER, *From Ritual to Theatre*, op. cit., 58).
545 Vgl. LHA, 4, 394.
546 Vgl. LHA, 389–393.
547 Vgl. François AGNUS, *Lourdes, l'herbe de la Grotte*, Montsûrs, Résiac, 1993.
548 Vgl. LHA, 4, 389.
549 Vgl. René LAURENTIN, *Vie de Bernadette*, op. cit., 38. In LHA, 2, 44, wird dieses Detail nicht präzisiert.
550 „Ce museau aggressif que lui fait la boue autour des lèvres"; LHA, 4, 418.
551 Ioan M. LEWIS, *Religion in Context. Cults and Charisma*, Cambridge, Cambridge University Press, 1986, VIII: „milder forms of mystical aggression, employed against superiors".
552 David BLACKBOURN, *Wenn ihr sie wieder seht, fragt wer sie sei*, op. cit., 51.
553 Vgl. Françoise LOUX, *Pratiques et savoirs populaires*, op. cit., 113. Bezeichnenderweise werden diese Gesten von Bernadette eher angedeutet denn ausgeführt, doch dies genügte vollauf zu ihrem Verständnis. Es ist interessant festzustellen, dass es eine ganze Reihe von Berichten gibt, laut denen Bernadette trotz ihrer Übungen auf wundersame Weise sich nicht beschmutz haben soll (vgl. LHA, 4, 267–268). Anderen, teilweise schockierten Berichten zur Folge soll Bernadette jedoch nach ihren Übungen „toute remplie de boue" [voll von Schlamm] gewesen sein (siehe Aussage Victoire Bonnecarrère vom 13. 03. 1879 an P. Cros, in: LHA, 4, 242.
554 Vgl. z. B. neben Ioan M. LEWIS, *Ecstatic Religion*, op. cit., auch Peter BROWN, *The Cult of the Saints. Its Rise and Function in Latin Christianity*, Chicago, University of Chicago Press, 1981, 110 ff; Idem, *Society and the Holy in Late Antiquity*, Berkeley & Los Angeles, University of California Press, 1982, 18 ff.
555 Vgl. Victor W. TURNER, *The Ritual Process*, op. cit.
556 LHA, 3, 108: „On était ‚effrayé' et ‚heureux'; on avait ‚plaisir' et ‚peine'".
557 „On aurait dit qu'elle [i.e. Bernadette] était accablée sous le poids de quelque chose, qu'elle avait sur elle toutes les peines de ce monde" (Aussage Marie Pailhes in: Léonard CROS, *Lourdes 1858*, op. cit., 74).

558 Sandra L. ZIMDARS-SWARTZ, *Encountering Mary*, op. cit.: „the transformation of private experience into public belief and the transformation of suffering, the suffering of particular people but also, finally, the suffering of a community and of the world, into meaning" (xiv).

559 Vgl. z. B. René LAURENTIN (Hrsg.), *La passion de Madame R*, op. cit.

560 Bernhard GROM, *Religionspsychologie*, op. cit., 296.

561 Im Gegensatz zur eben erwähnten „krankhaften Isolation" und zum „schutzlosen Überflutetwerden" könnte man Bernadettes Visionen vielleicht eher als eine – im Falle Bernadette: unbewusste! – spezifische Kreativhandlung („flow") bezeichnen, welche durch das Loslassen der bewussten Steuerung des Ichs bei gleichzeitiger unterbewusster Kontrolle der Handlungen und des Umfeldes vonstatten geht (vgl. Victor TURNER, *From Ritual to Theatre*, op. cit., 55–59). In diesem Sinne wären dann Bernadettes Erscheinungen als „Drama" und die Seherin als „Darstellerin" zu bezeichnen, deren unerhörte Wirkkraft eben Dank ihrer sozusagen „natürlichen" Unbewusstheit zu Stande kommt, die zeitgenössischen Beobachtern in Kontrast zur gewollten Kunst professioneller Schauspieler als wahrhaft übernatürlich erschien. Interessant wäre auch ein diesbezüglicher Vergleich mit der Performance Art des 20. Jahrhunderts, vgl. Patrick DONDELINGER, „ Ana Maria Mendieta. Körper, Kunst und Kult", in: Peter Fischer (Hrsg.), *Ana Mendieta. Body Tracks*, Luzern, Kunstmuseum Luzern, 2002, 57–73 (Der großen Einfluss auf Mendietas Religiosität ausübende Großvater erfuhr übrigens ein bahnbrechendes Bekehrungserlebnis in Lourdes).

562 Gerd SCHALLENBERG, *Visionäre Erlebnisse*, op. cit., 361.

563 Vgl. LDA, 2, 21–23; 57–108; LDA, 3, 19–20. Ruth HARRIS, *Lourdes*, op. cit., 98–109.

564 Vgl. LHA, 3, 108–109.

565 Vgl. Gerd SCHALLENBERG, *Visionäre Erlebnisse*, op. cit., 361.

566 Xavier RECROIX, *Essai sur le rôle du facteur social dans le cas de Bernadette Soubirous*, op. cit., 485: „cachet de noblesse qui marque les faits de Massabielle".

567 „La grotte était mon ciel", in: René LAURENTIN, *Bernadette vous parle*, op. cit. Bd. 1, 408.

568 Vgl. LHA, 117–120.

569 „Son visage était dans un continuel épanouissement de bonheur; une teinte de tristesse douce le voila par instants et alors même le sourire y restait, mélancholique mais heureux"; in: LHA, 4, 234–235.

570 Bernhard GROM, *Religionspsychologie*, op. cit, 272.

571 „Sie sind oft mit farbkräftigen optischen Halluzinationen, Wahnideen und Seligkeitsgefühlen verbunden, die jedoch seltener religiös und für die spätere religiöse Einstellung weniger bedeutsam sind, als man (...) oft annahm (...). Ihren pathologischen Ursprung erkennt man in erster Linie an den Symptomen, die für eine der vielen möglichen Formen von Epilepsie sprechen" (ibidem, 273). Diesem Bilde entsprechen Bernadettes Erlebnisse eindeutig nicht, wie auch in der eingesehenen Literatur niemals Epilepsie als Erklärungsversuch für Bernadettes Visionen angeführt wird.

572 „Hier geht die gehobene Stimmung mit gesteigertem Antrieb und häufig mit Ideenflucht und Gereiztheit einher und wird meistens nach einiger Zeit von einer depressiven (melancholischen) Phase abgelöst. Der Kranke hat u. U. das Gefühl, er könne mit göttlicher Geisteskraft alle Zusammenhänge verstehen, Widersprüche überwinden und Probleme lösen. Mancher fühlt sich auch zur Erlösung der Menscheit oder zu einem anderen großen Werk berufen" (ibidem). Derartige Symptome werden jedoch, wie schon erwähnt, von Bernadette niemals berichtet.

573 „Diese Hochstimmungen treten innerhalb der schizophrenietypischen Ich-, Wahrnehmungs-, Denk-, und Erlebnisstörungen auf (...). Der Kranke erlebt sie oft in einem ‚verwirrenden Ineinander von grauenvollster Angst und ekstatischer Verzückung' (H. J. Weitbrecht). Die Unsicherheit bezüglich der Ichgrenzen (‚Ich werde beeinflußt; in mir ist noch ein anderer') führt dazu, daß die Ekstase mit einer unterschwelligen Angst erlebt oder von Angstzuständen abgelöst wird (...)" (ibidem). Auch dieser klinische Befund lässt sich nicht auf die erwähnten Charakteristiken der bernadettschen Ekstasen übertragen.

574 „Eine Ursache, die im neurotischen Bereich zu ekstatischen Hochgefühlen führt, ist wohl das Erlebnis- und Geltungsbedürfnis, das *hysterische Persönlichkeitsstörungen* kennzeichnet und das die eigene Gefühlsunfähigkeit und Bedeutungslosigkeit kompensieren möchte. Diese Ursache ist dann zu vermuten, wenn beispielsweise frei formulierte Gebete in einem Gebetskreis den Eindruck eines exaltierten, unechten ‚Affekt-Pumpens' machen" (ibidem, 274). Bernadette erscheint jedoch psychisch weder sonderlich gefühlsunfähig, noch irgendwie vampirisierend.

575 Ibidem, 274.

576 Ibidem, 276.

577 Ibidem, 277.

578 Ibidem, 277.

579 Ibidem, 278.

580 Ibidem.

581 Vgl. Ruth HARRIS, *Lourdes*, op. cit., 78–79.

582 Beides Reminizenzen an die traditionsapprobierte Anglèze de Sagazan, vgl. Xavier RECROIX, *Essai sur le rôle du facteur social dans le cas de Bernadette Soubirous*, op. cit., 465, 475–479.

583 Das Grasessen propagierende Buch von François AGNUS, *Lourdes, l'herbe de la Grotte*, op. cit., erschien bezeichnenderweise in einem auf Besessenheitsliteratur spezialisierten kirchlichen Randgruppenverlag und wird bewusst nicht in der Buchhandlung des Heiligtums geführt.

584 Xavier RECROIX, *Essai sur le rôle du facteur social dans le cas de Bernadette Soubirous*, op. cit., 483: „Il demeure toutefois que, comme dans le cas du rêve, les visions et auditions de Bernadette semblent devoir être interprétées comme une construction de l'être tout entier de la petite Soubirous, comme une représentation qui obéit à l'évolution de la personnalité totale de l'enfant. Mais combien demeure sujet à réflexion, par contraste avec les fantasmagories hypnagogiques, la discrétion, la sérénité profonde, la logique interne, le bon sens, l'équilibre qui président toujours au cas de Bernadette Soubirous. Tant de visionnaires même sombrent au nom de leurs voix, de leurs apparitions dans l'excentricité, le ridicule, sinon le mépris. Au contraire, personne ne résiste au charme de l'enfant de Massabielle. Son drame intérieur va provoquer un témoignage de vie dont bénéficieront bien des générations en quête d'humanisme".

585 Victor TURNER/Edith TURNER, *Image and Pilgrimage in Christian Culture*, op. cit., 230: „In Lourdes there is a sense of living communitas, (...). Something of Bernadette has tinctured the entire social milieu – a cheerfull simplicity, a great depth of communion".

586 Vgl. Zeugenberichte LHA, 3, 81–109.

587 Vgl. LHA, 3, 74–78.

588 Vgl. Françoise LOUX, *Pratiques et savoirs populaires*, op. cit.

589 Aussage des Wagners Martin Tarbes, an Pater Cros, in: LHA, 5, 266: „C'était un jour de marché. Au retour de la Grotte un peuple suivit , (...) et pénétra dans la maison

– on ft monter Bernadette au premier étage, la foule suivait, les gens entraient en file dans la chambre, comme qui va à l'offrande. On me pria d'aider; je faisais défiler, après que chacun avait touché la main ou embrassé: au coup d'œil elle connaissait si on voulait lui serrer la main ou l'embrasser, et elle touchait la main ou embrassait; on défilait d'un côté et on sortait de l'autre, j'étais bien fatigué: ça dura deux heures de temps".

590 Vgl. z. B. Lk 13,13: „Und er legte ihr die Hände auf. Im gleichen Augenblick richtete sie sich auf und pries Gott".

591 Vgl. z. B. Lk 8,42b–48, die Heilung der blutflüssigen Frau: „Jesus erwiderte: Es hat mich jemand berührt; denn ich fühlte, wie eine Kraft von mir ausging" (46).

592 Vgl. Paul DE CLERCK, *L'intelligence de la liturgie*, op. cit, 35–63; Jean-Yves HAMELINE, *Une poétique du rituel*, op. cit., passim.

593 Vgl. LHA, 5 , 335–338. Ging die fügsame Bernadette anfangs noch lächelnd auf solche Bitten ein, so wurde dieses Berühren und Berührenlassen bald für sie zu einer regelrechten Plage, zu welcher sie nur à son corps défendant bewegt werden konnte.

594 Vgl. z. B. Léonard CROS, *Lourdes 1858*, op. cit., 299–300.

595 Vgl. z. B. René LAURENTIN, *Bernadette vous parle*, op. cit, Bd. 2, 160.

596 Vgl. Patrick DONDELINGER, „Lourdes, Hauptstadt des Rosenkranzes", art. cit.

597 „Avant les Apparitions, il était d'une petite valeur, mais après les Apparitions, je crois qu'il était d'une valeur inappréciable, puisque la Vierge immaculée avait daigné le prendre dans ses mains; c'est ce que j'ai entendu dire plusieurs fois: je ne le tiens pas de Bernadette. (...). Ce qui me porte à croire que la Sainte Vierge l'a touché, c'est que le 4 mars, quand la foule s'empressait dans la maison et que tout le monde lui présentait des chapelets pour les lui faire toucher, à la fin, j'ai fait comme les autres, je lui ai présenté ceux que j'avais, elle me dit: ‚Allons, vous aussi, mais que voulez-vous que je vous y fasse? Je ne suis pas un prêtre'. Après un moment de réflexion, elle me dit: ‚Donnez, je vais vous le faire toucher au mien'. (...) Après les avoir tournés et retournés avec le sien, elle me dit: ‚Conservez-les précieusement, non parce que je les ai touchés mais parce qu'ils ont été mêlés à celui que j'ai'. En entendant cela, j'éprouvais un sentiment que je ne puis pas exprimer, mais Bernadette ne me dit pas que la Sainte Vierge avait touché le sien"; Aussage Jeanne Védère, in: Léonard CROS, *Lourdes 1858*, op. cit., 184.

598 Siehe René LAURENTIN, *Bernadette vous parle*, op. cit, Bd. 2, 383.

599 „On me croit une sainte ... Lorsque je serai morte, on viendra me faire toucher des images et des chapelets, et pendant ce temps-là, je grillerai au purgatoire ..."; ibidem, 375.

600 Vgl. François ISAMBERT, *Rite et efficacité symbolique. Essai d'anthropologie sociologique*, Paris, Cerf, 1979; Michel MESLIN, *L'expérience humaine du divin. Fondements d'une anthropologie religieuse*, Paris, Cerf, 1988, 80–83.

601 Vgl. Ruth HARRIS, *Lourdes*, op. cit., 144–145.

602 Eigenbericht Léonard CROS vom 14. April 1864, in: Idem, *Lourdes 1858*, op. cit., 299: „Elle a eu à souffrir grandement des exigences de certains visiteurs et aussi de leurs imprudentes louanges, ou des marques trop visibles de leur vénération. Des prêtres se sont mis à genoux devant elle, et se sont fait donner la bénédiction; un, du moins, a fait cela avec grand éclat, et d'autres des choses analogues".

603 Vgl. LHA, 5, 333–337, n. 213–217.

604 Berührung: Lk 8,44: „Sie drängte sich von hinten an ihn heran und berührte den Saum seines Gewandes. Im gleichen Augenblick kam die Blutung zum Stillstand"; Kontaktreliquien: Apg 19,12: „Sogar seine Schweiß- und Taschentücher nahm man

ihm vom Körper und legte sie den Kranken auf; da wichen die Krankheiten, und die bösen Geister fuhren aus".

605 Siehe oben, 4. März.

606 Siehe oben; und Ruth HARRIS, *Lourdes*, op. cit., 142–144.

607 „Ma mère souffrait d'un violent mal au doigt, et cela depuis plusieurs jours. Un dimanche, à la sortie des Vêpres, elle dit à Bernadette: – Ecoute, serre-moi ce doigt. – Que voulez-vous que je vous y fasse? – Je te demande de me serrer ce doigt. Bernadette le fit en souriant, et le soir même, ma mère était guérie"; Bericht Philomène Camès, in: René LAURENTIN, *Bernadette vous parle*, op. cit, Bd. 1, 252. Dass dieser Bericht 1939 in einer katholischen Tageszeitung veröffentlicht worden ist, zeigt den Nachhalt der erwarteten Heilerinnenrolle für Bernadette.

608 LDA, 1, 259.

609 Vgl. LDA, 5, 320.

610 Vgl. Ruth HARRIS, *Lourdes*, op. cit., 144.

611 „Si Bernadette ne m'avait pas défendu de rien accepter de ces messieurs et dames qui venaient, je serais un des plus heureux de Lourdes. On m'en a offert beaucoup: des messieurs venus de Pau m'ont offert, un jour, la pleine main de pièces d'or. Les visions duraient encore: ils arrivèrent, trois, vers deux heures après minuit et frappèrent à la porte, ils menaient une demoiselle de quinze à seize ans, malade depuis longtemps. Bernadette était couchée et dormait. Nous la réveillâmes, parce que ces messieurs voulaient la prier d'embrasser la malade et de toucher sa poitrine. Bernadette, contrariée, disait: ‚*Nou me cargui pas de guari! Labalo dab'aïguo de la Grotte*: Je ne me charge pas de guérir, lavez-la avec l'eau de la Grotte'"; Aussage André Sajoux, der Vermieter der Soubirous, in: Léonard CROS, *Lourdes* 1858, op. cit., 170.

612 Diese Aussagen beziehen sich auf persönliche Beobachtungen, die in einer eingehenderen Untersuchung der Lourdesheilungen weiter ausgeführt werden könnten.

613 Vgl. z. B. Richard LIOGER, „L'Église et la tradition ésotérique: l'exemple de l'abbé Mermet", in: Patrick Dondelinger (Hrsg.), *Faut-il croire au merveilleux?*, op. cit.

614 Vgl. Ruth HARRIS, *Lourdes*, op. cit., 144.

615 „These studied and artifical photographs disseminated Bernadette's image and transformed her popular cult out of all recognitions. In the wider world she would be known not as a miracle worker who touched and healed, but as a virtuous yet ignorant peasant-child" (ibidem, 150).

616 Vgl. LDA, 3, 210–214.

617 Vgl. Roger PILON, *Le Corps de Bernadette Soubirous dans sa vie, dans sa mort, dans sa béatification*, op. cit., 39.

618 Siehe nachfolgendes Kapitel.

619 Siehe die Heilung des Louis Bouriette, in: LDA 5.

620 „Des bonnes femmes lui parlaient de choses très délicates, la consultaient ... Elle ne manifestait aucune impression. Elle répondait qu'elle prierait"; in: René LAURENTIN, *Bernadette vous parle*, op. cit, Bd. 1, 253.

621 Siehe René LAURENTIN, *Vie de Bernadette*, op. cit, 239: Bernadette „était une ressource psychothérapeutique en même temps que spirituelle dans la maison ..." [war eine psychotherapeutische wie auch spirituelle Ressource im Haus]. In idem, *Bernadette vous parle*, op. cit, Bd. 2, 175ff, wird diese Funktion zwar mit Beispielen belegt, nicht aber beim Namen genannt.

622 Siehe oben und LHA, 6, 18–26.

623 Vgl. das bekannte Werk von Henri J. M. NOUWEN, *The Wounded Healer. Ministry in Contemporary Society*, New York, Doubleday, 1972.

624 Siehe Roger PILON, *Le Corps de Bernadette Soubirous dans sa vie, dans sa mort, dans sa béatification*, op. cit.
625 Siehe ibidem, 15–16.
626 Vgl. LHA, 3, 116.
627 Vgl. LDA, 6, 359–364.
628 Vgl. René LAURENTIN, *Bernadette vous parle*, op. cit, Bd. 2, 37–42; Idem, *Vie de Bernadette*, 210–214.
629 „Vous m'avez fait faire profession parce que vous croyiez que je mourrais cette nuit, eh bien je ne mourrai pas cette nuit"; Bericht des Bischofs von Nevers in: René LAURENTIN, *Bernadette vous parle*, op. cit, Bd. 2, 40.
630 „joué avec ses symptômes"; René LAURENTIN, *Vie de Bernadette*, op. cit., 306.
631 „J'enrageais contre elle, à cause qu'elle était si aimée de tous comme souffrante: s'il y avait quelque chose de plus c'était pour elle", Zeugenaussage Toinette Soubirous vom 20. 5. 1878 an Pater Cros, in: LHA, 2, 111.
632 Ruth HARRIS, *Lourdes*, op. cit., 144: „It seems that Bernadette's already fragile health was undermined both by the pressure to perform before the sisters and the harassments of the crowd. In this instance, at least, illness had the advantage of letting her withdraw".
633 Vgl. LHA, 6, 77; Léonard CROS, *Lourdes 1858*, op. cit., 239.
634 „J'ai été bien gâtée ... privilégiée ... Si je ne correspondais pas ... je serais bien coupable", in: Roger PILON, *Le Corps de Bernadette Soubirous dans sa vie, dans sa mort, dans sa béatification*, op. cit., 29.
635 Siehe René LAURENTIN, *Bernadette vous parle*, op. cit, Bd. 2, 373–377.
636 „Souffrir, c'est mon emploi"; in: Roger PILON, *Le Corps de Bernadette Soubirous dans sa vie, dans sa mort, dans sa béatification*, op. cit., 37.
637 „Une supérieure ... venue la voir, lui dit: – Eh bien! Qu'est-ce que vous faites là, petite paresseuse? – Ma chère mère, je fais mon emploi. – Quel est votre emploi? – C'est d'être malade, répondit-elle aimablement"; Aussage Schwester B. Lauzeral, in: René LAURENTIN, *Bernadette vous parle*, op. cit, Bd. 2, 373–377.
638 Siehe Bericht Charles Madon in LDA, 3, 236.
639 „Peut-être veut-elle que je souffre. – Pourquoi veut-elle que vous souffriez? – Peutêtre j'ai besoin de souffrir. – Pourquoi avez-vous besoin de souffrir? – Ah! Dieu le sait"; Interview Bernadette Soubirous, 12. 8. 1859, in: LDA, 5, 306–307.
640 Siehe LHA, 3, 219, n° 102.
641 „Demander ma guérison, non pas!", in: René LAURENTIN, *Vie de Bernadette*, op. cit., 311.
642 „J'ai guéri toutes les fois que je l'ai reçue"; ibidem.
643 „Je n'aurais pas cru qu'il faut tant souffrir pour mourir"; ibidem, 316.
644 Vgl. den schon zitierten David BLACKBOURN, *Wenn ihr sie wieder seht, fragt wer sie sei*, op. cit., 53: „Der Status der Visionärin war wie die Krankheit eine Ressource der Schwachen, ein Mittel zur Flucht".
645 Für Lourdes, siehe LDA, 6, 84, für Nevers, René LAURENTIN, *Bernadette vous parle*, op. cit, Bd. 2, 16.
646 Vgl. Ruth HARRIS, *Lourdes*, op. cit., 141–165.
647 Brief Pater Cros vom 29. 10. 1865, in: LDA, 7, 467: „sa jeunesse a un charme *surnaturel* qu'il est impossible de ne pas ressentir. Elle est elle-même une apparition: il y a du surnaturel dans ses traits. (...) la *simplicité*, la *droiture*, la *candeur* comme miraculeuse de l'enfant (...) sa modestie extérieure est d'un naturel surnaturel qui fait grand plaisir".

648 „la meilleure preuve de l'apparition", in: René LAURENTIN, *Vie de Bernadette*, op. cit., 151.

649 Vgl. z. B. LDA, 4, 73–74.

650 Vgl. Ruth HARRIS, *Lourdes*, op. cit., 154.

651 Vgl. LHA, 2, 278ff.

652 „Au premier coup d'œil, on la croirait douée de beaucoup de simplicité; c'est ainsi que bien des gens, qui ne l'ont vue qu'en passant, se sont mépris à son sujet; mais pour peu qu'on se trouve avec elle, on y découvre, au contraire, beaucoup d'espièglerie. La dernière fois qu'à ma demande elle est venue me faire de nouveau le récit de tout ce qui la concerne, je me suis demandé plus d'une fois, en la considérant attentivement, si elle n'est pas plutôt une adroite comédienne qu'une candide visionnaire; et je vous l'avoue, bien que j'ai toujours cru à la réalité de l'apparition, j'en serais réduit maintenant à en douter, si les nombreuses guérisons qui ont eu lieu ne déterminaient ma conviction"; Niederschrift Schulbruder Léobard, Ende 1858 – Anfang 1859, in: LDA, 5, 177.

653 „In these interactions, Bernadette seemed almost on show, not unlike the hysterics of the medical clinics, obliged to perform the gestures and commands suggested to them by medical operators and audience alike. What separated her from these women was a sense of self that obeyed but did not bend. By keeping herself always slightly hidden, Bernadette protected her visions and her integrity, able to resist the pressure of photographers, priests and pilgrims alike" (Ruth HARRIS, *Lourdes*, op. cit., 164).

654 Vgl. LHA, 6, 104.

655 „ARTICLE PREMIER. – Une commission est instituée dans le diocèse de Tarbes, à l'effet de rechercher: 1° Si des guérisons ont été opérées par l'usage de l'eau de la Grotte de Lourdes, soit en boisson, soit en lotion, et si ces guérisons peuvent s'expliquer naturellement, ou si elles doivent être attribuées à une cause surnaturelle? 2° Si les visions que prétend avoir eues dans la Grotte l'enfant Bernadette Soubirous sont réelles, et, dans ce cas, si elles peuvent s'expliquer naturellement, ou si elles revêtent un caractère surnaturel et divin?"; Ordonnance de Monseigneur Laurence, Évêque de Tarbes, constitutive d'une commission chargée de constater l'authenticité et la nature des faits qui se sont produits (...) à l'occasion d'une apparition, vraie ou prétendue, de la Très Sainte Vierge ..., gegeben am 28. Juli 1858, in: LDA, 3, 210–214, hier 212–213.

656 Vgl. LHA, 4, 387.

657 Vgl. LHA, 4, 416–421.

658 Es war jedoch nur eine Frage kürzester Zeit, bis das nun freifließende Wasser der Quelle sauber war. Die Quelle selbst wurde schon Tage später gefasst.

659 Vgl. z. B. Friedrich MUTHMANN, *Mutter und Quelle. Studien zur Quellenverehrung im Altertum und im Mittelalter*, Basel, Archeologischer Verlag, 1975.

660 Vgl. Annie QUARTARARO-VINAS, *Médecins et médecine dans les Hautes-Pyrénées au XIXe siècle*, op. cit., 86–89; 174–187; Ruth HARRIS, *Lourdes*, op. cit., 289–293; Brigitte CAULIER, *L'eau et le sacré*, op. cit, passim und 141–146 speziell für Lourdes.

661 Vgl. Antje KRUG, *Heilkunst und Heilkult. Medizin in der Antike*, München, C. H. Beck, (1985), 1993², 120–187.

662 Vgl. Heinrich SCHIPPERGES, *Die Kranken im Mittelalter*, München, C. H. Beck, (1990), 1993³.

663 Vgl. z. B. Johannes LEIPOLDT, *Von Epidauros bis Lourdes. Bilder aus der Geschichte volkstümlicher Frömmigkeit*, Leipzig, Koehler & Amelang, 1957.

664 Vgl. Aline ROUSSELLE, *Croire et guérir. La foi en Gaule dans l'Antiquité tardive*, Paris, Fayard,

1990; Felix MÜLLER, *Götter, Gaben, Rituale. Religion in der Frühgeschichte Europas*, Mainz, Philipp von Zabern, 2002.

665 Vgl. Heinrich SCHIPPERGES, *Die Kranken im Mittelalter*, op. cit.

666 Siehe Brigitte CAULIER, *L'eau et le sacré*, op. cit.

667 Siehe Ruth HARRIS, *Lourdes*, op. cit., 290.

668 Vgl. LDA, 1, 202, Text oben S. 67 f.

669 Zu diesen Begriffen, siehe Michel MESLIN, *L'expérience humaine du divin*, op. cit., 244 ff.

670 „Les offrandes les plus importantes nous arrivent de cette catégorie de visiteurs, qui sont les plus malheureux et souvent les plus pauvres. (...) un malheureux tailleur, paralysé depuis douze ans, père d'une jeune et nombreuse famille, qui s'est fait porter (...) jusqu'à la Grotte (...) a jeté, le premier, dans la Grotte, une pièce d'or de dix francs. Le fromage, que nous avons trouvé, hier, dans la Grotte, a été déposé par une pauvre femme (...) qui avait tous les dehors d'une femme de la plus modeste condition; à cette offrande elle a joint une pièce de 5 francs (...) crie: ‚Il est tout pour la Vierge'"; Bericht Kommissar Jacomet an Präfekt Massy vom 29. April 1858, in: LDA, 2, 238–239

671 „Il y avait des chapelets, en masse, suspendus; de la laine, des étoupes, du lin, un gros fromage entier, une chaîne en or, une montre, d'autres chaînes. Un jeune homme de Pontac y avait mis la montre de sa femme, morte depuis peu de jours (...) Des livres, beaucoup de cierges"; Aussage des Bannwächters Jean Vergès für den 4. 5. 1858; in: Léonard CROS, *Lourdes 1858*, op. cit., 59.

672 Vgl. Patrick DONDELINGER, „Il sacrificio – i sacrifici: interpretazioni antropologiche", in: Enrico Mazza (Hrsg.), *L'idea di sacrificio. Un approccio di teologia liturgica. Atti del Convegno Trento 23–24 maggio 2001*, Bologna, EDB, 2002, 93–116.

673 Vgl. Patrick DONDELINGER, „Lourdes, Hauptstadt des Rosenkranzes", art. cit. 282.

674 Siehe Ruth HARRIS, *Lourdes*, op. cit., 292.

675 Siehe Brigitte CAULIER, *L'eau et le sacré*, op. cit., 60: „Or les paysans attribuent (...) de meilleurs résultats aux fontaines spécialisées, 64 % guérissent un seul type de maladie, 16 % ont une double vocation tandis que 4,5 % s'opposent à trois maux. (...) Ce morcellement des vertus thérapeutiques met en lumière le caractère étroitement localisé des cultes qui permet une réponse adéquate aux besoins de chaque communauté. Ce qui évite aussi une surveillance trop étroite de l'Église (...)" [Die Bauern (...) sprachen die besten Resultate spezialisierten Quellen zu. 64 % heilen einen Typus von Krankheit, 16 % haben eine doppelte Berufung während 4,5 % sich gegen drei Gebrechen richten. (...) Diese Aufsplitterung der Heilungspotenzen beleuchtet den streng lokalisierten Charakter der Kulte, welcher eine adäquate Anwort auf die Bedürfnisse jeder Gemeinschaft erlaubt. Was auch eine zu enge Überwachung durch die Kirche vermeidet (...)].

676 Die fundamentale anthropologische Bedeutung des Pilgerns wäre eingehender, am geeignetsten im Rahmen einer speziellen Untersuchung der Lourdesheilungen zu veranschaulichen. Vgl. jedoch schon die klassischen Studien von Victor W. TURNER, *The Ritual Process*, op. cit.; Victor TURNER/Edith TURNER, *Image and Pilgrimage in Christian Culture*, op. cit.; Alphonse DUPRONT, *Du sacré*, op. cit.; mit besonderem Bezug auf Heilquellen: Brigitte CAULIER, *L'eau et le sacré*, op. cit.; und auf Lourdes: Patrick DONDELINGER, „Le pèlerinage et le sacré", art. cit.

677 Vgl. Ruth HARRIS, *Lourdes*, op. cit., 290.

678 Vgl. LDA, 1, 204, n. 31; 3, 16–17.

679 Siehe LDA, 3, 259–262: „Il résulte de cette analyse que l'eau de la Grotte de Lourdes a une composition telle qu'on peut la considérer comme une eau potable analogue à la plupart de celles que l'on rencontre sur les montagnes dont le sol est

riche en calcaire. Cette eau ne renferme aucune substance active capable de lui donner des propriétés thérapeutiques marquées; elle peut être bue sans inconvénient“ [Aus dieser Analyse geht hervor, dass das Wasser der Grotte von Lourdes eine solche Zusammensetzung hat, dass man es wie ein Trinkwasser betrachten kann, analog zu den meisten, wie man sie in den Bergen findet, deren Boden reich an Kalk ist. Dieses Wasser beinhaltet keine aktive Substanz, welche fähig wäre, ihm klare therapeutische Eigenschaften zu verleihen; es kann ohne Schaden getrunken werden] (262).

680 „En effet, il est avéré que l'eau de Massavielle est une eau naturelle, sans la moindre propriété curative. Elle n'a donc pas pu, par sa vertu naturelle, redresser les doigts de Catherine Latapie, leur rendre la souplesse de leur jeu, que n'ont pas pu restituer les remèdes scientifiques si variés, si longtemps appliqués: donc ce merveilleux résultat que le seul contact de cette eau a *immédiatement* produit, ne saurait lui être attribué; donc il faut remonter à une cause supérieure, en faire honneur à une vertu surnaturelle dont l'eau de Massavielle a été le voile et l'inerte instrument. D'ailleurs, si l'eau naturelle était douée d'une si prodigieuse efficacité, depuis longtemps, Catherine Latapie en aurait éprouvé les bienfaits par l'usage quotidien pour sa propreté personnelle, celle de ses enfants; car elle faisait quotidiennement usage, à cet effet, d'une eau identique“; Rapport Chanoine Baradère vom 12. April 1859 an den Bischof von Tarbes, in: LDA, 5, 264.

681 Vgl. Brigitte CAULIER, *L'eau et le sacré*, op. cit., 22 ff. und 127–147.

682 Vgl. z. B. den Bericht Kommissar Jacomet an Präfekt Massy vom 29. April 1858, in: LDA, 2, 238–239.

683 Siehe hier, mit besonderem Bezug zu unserer Thematik, Ruth HARRIS, *Lourdes*, op. cit., 294; Thomas A. KSELMAN, *Miracles & Prophecies in Nineteenth-Century France*, op. cit., 25–40; David BLACKBOURN, *Wenn ihr sie wieder seht, fragt wer sie sei*, op. cit., 278ff; sowie Annie QUARTARARO-VINAS, *Médecins et médecine dans les Hautes-Pyrénées au XIXe siècle*, op. cit.

684 Vgl. hierzu auch das klassiche Werk von Marcelle BOUTELLIER, *Médecine populaire d'hier et d'aujourd'hui*, Paris, Maisonneuve et Larose, 1966.

685 Siehe Xavier RECROIX, *Essai sur le rôle du facteur social dans le cas de Bernadette Soubirous*, op. cit., 101–103; Ruth HARRIS, *Lourdes*, op. cit., 292–293. Die oben zitierten Ausführungen von Chanoine Baradère über Catherine Latapies täglichen Gebrauch des Wassers zur Körpersäuberung sind in diesem Sinne zu relativieren.

686 Zur Geschichte der Hygiene im 19. Jahrhundert unter besonderer Berücksichtigung des Wassers, siehe Jean-Pierre GOUBERT, *La conquête de l'eau. L'avènement de la santé à l'âge industriel*, Paris, Robert Laffont, 1986. Vgl. auch Idem, *Initiation à une nouvelle histoire de la médecine*, Paris, Ellipses, 1998, für einen speziell im Hinblick auf Lourdes interessanten Aufriss einer historischen Gesamtdarstellung der Heilungssuche.

687 Es handelt sich hierbei um den berühmten Fall Justin Bouhort; siehe LDA, 5, 136–140. Laut René Laurentin fand diese Episode jedoch nicht im Februar, sondern im Juli 1858 statt. In diesem Fall würde die Vorverlegung des Datums vielleicht weniger auf Gedächnisschwäche der Zeugen, sondern auf dem Topos der absoluten Widernatürlichkeit des Badens beruhen, weswegen das Wasser in jedem Falle als eiskalt, d. h. als lebensgefährlich empfunden und mit Winter assoziiert wird.

688 Vgl. Brigitte CAULIER, *L'eau et le sacré*, op. cit., 61 ff; Ruth HARRIS, *Lourdes*, op. cit., 295.

689 Auch Brigitte CAULIER, *L'eau et le sacré*, op. cit., 84, spricht bei ihrer Analyse von kultischen Heilquellen von der „grande loi des signatures où le semblable attire

le semblable“ [dem großen Gesetz der Wahlverwandtschaften, wo Gleiches Gleiches anzieht] und von einem „rituel homéopathique“ [homöopathischen Ritual].

690 – ein Erfahrungsschema, welches sich auch bei den Erzählungen späterer Lourdesgeheilten systematisch wiederfinden lässt und in einer noch folgenden Untersuchung eingehender analysiert werden könnte.

691 Das bekannteste Beispiel hierzu liefert der Fall Marie Moreau, deren Heilung am 9. 11. 1858 erfolgte; vgl. LDA, 5, passim.

692 Erst 1875 wird von einer Heilung berichtet, welche gänzlich ohne Grottenwasser erfolgte. Es handelt sich hierbei um den berühmten Fall Pierre de Rudder, welcher in Flandern vor der Nachbildung einer Lourdesgrotte genas (vgl. Théodore MANGIAPAN, *Les guérisons de Lourdes*, op. cit., 73). Auch das Verlagern der Heilungsauslöser vom Quellwasser auf die kirchliche Liturgie wäre in einer anschließenden Arbeit noch eingehender zu behandeln.

693 Vgl. z. B. den oben zitierten Rapport Baradère in LDA, 5, 264.

694 Siehe Ruth HARRIS, *Lourdes*, op. cit., 295, n. 37.

695 „efficacité souveraine de l'eau de la Grotte“; „l'eau de Massavielle a guéri les malades“; siehe LDA, 6, 242.

696 Siehe LDA, 4, 286, den Brief von Pfarrer Roziés vom 8. 10. 1858: „merci à l'eau des prodiges“ [Danke dem Wasser der Wunder].

697 Irmtraud GÖTZ VON OLENHUSEN, „Vorwort“, in: Eadem (Hrsg.), *Wunderbare Erscheinungen*, op. cit., 7. Zitate: Günther DUX, „Der Begriff der Religion in der Religionssoziologie“, in: Walter Kerber (Hrsg.), *Der Begriff der Religion*, München, Peter Kindt, 1992, 55 und 62.

698 Vgl. paradigmatisch hierzu die Wasseranalyse des Prof. Filhol in LDA, 5, 259–262.

699 „puissance humanisée“, Brigitte CAULIER, *L'eau et le sacré*, op. cit., 84–87, eine Wirkmacht, die in einer vorzugsweise homöopathischen Auswahl eines oftmals kirchlich inexistenten Heiligenpatrons für die Quelle Gestalt annimmt (z. B. „saint Pissou“ für eine Heilquelle gegen Bettnässen).

700 Schon Claude Lévi-Strauss bemerkte in seinem grundlegenden Aufsatz über „L'efficacité symbolique“, dass die gläubig-traditionnelle Teilhabe an ritualisierten Sinnhandlungen selbst mythologischer Sprache fähig ist, Heilung herbeizuführen, nicht aber die wissenschaftliche Erklärung der Krankheit, da der Patient einer solchen Erklärung gegenüber anteilnahmslos bleibt. Siehe Claude LÉVI-STRAUSS, *Anthropologie structurale*, Paris, Plon, 1958, 1978, 226. Vgl. zur Modellisierung der verschiedenen Arten, Krankheit zu erleben und darzustellen auch Heinrich SCHIPPERGES/ Eduard SEIDLER/Paul U. UNSCHULD, *Krankheit, Heilkunst, Heilung*, München, Karl Alber, 1978; Claudine HERZLICH/Janine PIERRET, *Malades d'hier, malades d'aujourd'hui. De la mort collective au devoir de guérison*, Paris, Payot, 1984; François LAPLANTINE, *Anthropologie de la maladie. Étude ethnologique des systèmes de représentations étiologiques et thérapeutiques dans la société occidentale contemporaine*, Paris, Payot, 1986, 1992.

701 Vgl. LHA, 6, 173–201.

702 Auch die etwas später in Mode kommende klinische Manipulation von so genannten Hysterikerinnen zur entgegengesetzten Wiederlegung der Übernatur entspricht dem nämlichen Modell von an gequälten Leibern armseliger Frauen sich erbauenden Gelehrten, seien diese nun atheistische Medizinprofessoren oder fromme Kirchenmänner. Vgl. für beide Exponenten Jacques MAITRE, *Une inconnue célèbre*, op. cit.; Idem, *Les stigmates de l'hystérique et la peau de son évêque. Laurentine Billoquet (1862–1936)*, Paris, Anthropos, 1993; sowie Georges DIDI-HUBERMANN, *L'invention de l'hystérie*, op. cit.

703 Siehe hierzu paradigmatisch den oben geschilderten „Fall Rotkäppchen" (Eugénie Troy).

704 Für weiterführende Literatur zum anthropologisch so bedeutenden Prozess des Opferns, siehe Patrick DONDELINGER, „Le sacrifice", *La Maison-Dieu*, 221, 2000, 129–148.

705 Siehe LDA, 2, 14–21.

706 Vgl. hierzu, mit besondern Bezug auf Heilquellen, Brigitte CAULIER, *L'eau et le sacré*, op. cit., 87–89.

707 Vgl. die oben, S. 67 f. zitierten Formulierungen von Schuldirektor Clarens in,: LDA, 1, 202.

708 Siehe das grundlegende Werk von Victor TURNER/Edith TURNER, *Image and Pilgrimage in Christian Culture*, op. cit., besonders 140 ff.

709 Diese Aussagen stützen sich auf Beobachtungen, welche 1991 vor Ort angestellt werden konnten. Vgl. auch die klassische Studie von Roger BASTIDE, *Le candomblé de Bahia (Rite nagô)*, Paris, Mouton, 1958.

710 Vgl. Victor TURNER/Edith TURNER, *Image and Pilgrimage in Christian Culture*, op. cit, 227.

711 Vgl. Ruth HARRIS, *Lourdes*, op. cit., 78–79.

712 Vgl. mit besonderem Bezug auf Marienwallfahrten: Victor TURNER/Edith TURNER, *Image and Pilgrimage in Christian Culture*, op. cit, 161; für die geistes- und kulturgeschichtliche Gesamtperspektive: Jean DELUMEAU, *Rassurer et protéger. Le sentiment de sécurité dans l'Occident d'autrefois*, Paris, Fayard, 1989, besonders 261–289; sowie vom religionspsychologischen Standpunkt aus: Antoine VERGOTE/Alvaro TAMAYO, *The Parental Figures and the Representation of God. A Psychological and Cross-Cultural Study*, The Hague, Mouton; Leuven, Leuven University Press, 1980.

713 Vgl. Brigitte CAULIER, *L'eau et le sacré*, op. cit., 87–89, welche schildert, wie in manchen Fällen vermeintlich unbotmäßige Heilige in effigie von enttäuschten und erbosten Heilungsuchenden gezüchtigt und misshandelt wurden. Dass mit der Muttergottes aber seitens der Quellenpilger niemals so verfahren wurde, zeigt schon, dass mit der marianischen Deutung der Erscheinung mehr als eine bloß oberflächliche Etikettierung vorgenommen wurde, sondern ein Wandel im Wesen der Erscheinung selbst.

714 „Son cœur, continua le curé, est au niveau de son esprit. Un jour, je tombai gravement malade; Bernadette, alors au couvent, en fut instruite. Elle suspendit un cœur au cou de la statue de la Vierge placée dans la cour et se dit fort confiante. Le mal empira. On sonna mon agonie: Bernadette fut troub-lée … – S'il meurt, fit-elle, je vais lui arracher le cœur!"; 1898 von Henri Lasserre veröffentlichte Aussage Dechant Peyramales, in: LHA, 7, 140.

715 Vgl. Victor TURNER/Edith TURNER, *Image and Pilgrimage in Christian Culture*, op. cit, 146.

716 Vgl. ibidem: „The *operational meaning* concerns not what people say about a symbol but how they act with reference to it, who so acts, and the social structural context of such action – we also include here the symbol's ‚social history'; that is, the stereotyped memories of great events with which the symbol has been connected" [Die *operationale Bedeutung* betrifft nicht, was die Leute über ein Symbol sagen, sondern wie sie mit Bezug auf dieses handeln, wer so handelt, und der sozio-strukturelle Kontext einer solchen Handlung – wir beziehen hier auch die ‚Sozialgeschichte' des Symbols mit ein; das heißt, die stereotypisierten Erinnerungen an große Ereignisse, mit dem das Symbol in Verbindung gebracht wurde]. Bei den „great events" handelt es sich in unserem Fall um die wunderbaren Errettungen durch Maria.

717 Vgl. Brigitte CAULIER, *L'eau et le sacré*, op. cit., 60, 86.
718 Vgl. Victor TURNER/Edith TURNER, *Image and Pilgrimage in Christian Culture*, op. cit, 146: „Symbols also have *positional meaning*, for they are rarely isolated units; they enter into relations with other symbols in clusters and systems of signifiers and signifieds" [Symbole haben auch eine *positionale Bedeutung*, da sie selten eine isolierte Einheit bilden; sie gehen Beziehungen ein zu anderen Symbolen in Gruppen und Systemen von Significantes und Significata] .
719 „The problem of the Church is to assess whether the circumstances of the vision can form an appropriate symbol-vehicle for doctrines valid for all human generations, everywhere and always", ibidem, 210.
720 „In this system, Mary plays a special role, which gives her a pivotal position in Catholic pilgrimage. (...) She embodies the communitas of the Church. (...) Mary is not only – in the words of Gabriel's Greeting, endlessly repeated in the Rosary down through the ages – ‚full of grace', but is also to be regarded as a personification of the Church in its nonlegalistic aspect, a collective mother in the order of freedom", ibidem, 159–160, 171.
721 Auch Victor Turner sieht anthropologisch in der kirchlichen Lehre der Gemeinschaft der Heiligen eine Hauptursache für die symbolische Heilwirksamkeit der Muttergottes in entsprechenden Pilgerritualen; siehe ibidem, 157 ff.
722 Vgl. ibidem, 160: „The central semantic structure of the normative pole of Marian pilgrimage symbols (...) has remained remarkably constant throughout history, while there has been much variation (...) in the culturally defined feelings and motivations associated with the symbol-vehicles. In this respect, the dominant symbols of Christianity (...) are sharply distinguished from the symbols of tribal societies".
723 Siehe Zitat oben, S. 67 f.
724 Auf den Leidensdruck als Heilungsfaktor – dessen heutigen Schwund in einer möglichen Fortsetzungsarbeit noch eingehender analysiert werden könnte – macht besonders Théodore MANGIAPAN, *Les guérisons de Lourdes*, op. cit., aufmerksam.
725 Vgl. Françoise LOUX, *Pratiques et savoirs populaires*, op. cit.
726 Vgl. Thomas A. KSELMAN, *Miracles & Prophecies in Nineteenth-Century France*, op. cit., 37–59; Ruth HARRIS, *Lourdes*, op. cit., 283 ff.
727 LDA, 4, 286, im schon erwähnten Brief von Pfarrer Roziés vom 8. 10. 1858: „Je lui [i. e. Dr. Dozous] manifestai le désir de me laver à la fontaine de Marie: il me répondit, d'un ton qui excluait le mondre doute: *Lavez-vous, cher curé, et vous serez guéri*. Ce ton d'assurance augmenta ma foi. Je me lavai à trois reprises de demi-heure en demiheure et je fus guéri". Der Mediziner erfüllt übrigens hier die Funktion des Indikators, der volkstümlichen Vorstellungen getreu, die Therapie verordnen muss. Siehe diesbezüglich Brigitte CAULIER, *L'eau et le sacré*, op. cit., 89–95; und über die Rolle der Autoritätsausübung bei Heilungsritualen generell Patrick DONDELINGER, „L'autorité dans les rites de guérison", *Transversalités*, 72, 1999, 27–39.
728 Vgl. Thomas A. KSELMAN, *Miracles & Prophecies in Nineteenth-Century France*, op. cit., 37: „The Social Drama of a Miraculous Cure".
729 Vgl. bischöfliche Ordonnance vom 28. Juli 1858, LDA, 3, 210–214 (Zitat oben, S. 171).
730 Vgl. Ruth HARRIS, *Lourdes*, op. cit., 91–102.
731 „Mandement de Mgr l'évêque de Tarbes portant jugement sur l'appartion qui a eu lieu à la grotte de Lourdes", in: LDA, 6, 237–245.
732 2 Kor 11,14 [im Original].
733 1 Joh 4,1 [im Original].

734 Bernadettes Intelligenz macht sich nur dann bemerkbar, wenn sie über das spricht, was mit der Erscheinung in Zusammenhang steht [im Original].

735 Exodus, 8,19 [im Original].

736 Buch 3, Kapitel 51 [im Original].

737 Die folgenden Artikel 2–8 des bischöflichen Urteilspruches kümmern sich neben der Organisation und Zensur des Kultes vor allem um die Regelung der Geldeintreibung zur Errichtung des Heiligtums. Hier der zitierte Text im Original, laut LDA, 6, 237– 245:

„Bertrand-Sévère Laurence, par la Miséricorde Divine et la grâce du Saint-Siège Apostolique, Évèque de Tarbes, assistant au Trône Pontifical, etc. (...)

Ainsi la jeune fille aurait vue et entendu un être se disant l'Immaculée Conception, et qui bien que revêtue d'une forme humaine, n'auraitété ni vu, ni entendu par aucun des nombreux spectateurs présents à la scène. Ce serait par conséquence un être surnaturel. Que faut-il penser de cet évènement?

Vous ne l'ignorez pas, Nos Très-Chers Frères, l'Église apporte une sage lenteur dans l'appréciation des faits surnaturels; elle demande des preuves certaines, avant de les admettre et de les proclamer divins. Depuis la déchéance originelle, l'homme, surtout en cette matière, est sujet à bien des erreurs. S'il n'est pas égaré par sa raison devenue si débile, il peut être victime des artifices du démon. Qui ne sait que parfois il se transforme en ange de lumière pour nous faire tomber plus facilement dans ses pièges [Note: 2 Cor. 11, 14]. Aussi, le disciple bien-aimé nous recommande-t-il de ne pas croire à tout esprit, mais d'éprouver si les esprits viennent de Dieu [Note: 1 Jo. 4, 1]. Cette épreuve, nous l'avons faite, Nos Très-Chers Frères: l'événement dont nous vous entretenons est, depuis quatre années, l'objet de notre sollicitude; nous l'avons suivi dans ses phases différentes; nous nous sommes inspiré auprès de la Commission, composée de prêtres pieux, instruits, expérimentés, qui ont interrogé l'enfant, étudié les faits, tout examiné, tout pesé. Nous avons aussi invoqué l'autorité de la science, et nous sommes demeuré convaincu que l'apparition est surnaturelle et divine, et que, par conséquent, ce que Bernadette a vu, c'est la Très-Sainte Vierge. Notre conviction s'est formée sur le témoignage de Bernadette, mais surtout d'après les faits qui se sont produits et qui ne peuvent être expliqués que par une intervention divine.

Le témoignage de la jeune fille présente toutes les garanties que nous pouvons désirer. Et d'abord, sa sincérité ne saurait être mise en doute. Qui n'admire, en l'approchant, la simplicité, la candeur, la modestie de cette enfant? Pendant que tout le monde s'entretient des merveilles qui lui ont été révélées, seule, elle garde le silence; elle ne parle que quand on l'interroge; alors elle raconte tout sans affectation, avec une ingénuité touchante; et, aux nombreuses questions qu'on lui adresse, elle fait, sans hésiter, des réponses nettes, précises, pleines d'à-propos, empreintes d'une forte conviction. Soumise à de rudes épreuves, elle n'a jamais été ébranlée par les menaces; aux offres les plus généreuses, elle a répondu par un noble désintéressement. Toujours d'accord avec elle-même, elle a, dans les différents interrogatoires qu'on lui a fait subir, constamment maintenu ce qu'elle avait déjà dit, sans rien y ajouter, sans rien retrancher. La sincérité de Bernadette est donc incontestable. Ajoutons qu'elle est incontestée. Ses contradicteurs, quand elle en a eu, lui ont eux-mêmes rendu cet hommage.

Mais, si Bernadette n'a pas voulu tromper, ne s'est-elle pas trompée elle-même? N'a-t-elle pas cru voir et entendre ce qu'elle n'a point vu ni entendu? N'a-t-elle pas été victime d'une hallucination? – Comment pourrions-nous le croire? La sagesse de ses réponses révèle dans cette enfant un esprit droit, une imagination calme, un bon sens au-dessus de son âge [Note: L'intelligence de Bernadette ne se fait remarquer que lorsqu'elle parle de ce qui a rapport à l'apparition]. Le sentiment religieux n'a jamais présenté en elle un caractère d'exaltation; on a constaté dans la jeune fille, ni désordre intellectuel, ni altération des sens, ni bizarrerie de caractère, ni affection morbide, qui aient pu la disposer à des créations imaginaires. Elle a vu, non pas une fois seulement, mais dix-huit fois; elle a vu d'abord subitement, alors que rien ne pouvait la préparer à l'évènement qui s'est accompli, et durant la quizaine, lorsqu'elle s'attendait à voir tous les jours, elle n'a rien vu pendant deux jours, quoiqu'elle se trouvât dans le même milieu et dans des circonstances identiques. Et puis, que se passait-il pendant les apparitions? Il s'opérait une transformation dans Bernadette; sa physionomie prenait une expression nouvelle, son regard s'enflammait, elle voyait des choses qu'elle n'avait plus vues, elle entendait un langage qu'elle n'avait plus entendu, dont elle ne comprenait pas toujours le sens, et dont cependant elle conservait le souvenir. Ces circonstances réunies ne permettent pas de croire à une hallucination; la jeune fille a donc réellement vu et entendu une être se disant l'Immaculée Conception; et; ce phénomène ne pouvant s'expliquer naturellement, nous sommes fondé à croire que l'apparition est surnaturelle.

Le témoignage de Bernadette, déjà important par lui-même, emprunte une force toute nouvelle, nous dirons même son complément, des faits merveilleux qui se sont accomplis depuis le premier évènement. Si l'on doit juger l'arbre par ses fruits, nous pouvons dire que l'apparition racontée par la jeune fille est surnaturelle et divine; car elle a produit des effets surnaturels et divins. Que s'est-il passé, Nos Très-Chers Frères? L'apparitition était à peine connue, que la nouvelle s'en répandit avec la rapidité de l'éclair; on savait que Bernadette devait aller pendant quinze jours à la Grotte: et voilà que toute la contrée s'ébranle; des flots de peuple se précipitent vers le lieu de l'apparition; on attend avec une religieuse impatience l'heure solennelle; et, pendant que la jeune fille, ravie, hors d'elle-même, est absorbée par l'objet qu'elle contemple, les témoins de ce prodige, émus, attendris, se confondent dans un même sentiment d'admiration et de prière.

Les apparitions ont cessé; mais le concours continue: les pèlerins venus des contrées lointaines, comme des pays voisins, accourent à la Grotte; on voit s'y presser tous les âges, tous les rangs, toutes les conditions. Et quel est le sentiment qui pousse ces nombreux visiteurs? Ah! ils viennent à la Grotte pour prier, et demander quelques faveurs à l'Immaculée Marie. Ils prouvent, par leur attitude recueillie, qu'ils sentent comme un souffle divin qui anime ce rocher devenu désormais célèbre. Des âmes déjà chrétiennes se sont fortifiées dans la vertu; des hommes glacés par l'indifférence ont été ramenés aux pratiques de la Religion; des pécheurs obstinés se sont réconciliés avec Dieu, après qu'on a eu invoqué en leur faveur Notre-Dame de Lourdes. Ces merveilles de la grâce, qui portent un caractère d'universalité et de durée, ne peuvent avoir que Dieu pour auteur: ne viennent-elles pas, par conséquent, confirmer la vérité de l'apparition?

Si, des effets produits pour le bien des âmes, nous passons à ceux qui concernent la santé des corps, que de nouveaux prodiges n'avons-nous pas à raconter? On avait vu Bernadette boire et se laver dans le lieu désigné par l'Appariton, et cette circonstance avat éveillé l'attention publique. On se demandait si ce n'était pas l'indication d'une vertu surnaturelle descendue sur la fontaine de Massavielle. Dans cette pensée, des malades essayèrent de l'eau de la Grotte, et ce ne fut pas san succès; plusieurs, dont les infirmités avaient résisté aux traitements les plus énergiques, recouvrèrent subitement la santé. Ces guérisons extraordinaires eurent un immense retentissement, le bruit s'en répandit bientôt au loin. Des malades de tous les pays demandaient l'eau de Massavielle, quand ils ne pouvaient pas se transporter eux-mêmes à la Grotte. Que d'infirmes guéris, que de familles consolées! ... Si nous voulions invoquer leur témoignage, des voix innombrables s'élèveraient pour proclamer, avec l'accent de la reconnaissance, l'efficacité souveraine de l'eau de la Grotte. Nous ne pouvons faire ici l'énumération de toutes les faveurs obtenues; mais ce que nous devons dire, c'est que l'eau de Massavielle a guéri des malades abandonnés et déclarés incurables. Ces guérisons ont été opérées par l'emploi d'une eau privée de toute qualité naturelle curative, au rapport d'habiles chimistes qui en ont fait une rigoureuse analyse. Elles ont été opérées, les unes instantanément, les autres après l'usage de cette eau, deux ou trois fois répété, soit en boisson, soit en lotion. En outre, ces guérisons sont permanentes. Quelle est la puissance qui les a produites? Est-ce la puissance de l'organisme? La science, consultée à ce sujet, a répondu négativement. Ces guérisons sont donc l'œuvre de Dieu. Or, elles se rapportent à l'apparition; c'est elle qui en est le point de départ; c'est elle qui a inspiré la confiance des malades: il y a donc une liaison étroite entre les guérisons et l'apparition; l'apparition est divine, puisque les guérisons portent un cachet divin. Mais ce qui vient de Dieu est vérité! Par conséquent, l'Apparition se disant l'Immaculée-Conception, ce que Bernadette a vu et entendu, c'est la TRÈS SAINTE-VIERGE! Écrions-nous donc: Le doigt de Dieu est ici! Digitus Die est hic [note: Exode 8, 19].

Comment ne pas admirer, Nos Très-Chers Frères, l'économie de la divine Providence? A la fin de l'année 1854, l'Immortel Pie IX proclamait le dogme de l'Immaculée-Conception. Les échos portèrent jusqu'aux extrêmités de la terre les paroles du Pontife; les cœurs catholiques tressaillirent d'allégresse, et partout on célébra le glorieux privilège de Marie par des fêtes dont le souvenir restera à jamais gravé dans notre mémoire. Et voilà qu'environ trois ans après, la Sainte Vierge, apparaissant à une enfant, lui dit: *Je suis l'Immaculée-Conception, je veux qu'on élève ici une chapelle en mon honneur*. Ne semble-t-elle pas vouloir consacrer par un monument l'oracle infaillible du successeur de saint Pierre?

Et où veut-elle que ce monument soit érigé? C'est au pied de nos montagnes, Pyrénéennes, contrée où se réunissent les nombreux étrangers qui, de toutes les parties du monde, viennent demander la santé à nos eaux thermales. Ne dirait-on pas qu'elle convie les fidèles de toutes les nations à venir l'honorer dans le nouveau temple qui lui sera bâti?

Habitants de la ville de Lourdes, réjouissez-vous! L'auguste Marie daigne abaisser sur vous ses regards miséricordieux. Elle veut qu'à côté de votre cité on lui élève un sanctuaire où elle répandra ses bienfaits. Remerciez-la de ce témoignage de prédilection qu'elle vous donne; et puisqu'elle vous prodigue ses tendress de mère, (...) ouvrez vos cœurs à l'espérance: une ère nouvelle de grâces commence pour vous; vous êtes tous appelés à recueillir votre part des bénédictions qui nous sont promises. (...)

A CES CAUSES: (...)

LE SAINT NOM DE DIEU INVOQUÉ

Nous fondant sur les règles sagement tracées par Benoît XIV, dans son ouvrage de la béatification et de la canonisation des saints pour le discernement des apparitions vraies ou fausses [Note: Livre 3, ch. 51]: (...)

AVONS DÉCLARÉ ET DÉCLARONS CE QUI SUIT:

Art. 1er. Nous jugeons que l'IMMACULÉE MARIE, MÈRE DE DIEU, a réellement apparu à Bernadette Soubirous, le 11 février 1858 et jours suivants, au nombre de dix-huit fois, dans la grotte de Massavielle, près la ville de Lourdes; que cette apparition revêt tous les caractères de la vérité, et que les fidèles sont fondés à la croire certaine. (...)".

Bibliographie

Quellen

Zu Lourdes

Léonard-Joseph-Marie CROS, *Histoire de Notre-Dame de Lourdes d'après les documents et les témoins*, Paris, Beauchesne, 1925–1927, 1957², 3 Bde.

Léonard-Joseph-Marie CROS, *Lourdes 1858. Témoins de l'événement*, Paris, P. Lethielleux, 1957.

René LAURENTIN/Bernard BILLET (Hrsg.), *Lourdes. Documents authentiques*, Paris, P. Lethielleux, 1957–1966, 7 Bde. (LDA).

René LAURENTIN, *Lourdes. Histoire Authentique*, Paris, P. Lethielleux, 1961–1964, 6 Bde. (LHA).

R. LAURENTIN/M.-Th. BOURGEADE, *Logia de Bernadette. Étude critique de ses paroles de 1866 à 1979*, Paris, Apostolat des Éditions – P. Lethielleux; Lourdes, Œuvre de la Grotte, 1971, 3 Bde.

René LAURENTIN, *Visage de Bernadette*, Paris, P. Lethielleux, 1978, 2 Bde.

Henri LASSERRE, *Notre-Dame de Lourdes*, Paris, Victor Palmé, 1869.

Zur Liturgie

Magnificat. „Gotteslob" für das Erzbistum Luxemburg. Katholisches Gebet- und Gesangbuch, Luxemburg, Sankt-Paulus, 1993.

Sekundärliteratur

François AGNUS, *Lourdes, l'herbe de la Grotte*, Montsûrs, Résiac, 1993.

François ANGELIER/Claude LANGLOIS (Hrsg.), *La Salette. Apocalypse, pèlerinage et littérature* (1856–1996), Grenoble, Jérôme Millon, 2000.

Sylvie BARNAY, *Le ciel sur la terre. Les apparitions de la Vierge au Moyen Age*, Paris, Cerf, 1999.

Sylvie BARNAY, „Le Moyen Age du surnaturel chrétien. Les apparitions de la Vierge entre Révélation et révélations ", in Patrick Dondelinger (Hrsg.), *Faut-il croire au merveilleux?*, Paris, Cerf (erscheint im September 2003).

Roger BASTIDE, *Le candomblé de Bahia (Rite nagô)*, Paris, Mouton, 1958.

Roger BASTIDE, *Le Rêve, le transe et la folie*, Paris, Flammarion, 1972.

Roger BASTIDE, *Le sacré sauvage et autres essais*, Paris, Payot, 1975.

Stéphane BAUMONT (Hrsg.), *Histoire de Lourdes*, Toulouse, Privat, 1993.

Wolfgang BEINERT, „Marienerscheinungen", *Lexikon für Theologie und Kirche*, 1997³, Bd. 6, 1369–1370.

Wolfgang BEINERT/Heinrich PETRI (Hrsg.), *Handbuch der Marienkunde*, Regensburg, Friedrich Pustet, 1997², 2 Bde.

Maurice BELLET, *Le Dieu pervers*, Paris, Cerf, 1987.

Hans BENDER, „Mediumnistische Psychosen. Ein Beitrag zur Pathologie spiritistischer Praktiken", *Zeitschrift für Parapsychologie und Grenzgebiete der Psychologie*, 2, 1958/59, 173–201.

Ursula BERNAUER, *Die schöne Dame von Lourdes. Geschichte und Geschehen tiefenpsychologisch gedeutet*, Freiburg – Basel – Wien, Herder, 1995.

Wolfgang BICHMANN, „Medizinische Systeme Afrikas", in: Beatrix Pfleiderer/Katarina Greifeld/Wolfgang Bichman, *Ritual und Heilung. Eine Einführung in die Ethnomedizin*, Berlin, Dietrich Reimer, 1995, 33–65.

Bernard BILLET et alii, *Vraies et fausses apparitions dans l'Eglise*, Paris, P. Lethielleux/Bellarmin, (1973), 1976[2].

Bernard BILLET/Pierre LAFOURCADE, *Lourdes pèlerinage. Guide historique et spirituel. Textes et documents. Indications pratiques*, s. l., DDB, 1981.

David BLACKBOURN, *Wenn ihr sie wieder seht, fragt wer sie sei. Marienerscheinungen in Marpingen – Aufstieg und Niedergang des deutschen Lourdes*, Reinbek bei Hamburg, Rowohlt, 1997 (Übers. von: *Marpingen. Apparitions of the Virgin Mary in Bismarckian Germany*, Oxford, Clarendon, 1993),

Joachim BOUFLET, *Medjugorje ou la fabrication du surnaturel*, Paris, Salvator, 1999.

Joachim BOUFLET/Philippe BOUTRY, *Un signe dans le ciel. Les apparitions de la Vierge*, Paris, Bernard Grasset, 1997.

Marcelle BOUTELLIER, *Médecine populaire d'hier et d'aujourd'hui*, Paris, Maisonneuve et Larose, 1966.

Peter BROWN, *The Cult of the Saints. Its Rise and Function in Latin Christianity*, Chicago, University of Chicago Press, 1981.

Peter BROWN, *Society and the Holy in Late Antiquity*, Berkeley & Los Angeles, University of California Press, 1982.

Wolfgang BRÜCKNER, „Lourdes und Literatur. Oder die Faszination des Massenkultes", in Lenz Kriss-Rettenbeck/Gerda Möhler (Hrsg.), *Wallfahrt kennt keine Grenzen. Themen zu einer Ausstellung des Bayerischen Nationalmuseums und des Adalbert Stifter Vereins, München*, München–Zürich, Schnell & Steiner, 1984, 429–442.

Roger CAILLOIS, *Les démons de midi*, s. l., Fata Morgana, 1991.

Michael P. CARROL, *The Cult of the Virgin Mary. Psychological Origins*, Princeton, Princeton University Press, 1986.

Brigitte CAULIER, *L'eau et le sacré. Les cultes thérapeutiques autour des fontaines en France du Moyen Age à nos jours*, Laval, Presses de l'Université; Paris, Bauchesne, 1990.

Yves CHIRON, *Enquête sur les appartitions de la Vierge*, Paris, Perrin/Mame, 1995.

William A. CHRISTIAN, *Apparitions in Late Medieval and Renaissance Spain*, Princeton, Princeton University Press, 1981.

Paul DE CLERCK, *L'intelligence de la liturgie*, Paris, Cerf, 1997.

Eugène CORDIER, *Les Légendes des Hautes-Pyrénées. Réimpression de l'édition de 1878 avec un présentation de J.-F. Le Nail et une étude sur les sources du légendaire par le P. X. Recroix*, Tarbes, Association Guillaum Mauran, 1986.

José CUBERO, „Des Lumières à la Seconde République" in Stéphane Baumont (Hrsg.), *Histoire de Lourdes*, Toulouse, Privat, 1993, 107–148.

Pierre DELOOZ, *Les miracles: un défi pour la science?*, Bruxelles, Duculot, 1997.

Jean DELUMEAU, *Rassurer et protéger. Le sentiment de sécurité dans l'Occident d'autrefois*, Paris, Fayard, 1989.

Judith DEVLIN, *The Superstitious Mind. French Peasants and the Supernatural in the Nineteenth Century*, New Haven–London, Yale University Press, 1987.

Georges DIDI-HUBERMAN, *Invention de l'hystérie. Charcot et l'Iconographie photographique de la Salpêtrière*, Paris, Macula, 1982.

Patrick DONDELINGER, „Le pèlerinage et le sacré", *La Vie Spirituelle*, septembre 1997, 479–502.

Patrick DONDELINGER, „L'autorité dans les rites de guérison", *Transversalités*, 72, 1999, 27–39.

Patrick DONDELINGER, „Le sacrifice", *La Maison-Dieu*, 221, 2000, 129–148.

Patrick DONDELINGER, „Il sacrificio – i sacrifici: interpretazioni antropologiche", in Enrico Mazza (Hrsg.), *L'idea di sacrificio. Un approccio di teologia liturgica. Atti del Convegno Trento 23–24 maggio 2001*, Bologna, EDB, 2002, 93–116.

Patrick DONDELINGER, „Ana Maria Mendieta. Körper, Kunst und Kult", in Peter Fischer (Hrsg.), *Ana Mendieta. Body Tracks*, Luzern, Kunstmuseum Luzern, 2002, 57–73.

Patrick DONDELINGER, „Lourdes, Hauptstadt des Rosenkranzes. Ein Pilgerort zwischen Charisma, Kult und Kommerz", in Urs-Beat Frei/Fredy Bühler, *Der Rosenkranz – Kunst der Andacht*, Wabern/Bern, Benteli, 2003, 274–293.

Patrick DONDELINGER (Hrsg.), *Faut-il croire au merveilleux? Actes du colloque organisé les 12–13 mai 2000 à l'Université de Metz*, Paris, Cerf, 2003.

Patrick DONDELINGER, *L'exorcisme des possédés selon le Rituel Romain et son interprétation ecclésiale dans l'Occident contemporain*, Paris, Cerf (im Druck).

Alphonse DUPRONT, *Du sacré. Croisades et pèlerinages. Images et langages*, Paris, Gallimard, 1987.

Günther DUX, „Der Begriff der Religion in der Religionssoziologie", in Walter Kerber (Hrsg.), *Der Begriff der Religion*, München, Peter Kindt, 1992, 47–85.

Nicole EDELMAN, *Voyantes, guérisseuses et visionnaires en France 1785–1914*, Paris, Albin Michel, 1995.

Henri F. ELLENBERGER, *Histoire de la découverte de l'inconscient*, Paris, Fayard, 1994 (Übers. von *The Discovery of the Unconscious. The History and Evolution of Dynamic Psychiatry*, s. l., Basic Books, 1970).

Philippe ENCAUSSE, *Sciences occultes et déséquilibre mental*, Paris, Payot, 1943[2].

Thérèse FRANQUE, „Gravir le Mont des Espélugues vers la Grotte de Sainte Marie Madeleine, une dévotion des pèlerins de Provence à Lourdes"; Vortragsmanuskript im Rahmen der Journées de Rencontres transfrontalières du Musée Pyrénéen (22–23 Juli 2002).

Jan GOLDSTEIN, „The Hysteria Diagnosis and the Politics of Anticlericalism in Late Nineteenth-Century France", *Journal of Modern History*, 54, 1982, 209–239.

Irmtraud GÖTZ VON OLENHUSEN, *Wunderbare Erscheinungen. Frauen und katholische Frömmigkeit im 19. und 20. Jahrhundert*, Paderborn – München – Wien – Zürich, Ferdinand Schöningh, 1995.

Jean-Pierre GOUBERT, *La conquête de l'eau. L'avènement de la santé à l'âge industriel*, Paris, Robert Laffont, 1986.

Jean-Pierre GOUBERT, *Initiation à une nouvelle histoire de la médecine*, Paris, Ellipses, 1998.

Angelika GRESS, *Treibhaus im Winter. Lourdes in der frankophonen Literatur*, Frankfurt/Main – Berlin – Bern – New York – Paris – Wien, Peter Lang, 1996.

Bernhard GROM, *Religionspsychologie*, München, Kösel; Göttingen, Vandenhoeck & Ruprecht, 1992.

Jacques GUILLET/Gustave BARDY/François VANDENBROUCKE/Joseph PEGON/ Henri MARTIN, „Discernement des esprits", *Dictionnaire de spiritualité*, Bd. 3, 1957, 1222–1287.

Jean-Yves HAMELINE, *Une poétique du rituel*, Paris, Cerf, 1997.

Josef HANAUER, *„Muttergotteserscheinungen". Tatsachen oder Täuschungen*, Aachen, Karin Fischer, 1996.

Ruth HARRIS, *Lourdes. Body and Spirit in the Secular Age*, London, Allen Lane/Pinguin Press, 1999.

Claudine HERZLICH/Janine PIERRET, *Malades d'hier, malades d'aujourd'hui. De la mort collective au devoir de guérison*, Paris, Payot, 1984.

Gottfried HIERZENBERGER/Otto NEDOMANSKI, *Erscheinungen und Botschaften der Gottesmutter Maria. Vollständige Dokumentation durch zwei Jahrtausende*, Aschaffenburg, Pattloch, 1998.

François ISAMBERT, *Rite et efficacité symbolique. Essai d'anthropologie sociologique*, Paris, Cerf, 1979.
Tony JAMES, *Dream, Creativity and Madness in Nineteenth-Century France*, Oxford, Clarendon Press, 1995.
Pierre JANET, *De l'angoisse à l'extase. Etudes sur les croyances et les sentiments*, Paris, Félix Alcan, 1926–1928, 2 Bde.
H. JEANMAIRE, *Dionysos. Histoire du culte de Bacchus*, Paris, Payot (1951), 1985.
Jean JONCHERAY (Hrsg.), *Approches scientifiques des faits religieux*, Paris, Beauchesne, 1997.
Camille-Jean JOSET (Hrsg.), *Dossiers de Beauraing*, Beauraing, Pro Maria; Namur, Recherches Universitaires, 1981–1984, 5 Bde.
Th. KAMMERER, „Les apparitions et les visions au regard de la psychiatrie et de la psychologie religieuse", *Bulletin de l'Association Médicale Internationale de Lourdes*, 217–218, avril 1987, 12–23.
Allan KARDEC [Hippolyte RIVAIL], *Le Livre des esprits, contenant les principes de la doctrine spirite*, Paris, Dentu, 1857.
Ludwig Joseph KERKHOFS, *U. L. Frau von Banneux. Studien und Dokumente*, Aachen, M. Brimberg, s. d., 2. deutsche Auflage (Übers. aus dem Französischen).
Andreas Johannes KOTULLA, *„Dies ist die Pforte des Himmels!". Die deutsche Lourdes-Rezeption im Spiegel der katholischen Literatur bis zum Jahr 1891*, Trier, 2001 (Wissenschaftliche Arbeit zur Erlangung des Diploms in Theologie an der Theologischen Fakultät Trier; Referent: Prof. Dr. Bernhard Schneider), 203 S.
Antje KRUG, *Heilkunst und Heilkult. Medizin in der Antike*, München, C. H. Beck, (1985), 1993².
Thomas A. KSELMAN, *Miracles & Prophecies in Nineteenth-Century France*, New Brunswick (New Jersey), Rutgers University Press, 1983.
Thomas A. KSELMAN, *Death and the Afterlife in Modern France*, Princeton, Princeton University Press, 1993.
Régis LADOUS, „Le spiritisme et les démons dans les catéchismes français du XIXe siècle", in: Jean-Baptiste Martin/Massimo Introvigne (Hrsg.), *Le défi magique*, Lyon, Presses Universitaires de Lyon, 1994, Bd. 2, 203–228.
Michel LAGRÉE, „Les répliques de la grotte de Lourdes. Suggestions pour une enquête", in: *Homo Religiosus. Autour de Jean Delumeau*, Paris, Fayard, 1997, 25–33.
Prospero LAMBERTINI, *De servorum Dei beatificatione, et beatorum canonizatione*, (Bologna, 1734–1738), Prati, Albert Ghettus, 1741, 9 Bde.
Claude LANGLOIS, „Mariophanies et mariologies au XIXe siècle. Méthode et histoire", in: Jean Comby (Hrsg.), *Théologie, histoire et piété mariale. Actes du colloque. Université catholique de Lyon, 1–3 octobre 1996*, Lyon, Profac, 1997, 19–36.
François LAPLANTINE, *Les trois voix de l'imaginaire. Le messianisme, la possession, et l'utopie. Etude ethnopsychiatrique*, Paris, Editions Universitaires, 1974.
François LAPLANTINE, *Anthropologie de la maladie. Étude ethnologique des systèmes de représentations étiologiques et thérapeutiques dans la société occidentale contemporaine*, Paris, Payot, 1986, 1992.
Giuseppe LAPPONI, *Ipnotismo e spiritismo. Studio medico-critico*, Roma, Desclée, Lefebvre e C., 1906².
René LAURENTIN, *Les apparitions de Lourdes. Récit authentique, illustré de documents de l'époque*, Paris. P. Lethilleux, 1966 (= LHA ohne kritischen Apparat).
René LAURENTIN, *Bernadette vous parle*, Paris, P. Lethielleux, Lourdes, Œuvre de la Grotte, 1972, 2 Bde.
René LAURENTIN, *Vie de Bernadette*, Paris, DDB, 1978.
René LAURENTIN, *Vie de Catherine Labouré. Voyante de la rue du Bac et servante des pauvres 1806–1876*, Paris, DDB, 1980, 2 Bde.
René LAURENTIN, *20 janvier 1842, Marie apparaît à Alphonse Ratisbonne.* (*17 novembre 1841 – 20 juin 1842*), Paris, O.E.I.L., 1991, 2 Bde.

René LAURENTIN, *Dieu existe: voici les preuves. Sciences-Philosophie-Révélation, les nouveaux acquis*, Argenteuil, Francis Bréchant, 1993.
René LAURENTIN (Hrsg.), *La passion de Madame R. Journal d'une mystique assiégée par le démon*, Paris, Plon, 1993.
René LAURENTIN, *Le démon, mythe ou réalité? Enseignement et expérience du Christ et de l'Église*, Paris, Fayard, 1995.
René LAURENTIN, „Marienerscheinungen: Ihre Bedeutung, ihre wesentliche Botschaft, ihre Wertung", in: Franz Breid (Hrsg.) *Maria in Lehre und Leben der Kirche. Referate der „Internationalen Theologischen Sommerakademie 1995" des Linzer Priesterkreises in Aigen/M.*, Steyr, Ennsthaler Verlag, 1995, 9–31.
René LAURENTIN/Albert DURAND, *Pontmain. Histoire authentique*, Paris, Lethielleux, 1970, 3 Bde.
Jean-Paul LEFEBVRE-FILLEAU, *L'affaire Bernadette Soubirous. L'enquête judiciaire de 1858*, Paris, Cerf, 1997.
Johannes LEIPOLDT, *Von Epidauros bis Lourdes. Bilder aus der Geschichte volkstümlicher Frömmigkeit*, Leipzig, Koehler & Amelang, 1957.
Michel LEIRIS, *La possession et ses aspects théatraux chez les éthiopiens de Gondar*, (1958), Paris, Sycomore, 1980.
Louis-Francisque LÉLUT, *Du démon de Socrate. Spécimen d'une application de la science psychologique à celle de l'histoire*, Paris, (Trinquart, 1836); Baillière, 1856²; [L'Harmattan, 2000].
Claude LÉVI-STRAUSS, *Anthropologie structurale*, Paris, Plon, 1958, 1978.
Ioan M. LEWIS, *Ecstatic Religion. (An Anthropological Study of Spirit Possession and Shamanism*, Harmondsworth, Penguin Books, 1971) *A Study of Shamanism and Spirit Possession*, London/New York, Routledge, 1989².
Ioan M. LEWIS, *Religion in Context. Cults and Charisma*, Cambridge, Cambridge University Press, 1986.
Jean LHERMITTE, *Mystiques et faux mystiques*, Paris, Bloud et Gay, 1952.
Richard LIOGER, „L'Église et la tradition ésotérique: l'exemple de l'abbé Mermet", in: Patrick Dondelinger (Hrsg.), *Faut-il croire au merveilleux ? Actes du colloque organisé les 12–13 mai 2000 à l'Université de Metz*, Paris, Cerf (erscheint September 2003).
Françoise LOUX, *Pratiques et savoirs populaires. Le corps dans la société traditionnelle*, Paris, Berger-Levrault, 1979.
Jacques MAÎTRE, *Une inconnue célèbre. Madeleine Lebouc/Pauline Lair Lamotte (1836–1918)*, Paris, Anthropos, 1993.
Jacques MAÎTRE, *Les stigmates de l'hystérique et la peau de son évêque. Laurentine Billoquet (1862–1936)*, Paris, Anthropos, 1993.
Jacques MAÎTRE, *Mystique et féminité. Essai de psychanalyse sociohistorique*, Paris, Cerf, 1997.
Théodore MANGIAPAN, *Les guérisons de Lourdes. Étude historique et critique depuis l'origine à nos jours*, s. l. [Lourdes], Œuvre de la Grotte, 1994.
Cristina MAZZONI, *Saint Hysteria. Neurosis, Mysticism, and Gender in European Culture*, Ithaca – London, Cornell University Press, 1996.
Michel MESLIN, *Pour une science des religions*, Paris, Seuil, 1973.
Michel MESLIN (Hrsg.), *Le merveilleux. L'imaginaire et les croyances en Occident*, Paris, Bordas, 1984.
Michel MESLIN, *L'expérience humaine du divin. Fondements d'une anthropologie religieuse*, Paris, Cerf, 1988.
Mark S. MICALE, *Approaching Hysteria. Disease and Its Interpretations*, Princeton, Princeton University Press, 1995.
Stéphane MICHAUD, *Muse et madone. Visages de la femme de la Révolution française aux apparitions de Lourdes*, Paris, Seuil, 1985.

Johannes MISCHO/Ulrich J. NIEMANN, „Die Besessenheit der Anneliese Michel in interdisziplinärer Sicht", *Zeitschrift für Parapsychologie und Grenzgebiete der Psychologie*, 25, 1983, 129–193.
Johannes MISCHO, „Grenzphänomene im religiösen Kontext und ihre psychologischen Implikationen", in: Andreas Resch (Hrsg.), *Paranormologie und Religion*, Innsbruck, Resch Verlag, 1997, 1–26.
Felix MÜLLER, *Götter, Gaben, Rituale. Religion in der Frühgeschichte Europas*, Mainz, Philipp von Zabern, 2002.
Friedrich MUTHMANN, *Mutter und Quelle. Studien zur Quellenverehrung im Altertum und im Mittelalter*, Basel, Archeologischer Verlag, 1975.
Henri J.M. NOUWEN, *The Wounded Healer. Ministry in Contemporary Society*, New York, Doubleday, 1972.
Gabriele OBERHAUSER, *Wallfahrten und Kultstätte im Saarland. Von der Quellenverehrung zur Marienerscheinung*, Saabrücken, Saarbrücker Druckerei und Verlag, 1992.
Marc ORAISON, „Le point de vue du médecin psychiatre clinicien sur les apparitions", in: Bernard Billet et alii, *Vraies et fausses apparitions dans l'Église*, Paris, P. Lethielleux; Montréal, Bellarmin, (1973), 1976[2],127–129.
Rudolf OTTO, *Das Heilige. Über das Irrationale in der Idee des Göttlichen und sein Verhältnis zum Rationalen*, München, Beck, (1917–1936), 1987.
Jean OYENHART, *La voyante de Lourdes Sainte Bernadette Soubirous, chez le voyant de Bétharram Saint Michel Garicoïts*, Bagnères-de Bigorres, Les Editions pyrénéennes, 1988.
Nicholas PERRY/Loreto ECHEVERRIA, *Under the Heel of Mary*, London-New York, Routledge, 1988.
Heinrich PETRI, „Theologische Überlegungen zu Marienerscheinungen", in: Albrecht von Raab-Straube (Hrsg.), *Marienerscheinungen in Deutschland*, Altenberge, Oros, 1996, 42–68.
Heinrich PETRI, „Marienerscheinungen", in Wolfgang Beinert/Heinrich Petri (Hrsg.), *Handbuch der Marienkunde*, Regensburg, Friedrich Pustet, 1997[2], Bd. 2, 31–59,
Roger PILON, *Le Corps de Bernadette Soubirous dans sa vie, dans sa mort, dans sa béatification*, Lourdes, Œuvre de la Grotte, 1997.
Barbara Corrado POPE, „Immaculate and Powerfull: The Marian Revival in the Nineteenth Century", in: Clarissa W. Atkinson/Constance H. Buchanan/Margaret R. Miles (Hrsg.), *Immaculate and Powerfull. The Female in Sacred Image and Social Reality*, Boston, Beacon Press, 1985, 173–200.
Annie QUARTARARO-VINAS, *Médecins et médecine dans les Hautes-Pyrénées au XIXe siècle*, Tarbes, Association Guillaume Mauran, 1982.
Michel QUENOT, *L'icône. Fenêtre sur l'absolu*, s. l., Cerf-Fides, 1987.
Karl RAHNER, *Visionen und Prophezeiungen*, Freiburg, Herder, 1958[2]; Neuauflage herausgegeben von Josef Sudbrack 1989.
André RAVIER, *Lourdes. Land der frohen Botschaft*, Lourdes, Œuvre de la Grotte, (1965), 1983.
André RAVIER, *Bernadette et son chapelet. Esquisse d'une spiritualité mariale*, Nevers, Couvent Saint-Gildard, [1958] 1984.
André RAVIER, *Les écrits de sainte Bernadette et sa voie spirituelle*, Paris, P. Lethielleux, Lourdes, Œuvre de la Grotte, 1993[3].
André RAVIER, *Der Leichnam der heiligen Bernadette nach den Archiven des Klosters von St. Gildard, der Diözese und der Stadt Nevers*, Baume-les-Dames, I. M. E., 1995.
Xavier RECROIX, *Essai sur le rôle du facteur social dans le cas de Bernadette Soubirous*, Thèse manuscrite, s. l., s. d. [ca. 1959], 549 Seiten.
Xavier RECROIX, *Les peintures du Narthex de la Chapelle de Garaison*, Pau, Marrimpouey Jeune, 1981.

Xavier RECROIX, *Anglèze de Sagazan et la chapelle de Garaison*, Pau, Marrimpouey, 1983.
Xavier RECROIX, „Récits d'apparitions mariales (Pyrénées Centrales)", *Revue de Comminges*, 1986, 371–385, 509–522; 1987, 35–53, 162–175, 347–361, 503–519; 1988, 59–69, 189–204, 401–423.
Xavier RECROIX, „Un Aspect de la Piété Populaire dans les Pyrénées Centrales: La Dévotion Mariale", *Revue de Comminges*, 102, 1989, 121–128.
Gilbert ROUGET, *La musique et la transe. Esquisse d'une théorie générale des relations de la musique et de la possession*, Paris, Gallimard, 1980, 1990².
Aline ROUSSELLE, *Croire et guérir. La foi en Gaule dans l'Antiquité tardive*, Paris, Fayard, 1990.
Jean-Paul ROUX, *Montagnes sacrées, montagnes mythiques*, Paris, Fayard, 1999.
Gerd SCHALLENBERG, *Visionäre Erlebnisse. Visionen und Auditionen in der Gegenwart. Eine psychodynamische und psychopathologische Untersuchung*, Augsburg, Pattloch, 1990.
Heinrich SCHIPPERGES, *Die Kranken im Mittelalter*, München, C. H. Beck, (1990), 1993³.
Heinrich SCHIPPERGES/Eduard SEIDLER/Paul U. UNSCHULD, *Krankheit, Heilkunst, Heilung*, München, Karl Alber, 1978.
Bernhard SCHNEIDER, „Feminisierung der Religion im 19. Jahrhundert. Perspektiven einer These im Kontext des deutschen Katholizismus", *Trierer Theologische Zeitschrift*, 111, 2002, 123-147.
L. Annaeus SENECA, *Philosophische Schriften. Lateinisch und Deutsch*, Darmstadt, Wissenschaftliche Buchgesellschaft, 1980, Bd. 3.
Georg SIMMEL, *Soziologie. Untersuchungen über die Formen der Vergesellschaftung*, (1908), Frankfurt/Main, Suhrkamp, 1992, 383–455.
Carlos Maria STAEHLIN, *Visionen, Stigmata und Offenbarungen. Kritischer Essay*, unveröffentlichtes Manuskript, Bd. 1: VII + 490; Bd. 2: 216 Seiten (Übers. von *Apariciones. Ensayo critico*, Madrid, 1954).
Jean STERN, *La Salette. Documents authentiques*, Paris, Bd. 1: DDB, 1980; Bd. 2: Cerf, 1984; Bd. 3: Cerf, 1991.
Georges TAVARD, *La Vierge Marie en France aux XVIIIe et XIXe siècles. Essai d'interprétation*, Paris, Cerf, 1998.
Fernand TOUSSAINT/Camille-Jean JOSET, *Beauraing* (1932–1982), s. l., DDB, 1981.
Victor W. TURNER, *The Ritual Process. Structure and Anti-Structure*, New York, Aldine, 1969 (dt. Übers: *Das Ritual. Struktur und Anti-Struktur*, Frankfurt – New York, 2000).
Victor TURNER, *Dramas, Fields and Metaphors. Symbolic Action in Human Society*, Ithaca–London, Cornell University Press, 1974.
Victor TURNER, *From Ritual to Theatre. The Human Seriousness of Play*, New York, PAJ Publications, 1982 (dt. Übers: *Vom Ritual zum Theater. Der Ernst des menschlichen Spiels*, Frankfurt, Fischer, 1995).
Victor TURNER/Edith TURNER, *Image and Pilgrimage in Christian Culture. Anthropological Perspectives*, New York, Columbia University Press, 1978 [paperback ca. 1995].
Arnold VAN GENNEP, *Les rites de passage. Etude systématique des rites de la porte et du seuil, de l'hospitalité, de l'adoption, de la grossesse et de l'accouchement, de la naissance, de l'enfance, de la puberté, de l'initiation, de l'ordination, du couronnement, des fiançailles et du mariage, des funérailles, des saisons, etc.*, Paris, (Emile Nourry, 1909), Picard, 1981(dt. Übers: *Übergangsriten*, Frankfurt – New York, Campus; Paris, Maison des Sciences de l'Homme, 1986).
Antoine VERGOTE, *Dette et désir. Deux axes chrétiens et la dérive pathologique*, Paris, Seuil, 1978.
Antoine VERGOTE, „Visions surnaturelles et apparitions", in: Idem, *Explorations de l'espace théologique. Etudes de théologie et de philosophie de la religion*, Leuven, Leuven University Press/Peeters, 1990, 597–615.
Antoine VERGOTE, „Anthropologie du diable. L'homme séduit en proie aux puissances ténébreuses" in: Publications des Facultés universitaires Saint-Louis, *Figures du*

démoniaque hier et aujourd'hui, Bruxelles, Facultés universitaires Saint-Louis, 1992, 83–110.
Antoine VERGOTE, „Religion, pathologie, guérison", *Revue théologique de Louvain*, 26, 1995, 3–30.
Antoine VERGOTE/Alvaro TAMAYO, *The Parental Figures and the Representation of God. A Psychological and Cross-Cultural Study*, The Hague, Mouton; Leuven, Leuven University Press, 1980.
Pierre VIDAL/Philippe GRAZIANI, *Lourdes, cité des miracles*, Lyon, Les Créations du Pélican, 1996.
Robert VIÉ, „De la préhistoire à l'an mil", in: Stéphane Baumont (Hrsg.), *Histoire de Lourdes*, Toulouse, Privat, 1993, 9–24.
Marion WAGNER, *Die himmlische Frau. Marienbild und Frauenbild in dogmatischen Handbüchern des 19. und 20. Jahrhunderts*, Regensburg, Friedrich Pustet, 1999.
Paul WATZLAWICK/Janet H. BEAVIN/Don D. JACKSON, *Menschliche Kommunikation*, Bern – Stuttgart– Toronto, Hans Huber, 1969, 1990[8] (Übers. von *Pragmatics of Human Communication. A Study of Interactional Patterns, Pathologies, and Paradoxes*, New York, W. W. Norton & Co., 1967).
Donald W. WINNICOTT, *Playing and Reality*, London, Tavistock, 1971.
Anton ZIEGENAUS, „Die Ereignisse in Fatima. Zum Erscheinen des ersten Bandes einer kritischen Dokumentation", *Forum katholische Theologie*, 11, 1995, 299–310.
Sandra L. ZIMDARS-SWARTZ, *Encountering Mary. From La Salette to Medjugorje*, Princeton, Princeton University Press, 1991.
Émile ZOLA, *Mes voyages. Lourdes. Rome. Journaux inédits*, Paris, Fasquelle, 1958.

Personen- und Sachregister

Kursive Seitenzahlen verweisen auf Anmerkungen.

Bildnachweis

S. 27: Stadtplan von Lourdes zur Zeit der Erscheinungen, aus: Henri Lasserre, Notre Dame de Lourdes, Paris 1969.

S. 56 und 57: Bernadette in verschiedenen Posen: oben links: Foto Bernadou; oben rechts und unten: Foto Dufour, S. 57: Foto Provost.

S. 60: zeitgenössischer Stich : Prozession anlässlich der Weihe der neuen Statue am 4. April 1864.

S. 62 oben: Bernadette auf dem Totenbett: Foto Lorans.

S. 62 unten: Reliqienschrein im Kloster St. Gildard, Nevers.

S. 63: Feier der Heiligsprechung Bernadettes im Petersdom in Rom. Foto von Matt.

S. 66: Gemälde von J.M. Soubirous nach einem Foto von Bernadou.

S. 70/71: zeitgenössische Stiche.

S. 72 oben: Gemälde in der Kleinen Kapelle, Banneux.

S. 74: Die Grotte von Massavielle 1858 und 1863.

S. 76: Blick über den Gave zur Grotte von Massavielle 1861 und 1873. Fotos Viron.

S. 94 links: Marienstatue aus der Pfarrkirche von Lourdes, heute im Musée Notre Dame, Lourdes.

S. 94 rechts: Marienstatue Notre Dames des Eaux im Garten des Klosters St. Gildard, Nevers.

S. 95: Vorderseite der Wunderbaren Medaille.

S. 110: Bernadettes Erstkommunionkappe. Musée Notre Dame, Lourdes.

S. 111: Familienfoto, 2. Juli 1866.

S. 173: aus: Henri Lasserre, Notre Dame de Lourdes, Paris 1969, ^{10}1893, 155.

S. 179: Detail aus einem Kirchenfenster der Basilika der Unbefleckten Empfängnis, Lourdes. Foto: Viron.

S. 182: aus: Henri Lasserre, Notre Dame de Lourdes, Paris 1969, ^{10}1893, 259.

S. 191: Erste Seite des Hirtenbriefs von Monseigneur Laurence, dem Bischof von Tarbes, 18. Januar 1862.

Marion Wagner

Die himmlische Frau

Marienbild und Frauenbild in dogmatischen Handbüchern des 19. und 20. Jahrhunderts

397 Seiten, kart.
ISBN 3-7917-1672-7

Maria und die Frauen – keine andere biblische Frauengestalt hat das christliche Frauenbild so sehr beeinflusst wie die Mutter Christi. Über viele Jahrhunderte orientierten sich christliche Frauen an jenen Wesensmerkmalen und Tugenden, die ihr zugeschrieben wurden. In der Marienlehre und -verehrung erschien die Gottesmutter als die im doppelten Sinn „himmlische Frau" – Idealbild und doch unerreichbar. Gleichzeitig kam es zu einer Wechselwirkung zwischen dem jeweiligen gesellschaftlichen Frauenbild und dem Bild von Maria, die dann in den wissenschaftlichen theologischen Aussagen über Maria virulent war und sich in der Folge im religiösen Bewusstsein und in der religiösen Praxis niederschlug. Dieser Wechselwirkung geht die Autorin am Beispiel der dogmatischen Handbücher des 19. und 20. Jahrhunderts nach. Diese Epoche ist nicht nur durch besondere mariologische Ereignisse geprägt, sondern auch durch tiefgreifende gesellschaftliche Veränderungen, die unter anderem nachhaltige Konsequenzen für das Frauenbild hatten.

„Ein Buch, das mitsamt der Fülle an wissenschaftlichem Material spannend zu lesen ist und manchen Impuls zum Weiterdenken über die Zusammenhänge zwischen (un)bewussten Voraussetzungen und angeblich unabänderlichen (göttlichen) Normen gibt."
Schweizerische Kirchenzeitung

„Ein gelungener Beitrag der Autorin zur Förderung einer gesunden, aber dogmatisch vertretbaren Marienverehrung ..."
Erbe und Auftrag, Beuron

Verlag Friedrich Pustet • Regensburg